朱介凡著

文學叢刊之九十一

壽堂雜憶(下)

文史哲出版社印行

第十二章 晉冀豫魯敵前敵後

第一節 誓師廬山五老峰

中國人忍無可忍，退無可退，盧溝橋事變引發了全面抗戰。壽堂既是個青年軍官，當此時際，勇赴前線，義無返顧。假使一個中國青年人，未能挺身戰鬥，在個人生命過程中，終是種遺憾。如何向子孫交代這段歷史？你退縮在一旁了。或者，你雖貴爲軍人，卻一直安全的守在高級司令部，從未置身前線。這一年多前線戰鬥的艱苦生活，乃使自己深感作爲中國人，心安理得。

盧溝橋事變既起，平漢路特快車，北平前門起站的，是開不出來了。只能從宛平縣南的長辛店發車，七月八日開出的誤點班車，二十六年七月十日上午三時許，到達漢口大智門車站。貫通全線的特快車，從無在此下半夜，人們還在熟睡時分到達終點。可以推想得到，北平局勢既已十分惡化，下一班的通車，很可能不易從長辛店開出。那兒，離盧溝橋太近。平漢路局定然將機車、客貨車廂，盡量南撤。爲了安全，說不定只從石家莊發車。石家莊以北，但通行區間車，以適應前線情況的變化。

那幾年，每從北方返鄉，車過橫店、江岸，漸入漢口市區，多次的車程，還沒有過深夜車到終點的經驗。全列車的人都很興奮，就連懷抱裏的嬰兒也給媽媽喚醒，長途旅程即將終止，要準備下車了。定縣到漢口三十一小時，火車歷經河北、河南、湖北三省，窗外地土、景色，上下車的旅客，皆有顯著的變易。

漢口人煙稠密，除了特區（以前的英租界、德租界、俄租界）房屋高軒，住居的空間較爲寬敞，其餘百分之八十地區，無不十分擁塞。夏夜天熱，人們都睡戶外，一張竹牀、藤躺椅、行軍帆布牀，或者席子舖地上，被褥、毯子、被單都不需要。日租界華清街附近，從火車快速通過所見，足爲代表。板壁樓屋，擠擠歪歪，鐵路旁，臭水池邊，街頭巷尾，都有男女老幼酣睡不驚。從他們身邊放置的開水壺，滿地丟棄的香煙蒂，可見好些人上半夜難以入睡，納涼夜談，總在午夜後興致猶然未衰。此時全中國人熱門話題，乃是盧溝橋事變。

出車站，距天亮尚早，下榻第一賓館。以冷水洗洗頭臉，門口小立，看街上夜眠的人，再入房躺臥。已回到故鄉了，思潮起伏，火車上隆隆不絕的震動，反應並未盡去。旅社茶房睡眼惺忪的，與我談盧溝橋事變。一如這一路，凡火車靠站，遇到每一位上來的乘客，幾乎都要向我跟高雲清打聽盧溝橋的種種切切，我倆是剛從北方來的軍官嗎。

早班的武漢輪渡，乘客不多，卻買到昨天上海的申報、南京的中央日報，是飛機航運到的。漢口當天出版的報，則只買到一份武漢日報。從這三份報紙的新聞報導上，有個綜合感受，盧溝橋事變已使全國人心鼎沸，一如此時際小暑節令之熱。

留家一星期，與父母、弟妹團聚，抽暇奉母親出外走走。候騎四師政訓處同仁到齊，再一起赴九江，上廬山。向有關方面探詢二弟有無早日獲釋的可能。

候一先住在湖北省立醫院養病，常去看望他。遇到金輪，他夫人德清也回到武漢。於是，他倆的婚姻生活，家務糾紛，金輪的愛情走私，夫妻倆給我投訴個不完。金輪的部隊早從浙江調到湖南，他要回防地去。

只因我是從北方來，而且人們都聽說西安事變前夕和盧溝橋事變前夕，我在北平城待過一陣子。自長城各口作戰以來，這幾年，我的部隊一直駐在河北省，對於日本侵略種種作爲，特多直接感受。親友們相見，來不及寒暄，都首先要我就當前平津敵我形勢，提出看法。

綜合親友們和社會一般人士的談論，有幾點共同認知：

一、盧溝橋事變與西安事變連貫來看待。西安事變促使國家統一，加強了全國對中央政府的信心，日本軍閥生了恐懼，如不趁早侵略中國，它的勝算愈來愈小。

二、中國國力大大不如日本，忍耐、屈辱，已不堪再受下去。寧爲玉碎，不爲瓦全。中國人只好拚了！

三、盧構橋事變不可看作是地方事件，宋哲元和日本的周旋，只是緩兵之計。全國軍隊都在調動，要全面的對抗敵人。杜賢達同學更指說，廬山調訓的部隊長，已有二十位師長提前下山，緊急趕回部隊去。

四、蔣委員長十年來的忍辱負重，悲憤、惱怒，再也憋不下去。對日本的輕視、欺侮，異常震怒。

五、國共再度合作，國家應有新的局面。

全面抗戰形勢急速開展。全國軍民犧牲的決心，無畏的勇氣，與時俱增，深知挫敗不免，而深信最後勝利終歸於我。

金輪南去之前，有好幾次會見。還特別介紹高雲清給他，他倆很投契，下象棋，勢均力敵。我們特擇這個機會，去洪山附近平野，上袁勁的墳，感慨至深，金輪更甚。武漢城郊，不知有他倆多少友情生活痕跡。

那天，金輪、德清夫婦，毛龍隱夫人周安華，和她十四歲的妹子，加上我，五人。離開袁勁墳地，抄近路走，進入武漢大學校區，到東湖湖濱游泳。

金輪的狗爬式。跟著，安華下水。她是武昌市游泳選手，自由式、蛙式，跳水，姿式嫻熟優美，在水中眞有如美人魚。她人年輕，身材苗條，婚後尚未生育。她的這種表現，引起湖濱茶座不少人們的欣羡。小妹下水了，已能在木柱、跳板範圍的天然游泳池內，游動自如。我跟德清不會，只好在岸邊洗腳玩。我則走到離岸二十多公尺的跳板上，看金輪、安華在池外深水中的游動。小妹激將的笑我：「朱大哥，你眞的不會游泳麼？」

我連答，慚愧。這些年來，我在長江、渤海、秦淮河，倒是下過不少次水了。這些情形，自犯不著跟小妹子細說。

還是安華建議說，我來教你，包你今天半小時就可學會。我，金輪夫婦都不相信她這樣誇口，我根據自己前此三次泡水經驗，尤其無此自信。小妹子在一旁打邊鼓，說她姐姐確有此本事。並說你穿我的游泳衣下水好了。其時，男女游泳衣是同一款式，短褲，上罩以長過胯間的背心（非如目下男性赤上身，但著游泳褲即可），不管絨線或棉線的，都還有點伸縮性。加之我其時體瘦，腰圍跟小妹差不多，不會脹大她的游泳衣。就依她姊妹意思，我換衣下水。德清笑彎了腰，心想，我定會出醜。金輪，白白胖胖的身子，站在一旁，等於我的「保鏢」。

安華說明學習步驟，等於軍隊操場上，制式教練的分解動作。分解爲七個步驟行之。果然，半個多小時我學會了埋頭水中，直向前游去的這點小本事。

可見學習的方法、心理，以及教育者引導的重要。若換了金輪也用此方法教我，他必盡心盡力，但效果必難比。此因安華爲年輕女性，給我心理反應不一樣。

這天，東湖回來，興致勃勃的，立即買件藍色線游泳衣。次日獨自搭車至東湖，習練一次。一趟來回，很費時間，游泳之後，人自然有些乏力。

有人告訴我，廬山訓練團建有大游泳池，很可習練。

王劍文、任衷時、徐奎啖、張鼎、趙梯雲陸續來到武漢，聚齊了，同乘輪船赴九江。輪船上乘客大都是赴廬山受訓的。

到九江後，先去廬山暑期訓練團九江辦事處報到。限定我們齊一入團的日期，不要我們早去。又去軍委會政訓處辦事處報到，領受了各種要塡的表格。意外的，逗留九江三天。

在廬山暑訓團的日子，是二十六年七月二十三日至八月九日。我們是第二期，調訓全國陸軍團級以上部隊長、政訓人員，和軍訓教官。上一期，調訓全國中等以上學校校長。本期顯然並未將此類人員全額調來。

中央政府主辦訓練團，調集相關人員來講學，研討，灌輸一系列的思想，齊一步驟，以奔赴一個目標，是蔣委員長一生主要的作法。民國二十四年，先後有廬山軍官訓練團，峨嵋訓練團的設立，都具有十分成效。此因二十多年來國家迄未有實質的統一，軍事、政治，頗多岐化。短期集訓多少可有些彌補。若如目前流行的說法，謂之溝通。

廬山暑期訓練團才兩個星期，一晃即過。似乎是因爲當時局勢緊張，臨時縮短了時間。其計劃的策定，很顯然，是在本年年初。教育目標也很顯然，爲了對抗日本侵略。

房舍依山建築，紅磚爲主體風貌，方方正正的，高昂寬敞。進入每間屋子，山間清風也隨之而入。它背靠五老峰，俯臨鄱陽湖，展望遼闊。新移植來的松柏，窗前門旁，青翠迎人。這兒，處處給人以清新、明健的感覺。舊雨新知，夾述著各人駐地的情況說明，軍官們爽朗的笑聲，充滿了暑期訓練團，每人都有強烈的直覺感，我們出征的日子已經到了。

軍委會政訓處給我們好週到的服務。在這兒，也駐有人員爲引導與支援。我碰到了西北分處的袁傳仁。傳仁經過西安事變的驚恐，於分處瓦解後調到南京工作。他正是南京人，得以在家侍奉父母。再也想不到的，不期於此重逢，好不親熱。他告訴我許多內幕消息，以及此間的種種切切。

團裏發了不少書册。僅存至今者，是一本日記簿。便於攜帶，剛好搋在軍服大荷包裏。

暑訓團每節課爲七十分鐘。雖只五節課，但升降旗例必講話，且是站著聽講，大家不免遊目四顧，欣賞山光水色一番。

陳誠任教育長，重頭戲都在他身上。預定開學日期，團長未能來。陳有多次的上課與講話。他最主要的課，是講「抵禦外侮與復興民族」。之先，已領到這本機密性的書册。據說爲團長手著——他那能有這種時間？想是他人根據其要旨指示纂述，再經過一番核閱。對中日當前問題有透澈分析，公布了國家準備抗戰的若干事實。此課給我們極大鼓舞，堅強了信心。升旗後，開始講，接著又在學科時間內講，連續好幾個鐘頭方講完。有一次爲九時前後，大家坐了小板凳，在司令台前的大集合場。陳爲了訓練軍人不畏寒熱的精神，要我們在炎熱如火的陽光中，先晒胸膛，後晒背部。他自己著軍常服，三角領巾，馬靴，武裝帶、佩劍，比我們要特加裝束，更是晒得汗流浹背。

當時，這種太陽下的烤煉，無人有非議，二、三十歲年紀，誰會怕晒呢？現在回想，卻不太以爲然。這門主要的學課，是要大家善用思想來接納，應該讓頭腦冷靜，豈好晒得頭昏眼花的？要是操場、野外動作，如此烤煉烤煉，倒是有強化訓練功能。

總教官周亞衛，兵學造詣甚深，他的講演，繁瑣令大家生厭。兵學家的課，還有楊杰、王杰，內容紮實。黨政人員，則有戴季陶、陳立夫、張厲生、李宗黃、孫伯謇、劉詠堯。純粹的學術課，則爲陳大齊邏輯學，馬寅初經濟問題。還有若干人士講當前國防的實際問題。

汪精衛講「最後關頭」，分析當前中日戰爭局勢，內容、條理、結構、精神、情感，抓住了大家的心。講畢，全場不禁熱情鼓掌。事後，陳誠給我們一頓申斥。說這種動作破壞了軍隊嚴肅紀律。當時，大家都明瞭他話裏眞正的意思。自從民國二十年起始，「擁護領袖」的呼聲很高，軍隊裏凡有提到領袖、蔣委員長，大家立即立正，表示最高敬意。汪的地位僅次於蔣，陳不願他的講演佔了上風。按說，陳是不宜如此表態的。

好幾位高級將領充任團附，一一安排在降旗後上台講話，讓他們露露臉。都說得稀鬆平常的，無非說的是擁護領袖云云。其時，「抗戰到底」的口號，還沒有提出來。但它有一個作用是，讓大家識得此人，有利此後全面抗戰，大兵團作戰的相互支援。

對日抗戰的局勢已逐漸展開，全國部隊都在調動。華北方面，集中於平津外圍。華南，則向京滬杭州一帶前進。

有好幾次降旗後，請出來了一、二十位調訓來的師、旅、團長，因爲所屬部隊業已開赴前線，等不及訓練結業，他們要先期離團下山，追趕自己的部隊去。他們在台上接受我們敬禮，全體齊唱「出發歌」：

槍在我們的肩上，

血在我們的胸膛，

我們要捍衛祖國，

我們齊赴沙場，

統一意志，集中力量，

衝！衝破了一切惡勢力，

幹！貫澈我們的主張……

巍峨五老峰下，熱情激昂的歌聲，這樣一批又一批的，送走出征的將校。而緊接著我們大夥，也就要一齊下山，各歸部隊，趕赴前線。從茲起始，抗戰救亡的歌聲，響遍了全中國。新的，堅決奮勇的歌曲，不斷在產生，直至抗戰勝利。可以說，除了山歌、民謠的歌唱生活之外，中國人，男女老少，從未有像此時期，**熱情激昂的，唱過這麼多代表全民心聲的，雄壯抗戰歌曲**。它在精神上所產生的力量，乃是日本人對中國處心積慮，所作的極細密入微的情報偵測、分析，再也料不到的事。

開學那天，團長蔣公未到，誰也想像得到，局勢緊張，他難以離開南京一步。八月二日那天，他坐水上飛機，降落湖口，而後乘汽車上山。他的講話，主要是述說平津失守經過，歸納到三點：一、無決心作戰。二、毫無準備。南苑沒有一點準備。三、無整個計劃。阻中央軍北上。隨後，他又鄭重的說，「我們不能責備別人。因爲成功、失敗，榮辱都是整個的，當要諒解。況且，宋哲元於北方應付兩年，使中央得充分做一些事情，也不無功勞啦。」

蔣委員長的講話，以及我們全體受訓人員的感應，心情都是十分沈重。我想，當年那次的講話，必有被紀錄下來，「盧山訓練集」，必有全文的記載。但隨後的說明，必略去了。好些抗戰歷史畫册，所載他宣布抗戰決心，在司令台上，兩手握拳，高舉過肩，表情十分激忿，應即是這次講話所留下的歷史鏡頭。

著名的盧山談話會，係於七月十六日在盧山牯嶺的傳習學舍舉行，蔣委員長邀請了學術界領袖人物胡適、張伯苓、蔣夢麟、張君勱、李璜、左舜生、張季鸞等舉行座談會，宣示全民抗戰的決心。與會的長者們莫不五內激動，矢志抗日，願爲此全民戰爭貢獻其一切。後來，三十五年七月，牯嶺中央日報曾發表「九年前之牯嶺」，記述盧山談話會前後情形。此文無作者署名，似係陶希聖所寫，因文中顯示作者跟這些位出席者都十分相熟，行文也不像普通記者口氣。

是五十七年夏，在臺北讀到吳宗慈纂「盧山續志稿」，三十六年刊本，乃戰後全國新修方志罕見的成品。此志稿於當年盧山談話會情形，留有充分記載，出席人員名單亦全。還加上民國二十七、八年盧山孤軍作戰情形，壽堂併寫爲「盧山抗戰精神」，後收入「白洋淀雜憶」。

暑訓團飯食採的分食辦法。是陳誠的主意，認爲國人吃的主食過多，使腹胃十分飽足，有礙健康，應減少三分之二，至少二分之一的飯量。他首次作生活教育的講話，以及隊上幹部，也首先告訴我們這件事。受訓者，每人每餐只供給三號菜碗一碗的飯。這在當年國人吃飯，每餐必吃三飯碗的一般情形，確是少了一半。起初大家未免有點飢腸轆轆，飯量大者尤感痛苦。三幾天後也就習慣了，的確感到少吃主食的舒適。

我們人人更得到一項鄉土味的贈品，溪口出產的黃燜冬筍罐頭，是團長特爲送來山上的。其時，雖值盛暑，但山上氣候涼爽，罐頭既打開，我們擱在教室課桌隔板上，覆以小飯碗，食用了兩三天，味道仍然鮮美，並不太鹹。

有幾堂課，主講人下山去了，只好空堂。也有些課程，早先預定的主講人不能來而更改。可以想見的是，因爲局勢緊張的影響，團裏教育與事務也亂了步驟，比受訓人員要忙碌。

術科有好幾堂爲戰鬥教練，我們全作壁上觀。防毒演習，第二天經過演習場所，草木間毒氣猶未完全消失，刺激人們眼鼻，還好強烈。

三十二軍的一些部隊長未遇到，卻碰到民十九、二十年教導三師、十八軍的朋友，如蔡嘯波。還有湯恩伯部的張世禎。只因人多，彼此時間無多，想再碰頭就無機會了。

八月九日結業式，團長特地趕到，參加全團大會餐。麵包、糖果、汽水。軍樂隊奏樂助興，團長面向湖山，對我等三千餘衆，殷殷說訴一些語重心長的話頭，特別指出對敵作戰時，即我之建國運動。

下山，大門口軍樂隊吹奏著「出發歌」歡送。經海會鎭，但見街上滿是著黃衣的軍官，人人懷著一顆殺敵報國、雪恥復仇的雄壯心情。回望五老峰，爲白雲隱沒。不知何日再得來此，國家社會、家庭個人，又是怎樣光景了？這些伙伴隨即投身戰鬥，衛國捐軀者日有其人。

下山，步行十餘里。乘小火輪，過鄱陽湖。轉大船，到九江下岸。去軍委會政訓處辦事處領了書籍、藥品、手槍。

書籍中的珍本是，宣傳工作綱領，民衆組訓工作綱領等。即使是三、五本，擱軍服上衣小口袋，也都不顯眼。爲戰時政訓工作的準據、規範，實用性極高。

三大瓶藥：奎寧丸、阿司匹靈等。是備政訓人員做民運工作時，遇到民衆有小病，救急之需。現在想來，這種設計，其實是要不得的。軍中醫護人員比政訓人員多，藥品又充分，且有其專業知識。何用你去喧賓奪主？這三大瓶藥丸，結果，半粒也未派上用場。擱在留守處，聽它漸漸失去了藥效而不知。那年頭，還沒有藥物擱置久了會自然失效的常識。

我們每位師處長價購一隻中號白朗寧手槍。另領得一隻德造二十響駁殼槍，那時部隊長衛士都佩帶十響駁殼槍，二十響者，視爲稀有武器。槍枝想爲軍政部供應，於前線部隊武器彈藥供給，日有大量增加之際，政訓人員得此給予，也就太不容易了。

歸武漢，只留了兩天。即匆匆北上。二弟獲得自由，釋放回家。父母弟妹送我，有送兒子出征心情。怕彼此難過，在中途，就硬攔住家人，堅請他們先回家。

第二節　大軍增援永定河

一切行動，快馬加鞭。八月十五日趕回曲陽，家中一切物件都已捆紮，只等我到決定行止。

師部眷屬也大都南去河南彰德。我是在廬山時即已決定，讓青母女回武漢，岳母婆媳孫兒等自也如此。政訓處同仁也把行李託她們帶走。我積存的大公報、掃蕩報，預備作寫作資料用的，就有兩大麻袋。

十七日夜間，岳母、青、昌璇三位婦人，帶了兩個孩子，照才一歲多，秋兒十個多月，四十幾件大行李，只派了隨從兵吳永良一人照料，地方派出的三輛大車，這樣去定縣搭火車回漢口。她們一上大車，我未敢回顧一下，經那條朝夕行走的巷子，到政訓處打開書箱，還準備看書哩。緊接著，師部傳來口頭命令，準備出發。月色微明，清風徐來，過了曲陽小城的最後一夜。次日，地方人士來歡送、慰勞。黃昏前，人馬集合，夜行軍前赴定州。

整個身心投入增援前線的工作。但是，沒有馬匹，使我們行動大受限制。難以隨部隊一同進退。按說，我們人員不多，師、團都易於抽調馬匹供我們騎乘，一如平時我們之借用馬匹一樣。誰知一臨到戰時，問題來了，我們既屬編制以外人員，所有編制以內的乘馬都各有其主，那有多餘的馬？當然，只要人家肯調度，把留守後方人員的乘馬找出來，就足夠我們應用的還大大有餘——師政訓處以及三個團，全部官兵未超過二十人。而留守人員，不止是政訓人員的十倍，政訓處並無一人留守後方。

譬如由東北救亡總會派來的寧迪康等三位年輕人，他們顯然各有特殊使命，言行不同於一般人，分在副官處、軍法處、軍需處為服務員，居然立即各人都獲有高頭大馬乘騎。政訓處在本師的歷史，前任王開石兩年，我則已幹了四年，臨到戰時，居然如此受窘迫，我怎未憤然離去的？師長、參謀長，參謀處、副官處，竟毫未考慮此一點麼？實在是太見外，太見外，教人傷心。

我暫時向通信連借得兩匹馬，一匹自己乘用，一匹給新來的隨從兵苗雨田乘用。政訓處其他人員都只好成爲徒步隊，坐在地方徵用來的大車上在後跟進。我這位主官太無能耐，讓部下如此受窘。當然，也是部隊長，置政訓處六年來的公誼私情於不顧。大車裝載旣重，多爲牛拉，道路情況不好，雨天泥濘，更是一天只能走三十里，車隊一長串，但有敵機低飛上空，人們不能不離開一旁。部隊每行百里即宿營，車隊得奔勞兩三天。馬匹死亡，這兩三年未去口外採購補充，已有少數的徒步隊，跟車隊一同行進，擔負起掩護的任務。

通過定縣東行。至翟城宿營。白日，部隊人馬都休息，我卻得不到休息，一方面我自己要去集合老百姓，於支應部隊之餘，作半小時的講演「抗敵救亡的幾點認識」。太出我意外了，鄉村農民居然一下集合到三百多人。講後，我爲他們集體照了一張相，那樸質、激動，略帶悵惘的表情，令我終生不忘。有三位回家度暑期的大學生，還有平民教育協進會的人員，聞風而至，詢問我這一個多月南來北往的所聞所見。尤其關心我講演內容，是否有所本？還是全出諸個人思考？爲彼此激情報國的心志所深深感動，我毫不自秘，掏出軍委會政訓處頒發的工作珍本，並我自己卡片所記補充資料，讓他們傳觀。要求抄下備用，我滿口應允。只有一點限制：此件須與不離身，而我一小時後要去看望師長，至參謀、副官處連繫，還要去無線電台，問最新的中央電台廣播消息，還要看看部隊，考察官兵情況，連繫地方。即由居停主人拿出紙筆，他們六、七人分別抄錄，五十分鐘抄畢。表示說，對於自己今後行動，已有主見和方案了。此事顯示出，**中國知識青年要在全民戰爭中起主導作用。**

一個多小時的接觸，臨別分手，居然有了多年朋友的情分，彼此都萬分安慰。平教會有位米格如先生，是鄉村建設工作的典型人物。這村裏，米姓人家多。

晚飯後繼續東行，等部隊全部走了，我才預備啓步，而乘馬未至。米先生領童子軍三十餘人來，並請我簡略的講話。

第十一團調赴滄州，偏東南走。師僅率直屬部隊及第十二團，偏東北走。這兩枝騎兵，其行進態勢，比步兵來得聲威奪人。

夜經安國縣境，各村都是高大磚屋，景象富庶。沿途人民奉以茶水，表示歡迎。軍心極受感動，向例吊而浪當，好嘲笑世間一切事的何少校，竟爲之改容，對我極正經、莊重的言道：「這樣，還愁日本打不了嗎？」後來，臺灣半世紀好友陳紀瀅兄，他正是安國縣人。

夜未盡，抵蠡縣城。城高大整齊，惟街道積水成河，泥深近尺。至縣府訪盧縣長，詢察地方情形。他說本地人民好訟，自盧溝橋響了砲，大家感於國難當頭，這一個多月，竟然一件新的訴訟案也沒有了。

在縣府大堂爲人民及團警講話，聽衆反應不及翟城之高。我竟然略略說了點斥責性的話頭：越是有錢，越慳吝。

縣長特別在一家大飯莊設宴，一桌酒席，主客是副師長張東凱少將和我兩個人。陪客全爲地方人士、保定同學。席間，他們大談十五年前保定軍校舊事，以及初出軍校，每人所經歷的浪漫生涯。

張副師長甚樸質，東北人，曾在南京擔任過中央軍校高等教育班的大隊長，人際關係多。從此，這一路行軍、作戰，他出頭的時間多，我常隨他共同行動。不能忘記他個性果決，語言乾脆，眼神嚴厲。小橫皮腰帶上（部隊一進入戰時，軍官們都卸下了可佩帶指揮刀、佩劍的武裝帶，而一律使用跟士兵一樣的小橫皮帶。）佩帶左輪手槍，跟一般將校之佩用白朗寧手槍，有顯著不同處。

王師長跟張副師長關係良好，一而二，二而一，指揮權的運用，毫無差異，而王師長的職權行使，要輕鬆多了。他已現出有疾病在身。

首次白日行軍，晨離蠡縣城，午到縣屬辛橋鎮。是我與助理員陳雲鵬，說起部隊行軍途中紀律欠差，服裝不整，鈕子不扣，帽子歪戴，不打裹腿，士兵隨意摘食人家瓜果，放任馬匹吃田中莊稼，令我內心十分痛苦。決定正式向張副師長報告，請嚴令制止，責成各連排長切實約束。

隨從兵苗雨田感歎我，太是處處幫老百姓了。他告訴我：某軍頭驕奢淫佚，剝削士兵，竟有一夜要上十個妓女，陪他牀上玩樂。常常不斷的打針，吃補藥，無限制的吸大煙。他的部隊紀律壞透，跟土匪的兇暴差不多。不久，他的部隊在一次戰鬥中潰不成軍，一下子便瓦解了。他本人怕受到制裁，逃之夭夭。

幾天來行軍中的休息，讀完黎烈文譯的莫泊桑長篇小說「筆爾和哲安」。過九江，我從不購瓷器，而只是踱步到商務印書館買書。

這次廬山下來，買得「筆爾和哲安」，描寫弟兄倆的故事。當時特別體味到，名家的技巧，故事情節的變遷，從細微之處，不知不覺的寫起。

部隊出征，幾天來，興奮、忙碌，沿途地方人民給我的種種感受，相當疲累，又在割離妻女的悲壯情緒，讀此文學作品，每使我神遊於另一世界。同時閱讀另兩部書，德國魯登道夫「全民戰爭論」，我國兵學大師蔣方震「國防論」。係廬山暑訓團所發，在團以及下山後，乃全體將校所熱切閱讀、討論的名著，它激勵軍人志氣，提出了許多可貴的論點。

辛橋鎮爲蠡縣第一大鎮。我特地巡視一周，大屋富戶，排列有三個胡同。藥舖六家，煤油公司竟有兩家。

訪問初級小學，見其老校長，任職已三十二年。兩位教師談抗戰大事，這兩位似係左傾人物，對甚麼問題總表示懷疑和一種生硬排拒的眼光，不像河北省一般鄉下農民，三兩句話一談，即綻開贊許你、信任你的笑容。那天爲星期六的黃昏，正當暑假，他三人怎會留在學校中的？推算起來，那老校長，清光緒三十二年開始任職此校，時期如此之長，也是好稀罕的事。足見辛橋鎮生活之安定性。

午夜睡正濃，師長召，言部隊受令前移，擔任雄縣五十里工事構築。並告政訓處速作之事：戶口調查，民衆組織，宣傳工作。當將已實施之事及待行的計劃報告。這夜，瞌睡怎這麼濃酣？主要是，下廬山以來，十多天馬不停蹄，生活變遷太大，而辛橋鎮的安寧、富庶，好教我心喜。

師長定是情急，午夜單獨找我宣示任務。其實，部隊行動是全般的，他大可於行軍前半小時召集幕僚會議。於部隊既離之後，我們這少數人馬追趕上去，時間還是很充裕的。

八月二十二日上午三時，自辛橋北行。風涼沁人心骨，大有秋意。從臨時搭成的便橋，過豬龍河，至任邱境。下午四時許，才達宿營地西八里村。這天行軍時間特長，參謀處長田學周痔瘡發，鞍坐上十分痛苦，特跟他並肩行進，勸慰之。建議他，如明天仍然血流不止，似可改坐大車，或乘馬單獨殿後，緩步行進，可減少顛簸、磨擦之苦。

學周提起一個感想。連隊長們顧慮馬匹的心，有時過於顧慮人。馬比人肥壯，成爲騎兵的常態。其實，士兵究爲主體，事全靠人，成語「士飽馬騰」，這飽實包括物質與精神的飽，蔣方震固嘗論之。中華文化，更有孔夫子所垂示的人本主義精神——廄焚。**子退朝，曰：「傷人乎？」不問馬。**（論語、鄉黨）壽堂服役騎兵，四年以來，每見部隊戰馬昂壯，士兵喜樂，中心常湧出夫子的神態。

特務連大排長告訴我。此次出發，士兵吃小米不飽，因每人每日僅一角三分給養貸金之故。本日午餐，士兵每人只分得二飯碗，他們含淚呑下。這給養貸金究爲戰時的特別增發？還是出自士兵每人的月餉。記得當時二等兵月餉約爲法幣八元。戰爭初起幣值十分穩定，物資毫不缺乏，增援前線的士兵，吃小米飯不飽，這太說不過去。

北行途中，遇到南下的潰兵，看似二十九軍的服式，有駐定下來的，也有繼續行走的。很狼狽、困頓。我們沒有盤查，也未收容他們。只略略問問，原來是石友三所統率的冀北游擊隊。

經一一六師駐地，見抗日標語，人心感刺激。本師政訓處卻未有這樣去做，騎兵行動快速，那有工夫容你於人家牆上塗刷標語？也是，我素來不著重這樁事。

白塔村休息時，房主言有鹹菜，拿出款待。婦女也敢公然出來相對，自因我們非士兵，帶有長槍，舉動帶兇殺氣。尤其他聽到我口音，把我當中央軍的官長看待。北方鄉下，一直還留有過去上十年直魯軍、奉軍橫暴的印象。房主一再謙稱自己無知識，招待不週。

西八里村住王姓人家，家主八十三歲。長者身子健朗。他感慨的說：「咱們好不容易見到咧，要不是打日本，你們怎會到這兒來？」

八月二十三日部隊繼續前進。我帶隨從兵，兩騎先行，至鄭州鎮，目的在訪問區公所。鄭州之鄭，字甚古，春秋戰國時代，即是燕趙地帶一大貿易中心，直到清代猶然。平漢、津浦兩鐵路成，商業隨交通而移散，這才冷落下來。昔有「天下大會數鄭州」之諺，大市集的規模，處處見其痕跡。商店門前都有走廊。鄭州廟建築雄偉，民間傳說，黃天霸綠林英雄的故事，多集中於此廟。拍武俠電影者，不惜千里迢迢，來此攝取外景。

宿營地，大苟各莊。住高姓地主家，他把外客廳供給我們用。寬敞、雅致、潔淨，出人意外。在他內室沐浴，長途行軍後的休憩，一點小享受。主人家境富泰，堅不讓我們開伙，每天三餐，都由他廚師代辦。晚餐享我等以新鮮河魚。特派一男僕照料我們，這僕人原在何柱國部任過中尉排長，他大談前幾年山海關戰役。他家五燈收音機壞了兩天，當即請來電台關班長修好。

天將晚，抽暇出村東，至河岸，水流清澄。傍小堤北行，望西邊落日。夏日水漲，窪地一片汪洋，田畝外，少屋舍、行人。還沈醉於詩情畫意間，一帆船輕悠而至，是王軍需押了兵站給養過來。兵站追蹤補給作業，士兵不必含淚吃小米飯了。國家苦難，軍隊後勤補給，倉卒間能作到這一點，好不容易。不像敵國日本，它之謀我，數十年如一日，一切早就準備十分週全了，它所百分勝誇的「軍動員」——民四十年左右，幾位日本海陸軍將校，在臺北石牌爲我國防部動員幹部訓練班詳述往事，壽堂曾聽過他四、五位，超過二十小時的講述，好不教人百分感慨。

三條船接續自北而來，是從天津逃難到此。他們說，北平情況還安定，天津可亂了。鄉民說，白天還聽到北方的炮聲。顯然，敵人已漸逼近。只因不斷有大軍北上，且士氣極旺，軍民都以爲咱們必可打勝仗，所以鄭州、大苟各莊一帶，社會生活十分安寧。

大苟各莊，安靜，人情好，飲食好，酒好。不像一些水陸碼頭，一入夜，賭棍、土娼、混混兒、小偷都乘黑而至，攪鬧通宵。

我就便去了師長、副師長、參謀長、參謀處、副官處、特務連等處，特別去看東衡、克嘉父子。克嘉這少年人，幾天下來，馬術已經儼然是小騎士了。

回到住處，來聽收音機的人不少，只是音量小，聽不太眞切。人散，我睡在牀上，考慮根據這幾天的感受，關於地方工作的重點、方法與要求，以及部隊本身軍風紀、地方支應，部隊官兵的心理適應，應作若干修正。

八月二十六日高雲清率大車至，三百餘里跋涉八天之久。又兩日，運江率第二梯次大車至。我們已駐在大苟各莊六天。部隊並未快馬加鞭的急行。輕騎兵與民間征調的大車，行動如此之難配合，但有戰況發生，問題可想而知——我好難過，好難過。

星期天，房主高先生邀我們往其田莊遊玩。在大清河北的沙地上，他們自建了一個莊子，即名高家莊。那是十多年前大水，買下河裏湧出的沙灘地，加以拓殖而成。莊週遭皆是水，樹林成蔭爲綠洲，農場、良田、果園，殊美。更建別館，雕梁畫棟，玲瓏幽靜，明亮寬敞，被饗以美味茶食，陳年紹酒。

好幾位排長心緒不佳，認爲上官與他彆扭。這且不說。對於部下的嚴重違紀竟給予寬容。行軍途中，士兵強取民間鞍具，以病弱老馬掉換人家壯馬，認爲當諒解。馬欠強壯，騎兵即難活動。國家未能掉換，則民間的被徵取，情有可原呀——咳！

當時，對此我未加處理，確是失職。這不僅關乎紀律的維持，還有馬匹問題，乃騎兵戰力的基本。

天雨，河邊行走。考察那些自天津逃難，乘船到此的人。他們一體的憎恨敵人，而期待國軍。對沿河中國軍隊哨兵盤查和沿途土匪的不斷洗劫，最感不滿。

雄縣有青年人來談，抗敵後援會得不到士紳支援，縣長官僚作風，村長只知應付軍隊，而於其中撈油水。

九月一日過有名的十二連橋，至雄縣。這幾天，河水泛濫，工事不易做。動員了近郊人民，在城外挖寬達二丈深一丈餘的外壕，軍民十分齊心，踴躍出力，一文工錢也無，也不要任何人督促。

王劍文一路趕了上來。他很欣慰的說，自廬山下來，他回南京，歸省父母，迄於今天，回到部隊。這二十天的過程，有說不完的諸多巧合，趕車趕船，都是恰好正合時機。好幸運啊。那年頭，軍隊沒有保密措施，本師又還未進入戰鬥，所以官兵一路趕來，易於找到部隊。人民對軍人太有好感，不論官兵，你只要禮貌和氣，縱使一人行走，也必得到說不盡的幫助。

隔了一天，任東時也趕到了。東時兼祧兩房，常州老家和北平有宅院。他風塵僕僕的，把母親、伯母、妻室，自南京直送到貴州；然後，由貴州、經四川到武漢，平漢路到定州，這麼一路追蹤著部隊而來。特爲他餞行，因爲次日一大早，他要帶了陳雲鵬助理員去保定，至鄭州，轉道西安，前赴陝北的騎兵第十團。雖是如此長途勞頓，他倆意興甚豪。無論軍民，都樂於聽東時述說這一路的見聞感想。

東拉西扯，借的馬已還參謀處。秋雨淋漓，望河水奔流。我這位騎兵師的政訓處長，竟然執杖獨行泥濘中。內心十分不快，我竟這樣落魄，這教我如何跟司令部齊一行動？

大道北行，車轍既多泥水，大車之深陷泥中，進退不得，人馬無不困頓苦惱萬分。

抵白溝河鎮。好教所有官兵眼界一開，咱們在北方，跑了好多碼頭，還從未遇到這樣大的市鎮，久享盛名的鄭州鎮所不及。以臨白溝河而得名。白溝河，當年宋、遼以此分界，故又名界河。**文信國兵敗被執，押赴燕京經此，有長短「白溝河」兩詩篇述懷**。大商店多，市街長過保定城內。鎮分屬容城、新城兩縣管轄，早就有電燈了。其時，河北省所有一等大縣，全都還沒有電燈。政訓處駐興盛德瓷器店，掌櫃的要讓帳房給我住，我懇切謝他厚意。他歡迎我們的第一句話是：「咱們早就盼望這一天哪。」

首先找到抗敵後援會長崔金榜，他是本鎮電燈廠的創辦人。目前，他只著重慰勞與募捐的事。不斷有大軍過境，似惟有這方面是重要的。民衆組訓則行之匪易，太耽誤了老百姓的時間，在社會經濟上，會構成相當大的損害。

副官處送來漢奸嫌疑犯。按說，軍法處長爲留守司令，也應派軍法官、書記官二、三人，還有看守士兵在前線才是。弄得我政訓處，既無法律學養，又乏拘押看管的人手，好折騰人啊。當時爲何不向師長率直建議，前方作戰，軍法處焉可一人也不來參與？非建議，乃諍言。

漢奸嫌疑犯的物證：衣襟內縫有銅錢，被認爲是連絡的暗記。他又行跡可疑，所以爲哨兵拿下。人證：妓女，煤店掌櫃。問他們，只答些無關緊要的話。威嚇，要打；鼓勵，開導的話，皆不得要領。次日，又花半天，且用了刑，皆得不到實招。當時，我就很難受，怎能如此殘酷？部隊行後，派人於其家察問，才了案。此人行爲放浪，好欺負人。之先，張副師長說：「甕了罷？」

我以為不當如是輕率處理。寧可自己苦惱、困擾了大半天。

隨從兵吳永良自漢口趕來。他護送青母女一行返武漢，歷時二十天，去來皆極辛苦。他帶來一小包，青密密縫合的。內裝白毛線織的手套。化學珐瑯製品的小煙盤，琥珀與乳色相間。還有她未吸完的半包白金龍牌香煙，以表甜蜜情意。從茲，在前線，我也有時吸枝香煙，消遣消遣。

離白溝河鎮徒步夜行，經公井營鎮，馬莊，到北孟鎮宿營。我內心好委曲，向軍械處借兩匹馬，我帶苗雨田隨指揮部行。餘均隨大車隊，分兩個梯次。部隊前進，政訓處人員只有疲於奔命？那能配合工作？我唱獨腳戲。

連繫地方，積極進行聯莊會的組織，以協同部隊的作戰。寧迪康來說，東北救亡總會給他的任務是：宣傳，偵察漢奸，糾察軍風紀。

臨近永定河前線，砲聲清晰可聞。時遇九十一師、一一六師、騎兵第七師潰退下的散兵。敵機常在上空作偵察飛行。極少有人往北邊闖。

九月十四日，隨副師長至李家口、南北大樓、后奕鎮、白雁口一帶，十二團前線巡視。我重在看民衆自衛隊的組訓。這些地方，都屬永清縣境，當東淀之北，永定河之南。敵軍集中固安北岸，企圖強渡。十二團第二連駐白雁口，集民伕五百人趕挖戰壕，村西面還未包括。當時我心感沈痛，此地如未能固守呢？人民血汗、財物、田土之虛耗。各友軍防區當亦有此狀況。永定河戰鬥已開始，砲聲漸近。因我空軍難出動到這方面來，部隊都無高射武器，敵機十分放肆，卻沒想到給我河岸部隊以步槍火力擊落一架，另一架中空盤旋，欲有救援而未果。

離白雁口，回陳廚營，中途在南大王莊，一擁有二十頃田畝的地主家休息，看到保定「振民日報」。

抗戰之初，前方看報，不管它遲到多少天，報上所展示的全國動態，都令軍民欣慰，受到鼓舞。但從沒有這天這麼一張小報（通常我們都看大報）上的一則小消息，特別教人喜躍。

劉桂堂反正抗日

劉桂堂，小名黑七，山東費縣人，幼小貧苦，對寡母十分孝順。因受欺侮，瞞著母親當了土匪。他的馬隊行動飄忽。從民國十四、五年直到抗戰前夕，他有時受招撫，但大半期間，自我爲王。中央軍、西北軍、東北軍都跟他作過戰，總被他狡若脫兔而逃。曾佔過大名城，湯恩伯第四師來圍攻，並未捉到他。聽很多人說這次戰役情形。北五省軍民提到他，沒有不頭痛的。那天，敵情緊急，老百姓異口同聲說：「劉黑七也抗日，中國還會有問題嗎？」他們之中不乏受過害的。受害最大的，就是身爲村佐的這位大地主，居然提議聚餐飲酒，共爲劉桂堂壽。這種不念舊惡，正是咱們之所以爲中國人者。也因劉黑七不亂殺人，不虐苦士卒，跟當年河南巨匪「白狼」之殘忍無人性不同。

近讀海曲生「鐵掃帚」：「劉桂堂當土匪頭，絕對瞞著他老娘。劉母心目中只知兒子是師長，所以常告誡兒子要多行善事，賙濟窮人。劉幾番落草爲寇，留下原配太太在家奉母，誠懇拜託鄉里宗親，善待他的老娘。他保證方圓百里之內，無人敢拔走一顆蘿蔔，一穗麥子。如果誰向他老娘洩露他的底牌，就給誰腦袋上開天窗。韓復榘想抓到劉母，迫使劉桂堂就範，搜遍費縣全境也找不到，因爲地方民衆全力掩護她。劉桂堂橫行河朔十幾年，所得不義之財，自己不曾置產。屬下嘍囉，他認爲誰該安家了，先在神前斬雞瀝血，宣誓洗手，再給他一批金銀財寶，從東三省繞個彎子，匯寄老家，買田置產，便無人懷疑其財源來路不明。經常隨其行動的有兩三位太太，無一不是射擊能手。她們不用姓名，而稱河北老大、河南老二。到時候，也分些財寶，各找歸宿。陪劉戰死的，是即墨老四，雙手能打駁殼槍，在她槍下，向共軍取得十倍代價。」「鐵掃帚」一文說，抗戰次年劉受撫爲新編三十六師師長。他在蘇魯戰區作戰，跟行署主任秦啓榮於三十二、三年先後殉國。劉「所屬兩團長李堂剛、龐道生，率部投向王洪九的第十縱隊，各編爲一個支隊。兩人總覺得以往歷史不太光明，故特別要強。軍紀森嚴，作戰勇猛，冠於全軍，先後與共軍拚戰而死。」當年，咱們在前方所得消息，劉黑七於抗戰之初，即已堂堂正正爲國效命。

海內外碩士論文寫述，如以這類人物爲題，近代中國，又豈僅劉黑七一人而已。高拜石「古春風樓瑣記」於評述當代中國人物，褒貶忠奸，莫不篇篇光耀千古，草莽英豪也頗有所及，獨缺劉黑七篇。

午夜出發，十五黎明，到南孟鎮。

新派下的團助理員高士元，河北南宮人，才由廬山下星子縣的軍校特別訓練班第三期畢業，獨自由保定步行前來到差，一路這麼趕上前線來，眞虧了他。士元樸質果敢，燕趙好男兒，令我心儀。

午，敵機來襲。大轟炸中，我們毫無掩蔽處所。同仁多感惶恐，只四人很沈靜，士元是其中之一。他下達部隊的最初遭遇如此，正是戰鬥的人生。附近每個村子都遭轟炸，無一倖免。部隊人馬無損傷。

連續半個多月，敵機在這一帶濫施轟炸，老百姓傳出了解嘲的民謠：「天不怕，地不怕，只怕飛機屙巴巴。」

離開大車隊集結的南孟鎮，我率隨從兵苗雨田乘馬北行。途上很遇到幾位退下來的士兵，皆致慰問之意。同方向走的，他無第三人。廣大田野，作物綠油油的，萬般靜寂，無形中有種壓力。敵機轟炸後的恐怖感，還籠罩著這一大片白洋淀外圍地區。幸未發生散兵或藏身青紗帳裏的土匪，下我倆手槍的事。

到姜家營，昏昏月色下，副師長正督促民伕挖掩蔽部的工事。有樓的村長家，是師部設營人員誰也不願住的。我無畏，準備付之一死，任憑敵機轟炸罷。否則，在此緊張空氣振盪的前線，怎能心神安泰。

九月十六打敗仗，可恥的日子。早六時許，敵機即在村西公路上連續轟炸。我便衣隊向東搜索，居然以少勝多，乘敵不備也。通信兵沿途查線（其時敵我都還沒有無線電話裝備），被敵射傷，滿身是血的退回來。十二團被敵軍包圍，師無力可增援。敵砲不斷向姜家營射擊，空中爆炸。九時，我往沿村陣地巡視，每個弟兄皆笑臉相迎。火爆脾氣的趙甲興連長，歪在他指揮位置睏覺，在養精蓄銳。

忙著找村裏人們另組便衣隊，歸副官長楊泰昌指揮。他們馬上拿出自己的槍，勇敢慷慨的接受任務，好教咱們這些吃糧當兵的人肅然起敬。

敵主力已自固安強行渡河。永定河全線動搖，本師這麼一團加一連的騎兵，戰力好薄弱。下午一時，與敵接觸，正面部隊被突破。二時許，師指揮部姜家營的東、南、北三面，遭千餘之敵包圍，東南邊敵已進村，我無力抗拒，特務連下馬徒步戰，以六、七十人兵力掩護退卻。師指揮部這一伙，人人掏出了手槍，上馬往西急馳，上空敵機往來不斷，並未轟炸，想係掩護其部隊渡河。我們後撤，經獨流村、大楮林，至太獅莊宿營。每離一個村子，我即爲被甩下的老百姓，內心傷苦無已。

河山變色，夜月朦朦，敵機一兩架在白洋淀上空，東至靜海，西到保定，巡迴飛行，騷擾無已。它飛在雲端高處，步槍射擊不到。老百姓又傳出了民謠：「不怕南來一隻虎，只怕北來一隻雞。」虎，指我大刀隊。雞，指敵機。

天津南來的難民，大清河上，受了幾道洗劫。敗退下的散兵，憤懣非常。老百姓仍然懇切接待，殷殷慰問，教咱軍人們好生慚愧。

第三節　白洋淀到東陽關

姜家營敗退，只參謀處、副官處人員隨著師指揮部行動，我們都歸入了大車隊。道途上，時與九十一師、一一六師、騎兵第七師的敗兵同行。談論起來，都表示：敵人的炮兵、飛機聯合作戰，掩護他大部隊挺進，我薄弱戰線難抵抗。

風聞，少數部隊有搶劫行爲。人民好惶恐，已了然到自己軍隊不足以保護他們。當著我們面，他們毫不埋怨，仍然盡情款待我們。日本軍隊一下子湧到了，又怎麼辦呢？

經獨流村、大楮林，至太獅莊宿營。次日，經西魯沖，遇高雲清。悉昨日姜家營的敗仗，使後續部隊大受虛驚，處中人員都散。史紀人受不了這些驚恐，就此離開，回江南去了。決偕雲清同行，而放棄了前方工作。我無馬，如何跟副師長他們同進退？我之作爲前線逃兵，乃是在此狀況之下。我眞怯懦？我犯了錯失？不，乃是我工作了四年的騎四師，給我不公道的待遇，有以致之。

根本檢討起來，乃是當時的軍事委員會、軍政部，以及軍事委員會政訓處，於政訓人員的乘馬問題，未有任何絲毫措施。豈僅騎兵、砲兵、政訓人員有乘馬問題，步兵同樣有此問題。當時，營連無政訓人員，只團級方有。步兵、營級以上部隊長，通爲乘馬軍官，用馬列在編制上的。若爲政訓人員加列乘馬編制，主管預算者自必以爲窒礙難行。但爲何上級不下一行政命令，規定政訓人員的乘馬，由部隊勻支供應。例如，二十二年服役步兵一四二師，其師部的馬匹，既充足，又優良，供應少數政訓人員乘騎，太是綽綽有餘。

九月十七夜宿營朱各莊。得軍醫處何上士爲助，覓得住處。落難生涯，苗雨田殷勤伺候，可感。對人民的逃避，購借麵粉不得，總不免出之憎恨態度，詛罵人家。未便在人民面前申斥他。到白溝河鎭，人民四外張望，商店皆關門閉戶。昨天敵機來轟炸過，火藥味還未完全消釋。次日，經雄縣，至大清河南的李郎村。這一路行動，皆得軍醫處給我密切連繫，每天也總與東衡見到。

十九日爲中秋節，感慨非常。想到這十年來，以今年中秋最狼狽。這一個月大家盲然的信心，還說打到北平去吃月餅哩。

月落，朝霞初現，乘船入白洋淀。雲天水色，蘆葦迎人，依稀江南景色，而水域泛漫，好教我們這些在河北省的南方人感到驚異——直到六十八年春，撰「白洋淀雜憶」，稍作歷史探索，始明其漢唐以來的種種情況。淀字，今爲罕用字，音店，並不字認半邊的讀作定，卻有水流定止的意思。它爲何不就叫湖呢？

我們先到趙北口，遇見由北而來，潰退的敗兵不少。十二連橋水滿處，淹死的軍馬，遺棄的大車、炮彈、雜物也不少。白洋淀水不太深，幾乎每年夏季必泛濫。其實，但能稍加掘深、疏通附近河道，問題就解決了。不知當時地方當局怎未有所措施？白洋淀水域以及相關的河流，除了環週的高陽、安新、任邱、雄縣，而大清河、豬龍河流域所經的其他各縣縣境，直到天津附近的東淀（白洋淀又名西淀），都有關係，必併此兩淀兩河來疏濬方可。

白洋淀，古雍奴澤也。在河北省武清縣南，一作邕奴。今名三角淀，已淤成平陸。水經注：「邕奴者，藪澤之名。四面有水曰雍，不流曰奴。南極滹沱，西至泉州。邕奴東極於海，渭之邕奴藪。其澤野有九十九澱，枝流條分，往往逕通。」明通志：「三角淀，周圍二百餘里，即古之邕奴水也。」

按說，白洋淀只是個大湖，由於其歷史傳統，得以「淀」爲名，或寫爲澱，古名又謂之澤。河北省水澤之名爲淀者，據光緒「畿輔通志」所記，除了東淀、西淀水域所及的任邱、雄縣、安新、文安、霸縣、高陽、新城、大城、保定、望都、靜海等縣境，還有通州、三河、武清、寶坻、寧河、滄縣這些地方，也多有以淀爲名的水泊，攏總計達一百七十四處之多，且不乏十里至三十里方圓者。農民爭利，圈佔水泊爲田，地方不察，聽其堵塞，反以爲開荒增賦，失其水利容蓄功能。

要非增援永定河，怎會出入白洋淀？離這地區稍遠的河北人士，也和我們外鄉人一樣，再怎樣也想像不到，河北省的腹部，會有這麼一大片恍似江南風光的水域。

三天兩夜的舟行，得詩人高詠相伴，雖是敵情緊迫，也苦中作樂的暫時逍遙一番，只惜無風帆飄蕩。

白洋淀水域的村莊，多有大水漫汗的恐懼。夜間既入睡，每聞鳴鑼示警，四處傳告，某處堤防危急，要去搶救；或說，某處水已進村了。人民之恐懼水患，比恐懼敵寇之來更甚。而大水泛濫地區，敵我軍隊都只有繞道避開，砲車、輜重更是無法涉水通過。整個白洋淀廣大地區，可集結來利用運輸大部隊的船隻並不多，只有漁船和少數中型木船。我們居然找到一隻較寬敞的木船，船主放下了照顧自己家小，而樂意爲我們這幾個敗兵服務，心感之至。

經新安鎮、安新縣、大橋鎮，入河道，舟泊保定南關。大淀上空，日夜皆有敵機偵察。我帶了吳永良，沿鐵道快步走至西關車站，敵機盤旋，轟炸、掃射者四次，我們惟有隱蔽於樹蔭，若是它低飛，硬要趕盡殺絕的話，不犧牲於保定車站者幾希。

保定昨已開出最後一列車，站上人員全部走掉，再不會有甚麼車來。這是打旗的人告訴我們的。但是，苗雨田這孩子會向各處鑽，據他打聽來的消息：今晚仍會有兩趟火車南開。原來，近日保定每晚皆有二、三列車南開，名救濟車，專爲輸送難民、傷兵。航委會停有兩輛汽油車，原係準備飛機來此應用的。現以永定河全線潰退，保定降落加油成爲不可能的事，將原車駛回後方。中國空軍難得在河北上空作戰。

我只好把大部書物扔掉。所特別記得的，乃是在大名買的一部「辭源」，厚厚兩巨册。公家書刊全予焚毀。兩個公文箱也扔了。

天將晚，保定景況極凄涼。婦孺擠在插有英、美國旗的教堂門口，要進去避難。少數窮人，則佇立街頭觀望。還有小部隊，向西北行，去滿城的。大路上散落下來的砲兵，騎著無鞍的騾子，騾子分明是當輓馬用的。也有徒手行走，一無所有，不知他是槍彈丟了，還是因爲他非戰鬥兵的緣故。

保定車站已被敵機轟炸多次。但鐵道還算完整。有個班夫告訴我，站上還有上十人留剩未走，是要挺到最後的。可敬！可敬！漸入夜，敵機不會來襲，月台漸漸擠滿了難民。久坐，未見車至，往難民群裏一走。遇王夢九，遼寧人，他還能風度瀟灑，快談一番。

後來，好不容易，交涉到鐵甲車隊的機車，於它停下上煤時，擠了上去。只要有一點空隙，都擠滿了人，婦孺、傷兵。臨到開車，司機好心，特別伸頭探視，要大家坐好，他會慢慢行駛，免得車快了，這些攀緣著的特別乘客，會摔落下去。

月色朦朧，鐵道兩旁，逃難人群扶老攜幼，躑躅路途。慚愧，咱們這些脫離前線的軍人，竟無可施以援手，反而因爲單人獨馬往南撤退，走在他們前面。車南行約八十公里，止於清風店。

次日，沿鐵路走向定縣，腳泡未好，只能慢步行進。經一村，人民爭告以好消息：中國飛機四十架北來，平津克復，改編後的紅軍，已佔瀋陽。難民又有北返者，似前方果有佳訊。有一段路，兩旁柳樹成蔭，地上綠草軟綿綿，靜美之極，田園樂趣，滿溢眼前。昨天保定轟炸，生死俄頃，都忘之淨盡。

漸近定州，先望見大塔。再前進，更見到曲陽嘉禾山。山川依然，人事全非，增援永定河才一個月，當日東北戰備行進的豪情今已無有，由於無部隊憑依。

定縣，其時爲總指揮劉峙駐在地，乃永定河作戰各軍師的高級指揮官。另一總指揮官宋哲元，係擔任平津方面各軍師的作戰指揮。隨後，才有了戰區的劃分。車站上得來的消息，望都發現敵人。定縣已不能逗留了。

我們先上了給養車。臥席上休息，望天上星月，秋露微涼。給養車、彈藥車共有兩列，卻沒有車頭。只另一列升火待發的專車，是有車頭的，搭車的軍民以及給養車、彈藥車的押車人員，幾次懇切要求，希望給掛上去，都不獲允許。人家有人家的難處，這兩列車既然載重十分，每節車又擠上不少難民、傷兵——打個比喻罷，擠上火車的人群，就像是一條長麵包給沾滿了蒼蠅；說不定擠上去的人群，其重量要超過車上原裝的給養、彈藥。而這專車，每節車廂都是空空的，車門站著衛士守護，它如果掛上這兩列車，定得大費周章，得先駛行到揚旗處，掛上一列；再掉換軌道，再掛第二列。而本身得離開車站月台，這一行動，必招致所有麇集在車站的軍民，全部攀上這一列長得離譜的火車，很可能那空蕩蕩的專車，也會塞滿了人。人們必會表示禮貌，但留一節車廂供總指揮及其隨員乘坐。這一來，它要行駛，就只能比牛車稍快一點兒。

我們四人，我、雲清、苗雨田、吳永良，瞅到一個機會，攀上了專車，得到衛士諒解未被攆開，只靜靜等待車開。

突然一陣槍聲，情況異常緊張，似乎敵軍自西北方向來襲。這列專車，既不拉放汽笛，車站上也無任何指示，便突地如一匹野馬受到驚嚇，開足了馬力，急奔前馳，震得我們東倒西歪。從來火車的開行，起步必是慢車，而後逐漸加快，至少也得經過兩三分鐘運動，才會達於全速。那會這樣跑百米似的，一起步即以全速前進。

引得月台、車站人們極度驚惶。專車馳到揚旗以外才停止；喘了口氣似的，又復緩緩回頭行馳，仍然停靠原來位置。適才一陣槍聲，乃屬一場誤會，有幾個傷兵要上車，衛士不許，引起衝突而鳴槍。司機不明就裏，以爲敵軍突擊，驚惶失措而立即全速開車狂奔。幸而未發生事故。

許許多多重傷無法動彈的傷兵，後來有否安全撤退？令人不敢想像。因爲火車只能通到新樂（北距定縣約三十公里），沙河上的鐵橋已給敵機炸毀。

第七師整隊士兵，要上專車。車上衛士勢不能敵，無力可阻擋。他們是從滿城敗下來的，說敵人騎兵厲害，抵不了。看他們胸前的手榴彈並未用去，子彈帶也都滿滿的。不知這仗是怎麼打的？暗中納悶，當然我犯不著去考察這些。咱們姜家營接敵，不是也一粒子彈未打出嗎。

可能是劉總指揮上了車，這專車方毫不猶豫的向南開行。既不鳴汽笛，車頭巨燈也減縮了，只有平時三分之一的光亮。專車上載的人員，不過其容量的十之一二。很可想見的是，那大群未能上此專車的軍民們，必然詛罵、惱恨這列遠遠南去的專車不已。總指揮有否責令此列車再轉回來？至少三個來回，以撤退人員，掛走給養、彈藥車？按說，他應有此決定，因爲被拘限在此三十公里鐵軌上的列車，只這麼四列了，而僅有兩部機關車。

火車由定縣到新樂，不過半小時，要是平日特快車速度，也許只要十五分鐘。車停於沙河北岸，先讓第七師整隊官兵通過斷橋，而後方有少數難民接著走。

我只留下了小皮箱，吳永良背著，他走前面，我走第二，雲清隨之，苗雨田殿後，通過了這段險橋。可比器械操之走天橋，要險多了。之後，再走一短的斷橋，胸中滿具勇氣，就毫不在乎了。

沙河南岸，整整齊齊、漂漂亮亮的，停著一列升火待發的專車。這專車是特別快車的氣派，車廂內大都開著燈，當然，也有佩駁殼槍的衛士，也許見我們人數不多，沒有嚴格拒絕的意思。他們好親切的說：「你們躲在下面去（他用手指向路基下的草地），一等總指揮上了車，你們再上來。」

我們回頭望望斷橋，似未見有官兵們簇擁總指揮過來。心想，總指揮既已離開危在旦夕的定縣，也許他正在斷橋彼端，對幕僚人員作甚麼任務指示罷。按說，速速後撤傷兵、難民，給養、彈藥、汽油應爲第一件事。前線部隊的指揮，且讓那些軍師長去各自爲戰罷。指揮關係中絕一天，也事屬無可奈何。按說，電台如隨帶上車，火車行駛間，還是可以照樣指揮的。可以想像得到的是，當時總指揮部不會帶有三個以上的電台，所有無線電收發報機，恐難以二十四小時全天候的通報。一兩小時斷絕通信，很可能爲常有的事。

這一段鐵路路基，高於兩邊田野約四、五公尺，想是要適應沙河鐵橋的高度。南北以沙河爲名的水流頗多，幾都有一共通點：河面漫汗，水不深，平時流速不急，並非滿河皆水，而只見沙堆纍纍。這條沙河，爲豬龍河上游，定要流到豬龍河，河牀較深狹了，水才流得有些勁頭。其時，夏季雨澇近尾期，白露已過，進入秋分節令。那些難以攀越斷橋的傷兵，或許後來找到當地鄉民嚮導，走一大段河牀上的沙河，徒涉一段淺水地，通過一小段便橋，再以船渡過深水地帶——平日乘特別快車經過這沙河大橋，有一印象，深水地帶極少極少。

我們既安心的拿路基青草坡當沙發，躺著休息。委實的，這上半夜的緊張，四人都累了。相信了衛士的話，我並未派一人守望。只偶而掉過頭，可仰望到列車車頂。上面有甚麼動靜，咱們一點也未察知。突然一警覺，四人一起站起身來，方發覺這列漂亮的專車，已甩棄了我們，揚長而去。但有兩小時行車，他就可趕到石家莊。指揮部一旦繼續設立，首先要接受統帥部的嚴厲責備：「怎麼？給你這麼多部隊，又撤退了？爲何不能如淞滬戰場的硬挺？」

苗雨田忍不住頓腳詛罵。我並無怨尤，反而同情這位總指揮，除了增援上來的第二師，他的指揮足以得心應手，其他各部隊無不關係混雜。可想見的是，他的指揮部由保定而定縣，敵軍就要逼近，實在是挺不住了，才在半夜時分，必是得到統帥部允可，倉皇撤走。總指揮掌握下，連一個警備營的兵力也無有。這時，發現總指揮司令部的幕僚人員，著嗶嘰軍服，挾帶著皮包的，也跟咱們一起，在鐵道的枕木上，共同星夜趕路。一點也不用緊張，第一、後面絕無火車衝上來。第二、沙河的阻絕，敵軍再快也追擊不上。昏昏月夜，敵機不會空襲。一到天明，這鐵道線就不安全了。

天明，有部隊同行，爲三十一師，似未盡力戰鬥，而向後撤退者。又遇第二師政訓處長方濟寬，獨乘自行車急行。至東長壽車站已八時許，上了一列運兵的專車。車廂如同長方形箱子，只中間兩邊開門，兩頭上端有吐氣的小窗。每節車廂，都是相隔絕的。我們進去的這一車，比較特別，一角爲廚灶間，其車壁、車頭，各開有較大的窗門。滿車大都爲士兵，夾雜了難民。只要有空地方，士兵們並未太拒絕難民們擠上來。但此刻確已人滿爲患。

車停止著，不知要等待甚麼。我發現車廂外，兩節車的掛鈎上，站著一位蓄有濃鬍子的中年男子，這在火車快速行進時，是極易滑落失足，準有生命危險。惻隱之心頓生，我馬上告訴他，自己是附搭這專車，此刻無法讓他進車內；一等車開動，就把他從窗口拉進來，料想那時不會遭到大兵們的排斥。不一會，車移動了，拉他進窗口。他有點胖，虧得一位士兵搶手幫忙，合兩人之力，好不容易，拉拉拖拖，攙攙扶扶的，把他拖進了車內。

他穿的一身黑學生服，帶著一口小皮箱。胸前佩著平教會爲大遷移特製橫方形的符號，赫赫三個大字：**孫伏園**。

他絕沒料到會有我這樣好心人救助他。更沒料到全車廂裏，滿臉有兇殺之氣的士兵——主要是因軍服塵土、垢漬、汗水交織，胸腹間繫著子彈帶，還加上兩個木柄手榴彈，肩臂間斜抱著長槍，歪戴軍帽以便散盡頭上熱氣，或是便於打盹休息，是這些形相，構成了在老百姓眼中的兇殺——也都親切的面對他，只爲他年長一些，有紳士的端重。大潰退中的遇合，不也是種緣份？

孫先生此行，乃爲撤退定縣平民教育協進會的人員、圖書、器材，至湖南長沙。他眼看著所有的人都走了。自己逗留下來，落了單。其經過詳情，想必他後來跟同仁們說過，或者有所寫述，也不一定。

當時，好教孫先生詫異的，我跟高雲清這兩個年輕的軍官，居然這麼熟悉他的事。我立即說到自己寫「女人」的緣由，求其供給十六年武漢出版的中央日報。（現在回想，自己未免天眞，當年武漢政局變動很大，孫氏早離開了。再說，抗戰情勢緊急，當時情境，也不適宜談這種之乎者也的文事。）誰知孫氏一點也不認爲不適宜，即時慨然應允。並說，當年中央日報經理某君，現任安徽財政廳長，他保有武漢中央日報的全份，保證可借用。

我的目的地河南彰德，騎四師後方留守處。由於敵人節節進逼石家莊以北，已無客運行車，只有軍事運輸與路局的救濟車，而且情況紊亂。孫先生樂於與我同行，得到妥善照顧。石家莊車站也遭到敵機轟炸，站上軍用物資，部隊，難民，駁雜擁擠，不復呈現平日整潔形貌。在此，我們改乘一列橋工車，列車極長，擠在車上的幾全爲難民。邢台站小有停歇，遇敵機來襲。

秋雨淒淒，到彰德，即赴留守處。政訓處在前方失散人員，除史紀人、張鼎外，都已全部遇到。見到軍械處長高峻峰，他也是姜家營敗仗後，脫離了部隊的。他可有其肥壯的乘馬，不像我們乃屬徒步人員。留守處每天皆收到前方無線電報，部隊每天都在向南撤退，偶與敵軍小有接觸。我們現在要回歸部隊，已經不太容易。留守處即將西遷靈寶。

偕孫先生入城，訪行政專員程某，湖北人，他極忙，談得投契。上午時間，居然就在專員辦公室，一下子接通了彰德至湖南長沙的長途電話（全爲有線電傳遞的），孫先生得與平教會南遷人員通話，意外欣慰。長途通信，軍事優先，此外的通話，像這樣超越豫、鄂、湘三省，總要經過半天折騰。這樣，我倆乃得悠閒起來。參觀古物陳列所，由「車飾」而想到「詩經」好多篇章，所描述的車騎之盛：君王、貴族、詩人、戰士、美人，乃至農事收穫的大車。

這天下午有空襲警報，何如這樣疏散，去殷墟遊，一舉而兩得呢？偕孫先生到了小屯。他說起和他兄弟福熙同遊歐洲的觀感。**一國國民對自己國家的認識，必得有縱橫的了知**。從史書得到縱的認識；把國土南北四方都走遍了，以求橫的認識。然後走出國門，與他國比較，你必不會妄自菲薄。

半個多世紀後，另寫一專文，加述了好多事相，成「險遇孫伏園」（收入「中國民俗學歷史發微」，八十四年二月，臺北．渤海堂文化事業公司版）。孫伏園的平易、樸素及其清純自在的文筆，熱中倡導民間文學的調查、研究、編刊，正是一位好典型的自由主義者。他跟魯迅很要好，而性格迥異。

三天盤桓，送孫伏園南行，並寫了家信託他帶走。

旅社期待，下手寫「永定河失守前後」，寄漢口掃蕩報杜賢達同學，請代轉編輯部發表。又寫「戰時見聞」，集錄一些瑣細。一則一則的，這五十年來，迄未發表。是寫在英文練習簿上的，居然還保存到如今。腦子裏成天在盤算，請調任掃蕩報記者，要為報告文學寫作致力。眞是好不務實，跟掃蕩報並無淵源，自己寫的新聞通信稿也並未有十分份量，得人看重。拋開穩當的工作、收入，去尋求虛渺的前途，竟還似十六、七歲浮蕩少年也。如果我全無家庭負擔，孤家寡人一個，任怎樣去闖嗎。竟未想到掃蕩報立場，絕不允許你這個自由主義者的寫作人。

唐筠孟同學來訪。說起九月下旬保定、滿城之線的漕河戰役。戰線並不長，集聚了第二師、第四師、十七師、二十五師、一六九師。以指揮欠佳，官兵未盡力戰鬥，而潰退、逃散下來。傷亡率並不大。第二師師長黃杰，二十五師師長關麟徵。第四師師長徐庭瑤，這三師人，向來聲名遠揚，素為國人所稱許的中央精銳部隊，與三十六師宋希濂，八十七師王敬玖，八十八師孫元良，可等而視之。而黃、關、宋、王、孫都為黃埔一期同學，受到當局特別倚重，戰鬥任務的派遣，也就特多了，能者多勞。關麟徵其時已升任五十二軍軍長。

有天，車站上看到急駛南下的衛生列車，心為安慰。車況整潔、明亮、寬敞，醫護、事務、警衛人員隨車，可看見病牀上傷患者，十分自在。但願這些幸運兒之中，能多有在定縣車站各旅社所看到的，那些可憐的傷兵。

聽說保定行營撤退到邢台，行營政訓處長爲徐會之，即寫好報告前往面遞。我請求解決工作人員的馬匹問題以及自身調職掃蕩報的事。現在回想，眞少不更事，行營政訓處乃臨時編組，那能解決你這種問題？要是性格刁鑽的長官，他甚至會譴責，只怪你工作成績欠佳，否則，不過二十四馬的事，他師部和三個團一分攤，不過各出馬五匹而已。虧你在騎四師已工作四年，師長跟你推心置腹，各幕僚單位又復協調良好。你們對部隊一向只有付予和貢獻，從未向他們要求過甚麼。今茲進入戰時，無馬你怎能在騎兵中行動？幸而徐處長接納了報告，也未斥責我們臨陣脫逃的罪過。當然，永定河的敗戰，以及保定、滿城之線作戰不利，退下的部隊以及散離的官兵，太多了。

跟徐處長談話之際，遇到一位女性，面容蒼白，戴呢帽，把眉目都壓低得看不清。徐並不介紹，卻又不避諱她。出來之後，問起旁人，說這是位游擊英雄，她是安平民間武力領袖。戰爭初期，即遇見這樣的年輕女性的領導者，可證其人之出類拔萃。

在彰德，碰到西北政訓處同事魏予珍，他正熱中於籠絡關係，要搞游擊隊。予珍是個政治慾望、企圖心極旺盛的人。想不到，他會開口向我借錢。一來，他看重彼此友誼，認爲可以互通有無。二來，他看準我手上有筆錢，可以自由支出。戰時，每月三百元的事業費。其實，認眞說起來，這錢不夠用度。那時，我已準備要挪用它買馬了。現在回想，他既被賦予這樣任務，則財務支援必很可觀。何至一時旅費也拮据呢？予珍本是友輩間一位長袖善舞的人。

會到楊白楹同學，他是行營政訓處第二科科長。說起漢奸問題。在石家莊時，行營捕獲漢奸甚多，餘黨多隨行營南移，逃到順德來。恐遭敵機轟炸，避免漢奸擾亂，行營現住鄉下。政訓處與之無密切連繫。又說，城中各機關潛伏不少漢奸，以非權力所及，不敢逮捕這些人。當時，憑著漢奸罪名，軍警、地方政府，乃至老百姓幾乎都可出手抓他，立處極刑，國人皆曰可殺。

二十二次北上客車可到石家莊。車上除寥寥可數的軍人、新聞記者之外，一個普通乘客也無有。我坐上頭等車，與兩位將軍同房間。行營參謀黃顯聲，他曾是東北軍的砲兵旅長，談西安事變內幕。翁照垣，十九路軍的旅長，當年報上照片留下印象，現爲總部參議。他倆未帶隨從士兵。

碰到大公報記者小方，特請他至餐車，飲青島啤酒，談說前線軍民、社會生活，以及新聞報導。我好羨慕他這種自由自在的工作。

自順德南返彰德。車站候車，難民特多，也夾有不少官兵。士兵們滿嘴髒話，發牢騷，逗趣，打發時間。他們最感興味的事情，是說起，在石家莊，有不少風塵人物，情急從良，跟上軍人好逃難到大後方去。其時，天晚，就有幾位席地而坐的老總，情不自禁，撥弄那熟睡在地上青年婦人的腳板。這小動作，不易爲人發現，卻給我看見。逃難的婦人，身旁無男性，巴不得有位老總能挺身照顧她才好。有位膽子大的，裝著十分疲累，歪下身子，緊挨著那婦人背後躺下來打呼。大夥只注意看何時會有南下的火車進站？誰去管這些。我站起身，人叢中活動一陣，也在觀察月台上諸種狀況，爲自己的報告文學、戰時見聞錄打腹稿。當然，這也是不常有的情況，若非前線挫折，軍人少有往後方奔的。推而至於蘇州、廣州，以及後來的南京、武漢的撤退，莫不有類似情態。戰史可不屑記載這些，**亂世鴛鴦的酸苦與甜美**。

近午夜，火車進站，車裏邊早擠滿了人。月台上，萬頭攢動。車頭、車廂上，都攀滿了人。路局的人看了，沒法趕下來。大家異口同聲的說：「我已經在這站上候了三天啦，白天怕空襲，晚上才趕到車站來。頭一晚，人太多，我擠不上去。昨天麼，車上人倒不太多，不知甚麼道理，它進站不停，沒有一人能搶上車的。」今天，所有的人都發了狠心，車門不是堵塞了麼，他硬從窗口爬進去。我一眼瞥見，那被老總撥弄腳板的青年婦女，正有兩位連續從窗口爬進，托著她倆腿腳的，正是兩位尉級軍官。

我怎能不硬擠上車，車廂內毫無立足之地。椅背上也坐了人，行李架變成了臥舖。我先是站在腳不能動彈的處所。當火車快速度奔馳，竟也能打起瞌睡。不久，車站靠一小站，很多人都醒過來。對過一位老婦人注意我好一陣子了，指著她對座的兩個大閨女說：「大家都是逃難人。我看你這位官長，站得太久，也夠累了。」又指著所有高坐椅背上人們，苦笑著說：「就坐在她姊妹倆背後罷。」一妹子約二十三、四歲，她站起身來往前挪移，說：「請坐罷」。這女孩，落落大方，很熱情，她特別向附近的，以及擠著通過的士兵們打招呼，說：「老總，你們可辛苦了。」有的士兵聽了，不好意思。如今混在難民群裏向後方走，不就是臨陣脫逃嗎。

我還在遲疑。老婦人繼續說，姊妹倆本是唱大鼓的，隨大夥往南邊跑，還不知投奔到那兒去呢？那姊姊起先不太以老婦人善意邀請爲然，及至見到我是個有禮貌的志誠君子。那妹子既然向走道挪動了身子——她左臂原來就給緊壓過來的人群鉅大力量，緊挨著我的右股，早感受到她柔軟體膚的電感了。我向她微微點點首，說聲對不起，便攀上椅背。好不容易坐下，確是十分舒暢。我已十分的受擠，苦站兩小時了。

列車前後左右搖動一陣子，又進入那不休止的晃盪行進之中。全車人大多閉目養神，也有迅即入睡的。居然有查票員擠過來，要人家補票，大聲嚷叫：「這不是難民車，沒有票的得補票。」可是，他可並沒有掏出來那補票單子來寫，把補票單子遞給人家，只是收錢入袋了事。居然無人與他爭論。很快的，所有未買票的人，都聰明了，他一過來，塞點小錢，說：「高抬貴手。」實在拿不出，便陪笑臉，哀哀求他放過。還有少數的，拉了一旁的軍人充作親友，搪塞搪塞。有幾個青少年，年長的，說：「我們是學生，從房山、易州西邊山裏逃出來，身上早無分文了。從軍去的，大爺，你幫幫忙。」誰會想到哩，這查票員一言不發，居然在他大帆布袋裏掏出許多角票，還另外又掏出一塊銀元，看準了他們，說：「你們一共五個人。好。這共總有四塊多錢，儉省點用，足夠你們到漢口。一到那裏，你們就有辦法了。」學生們先推謝，還是旁邊人相勸，才收下了，引來一片贊嘆之聲。然後，凡是補票的，多有雙手奉錢給他，說：「難得你這樣一位好人。」

老婦人望著我，語帶雙關，說：「菩薩保佑，這才叫出門遇貴人。」

抗戰八年，平漢路、隴海路上，壽堂坐客車旅行，有太多乘客擁擠的經驗，但從未如這次擁擠特甚，硬要將車廂擠破。人人身子，前後左右，都緊挨著別人的身子，火車但走快了，左右大幅度搖晃，人人也就不由自主，都要跟著一陣搖晃。只因大部份的人，都是站在走道間，以及卡座乘客放腳的空間——這空間也擠站三、四個人。幸而是北方初秋天，車內不熱，人們大都穿夾衣了。

環觀全車廂，似只有我這位青年軍官，坐在兩位大閨女背後，景相極突出。也是我平生僅有的一次，這樣尷尬局面，當時卻絲毫無尷尬之感。十之八九的椅背，都這樣坐著大人、小孩。是人家母女倆殷切邀請，我才坐上這特座。

擠得我腰瘦背痛十分。下午三點，到彰德下車，跟她母女三人深致謝意的告別。下車即入城，至留守處連繫，知悉本師將調赴綏遠。留守處遷靈寶，決定讓運江、高雲清隨同前往。

保定行營撤銷，第一戰區成立。至戰區政治部，謁主任袁守謙述職。巧的是，二弟也到了彰德。他攜著共黨元老董必武的介紹信，要趕往太原，見葉劍英，投八路軍去。正太路已不通了。硬把他留住，且同走一段路再說。

彰德已成爲北戰場高級指揮部的重心。政訓處前方失散的同仁，先後來此聚集。我逗留此間二十天，敵機不斷來襲，有時一天連續四次。

同學、同事、友軍，南京軍委會政訓處以及本師留守處待西遷人員，還有也是前線下來的，如特務連長趙甲興，不知怎麼通統也出現在彰德。聚集、商洽，爲日後的行動部署，十分忙。

看到掃蕩報上，「永定河失守前後」續篇的刊出，心慰。即至市場印記者陳敷的名片，更加鼓舞自己請調掃蕩報工作的意願。就在這天下午，偕同二弟離開彰德，到鄭州。

南下的目標，是要前去山西與部隊會合。卻一直以戰地記者身份，爲訪問、觀察、研究、寫述，攝影的種種活動。鄭州、洛陽、靈寶，都有逗留。

袁守謙要我寫「察綏情況」提報。

寫新聞報導「鄭州難民收容所視察記」。

洛陽，先到河洛中學，看王公弼同學。訪谷耀華同學夫婦。遊龍門，看千佛岩。耀華引導，參觀軍校洛陽分校俱樂部。持別的一樁事，而當時並未體會到，在廣寒宮、壽國台前廣場，首次看街頭劇「放下你的鞭子」，深受感動。

靈寶，高雲清已和當地青年學生們舉辦抗敵座談會了。不免取笑他，今天「抗敵」行動，那有甚麼可「座談」的？對他熱情愛國，則令我欽敬。黃河邊攝影，棗樹林散步，遊函谷關。

潼關，特別入城看了縣長。河濱，看到增援北上的四川部隊，小川馬飲黃河之水，回望潼關敵樓巍峨，塵土厚積，許多歷史興感，翻騰心胸。

過黃河，乘同蒲鐵路火車，跟許多**到太原去的青年學生**擠在一起。於祁縣東觀鎮下車。始悉騎四師不去綏遠了，原集結東觀鎮者，已東南行，將出東陽關，前赴河南涉縣。即往後跟蹤，徒步走白晉鐵路的基線，經子洪鎮，來遠鎮。特務連士兵帶馬趕上來，他們爲迎接我，一口氣馳行三十里，爲之感慰。北關、南關，山勢蜿蜒，重見部隊官兵，很多人都曬黑了。即見張副師長，握手歡談。他述說最近柏鄉之役激戰情形，我則拉雜報告一些訊息。我脫離部隊整整四十天了。內心好慚愧，此後當竭力奉獻自己，彌補這缺失。決定要多方以自己力量設法解決馬匹問題，免不了仍有幾分憤慨。部隊長實在太對不起我們的竭誠服務。政訓處所有失散人員也都先後回歸。咱們一點也非臨陣脫逃，而是無馬匹可乘。王師長這時疾病已甚顯露，也脫離了部隊一個時期，在我回後的一個星期，於沁縣城回到師部，他清瘦多了。

二弟勉強跟著我們走了兩天，他熱心的在行進中，教官兵們唱「救國軍歌」。千方百計，想留他下來，難爲他「到太原去」的決心所接受，無懼太原敵情緊張。到達沁縣城，寒冷蕭瑟的早上，與他分別，看他獨自一人，在公路上向北行去。此時，娘子關早於十月二十六日陷落，陽泉、平定、昔陽相繼失守，太原岌岌可危。

二弟在我的紀念手册上寫了幾句話，大意是：此去奔向理想目標，它的光耀，使我愈接近，愈有睜不開眼的興奮之感。手足生離五十年，此生不知還能有相聚的一日否？親情阻絕，哀苦無奈，再無過於此時代的中國人了。這種阻絕，實屬中外古今歷史的空前。

「救國軍歌」，塞克詞，冼星海曲。詞曲二章。其詞句是：

槍口對外　　齊步前進
不傷老百姓　　不打自己人
我們是鐵的隊伍　　我們是鐵的心
維護中華民族　　永作自由人

裝好子彈　　瞄準敵人
一槍打一個　　一步一前進
我們是鐵的隊伍　　我們是鐵的心
維護中華民族　　永作自由人

迄今已整整六十年，不用看曲譜，壽堂還能依其腔調，無有錯誤的歌唱出來。當年晉東南冬天，晴明未下雪，公路上行走，官兵齊聲歌唱情景，猶如昨日。「槍口對外」的呼號，正是西安事變後，中共所強調的政治主張。據熊德昕「抗戰歌聲續集」（民七十八年，熊氏自刊）查證抗戰軍歌不少，若羅家倫詞，唐學詠曲的「軍歌」，就有三首：「中華男兒血，應當灑在邊疆上」，「男兒報國意氣豪，熱血湧如潮」，「中國東三省，土地最肥饒」；還有韋瀚章詞，黃自曲的：「戰鼓冬冬，戰鼓冬冬，鼓起我們的忠勇，準備著向前衝！」

不像這首「救國軍歌」，普遍深入人心。所有的那些軍歌，它就是唱不開來。

寫第三篇戰地通信「鄭州、洛陽、潼關」。

至銅川中學講演，敷說引證，費時甚多。師生皆感動、心服，因所陳述者，皆中其心坎。講畢，於校長室休息，教職員陸續來見，會談山西的政治、經濟問題。對我所提意見咸有同感。

駐沁縣城一星期，於山西省的政治、經濟、社會、教育情況，得到相當程度的了知。一言以蔽之，有其閉塞與奮進之處。離去前夕，特地選購了土產品，一件藍色大羊毛毯，八元錢。一件紅白格的羊毛毯。還有原色的粗羊毛絨線。這藍毛毯，前線生活恩物，時在馬鞍上，夜則覆身。早使用得破舊無存。

離沁縣城，沿山邊汽車路走。遇八十九師牽騾馬的弟兄，還有第四師北上增援太原。聽說榆次已失，北上郵車只能到沁縣。時爲十一月六日，走上東陽關大道，途遇北上增援大部隊，長途跋涉，困頓不堪。夕陽已沒，行荒山，無人，無麥苗，有至絕域之感。夜宿郭莊，人民幸未逃避，此地煤產豐富，但僅有小米，可供餐食。本日行經大道所見，村鎮舖戶，十室九空，人民都逃往附近山上避兵災。大軍過境，拉伕，要牲口。

向黎城行，過漳河，宿縣城南西仵村，住的窯洞。次晨，入城，拜訪田一民縣長，他接待我，冷漠而畏縮。及至明瞭我是師政訓處長，忽突地如一個孩子被人奪去玩具一樣的，傷心號哭起來。一時把我弄得好胡塗。他傷心落淚的哭了好幾分鐘，才開口說話。

「我受不了，我沒有辦法。」他說。他告訴我，他倒不怕日本人進攻，他是可以領了自衛隊打游擊的。他只怕我們軍隊過境，要伕子，要牲口，要大車，要糧草，要鹽，要柴，要肉，要鞋，要衣服，要被子，乃至要女人。他那能滿足這些需要？而又不能不在縣政府裏，接待每一個官、每一個兵的勒索。話還未了，就有一個粗腳粗手的大兵，背了槍，大踏步的吵了進來，他責備縣長，爲啥還沒有爲他弄到十付擔架？運送病兵到長治去。

他做出幾乎要動手打縣長的兇樣子。是我解勸，這位士兵纔勉強的坐下來。按住憤怒，向縣長大發牢騷：「爲甚麼我們軍人在前方流血打仗，後方老百姓不和我們合作？不幫助我們？把我們丟在前線，死活不管的。你們卻在後方安安穩穩當著官兒，你們是有良心的嗎？你們動不動，說軍人無禮行，你們就不曉得當兵的怎樣辛苦，怎樣拚命，怎樣犧牲！要教你們這當縣太爺的人，去當一天大兵看看，你纔知道你們這些躲在後方的人，是怎樣的沒有禮行。你縣長既這樣不肯出力，那些村長又說找不到人，那你就不能怪我們要學土匪的樣子了。」

縣長要我陪伴這士兵，他出了辦公室，和站在外面的職員、公役們打商量去了。好一會之後，纔派出一個警長來引導這士兵走了。大約是擔架有了辦法。可是伕子呢？伕子們每日所需的食糧呢？以及這些伕子走後他家裏的安置呢？縣長都得要費周章。

在我陪這士兵的時間裏，這位友軍的士兵和我談起心來。他自認爲如此對付縣長，很失禮貌。但他說山西人辦事，總是畏畏葸葸，不這麼刺激他，事情辦不了。他的結論是：「誰不知今天縣長難當呢。誰不知老百姓的苦呢。大家都是——今天的中國人麼，那一個不是要哭沒眼淚。」

經過這大兵一鬧之後，縣長再和我懇談。他說起，半個月之中大軍過境，這縣城人民所受的損失，不但今年秋收的糧食通通完了，幾年的積蓄，也被搜刮一空。總之，日本人還沒過來，這黎城縣已給自己人弄得山窮水盡。

說起來，原因也很簡單：

部隊後方勤務沒辦好。但是，部隊不斷的敗退，後方勤務又怎能辦好？

地方的抗戰行政措施還不夠。那怕那縣政府、村公所，掛了不知多少機構、團體的招牌。大軍自河北平原倉皇撤退，湧進這太行山，都是飢荒、疲憊十分，而偏偏這裏太窮乏。

還有，就是自保定敗仗以後，那種低沈的壞情緒。

再有，也許說來是不通的話，官兵們把對於日本人的憤怒，不幸轉移到我們自己老百姓身上來了。

此時際，但得暇，即寫第四篇戰地通信「晉南道上」。

東陽關上無甚險隘，倒是關外山勢，門戶重疊，足資防禦。山上碉堡，南北相望，惜多年失修，殘破不堪。號稱「工事地帶」者二十里，係利用乾河牀上大石，壘積成牆，以謀阻絕，乘馬繞道行，好困頓。下關去，平原地帶，入河南涉縣境。

第四節　清漳河呀濁漳河

二十六年十一月十八日至次年四月十一日，是中國抗日戰爭頭年冬到次年夏。在中日戰爭全局上是極重要的階段，雙方都已接受了初期行動的考驗。

騎四師走了以前大潰退的反向道路，東出太行山的東陽關，抗拒日軍之迫近。這一帶，爲清漳河流域。

清漳河源出山西平定縣東南的沾嶺，經和順、遼縣入河南涉縣，合源泉河水，又東南分支並流；既復合，至林縣北，會於濁漳。濁漳河有二源：西源，出山西長子縣西南的發鳩山，流至長治，北流經潞城，至襄垣縣東北。北源，出沁縣西北的伏牛山，東南流來會——西、北源流會合後，東南經黎城、平順，至回風峪，入河南林縣。清漳、濁漳合流，而爲漳河。漳河既出太行山，平原地區，新舊道岐出，流到河北大名，合於衛河。

衛河是壽堂前幾年在大名，馳馬東郊，常有到臨的水濱。濁漳河則是在沁縣、黎城行走所經過。那時，並未理會到還有清漳河這樣美好的地域。其後，記得是這年夏天由山東、河北，回師太行山，到了合漳，碰到湯恩伯部隊，人馬還在一起徒涉哩。

清漳、濁漳，尤其是清漳河，如有彩色繪畫描寫，更能有彩色電視拍攝，山川之美，處處皆爲仙境，剛好是太行山內外的邊沿。越東岸山巒，爲河北平原。岸西，即入山西高原。武安，涉縣是河南北邊突出的地區，東西與河北、山西相鄰，三省邊境，政治區域，犬牙交錯。如果循清漳河而下，爲民俗修學旅行，就其歷史、傳說、民間謠諺、風土民情、社會生活，作一綜合描述，不知有多少奇特事相可以發掘。這段時間，我曾幾次走過整個水域，比那些只是待在遼縣、涉縣縣城的人，可要幸運多了。也不是在遼縣，但出入路羅川以至邢台；或是僅僅出入東陽關、涉縣、武安之線而至邯鄲要幸運，因爲我觀察到了清漳河的全貌。當然，我只看到冬天的清漳河，處處淺流，越小橋或逕行徒涉即過，不曾看到夏季山洪滔滔，兩岸相望，難以飛越的那種景相。此正所以有待後人之民俗修學旅行也。山川有知，拭目待之。中國多少地方，一如空谷幽蘭，寂寞了亙古至今的悠長歲月，只等著電視攝影、電腦資訊時代的到來，後代子孫自有好學深思、藝文佳趣的人，來盡情描述這一切一切。壽堂爲此理想飛揚，一點也不虛妄，是不是？正是。咱們以前只知三峽，民國八十年後，更發現小三峽之美得超絕，竟然超乎三峽多矣。

走筆至此，時當八十四年四月廿六日，臺北，黃昏。

八十六年冬，校讀至此。十年來，臺灣三電視臺競相報導大陸風光，每週一次，超乎清漳河之美的地方不少。只惜這一年，僅剩下中國電視公司熊旅揚主播的「大陸尋奇」。乃種因當局大陸政策之扭捏不前。

關於八路軍善於宣傳，這裏舉一個例。

當他們初由陝北渡河到山西，僅僅是這樣的一番行軍，就出版了一本「渡河記」紀述其經過。事實上，一個軍人的行軍、作戰，其經歷敘述起來，都是饒有情趣，富於詩意的。試想，假設隨便指定國軍的一個師，每連派出一個擅長寫作的人隨軍行動，只要十天，不管那部隊有沒有戰鬥，依據這十天見聞寫述出來，硬是了不起的。可惜國軍並未能注重這些，只有一些形式的、揑造的「戰鬥詳報」而已，少有像八路軍這樣報導文學的作品。

偕副官長楊泰昌特地去林縣，交涉糧草供應，行程見聞很不尋常。

傍著清漳河畔的山道，經過合漳，又沿了濁漳河走，進入林縣。

走山谷小道，上登衆山叢中的一個山村，蘆家寨與區公所連繫。民間傳說，這是女將軍穆桂英，曾經於此拒過敵人的。難得的是，高峰上竟有這麼大的一個山村。村中心四望群山起伏，氣象萬千。

我倆帶了三個隨從兵，三條長槍，五條短槍的這麼走那人跡罕到的小路，來回六十里，硬是感覺得自己與現代世界隔絕了。從北面走上山道時，山下只是陰天，但到了山半腰的谷道，已見枯樹枝上結著冰花兒了。幸而上山流著汗，且懷著冒險的心情，只覺身體發熱，不大體會高山的寒冷。到了區公所廣場上，見到好幾百壯丁，執了紅纓槍，在練習擊刺，吶喊聲震撼山谷。

我趁他們壯丁集合之便對他們講話，把當時山谷行路的感覺，全都講了出來，讚頌他們。荒涼太行山，山高處有這將近千戶的住民，實實是我們所想不到的。除了食鹽，這裏的生產，自給自足，但能得兩三挺機槍，就可阻止敵人。

歸途，我們曾對山崖絕壁間的鳥獸洞穴，用長槍射擊，響遍山谷的聲音，只驚走了遠地的烏鴉，那洞穴中沒甚麼動靜。我們仗著軍人好勇鬥狠的性格，都把子彈上了槍膛，作隨時可以射出的姿態，急步前行。注意搜索遠方近處看有甚麼動靜，一步步隨時看著可以掩蔽自己的地形。

山崖間隨時可能有敵人出襲。老樹枯藤的根結枝枒，像巨蛇欲下；突出的怪石，有如野獸伺伏。風吼叫著，有時吹下些沙石來，那破裂突出的怪石，就要跟著滾掉下來的樣子。弄的五個人精神十分緊張。

右前方八百公尺的地方，是這南北山谷裏一個東西向的山岡，山岡西頭走著一個似牛、似馬的動物，垂著尾，來回的急行。是豹子。牠似乎發現了我們，站了一會，就一直走向東邊的高山崖中去了。我們既未惹牠，牠也未惹我們。

夜晚，住在一個地主的樓屋裏。窗外風聲狂吼，令人難以成眠。也是白日蘆家寨冒險行程，許多可怕印象在腦中翻騰難去。

泰昌兄爲我講了二十年前他在關外從軍的一些險壯回憶。冬天裏野外小便，把生殖器凍縮了；馬上急行，雙手打槍的與土匪打戰；仗著義氣豪情的隻身進入敵陣以求和；軍閥的胡塗；以及張大帥的蠻勁兒。

林縣生活很苦，鄉間多吃一種萊菔類的野生菜蔓菁，有似洋芋和蘿蔔。醃食或連葉煮食。味道是不大佳的，剝皮之後，圓溜溜的白得可愛。

我們從北邊來，初入林縣境，看見家家戶戶吃這東西，我們也取來吃了，算是嘗新。吃了這飯食，就在矮板凳上，盡量回味這一路南來所見的山水、人物，讀著一本小說「二十六個和一個」，人就到了一個美妙的境界了。內地徒步旅行，讀好的小說，在我，幾乎是常有此感的，視爲人生至樂。

其時，正當舊曆年前，一路上遇見最多的行人，是那些從山西回來的河南農民。他們都是擇了農暇時期，隨帶點應用工具，肩挑一個兩頭蹺的扁擔，沿了清漳河往上走，走到遼縣、和順、昔陽、平定一帶，爲老西們幫忙。約莫一個月工夫，就挑了勞作的代價，三、四斗小米，絡繹不絕的由北而南，回家鄉準備過年。

臨山西境的外省農民，這樣，取食於山西，不僅豫北一地爲然，冀西也是如此。山西靈邱孟德耀兄曾告訴我，河北阜平地瘦，食糧賴靈邱供給，阜平農民又多往該縣謀食，因有諺語說：「生在阜平，長在靈邱」。

英雄人物孫殿英

其時，孫殿英以冀察游擊司令的身份，領著他的部隊駐在武安陽邑鎭一帶，算是豫北中國軍隊最前面的。他的部隊，前兩個月河北大退卻，他憑了自己的名聲在太行山冀晋交界的口子上，堵著，迎接著的，收容那些落伍官兵，零亂部隊而成，並沒甚麼編制。部隊紀律欠佳，地方上覺得受不了，但他們無法進言。這風聲吹到我耳裏，我考慮到情形的嚴重性，爲著顧全大局，就特別走訪陽邑一次。他名魁元。

廿六年十二月廿五日。黃昏前後，在司令部見到孫殿英，共餐談話之後，與其參謀處長李果用單獨深談一番。

李果用，北平人，三十多歲，倜儻風流，軍事、政治素養都不壞。抗戰的熱情與意志，一談之下，爲之傾服。我們談得很多，說孫殿英，目前冀、晉、豫軍事形勢，部隊的改造，南京情況，北平憶念……總之，印象是很深的。

現在所保留的一册稿本，未完篇的「孫殿英將軍訪問記」，是這次陽邑之行的結果。

太行山地區內，到處都聚集有揭竿而起的抗日民軍，其中甚麼樣形色的人都有：農民、工人、店員、老當兵的、鄉下老頭子、中學生、地主、掌櫃的、綠林豪傑，也有地痞流氓。總之，一切中國社會裏應有盡有的人，都在「抗敵救亡，武裝鬥爭爲第一」的共識下，團結起來了。這些勇士們，穿著各自原來的服裝，背著不同形式的武器，五樣六色，奇形異狀，常使行人心驚：「怎麼！土匪吧？」待得走到近跟前一看，他們青天白日的臂章上，標有一個「英」字，這才恍然大悟，放下心來。

要知道，「孫殿英」這三個字，是抵得上千萬大軍的，這一種稱譽，普遍存在於認識孫殿英的人們心中。

輕財仗義的孫殿英，是北方江湖上最聞名的人。只要是存有舊小說中豪傑意味的朋友，沒有不對他傾服仰慕。

孫的歷史說來話長。一生顚沛流離，受過很多折磨。早年的苦生活，在這年已半百的今天，還留有許多痕跡。例如說他受過風寒，現在每過冬日，非皮裘不暖。他的幕僚說：「民國十九年以前，是孫殿英的軍閥時代，那時他沒有甚麼政治思想，幹起來沒有一準目標。但自從那年駐晉城編遣之後，孫殿英就逐漸隨了時代環境，有所進步了。」

廿二年長城抗日，熱河赤峰的勝利，一度英名遠揚。此後調赴青海屯墾，受相當委屈。次年，蟄往山西晉祠二年餘，閉戶養晦。表面上，對一切時事皆不聞問。他的部下，因而謀食四方，各奔前程。

此時，故都北平在其危亡命運前夕，一度迴光返照。四十里大城內，居然太平景象，盛於當年。孫適移居北平爲寓公。地方當局爲結納賢豪，月奉萬元示敬。這些錢，孫氏就用來維持投奔他的故舊友好。生活得太閒暇了，日以講讀孟子爲功課。這正是暴風雨前的寧靜。

盧溝橋事變後，平津當局始終想委屈求全，拖延至於七月廿七日，逼得沒有辦法了，宋哲元才決心抗戰。以一紙文書，委任孫爲河北民軍司令。翌日，北平事變，至此，孫惟有不顧身家財產，率了舊友部下百餘人，當晚倉猝出西直門，奔門頭溝而去。

到門頭溝，又得舊部三、四百人來會，漸有聲勢，引起了日本飛機，坦克的攻擊，是這樣與敵人開始戰鬥。那時，又有從北平混亂，打胡塗仗退下來的千餘人，聞風而至。就到良鄉西坨里車站集合編隊。旣而撤至房山縣，各方舊部來追隨的，日益增多，達三、四千之衆。敵聞房山爲孫防線，始終未敢前進一步，過去那些欠缺戰鬥力的部隊，給他一招集，都變成不要命的敢死隊了。

八月初，最高統帥在南京召見之後，他的「冀察游擊司令」名義才確定。從此，由政府得到接濟。燕趙慷慨之士，平津的救亡熱血青年，都漸集於他的旗幟之下。

此後，劉峙指揮官令調行唐整編。適當保定失守前後，孫派有力部隊千餘人，由葛子厚司令領導，由曲陽，北走倒馬關，向易州、淶源一帶敵人後方遊擊。這一部份，直到現在還留在滹沱河北的平山、靈壽、行唐一帶。

另有五千餘人，那是孫氏爲要貫澈其建立新軍的決心，派由參謀長率領在晉城，受著軍事，政治訓練。

十月下旬，他到達涉縣，只率領了二百多人的小部隊同來。不久，他就推進到武安，指揮部駐在陽邑鎭，以與城中敵軍相峙。

當時孫殿英給我的印象，一句話，很好，很好。

從他的名聲想來，他應該有一個英氣逼人的形貌。事實卻不是如此。他有點像北方鄉下土財主，著便衣，臉色黃中透黑，舉動舒緩。人極謙和有禮，沒啥火氣的樣子。北方的英雄，大都是如此有含蓄的。

我請他在紀念册上題字，他用毛筆蘸了濃墨，極工整的寫下六個大字——「**堅決抗戰到底**」！當時，孫所在位置的形勢，恰是夾在敵人、八路軍、土匪三大勢力的中間。就陽邑鎭表面現象看來，這三方面都常常有人在這裏公開或秘密活動。敵人是想來誘惑收買，土匪們是想來投取依靠，八路軍呢，則是要造成影響、企圖多方。

第五節　與劉伯承三日長談

這一生，還從未有過跟一個初見面的人，一連長談三天，連午間也不歇息。他就是中共軍頭劉伯承。

我本是個訥於言辭的人。跟對方又並非年齡、身份相當，情趣、嗜好、學養、經歷相同。其時，我二十六歲，他四十四歲，可差距得遠哪。俗說「十七不找十八的。」何況，我們並非研討一個相關系統的課題。原本只是禮貌性的拜訪，要連繫、檢討的事，早跟他的政治委員兼政治部主任張浩洽談過了，所以我只準備最多打攪他十分鐘，沒想到竟然刺刺不休，長談了這麼久。

老友重逢，抵足夜談不休，也不過大半天嗎。

這樁破紀錄的事，不僅在壽堂平生爲空前。料想在劉伯承豐富的人生經歷裏，也甚稀罕。

山西遼縣之行，起因是這樣的。時本師騎兵十二團駐遼縣城，屬第一戰區指揮下，在大河以北最突向前面的部隊，正所謂「孤軍深入」。八路軍方面有少數不明究裏的人，爲他們擴展實力的企圖，胡亂想來，以爲這騎兵團是中央不要了的部隊，很想把它拉過去。

好像呂正操部隊之投入他們懷抱一樣。呂，原是五十三軍萬福麟部的團長，思想左傾，抗戰之初，於永定河之線作戰。部隊裏參加了很多中共份子以及其同路人，作政治工作。保定退卻，呂正操團掩護撤退，而留下來了。就成爲後來中共在冀中平原地帶的一隻強大部隊。何況騎兵正是他們極端所缺乏的呢。與我們相處，不免下意識裏，有些不怎麼協調的地方。使我們那位向玉書團長時時心懷忐忑。

師裏，因感到有派人前往觀察、連絡的必要。

加之，有一晚，來了一位不速之客張慶泰。他是東北救亡協會的，也是東北人。又是當時東北軍將領張某所率領的游擊支隊政工人員。這游擊支隊，當時隸屬於第一戰區，而歸八路軍指揮。從武漢北來，曾到遼縣。在轉後方途中，特來我師訪問。他很想憑了他的鄉土關係，對我們部隊長作善意的進言。張先來政訓處找我講述一番。第二天，就引他去見了王奇峰師長。結果，就是派我由涉縣，沿了本師駐地到遼縣去，調查軍紀敗壞情形，並與地方及友軍連繫。

後來，張慶泰出版了一本小册子「在山西前線」，對這些情形有所記述。還提到王師長對我們這群政工人員不滿意的批評，說我們在部隊的印象，爲「油光水滑」。廿八年我在長安，看到這本書，心下很爲憤然。我們的工作成績差，那是無可諱言的。但批評我們油滑，在我是很難接受。同仁無不質樸篤厚，不知他這說法緣何而起？

當時，我旣兼任了掃蕩報戰地記者，對前方形勢的報導具有很大興趣。在行軍作戰中，陸續寫下了「永定河失守前後」等文，寄到漢口發表，此刻，當然很想極客觀、公允的把這個十年鬨亂的中共武力作一番考察。遼縣之行，所以有必要了。其時，八路軍的三個師，一一五師林彪部，一二〇師賀龍部，一二九師劉伯承部，惟劉部是駐在本師鄰近地帶，前往訪問，行程極便。是在遼縣城外，清漳河對岸，西河頭村，見到劉伯承和他們的政治委員兼政治部主任張浩。起先是張浩和我見面，很談了一會工夫。當時，因爲彼此政治立場的距離，我疑心，我是在通過他的考察，才讓我與劉見面。

和劉伯承的談話前後有三次，每次都是大半天工夫。我早餐後，約十點鐘從城裏過河來，直談到在他們這裏吃了晚飯之後回去。

那才是一個奇特的會晤哩！

其時，前方平靜無事，只有小小戰鬥，或者地方工作上的一些事要處理。連續三天的談話，都是在他辦公室裏舉行。像老朋友一樣，我坐在土炕上，上天入地的漫談。我這人，最不善於表現，寫起文章來是這麼鬆朗朗的，說起話來那更是散亂不堪，毫無頭緒，總之，一個極拙於辭令的人。加之頭腦單純，對任何問題都理不出一個像樣的見解來。我不喜歡多講話，可是遇到興頭上，我又常常說得很多很多。

三天會談的興頭很高。

原來，我談話的思想基礎，意識背景，是根據在從十六年到廿六年這十年間，中國社會生活，以及我這十年裏在大江南北的見聞、觀感。我無意於構成一個甚麼理論，或者企圖對他造成政治的影響，作甚麼「說服」工作。但我所談的，他所感到興趣的，都是這十年來他較爲隔膜的事相。

我記得，臨別前那一個下午，冬天的四點多鐘，我們的談話告一結束。他曾經很感慨的說：「這十年來，我們是被隔離在中國社會之外了。」這些年來，我總記得他這感慨，且認定其所包含的問題。

從遼縣回來之後，我寫了一篇報導「游擊戰中心區——遼縣」。想是揄揚他們的話過多，未爲掃蕩報刊出。是這樣，我的前方通訊就停止了寫作。就那時期，他們表現的情形來看，那確是值得揄揚的。諸如戰鬥，紀律，民運工作，部隊風氣，學習精神等。他們之遭國人非議的劣行，則是從廿七年春才逐漸表現出來的。

壽堂按，「遼縣」這篇，具有無上歷史文獻的價值，其原稿留在手頭，歷經半世紀而未失散。

思考與事物的萬千體驗，通過了五十年時間的洗鍊，重讀這舊作，可認定它是我抗戰頭年所寫五篇戰地通訊最精彩的篇章，深度、客觀、公正的分析，而且務實際，重方法，講步驟，都該給予滿分。惜當年不得機會見愛於世。今天回顧此文，尤其痛切感到，它垂下不少殷鑒不遠的教訓。好些事，後來我們搶著做，求彌補，只是已來不及了。

四十年三月，在臺灣桃園鄉下寫了一個小册子，討論中國共產黨強烈黨性的問題，六月由臺北市改造出版社出版，書名「**人性、黨性、階級性、民族性論**」。其第二節「一段歷史的回憶」，卻是「遼縣」這篇戰地通信所未述及，今錄之如下：

由於近三十年來共產黨人許多令人驚奇的行爲，引起我探討人性與黨性的動機；等到要著手進行這個探討，又聯想起了自第一次世界大戰以來，各國社會黨人的行動變更以及其他許多事例，若甘地精神，若託爾斯泰主義，若中國農民的氣質等等，於是而有進一步的看法，以爲必須把階級性與民族性也拿來一併論究，才能把這個人性與黨性的問題搞得清楚。

這裏，我要作一段歷史的回憶。

與劉伯承三天的談話，始終是在那南窗長炕的正屋裏，沒有出門一步。他有時以電話指揮前方的小小戰鬥行動，或批閱公事。間或也有僚屬來，請示甚麼。但總是不太忙，有時也有師政治委員張浩、參謀長李達來參加會談。我總是上午吃了早飯出城來，直談到晚上，在他們這邊吃了晚飯，提著馬燈過河，回城去。

他是十年「蘇維埃運動」，偏蔽特殊的生活，久已與一般中國社會脫了節，發生了隔膜；與我們這邊的人又少有接觸，所以對我的拉雜漫談，聽得興味津津然。像公路建設，粵漢路通車，民生公司長江輪船之整然有序，萬金油，出版物等；以及抗戰前夕，張群與川樾的談判等事。三天長談之中，他不時起著驚異：

「怎麼？中國會有這種進步嗎？想不到啦，想不到啦！」

第三天下午四點多鐘，話是自自然然的談完了。我準備告辭。劉伯承非常感喟的說了這麼一句話：「唉！這個十年，我們簡直與中國社會完全脫離了關係。」這一句話，如今還教我記得這樣清清楚楚，而且一直感覺其意味之深長。三天長談，雖然總是我話說得多；他也提出不少問題，把十年「偏蔽特殊」生活與我所談中國一般社會近況相比論，他也說過不少的話，我可通通忘淨了，惟這最末一句感喟的話，我是終生難忘。

這天，我沒有在他師部吃晚飯，就進城到我們的一個團部裏。拾掇行裝，準備次日動身，走兩天路程回河南涉縣。已經是上燈時分了，劉伯承派一位副官（按，他們部隊是無「副官」這名稱的），提了馬燈來，說是有事情，專請我去。

我匆匆忙忙跟著那副官走。頓時心上起了許多猜測，劉伯承還有甚麼事要與我說呢？難道有甚麼私心話要談？我這麼一個素性理想飛揚的人，就不免越想越遠。

走往清漳河上游，他師指揮部對河的新營房。那新營房是山西當局在本省邊境普遍建築的，落成才不久。到了那兒，劉伯承穿著灰棉布大衣，正站在營門口等著。他說：「今天是我們黨員活動份子大會，請你來參加。」容不得我考慮，邊說邊走進會堂。約莫有三百多出席的人，看樣子都是軍政幹部，已經開會了。我就跟劉坐在第二排位子上，靜聽主席的政治報告。

政治委員張浩當主席。他的報告將近一小時，分析自盧溝橋事變以來，這幾個月，我們雖然失去一些地方；但國內外形勢演進，逐漸於我有利。他每講到相當階段，臺上就有一個人舉起拳頭，領導全場人員高喊幾句口號。

張浩的報告突然急轉直下，作驚人口氣，說是在目前如此有利形勢下，政府領袖汪精衛，居然主張中途妥協，投降日本。這種荒謬主張，必須堅決反對，提議明天上午，在遼縣城舉行反對汪精衛妥協的示威遊行，全縣軍民一律參加。之後，劉伯承上臺講話。首先他表示，自己在這場合不是師長，只是以一個黨員的身份，在服從黨的命令之下來採取行動。

我不得不考慮，假使他們要我講話，我如何說法？後來，汪精衛誠然做了漢奸，但那是民二十七年十二月的事，整整一年之後。二十六年的當時，汪精衛慷慨激昂，矢志抗日救亡，半點妥協投降的徵兆也沒有呀！這事可眞奇怪了。

幸而他們並未邀我講話。會一散，我表示自己著實詫異。張浩和劉伯承也有相同感慨：汪精衛何以這樣糊塗呢？不過，更重要的，我需要明白，他們這消息從何而來？我們部隊有電臺，每天與洛陽長官部作四次定時聯絡，急事隨時可以呼叫；而且我們的政訓處早晚都收錄中央廣播，這幾天，何以一點風聲也未聽到呢？

他倆答覆說，是他們總部指示，要我一同上指揮部去，看延安來的急電。

那是兩張譯電紙的記載，上面摘述有幾句汪精衛最近在漢口的廣播詞，認爲汪有妥協投降的傾向，各部隊應以種種行動堅決反對。遼縣城明天的軍民遊行示威，就是這種種行動之一。

我把那汪精衛講詞反覆考究，實在看不出其中有妥協投降的辭句，連側面暗示的意思也沒有。那不過是激勵士氣，說是中國即令戰到一兵一卒，退到一城一地，我們也還是要抗日。他們延安總部就抓到這一點，認爲是給抗戰洩了氣；洩了氣就是失敗主義；由失敗主義推演下去，於是得出汪精衛要妥協投降的結論。後來經過了好幾年的事實體認，我才了然這「共產黨的邏輯」：一切事情的判斷，全憑自己的企圖與想法去推理。

那時，彼此既然友軍相處，我就坦白說出自己的懷疑。三個人拿著延安急電考究，實在推理不出汪精衛妥協投降的結論，當二十六年十二月六日的那個晚上。然而，上級有這種嚴重指示，我們必須認眞執行，這是沒有問題，無可商量的。這是他倆表示十分堅決的態度，而且，也誠懇的跟我一樣爲此長聲嘆息。

我心情十分沈重的回到城裏，告訴部隊長提高警覺，嚴加戒備。也決定以三分之一兵力參加明天遊行。所以這樣決定的：

第一、不管汪精衛個人是否要妥協。我們反妥協投降，卻是不容置疑的。假如不表示這個不容置疑的態度，那麼，依「共產黨的邏輯」看來，我們就是妥協、投降了。

第二、我們住在城裏，他們住在鄉下，卻是主客異勢：我們指揮部遠在涉縣，駐在這遼縣城的騎兵團，可說是當時整個國軍部署在黃河以北最先頭的前進部隊，很是孤軍深入的；他們呢！正規軍夾雜了日在滋長的游擊隊，勢力伸張到同蒲線，正太線，以及太行山外，平漢路西，而又有地方工作團，在我們後方的林縣、陵川，做著建立軍事力量的準備工作。

於是，我們雖不衷心同意這示威行動，然不得不敷衍。

沈重的黑夜既過，晴朗的朝晨到來了。遠山近谷，積雪未化，太陽好耀眼啦。我上馬加鞭，心急而艱難的走著山道，把兩天行程盡一日趕到。回到涉縣，我們這邊卻靜靜的。四處探問，絲毫也沒得這麼一個嚴重消息。依好多人判斷，這只能是他們延安別有用意的空穴來風，我們也就不必把這件事報告上級，請求解釋了。

從此，我心中結了一個與日俱增的疑問。

從此，他們部隊所及之處，發現了反妥協、反投降的標語；甚至於把何應欽也指姓提名的誣蔑在裏頭。

算起來，自二十六年十一月起，有九個月時期，我們和一二九師友軍相處。最初在東陽關外，後來展開作戰在冀、魯、豫大平原地帶。我對他們軍政幹部，尤其是軍事幹部有了比較深刻的認識，也是當時我們這邊有識之士共同的看法。他們旅長以上的部隊長（像陳賡，當時就是劉伯承部下的旅長）都夠得上「爐火純青」四個字：學識，才能，處世，接物，品性，脾氣，皆到達了這樣境界。這當然是他們個人的豐富閱歷，獨特氣質以及十年「蘇維埃運動」苦鬥的結果。既是「爐火純青」的人，他一定具有最高理性，不會說連起碼的是非也不能辨別；何至對上級無理的指示絕對盲從呢？「爐火純青」的人，是人生各方面都達到了圓熟，在思想、行爲上，應該忠誠篤行的皈依眞理。

我一直有著疑問。又一直總認定像劉伯承這樣的人是「爐火純青」。

又若陳賡。那九個月裏，我跟他有好幾次碰面，略有接談。陳賡，黃埔一期。民七十九年尹家民著「蔣介石與黃埔三傑」（中共中央黨校出版社版），三傑者，指共黨份子的陳賡、蔣先雲與國民黨的賀衷寒。有其歷史的陳述。

時勢推移，跟劉伯承長談的十年之後，我方恍然大悟，共產黨人之所以堅定的聽信一個歪曲的事實，服從一個錯誤的道理，實踐一個不義的行爲，全是由於他們有一個堅強的黨性在。

這樁往事，怕也只有朱某人在宇宙間留下來這段記載。相類的事，是否很多呢？文化大革命以後，大陸上的「傷痕文學」，必然多的是。而民四十年左右，張國興在香港主持的亞洲出版社，司馬璐「鬥爭十八年」之類，三、四十部報導文學作品，也早有不少述說。它是純粹史實，並非小說，或一般性的紀錄——這樣說罷，正同於此壽堂雜憶的體式。

第六節　涉縣陷敵前後

涉縣至遼縣，各連隊駐地的視察，專程去過兩次。

這一帶地方，不像我們夏秋之間馳騁的河北平原，只是略一經過。這一帶地方，我們乃是在戰鬥中與它緊相依偎了三個月，一山一水，一草一木，都寄與了我們不少的感情。壽堂好希望有生之年能重入太行山，再作親切的訪察。

在掃蕩報上讀到郭沫若「謁見蔣委員長」一文，十年歷史的痛感，快讀之下，十分感動。不久，委員長侍從室傳出來了歷史上極見感人的訊息。

由於蔣、郭兩人同有早期日本留學的生活背景。加之，當年北伐戰役，廣州、武漢、南昌，他倆常有身臨前線，同在敵人槍炮射程之內，極相鄰近的指揮位置。而其時，郭沫若還是純粹的國民黨員，他之成爲中共份子，乃是在南昌暴動之後。在蔣的心目中，特別看重他的詩人氣質，他乃創造社的龍頭。加之，蔣夫人宋美齡一向鍾情英美文學，在約見郭沫若三、四天前，夫人囑咐她出身外文系的女秘書，去武漢三所大學，還有公私圖書館，找到了郭沫若早期所譯的英國「雪萊詩選」，美國小說家辛克萊三部長篇小說巨著「石炭王」、「屠場」、「煤油」，係郭沫若流亡日本時譯品，譯者名以「易坎人」隱之，譯本在上海初初出現未久，就遭查禁，還是受到青少年們所喜讀，不下於他前一時期所譯德國歌德「少年維特之煩惱」的大大暢銷。

不約而同的，乃是蔣委員長也下達緊急命令，要侍從室他們覓求郭沫若這十多年所著譯的書册以及國人、日本人有關對郭沫若研究、評介的書。而一再囑咐，務要覓求到郭沫若回憶錄「反正前後」、「武昌城下」兩書。

人家更爲蔣夫婦找到郭的詩集「女神」，還有他語譯詩經的「卷耳集」，以及一本封面已脫落的小說「水平線下」。

侍從人員好驚異，這十多年來，蔣之約見中外人士或是屬下不太熟識者，不過只要準備人事資料而已。其約見學術界，若胡適、張君勱、蔣百里、馬寅初、翁文灝等，也罕有要蒐集他著述來看看的。

蔣夫婦之如此看重這位名滿中外的大詩人，眞乃空前絕後。

郭沫若晉見的二十分鐘前，蔣正欣讀著他的書册。就擱在大辦公桌上。七、八本書，蔣吩咐侍從，除非武漢以外戰區司令長官緊急軍情電話，在他與郭接談時間內，統由其他高級人員代接。他預定了一小時半充裕時間，跟郭沫若懇談。

其實，郭是這十年裏，國民政府通緝的高級罪犯，一旦遭軍警逮捕到了，像當年共黨頭子瞿秋白一樣，毋庸押解到高級機關，是可就地立即處死刑的。只因西安事變，盧溝橋砲聲還未響，駐日大使館已奉到特級命令，妥善安排郭沫若的行程，他自己毫未張羅甚麼的，輕易的自日本回到上海。

這天，歷史性會見，蔣現得十分激動，幾乎有點淚光閃瑩的，硬是老朋友十年闊別的重逢，蔣以兩手握了郭的兩手——侍從們皆說，乃是蔣少見的熱情顯現。

「鼎堂，你好，坐坐。南昌一別，我們整整十年不見，沒想到，現在居然仍在武昌城相見。」然後，問他安娜的情況，家人兒女們可好？近來從事的研究課題爲何？又出版了些什麼新著？

體貼到郭的重聽，蔣一再要他坐得近一些。按鈴讓侍衛來，挪動沙發與茶几。細問他在日本流亡的情形。特別安慰他說，這十年來，夠你受苦的了。現在，再能攜手並肩作戰，好不容易，也好幸運。難得的是，你我倆人，深知敵寇日本人的種種切切，乃好些日本通所難及。深信你，鼎堂兄，必能在抗戰建國大業上，作旁人所難及的貢獻。

這時，蔣夫人來了專線電話，跟郭沫若談了三分鐘，講的是友情、文學與家務的事。末了特說，介石有了你參與工作，必比十年前在武漢、南昌，更能大大有助於他，也有大貢獻於國家。

蔣夫人又與蔣通話，說近幾日內要在官邸晚餐，接待大詩人，邀張群，乃至找到巴金來作陪，要好好長談。

一小時半的會見，延長了二十分鐘，蔣本有統帥部的一個小型會議，竟因之順延。郭沫若算計著時間，怎能耽誤軍國大事，三次立起身來敬辭，蔣一再挽留。

郭沫若出了軍事委員會，坐在特派的貴賓轎車裏，不禁思潮翻騰。他在三年前，由日本友人與軍方的掩護，曾潛返上海一個多星期。他易裝易容，假扮為日本紳士，上唇蓄了仁丹鬍，得四五人護從，深居虹口日本租界。後來，乘返航大阪的日本兵艦離去。在上海，他會晤不少左翼聯盟的份子以及中共地下工作人員。百分之百的安全，執行了種種活動。

但是，他內心仍然十分緊張，只是不表現於外罷了。萬一事機不密，國府得到了消息，硬要破斧沈舟的，擒得郭沫若而後快。戴笠那一夥人，可不是好惹的，他們先後制裁了史量才、張敬堯、楊杏佛。日本軍方的維護，雖然強力有如鋼牆鐵壁，但那有戴笠情報工作殺手與他運用中國黑社會威力之可怕。除非蔣有特別指示，要活捉郭沫若。否則，那時如發生了戴笠的制裁行動，郭沫若何能活著離開外灘，而搶上日本兵艦？

郭沫若思及適才兩小時的懇談。蔣絲毫未把他當老部下看待，而是老戰友、老同志，二十年故人的情誼，就好像他跟張群、黃郛之推心置腹一樣。那麼，三年前南京、上海大力捕殺共黨及異己份子之際，郭沫若萬一被捉到了，或許不會遭刑殺。

他不覺開心適意的笑了，汽車已到旅邸。前坐陪侍人員敬謹站立，扶他下了車；並拎了兩個錦盒，乃委員長夫婦贈給他的禮品。

且說，初到涉縣南莊，家家門戶洞開，財物細軟，當然都已被主人帶到山裏，或者給潰亂的軍隊取用了。卻總有些帶不走的東西，給我們部隊來利用。

這情況之下，我卻獲得了一部份圖書，其性質以文學、歷史爲多。

讀那些書，如「愛的教育」、「死靈魂」、「二十六個和一個」，都是極其佳美的。而那向來少有親近這種境界的人，於這些書籍的閱讀，更是起了莫大影響。

有位性格冷酷的朋友，讀「愛的教育」，讀得熱淚直流，且以他精神上深刻的感動告訴我。可見軍隊作戰時，精神食糧的重要了。

就這些撿得的書，還有繼續蒐集、購置，後方寄來的書，成立了「陣中圖書館」，攝影留念，特請崔志光來參加。那天，院中晴明，我們幾人傍著這一堆書，心情十分好。

涉縣東南，通武安、陽邑的大道上，有一座面西的山峰，名鳳凰山。山內有女媧宮。難得的，是其廟宇憑山石鑿成，鄉下人就視之爲仙境了。

那時節，後方糧食，彈藥補給，不斷的從晉城、長治、潞城、黎城，出東陽關，這麼運到前方來。黎城以南，多由汽車、騾馬運輸。出東陽關，就全靠驢子、騾馬的馱載。

這種日夜不絕的運輸，很能提起沿路軍民的抗戰情緒。心想：我軍準備多充實呀，我們能打退敵人的，敵人是不致侵入的。

到得舊曆年間，逃亡的人們，遠遠近近的都回來了。

但沒有料到，敵人一開始攻擊，並沒多費周章，就打進了東陽關。想起我們老百姓的好處與苦處。他們以其辛勞所得貢獻給軍人，軍人又拿些甚麼給他們呢？當敵人一來，我們不是只稍稍抵抗，就撤手丟下了無告的老百姓，自找有利地帶去「游擊」。每念及此，愧然無已。

那時，壽堂一個觀念，時時在心中滋生強化不已。

中國因抗戰而進步。

我拿出了許多大大小小的事例，來證實這看法。

其時，接到後方從武漢寄到的日報、刊物，可以見到我這觀念並不是孤獨的看法，輿論上很見先獲我心。

舊曆年前後，部隊裏賭風甚熾，上自師長，下至伙夫，都樂於此道。師長那時索性住到城內鹽店裏。在小縣城中，鹽店向例是最好的地方，酒食住息，玩樂都方便。傳令、指示，常從牌桌上出來。而更帶同團連長們吃酒，抽大煙的。這情形，很教我不安。有時進城找師長商量事情，只好在牌桌旁談話，我甚至會覺得這是有損人格的事。而諍諫的話，又不好意思當面說。加之我從不作興賭博，也就難得找到談閒天的機會。後來，我把一切要說的話，寫了一封信去。

本來，王奇峰師長不是自甘墮落的人，他思想中庸，力求上進，而勇敢，熱情。過去帶兵作戰，都有過好成績，爲衆所知。

他是當年東北部隊將領中最先戒除鴉片煙嗜好，爲部隊革新運動的佼佼者。他這時的頹唐，是一時性的，考究起來，不外數種原因：

一、大病後身體虛虧，前方難得醫藥，因又染上鴉片煙嗜好。他的病，是這一年多來訓練部隊，辛勞過分所致。有了鴉片煙嗜好，人就易得懶了。

二、南京失守，一般低沈情緒的影響。

三、原始的軍人心理，好勇鬥狠，拚命就死，所以也就放浪生命，儘量追尋感官快樂。

四、軍中生活的單調，軍中沒有文化活動。

王師長是易於遷過爲善的人，我那信去後，當夜得他覆書，文長二千言，對所有問題皆透澈論列，決心要改變一個新姿態，以面臨當前的敵人。

即去懇切奉勸，不必操之過急，如他的戒大煙。

正在此時，南北邊都有情報來。三個月對這邊有企圖的敵人，就在廿七年上元節前後，要來進攻涉縣，直撲東陽關了。

涉縣戰鬥，始於二十七年二月十二。

駐在陽邑的孫殿英部，沒有用力阻絕敵人。敵人很輕易的，用三路兵力，迫近涉縣。孫部之所以不能力戰，原因很顯然，游擊部隊不能打硬仗。敵軍是以飛機、大砲、坦克長驅進犯，以打擊這些只有雜牌步槍的中國軍隊。臨到涉縣城北，與我師接觸，也就只是節節抵抗，堅持兩晝夜的一個戰鬥而已。

敵人逼進縣城，我們撤向他的側背，沿清漳河撤到了懸鐘、東西遼城之線。

就我師當時的裝備、戰鬥力種種情形考察，這樣的對付敵人，還不算是懦怯。

及至敵人攻東陽關，戰鬥就激烈些了。他們很乖覺，迴避了關下守禦堅強的地方，迂迴到東陽關右我軍陣地之後，這麼的把東陽關拿下來。

守衛東陽關的四川部隊蒙受了大的犧牲，向西南地帶退去。敵人就沿黎城、長治之線長驅直入，會合道清線的部隊，迫到晉城。把白晉公路打通了。

當時作戰，有一點不同於河北平原。所有部隊一到抵抗不了敵人的時候，都是向他側後方前進，使敵人孤軍深入，後方顧慮日日增大。

這時的人民，除了少數村莊，有那士紳們爲了要保全身家，打了歡迎旗幟，爲順民，奴顏婢膝的降伏之外，多數老百姓都隨軍撤退，到一些山洞裏躲藏起來。幾十年無人住過的山岩洞穴，這時都擠滿了逃難的人。有一個山窟窿名叫「擋箭牌」，在高山人跡罕到的處所，一派大岩石，攀援岩石爬上三丈高，才是山窟窿的洞口。那洞裏，可容得上百的人。進去之後，抽了洞外的梯子，後來的人就莫想能再進去了。從洞門口瞭望西南，涉縣附近諸山峰，漳河兩岸村莊田野，都在眼底。對於山下敵我兩軍動態的觀察，瞭於指掌。

涉縣城撤退之初，軍民都免不了形色倉皇。

一度我們轉到黎城北邊的西井鎮。其時敵人動向還不明。我們是準備著，他來了，就打；打不了，就向山中撤退——話說漂亮些，是轉進。那時敵人主力，浩浩蕩蕩向長治、晉城打了過去，在我們前面的，只是留下的側衛部隊，它並無意要把我們向遼縣進逼。

也不知是我帶得的，還是在老百姓屋子裏拾得來的，我讀到鄒韜奮「萍踪寄語」。作者記述在蘇聯的見聞，是這本書的後半部份。那些文化、經濟建設，最是迷住我們這群抗日戰爭中打敗仗下來的人。那給我們抗戰的光明遠景，有一個具體的形勢擺在面前。誰不如此設想呢，抗戰後國家的建設，是與蘇聯五年計劃有同樣作法，乃至更應當超越他。

民國八十八年七月一日，「壽堂雜憶」全書排版完畢。排件初校到此，壽堂讀到一本臺北不易見的歷史書册，羅孚編「香港的人和事」，集錄了胡菊生、梁羽生、馬國亮、陸鏗、黃苗子、齊桓、蔣芸等二十六人所記二十世紀香港思想、學術、文藝界的史事，也關涉到在大陸與臺灣方面的人和事。若陳寅恪、巴金、林風眠、錢穆、徐佛觀、費彝民。一九九八，香港，牛津大學出版社版。其中梁羽生「金應熙的博學與迷惘」，是全書三十篇文章中最長的，記述了不少史事，有如下一段：

甚至在「十月革命」前，已經有文化名人在寫「新俄萬歲」詞了。這首詞調寄「沁園春」，發表於一九一七年六月一日出版的「新青年」月刊。如下：

季子何思？凍雪層冰，北國名都，
想烏衣藍帽，軒昂年少，指揮殺賊，萬衆歡呼。
去獨夫「沙」，張自由幟，此意如今果不虛。
論代價，有百年文字，多少頭顱！

冰天十萬囚徒，一萬里飛來大赦書。
本爲自由來，今因他去；
與民賊戰，畢竟誰輸！
拍手高歌，「新俄萬歲」，狂態君休笑老胡。
從今後，看這般快事，後起進歟？

你猜作者是誰，如果不是詞中有「老胡」二字，你猜得著是胡適嗎？

據「胡適雜憶」「附錄」所記，胡適此記作於一九一七年四月十七夜。原來在「十月革命」之前，那年三月俄京已經爆發過一次規模頗大的暴動，史稱「三月革命」，作爲「十月革命」的先驅。「烏衣藍帽」是當時俄京參加三月革命的大學生的服色。「獨夫『沙』」即沙皇。

想不到吧，反對「革命的變革」，宣揚「要一點一滴的改良，進化」，主張「多研究些問題，少談些主義」的胡適，當年竟是如此充滿激情，向俄國革命高呼萬歲，胡適尙且如此，何況一班不滿現實的少年。左傾成風，良有以也。有人認爲，**毛澤東那首「沁園春」也是受到胡適這首「沁園春」的影響的。**

所指「胡適雜憶」唐德剛著，民六十九年臺北傳記文學版。附錄爲周策縱「論胡適的詩」。

胡適這首詞，後生小子皆甚罕見。人但孰知他「嘗試集」的新詩。他是自由主義者。如此頌美新俄，正是其時學界的共同趨向。國父（一八六六——一九二五）與列寧（一八七〇——一九二四）是同時代的人，長於列寧，比列寧多活了一歲。十月革命後，就很有幾封信致列寧與俄共的，其美讚新俄，正與胡適相同。

五四運動後，報紙、期刊、書册之宣揚蘇聯者，以迄民國三十年，早成泛濫之勢。有本書足爲例證。民二十四年上海生活書店「全國總書目」，列五四以來新書兩萬種。於哲學、文史、政治、經濟、社會、教育書册，皆特標有符號，表面上說指引讀者，實則「左傾」極明顯。

民廿七年迄今，已逾將六十載了。赤俄之翻雲覆雨，終至蘇聯解體。如今俄國情況之惡劣，民不聊生，遠超過世界一些落後國家。它與中國國、共兩黨之交惡，逼得中國人只好與它絕交，皆不止一次。

李雲漢「中國近代史」（民七十七年七月，台北三民書局四版），有一個節目「俄人趁火打劫強佔大半個東北」，道盡了中國人血淚悲慘的歷史。從清初以迄二次世界大戰後，其強佔我土地之多，乃世界歷史所未有。

「蘇俄在中國」一書，述說此北極之熊的暴虐，國人所共曉。當初，那新俄之大受美讚，整個被否定無存。

民八十年春，壽堂自臺北歸故鄉省親，屢走長江武漢大橋。親人告我，這首座長江大橋建工之始，得俄國援助，由於中俄交惡，俄國一下子把施工圖樣、技術、資金、工程師全部撤走。中國工程師奮力為之，兩年多工夫，大橋落成。八十六年夏，再次返鄉。第二座長江大橋早完工。而正要建第三座武漢的長江大橋。

八十年返鄉前，於臺北識俄國漢學家李福清教授。他小我二十一歲，通曉日、英、德、中四種外國語文。治中國民間文學，下力極深。他曾遊學北京，與我國治俗文學的朋友，過從甚密。因而，一見如故。那天，我偕他同車由臺北赴淡水，至淡江大學。途中，我問：你是共產黨嗎？答不是。說起高爾基來。我說由於年輕時遍讀俄國普希金、哥戈里、屠格涅夫、托爾斯泰、陀思妥也夫斯基與高爾基的作品，而深深的認識了俄國。我卻不太欣賞高爾基。他答說得才出人意外，也與我觀感相同。車行途中，未細分析。近十年之後想來，乃緣高爾基作品中**純文學的濃度**大有欠缺之故。李福清這十年裏，皆在我中央大學任客座教授，孜孜不倦，進行民俗學、俗文學的「田野調查」。稀罕的乃是，我的幾本諺學論著，皆問世於民五十年前後，在中俄絕對阻隔的情況下，他竟能在莫斯科一一見到。不知是經由何種管道取得。他乃蘇聯科學院院士。

國父之創建黃埔，先派蔣校長赴俄考察，乃有黨代表、軍隊政工、思想教育的作爲。壽堂之爲少年兵，出生入死，其發蹤指使，乃緣第三國際對中共的要求，今日爲此歷史的省思，也就無庸多說了。

雜憶第七章，第四節「另一路好漢」，述鄧通大哥爲東北義勇軍，在漠河受俄國人突擊而犧牲，正是**我廣大東北三**、**四百年來遭舊俄**、**新俄掠奪**，**迫害**，**蹂躪**，萬萬千千事例的一斑。

非是壽堂翻歷史舊帳，實因這大鼻子太欺侮中國人。當年日俄戰爭，俄國兵大量湧入東北，人民橫受凌辱，留下不少俄國人面孔的中國孩子，被譏爲雜種，他們長大了，極受鄙視。兩三代了，混血兒面孔難改。如今，還有一首謠諺流傳：「中國骨頭外國肉，八國聯軍把你揍，俄大鼻子是你親娘舅。」此諺，反語形式的諷說，係山東人、作家穆中南所告訴我的，還扯到八國聯軍。唉！細說起來，國家、人民的苦難，一言難盡。

當年太行山作戰的袍澤，孑餘在世者，想已寥寥。歷史的進展，總算勿負此生，而歸結到今天的「臺灣經驗」。

說到這臺灣經驗，豈能不回顧一下半世紀的歷史背景。當年中共「血洗臺灣」，金馬砲戰恒久的持續戰鬥，豈可一日或忘。敵前打拚，百年難遇的多方建設，**也承繼北伐、抗戰所凝聚的力量，乃得有此誇示世界的臺灣經驗**。

近十年來，國人頗不滿執政者大陸政策舉步不前，壽堂曾爲文論之。持平的說，你如果是執政當局，對這當前局勢，又何敢掉以輕心，大吃小的威脅，機群位於前進基地，飛彈早瞄準了你，潛艇出沒於四周海域，而各方的滲透，迄未停止過，國際上無情打壓，你外匯存底之多，又怎能抵擋大變數之來？

適有一位素來凡事議論縱橫的老兄到來。他笑了，要說臺灣經驗之可貴，焉可不檢討一下民國三十八年大陸形勢逆轉，所發生的辯證性的，周易哲學的論斷。單舉一事，若無有那一批黃金、袁大頭自上海安全專運到臺灣，你想，新臺幣何能保有這半世紀以來的穩定？國家級的高級官僚，其改革的行政效率，用之於戰後百廢待舉的臺灣，金馬拚戰之背水陣，形成臺灣土地改革的成功——這土改，乃那專家蕭錚，從民國二十年江西赤區收復，綏靖工作所得的寶貴經驗，絕不涉及共黨土改，清算鬥爭、掃地出門的地獄悲慘情境。壽堂先生哪，你提說臺灣經驗，豈能抹殺了這些事體？**臺灣土地改革，沒有流一滴血**。

大陸上三反、五反，文化大革命浩劫，迄今猶存於許多生存者噩夢難去的心魂中。

凡事要宏觀大體，也要多從根柢上查究。

這位老兄，不再多言，吸完一支煙，飲兩杯臺灣高山茶。揮揮手，揚長而去。他留給我，好一番歷史的省思。

第二天，繼續迴避敵人，離開了黎城縣境的西井鎮，偏北走，經桐峪鎮，向遼縣方向退去。形勢雖是極其惡劣，我的心情卻比昨日要雄健得多了，甚且是感覺今年裏，這還是第一天初見光輝美麗的朝陽。

遇到了黎城縣田縣長，那從前對我流淚訴苦的人，毫不食言，他帶了游擊隊，從城裏退出來，在我軍陣線之前行使著政權。

從他口中，得知四川部隊守衛東陽關的許多忠勇事蹟。這件事，我希望公私文獻上能有一番記載。至少，黎城縣增修縣志時能有採訪入册。

黎城縣人民原來對於我軍態度很淡漠。原因是，山西閉關自守二十多年，不歡迎外面闖進來的人；加之前些時大軍自河北西撤，騷擾不堪，還有，人民根本怕軍人。東陽關戰役中，人民從守軍以血肉築長城的壯烈犧牲中受了感動，不顧及自己的家園是如何給敵人毀敗了，他們自動的多方的來幫助軍隊。那些不能撤退下來的傷兵，都是這些老百姓掩護了他們，爲他們醫治調養，直到他們創傷平復，可能行動了，才冒了遭遇敵人的危險，把他們安全的護送到我軍後方。使每個大兵，沒有不深深感激這些可愛的老百姓們。

我們騎兵，繞了一個小彎兒，又回到清漳河畔來。涉縣城已爲敵人佔據，我們就以涉縣懸鐘索堡爲前進陣地，設指揮所於石門，後移新橋村，而以遼縣麻田鎮爲後方，駐司令部。兩個騎兵團的馬匹，就都控置在麻田附近的各村莊。

從此，我們在敵後打起游擊戰來。

部隊人，說得好，這叫泡磨姑。反正總要與敵人糾纏不清。夜間擾亂，公路截擊，反正是與敵人幹上了，盡量減少正面作戰。

環境這樣困扼，官兵卻表現得非常好。第一、戰鬥信念堅強。第二、紀律之好，出人意外。老兵們說，要是往日呀，這樣糧餉彈藥不能從後方補充上來，又失友軍支援，那部隊早就要譁變了。不會這樣認眞執行戰鬥。這當然也是由於環境迫人，非如此不可的緣故。

當時，壽堂常從指揮所乘馬到前面兩個團部，而後放下馬匹，讓隨從兵帶著馬，留下來候我轉來。我獨自一人佩帶著二十響的駁殼槍，走上第一線視察。和排連長、士兵們談些閒天。我是從不在這情況下做甚麼宣傳工作的。但我的巡視，常引起弟兄們的好心情來。在那一個師裏，我們算是高級人員，高級人員向來少和下面的人接近，尤其是去了階級距離，像朋友一樣相處。說起來，這是我當時五年來任此師政訓處長、政治部主任，永持不變的工作原則之一，對於部隊官兵，我是一律平等相待，上自師長，下至伙夫。五年裏，部隊中人都了解我是一個好好先生，書生。心想，戰鬥會嚇得你好好先生躲到後方去的，誰想你居然毫不怕死，常常一個隨從兵也不帶的，就跑到火線上來呢？

去年河北平原作戰，有個例子。兩位左傾份子，是西安事變之後，表面上，乃是憑了東北人鄉土關係，到部隊來的。實際上，定是那方面的特別派遣。當時他們非常熱情，指摘一切，而大唱高調，贏得了一部份人的好感。到得部隊動員，他們更是背了大槍，有隨時可以赴戰的樣子。多麼慷慨激昂的人啊，眞臨到戰鬥之前又如何呢？他們溜向後方，永不向前面來了。

士兵們大都認識我，平時只有淡淡的好感。到得我跑上火線來談天，他們就以伙伴來看待我了。伙伴這個名詞的意義，凡是在火線上打過仗的人，都能充分理解，它是帶有一個怎樣的意境在——生死相結合的情分。

那時我穿黃呢軍服，槍枝子彈帶在身上，又像一個馬弁，有點不同於部隊官兵的樣子。第一次，我走到懸鐘前面的陣地，給弟兄們大吃一驚，還以爲是日本兵迂迴到陣地後方來，幾乎要開槍射擊。是我招手，他們才認清了。

在這一帶，有時弄一點鹹菜，用油炒了，吃烙餅，算是頂好的飯食了。經常的，我們吃小米飯，和那曬乾的豆角，這都是老百姓留著過冬還未吃完的東西。

馬匹，照樣有黑豆、麩子吃。是涉縣、遼縣、黎城四鄉農民們送來的。難得的是，老百姓送馬料，多有通過敵軍交通線，冒了生命危險來貢獻國軍。部隊裏毫無代價的取得了這些東西，因爲後方連絡不上，連往日那很低的官價也不能償付，只由各團連部出了一張借條完事。後來，各級部隊主官鬧了很多問題，也因此而起。師裏把上級發下來的人馬給養經費扣下不發。說是一等到前後方交通恢復，就得掃數付予人民；團連裏則說已墊了現款須待收還。總之，像作買賣的，像負債和放高利貸的，爲了利益不均，鬧得臉鮮臉紅。上下之間，但一見面，各人總有滿肚子的算盤，哼！各人心裏有數。

可笑日本人的愚昧。

一面有宣撫班，跟在他軍隊後面，到一地方就大吹大擂的說日本皇軍的盛德，安慰我驚惶的百姓，乃至送點糖果，分發點從別處鹵獲來的糧食，說些中日親善，共同防共，東亞和平之類的鬼話，一面卻到處姦淫燒殺，侮辱虐視中國人，無惡不作，尤以那戰鬥激烈的地帶爲最甚。

中國人大大的遭劫。這一段血淋淋的歷史，但凡身歷其境的人，是永難忘記。**不是記恨，是記國家、民族、家庭、個人的悲愴情懷。**

日軍進入涉縣城，向地方維持會第一索要的，是隨營娼妓，要每保送十人去，讓他挑選兩個。剛強的婦人，多逼得只有投井上吊。

城郊某村有位保長，他心想：「我怎地離得了家呢？我有這多田地。日本人來了，不用跑，也有人這麼來放過空氣了。我且湊合著應付他們吧？」於是，當敵人巡邏那附近，還未到他村子時，他就趕著去三里外張羅接待。結果是帶走了五十隻母雞，十一個女人。爲首指定要的人，是保長那待嫁的女兒。他苦苦哀求，只被踢破了頭皮。臨了，他還不能不強裝笑臉，抱了那頭破血流的腦袋，來歡送這群禽獸。第二天，保長羞憤的自殺了。

對於婦人的侮辱，姦淫之後繼以殘殺，雖幼女老婦，皆不能倖免。索堡前線的山崖，窯洞中，常發現這些被虐殺者的屍首。日本兵這種淫暴的行爲，固然是由於殘狠的心理，也是由於他根本不把中國人當人看待。我以爲，這是我們對日本人最不可饒恕的一點。

當其自涉縣進東陽關，攻擊到响堂舖時，那裏老百姓禍事到臨頭了，才往窯洞裏躲藏起來。敵軍前往搜索，出了窯洞的，用機關槍射殺，不敢出窯洞的，就給敵軍用穀草放火，活活燒死。

大砲不響的時候，涉縣桃花村那地帶在敵我中間，農民們勉強回了家去。這些強盜也學了我們去打游擊，卻毫不是戰鬥的，而只是來擄獲女人、食物與金錢的。

他們擄掠食物，會胡作非爲到這樣：爲了割取牛腿上的肉，而射殺一頭肥壯的耕牛。就讓那一頭頭割了腿肉的死牛棄在地上，不准中國人去動手。

他們做手勢向一個四、五歲的小孩要袁大頭，孩子那能懂呢？這強盜就現出獰笑，「啊，你不懂麼？」隨手舉槍，一刺刀，將這孩子刺死，嘻嘻哈哈的走了。

搜索中國人的日本兵，他的手很少不是這樣染上中國人的血。勝利後，我們果要認眞檢舉戰犯的話，那日本俘虜應得有一半要處以死刑。無怪乎後來收復地區人民，對於政府寬待日本人的作法表示不滿。

我們進行了民衆游擊隊的組織。比八路軍要遲一步。我們不願太早逼得人民離開生產，來參加武裝鬥爭。同時進行自衛隊與游擊隊的組訓。自衛隊員是不脫離生產的，但負著各村檢查行人、防範漢奸的任務。

對漢奸的懲治，當時我們和八路軍的地方工作團，持有完全相反的看法。他們認爲凡是漢奸，一經拘捕，不問情由輕重一律處死。因爲他有虧中國人的節操。有時他們甚至以爲凡苟安於敵人下的順民，也當同樣當作漢奸看待，不容饒恕。因爲中國人今天只能走抗日的一條路，不走這條路的人，就是敵人。對於敵人，是用不著寬容的。

我們並不這樣看法，我們以爲讓老百姓去做了順民，這不是人民的罪過，這實在是我們軍隊不能保障人民的緣故。眞要所有戰區人民都實行堅壁清野的，隨了軍隊走，那是做不到的事。漢奸固是可殺，但應分別首從，論情節輕重治罪，不可一味殺卻了事。

八路軍地方工作團那位純樸的張主任，與我爭論這事情。竟至引用了他們的政治理論，說我那觀點，是出之於「托匪」的，乃至語言之間對我有一種譏刺——托匪的觀點，是要嚴格被批判，而托匪是比漢奸更要罪大惡極。

關於漢奸之應予嚴厲治罪，爲敵人順民之當取締，倒並沒有甚麼可非議的地方。但得全中國抗戰地帶都能這樣，那對於敵人侵略勢力的阻擊，是有不可輕侮的力量在的。

惟獨稱他們的反對派爲托匪，宣傳陳獨秀接受了日本人的津貼，說這所謂托匪比漢奸還要無恥，還要壞到千萬倍，這是最招我反感的。正如當時他們一再要說何應欽、張群是親日派一樣。政治鬥爭，宣傳詆毀，竟至於此極。我記得，當時曾有自由主義的人士爲陳獨秀仗義執言，力斥這種惡意詆毀的無聊。

有些人爲甚麼要對政治冷淡呢？那就是**因爲政治的鬥狠、詭辯之中，常是歪曲了眞理，失去了正義的緣故**。

初春天氣，日軍既已南下晉城，其要緊作爲，乃是維持邯鄲、武安、涉縣、東陽關、潞城、長治、高平、晉城，以達博愛這一條約三百餘公里公路的安全。我們既在其側背地區，不時出之游擊戰鬥，對它自然構成威脅。它在多方偵察之後，策定了作戰行動計劃，正調集兵力，準備向我們攻擊，極想施行一次殲滅戰。行動之前，這涉縣、遼縣間的清漳河地帶，倒是相當寧靜。

清晨，壽堂乃得漫步河畔田野間，吟誦徐志摩的詩篇。身邊書册都閱讀淨盡，偶得一張舊報，連報上廣告也會閱覽一過。如此寂寞光景，官兵們又怎麼過的呢？我們的第一線構築了簡單工事，在村外的高地。村內老弱婦孺，都已逃到高山岩洞中，惟恐敵我一接觸，會遭到殺傷。約有三分之一的男子漢，一面看看空洞洞的家屋（糧食、衣物都給帶到岩洞裏），一面聽候村公所的指使，爲我們部隊服役，徵集糧食，構築工事，傳送信件，種種後勤支援的事，好令官兵們衷心感激。

有的岩洞，出村外半里地，仰望可以見之。岩洞多面西，翻越過去，即爲懸崖峭壁的東邊，就是太行山外。當時，我頗有時間，又有強勁腳力，且有大可動用的經費，怎不買點甚麼食物，找村裏人引導上去看看，慰問慰問呢？參謀人員、班排長、士兵們，似也無人上去偵察一下。大伙對當地人民感激之餘，都有百分之百的信任。

前哨、陣地間，但遇見陌生人出沒，少有不被弟兄們抓來審問，押送到上級的。石門村是師的前方指揮所，村外坡地林間，偶然出現外方來的女性，看樣子，北平逃難來的？有點探頭探腦，又似乎風塵中人。也或者，她本爲良家婦女，母女倆這麼一路南行，不多的盤纏用盡，受了許多折騰，只好出賣自己了。她倆就歇腳在本村裏——按說，這是有疑問的，那有逃難走到這樣偏僻的道路上？

傳說，張副師長給她勾搭上了。他身強體壯，工作辛苦，生活寂寞，能有這麼一下慰安，浪蕩過幾天，風聲也就吹過了。當時竟沒人懷疑，這女性難道不會是做諜報工作的？連排長、士兵們，比張副師長，一般說差不多年輕二十歲，正是陝西諺語所說「見不得長頭髮」的心態，當此密雲不雨，戰鬥隨時要發生的前夕，人人身體內部更是膨脹著一股力量，仿佛火山要爆發。

麻田鎮成爲後方，師長身子不好，就留在這兒養病，天天吃著小廚房烹治的鱉，以求滋補。當地人視鱉與龜爲同一類，都名之爲王八，俗以妻子外遇，那倒楣的丈夫被譏爲王八。而對龜鱉有厭棄、鄙視之意。

那時期，約莫隔上十天，我總得回麻田鎮一次，處理一些事務。與師部各處連絡一番，除參謀處一半人員在前方，其他各處人員幾全在麻田鎮。政訓處只我一人帶著隨從兵吳永良在前方。永良每爲我做烙餅吃，佐餐的，是曬乾的豆角素炒，幾乎每頓都吃這樣獨一無二的菜。由於是在前線，藏在地窖的蘿蔔、大白菜不容易買到。乾豆角是主人家儲備過冬的，盡量賣給我們。等我們一走，人家就沒得可吃的了。此所以，每飯必對房主人起無盡感激之心。

後方每天都有一批公文，我們自己油印的「抗戰簡報」傳送到我手裏。不是郵差，也非我們自己的傳令兵遞送，是村公所的專人，以**雞毛信**方式傳遞。信件封皮上粘有一根到三根的雞毛，以別其重要、時速要求的等次。雞毛信這古老傳統，使村公所辦事人員並村村傳遞的專人，十分重視這件事。部隊或機關交付下來，無需付任何費用，而從無失誤發生。當時，山東、河北、河南，民間已無此作法，惟這一帶地區行之無替。

抗戰簡報全賴高雲清一人辦理。每晚從中央廣播電台錄下新聞，次晨編輯、刻板、印刷，發出。賴此，大家可獲知國內外的大事。有時，我執筆寫篇評論。是間日出版的，如今，我手頭上還保有這麼三十多期。八十年秋，送與了中央研究院近代史研究所。這事，令我百分感激雲清，他自動自發，不計辛勞的，做了職分以外的事。

二十七年一月間，在武昌的中國國民黨召開臨時全國代表大會，宣布了「抗戰建國綱領」。中央廣播電台連日廣播此事。大大振奮人心，這半年來，中國軍民忠勇奮戰，豈僅出乎「大日本皇軍」的意外，也使歐美各國，**全世界人士爲之震撼，改容尊敬，以看待中國人**。

這正是我們涉縣戰鬥前夕，其時，晉城至東陽關外郵件暢通，我們很快就看到這份文件，清漳河畔朝晨散步，寒冷裏，我朗讀再四。對王師長進諍言的長信，也提到這一點，乃得迅速省悟，奮力自勉。

隨著，國民政府局部改組，重要的是軍事委員會，任命何應欽、白崇禧爲參謀總長，副參謀總長。軍委會下設軍令部、軍政部、軍訓部。海軍部併於軍政部。這政治部，在歷史上，人們習稱爲總政治部。陳誠爲部長，周恩來副之。原軍委會政訓處長賀衷寒，爲總政治部第二廳廳長。大詩人郭沫若，極樂意的出任第三廳長，南國社田漢爲其處長。共黨與左傾文藝界人士，活躍於第三廳。壽堂十九年文友陶滌亞亦爲處長，林適存則爲其科長。總政治部指導領率三軍政治工作的重心在第二廳，我政訓班同學已有多人成第二廳的基幹主管人員。

陸軍師政治部，分甲乙兩種編制。政治部主任爲少將、上校兩編階。已有些副師長兼任政治部主任了。團政治指導員升格爲中校，階級與副團長等。

涉縣城戰役既過，我們前進指揮部進入穩定狀態的第三天，師長電話來，要我即去廠田一趟。熱誠接待，餐敘間，吃紅燒鱉魚。特敬酒我們前方指揮部三人，副師長、參謀長、我。然後出示一份長官部的電報，說，此電報已接到三天了，他特意押著，要親至自遞給我。總政治部核定我的職位是，代理騎四師政治部主任。他爲我不平，深切致慰問意。我任此政訓處長，已整整五年，按說，應趁此時機晉級上校，方合理。而今，不僅沒這樣，反而核定我代理，他正考慮著要致電袁守謙主任表示異議。

謝了他的關心。因說，來騎四師之初，我就是代理。公道自在人心。爭來的不香。隨後，他電話告知副師長，和兩位在前方的團長。孫東衡、崔志光這兩位，更是憤憤不平。

王師長的慰問，我確感到這代理兩字，不是味兒。

儘管敵機轟炸過索堡、遼城，有來犯清漳河之勢，但畢竟還未出兵。麻田鎮也早有風吹草動，人們作應敵的打算，大家存著能捱一陣便捱一陣的心理，市面上仍然熙熙攘攘。師部在此，人呀馬呀，使麻田有些擠塞。軍民之間，男女私情，於是不免在古老居屋內，暗暗滋長。去冬，本師向團進駐遼縣城，麻田鎮即有小部隊分遣於此；涉縣撤退後，更集中了較多的單位，幾乎家家房舍都駐進了騎兵，軍民相處甚是融洽。

喜劇愉悅無人知，悲劇苦情驚衆心。

年輕軍士，愛上了人家少女，已論及婚姻。那年代，軍士那有能力成家，青年人甜蜜夢想罷了。只是戰時傷亡大，他升爲軍官的機會較大。尤其是全師軍士已調訓近四年時期，早經師、團長們視爲部隊骨幹，全被視爲準排長的人選。未料到，女方移情別戀，對象爲青年軍官。情侶間既有嚴重裂痕，軍士退讓下來，豈非三方都好？未知怎樣引起波瀾，女方竟然控告軍士強姦。王師長要維持軍譽，竟然下令槍斃。事後，我方知道。行刑時，年輕軍士跪向北方，抱恨白山黑水的老家，衆人爲他這番舉動，大感悽傷。人們議論紛紛，這本是一宗和姦，又涉及三角糾紛。

劉伯承師在涉縣、東陽關之間的响堂舖伏擊，消滅日軍汽車百二十餘輛。我師配合作戰，於右翼側攻，牽制敵軍，作戰兩日。戰鬥結束，劉師大事宣傳，於我配合行動一字不提，全師官兵無不憤慨。一戰區長官部頒發獎金五百元，爲數雖微，而總算獲得上級嘉勉。

本師隨即也在涉縣西山間公路隘道伏擊敵人，卻遭逢到日軍三個師團，七路大軍，自遼縣、武鄉、武安、涉縣合圍而來，企圖掃蕩清漳河流域的中國軍隊。日軍攻勢不能敵，我們離開了清漳河流域，經桐峪、芹泉往東方撤退。

黃昏經一乾河谷地區，望見漸升起的月亮。夜風寒冷刺骨，新皮大衣拿給有病的服務員劉見東穿了，幸得我還穿上件羊皮背心，得免於感冒。午夜，在村子外道路上，遇到和衣躺著休息的一二九師部隊，都是穿的灰棉大衣，少有武器，問他們是誰領隊？答係參謀長李達。前此，我在西河頭村與劉伯承的三天長談，對張浩、李達數度會見，留有印象。再問劉師長呢？答：部隊化整爲零，劉師長帶領了一部人往另一方向去了。我隨即入村內找到李達，與他略略談談，交換情報之後，隨即走出家屋。噫！行動眞快速，適才那躺臥道上的部隊，一個人影也不見了。

我們是向黃澤關前進。關口在高處，山道蜿蜒而上，破曉前，才發覺劉師有不少人也混雜在兩側，取同一方向，向太行山外撤退。我們騎兵人人背槍、牽馬，走的大路，他們則無馬匹，又少有武器，故而行動輕便，散布於漫山遍野，取直線的走捷徑而下，不必走盤旋的「之」字大道。天色大亮之後，他們全走過我們前邊，而不見縱影了。

响堂舖戰役，八路軍抗日戰史上，必然有誇張的記載，未知會有一字涉及騎四師否？友軍相處，前後將近一年。而出黃澤關至河北的這段經過，估計他們千人左右，其中不少青少年男女學生，這些青少年人當中，未死者必成就了不少後此人民解放軍的將領。

敵軍強力攻擊，不支而退，卻是退向敵人後方，對民心、士氣，都產生了激勵的作用。

後此的十年，清漳河、濁漳河這一帶地區，即成爲劉伯承、鄧小平所領導的「二野」積極發展的根據地。毛毛「我的父親鄧小平」（八十二年九月，臺北，地球出版社版）有不少記述。且提出了他倆當時周邊的人物——應是壽堂民二十七年春，東出黃澤關，曾共同行走過的友軍伙伴。很可能，**其中有不少人還是小鬼頭哩**。六十載歷史滄桑，如今，好些人已不在世間了。

第七節　東進德州轉戰而南

二十七年四月十二日，出太行山，至河北境，浩浩蕩蕩，向山東德州前進，企圖南北發展，切斷津浦線，以策應徐州會戰。五月十九徐州既失，乃轉折而南，作戰黃河北岸，入出道清線之間，直至六月底。這兩個半月，騎四師在敵後地區，大平原上，日夜都在行軍作戰，與前此伏居清漳河畔，恰成強烈對比。

初至平原，好幾樁事予人開朗、明快的感受。

氣候漸暖，山外樹木，遍野新綠迎人。抗戰將及一年，種種驚濤駭浪的作戰行動，平津失陷，保定撤退，淞滬苦戰，南京失守，太原陷落，軍民歷經鉅大犧牲，中國仍然挺住了。此時，正當台兒莊大捷，中日雙方爲要擴張戰果，都忙著自四面增調部隊，投入徐州東北。這個戰役，開始於三月十九，止於四月二十。曾有全線反復搏鬥，血戰兩週，形成膠著的慘烈狀態。

我們初由太行山闖出，只感覺敵軍正自各戰場急調軍隊，增援徐州方面而去。由於河北省制空權給它掌握住了，而鐵道、公路運輸也在它手中，部隊的大調動，主動權全操於敵人手中，我軍無法搶在它先頭行動。本師初至河北沙河縣境，是在縣城西，册井鎮以北。很住了幾天，休息整備，探索敵情，連繫地方，遂行零星戰鬥任務。

在軍事工作和政治工作的考量上，太行山外敵後地區大平原的形勢，都促使我們須有一番新的部署。

河北永年縣民間武力領導人孟青斌的來見。其時，我們還在鐵道線以西的鄉村。只因永年、曲周、肥鄉、成安、邯鄲這一帶，乃本師第十團、十一團、二十二年到二十五年所駐的區域，特有歷史關係與軍民間的相互信任。

孟某在師部逗留兩三天，跟師長、副師長、參謀長都有會見長談。與參謀、副官、軍械以及政訓處也都有接洽。跟我的會見不止兩三次。他剛過三十，白白圓臉型，一望而知，世家子出身。穿墨綠色素花湖縐短夾襖，天熱了，脫了長袍。河北鄉下，農民是絕不會有人能穿絲綢衣衫。

孟某極希望本師能給他一個名義，如「縱隊司令」之類，得到庇護。但我們難以做到。不像八路軍，早在幾個月前，劉伯承師即派遣了一個騎兵團，過平漢鐵路以東，盡量發展，吸收民間武力，無限制擴張它的勢力。我們只能說，盡量支援。在自己也拮据的情況下，送了他幾千發步槍子彈，本師已有三個月未得到後方補給了。

政訓處派了一位服務員王振軍（係本師軍士連畢業）爲第二地方工作團主任，隨同孟青斌回去。振軍並未帶有武器，也沒有多少經費給他。由於淪陷區當時環境需要，就憑他單人獨馬去幹，居然能夠發生想不到的效力。

前後不到一個月，政訓處派遣了五個地方工作團，讓五位服務員，光桿一個，赤手空拳，去闖世界。慚愧的是，當時壽堂毫未給人家甚麼條件，可能每人連一百元法幣也未付給。其實，這事太應會同參謀處辦理，當請師長出面賦予任務。先發給他半年薪餉，且支付相當充裕的事業費，方爲合理。

四月十八日在河北沙河縣柴關村，政訓處舉行第七次工作會議，決定取消戰地服務團，成立地方工作團。

昏昏月色，午夜越平漢鐵路東行，大家心情十分緊張，惟恐遭敵人攻擊。實則，一入夜，日軍退守城堡裏。如受到我軍驚擾，就打探照燈，機關槍胡亂射擊一頓。大平原，日軍兵力甚薄弱。我們逕向東行，少有戰鬥。

這四十多年，壽堂一直認定：二十七年五月，我們越平漢線東進，是項極浩浩蕩蕩的大軍行動。由陸軍九十四師師長朱懷冰指揮七個步兵師，一個騎兵師，自太行山集結而出，目標是津浦線的德州，切斷津浦線，向德州南北兩端發展，以策應徐州會戰。本師爲前鋒，記得剛過平漢線，曾遇到一部份友軍，他們正在整備，有待在我騎兵之後行動。

朱師長是位資深的中將。他這項任務，並未有加上甚麼總指揮的名義，也未升職軍長，按說這已是一個軍團的兵力了。後來在臺北，陳廷元老弟於三軍大學參與「現代中國抗日大戰史」的編纂，曾來函說，必將此特例予以述入。

朱師本身轄二八〇、二八二兩個旅，四個團。五月二十六日，我僅帶了一名隨從兵，兩騎去河北濮陽的大崔村拜訪朱師長，還看到他的副師長潘善齋。承留我共進午餐，並有姚副師長同席。記得他曾說起，九十四師的基本部隊並不多。有一旅是動員北上前，河南省保安旅所編成。

由於這段遇合，後來，民三十八年春在臺北朱府，第二次拜訪朱氏。不知怎樣說起，敵後戰門地區，我郵務人員忠勇勤勞之可感激。朱師曾有重要情報，經郵遞，輾轉通過敵軍封鎖線，自黃河北岸而送達鄭州。經寫爲「軍郵」一文，載五十九年六月九日臺北中央日報副刊，後收入「白洋淀雜憶」散文集。

大軍東進，官兵氣勢如虹。有好幾樁事，印象深刻，雖歷經半世紀，而不褪色。

爲避敵機空襲，我們行程大多爲夜行軍，拂曉前後到達宿營地。深夜風涼，人家柳樹搖曳生姿，靜悄悄的，雞犬不驚。每在下半夜，不免瞌睡意濃，大家皆下馬步行，讓馬兒息息體力。這時**我牽著親愛的馬兒，老愛低低的唱一首歌「燕雙飛」**，撫慰自己。這是新婚期間，青最愛唱的歌。現在我在千軍萬馬的前驅行動中，上望星空，麥田散發清香，聽著戰馬踢躂的蹄聲，空鐙子甩動聲。戰士們沈重（因爲斜背了長槍，腰繫著三四十排子彈，外加水壺，乾糧袋）的腳步聲，獨我身心輕快如詩人，唱此抒情佳曲，一似唱給她母女倆聽了。前線征戰生活，好念小乖兒秋秋。歌詞是：

燕雙飛，畫欄人靜晚風微，
記得去年門巷，風景依稀，
綠蕪庭院，細雨濕蒼苔，
雕樑塵冷春如夢。
且銜得芹泥，重築新巢傍翠微，
棲香穩，軟語呢喃話夕暉，

參差雙剪，掠水穿簾去復回。
魂牽楊柳弱，夢逗杏花肥，
天涯草色正芳菲，
樓臺靜，簾幙垂，
烟似織，月如眉。
其奈流光速，
鶯花老，雨風催，
景物全非，
杜宇聲聲喚道：不如歸。

這首歌，唱前，還應朗誦幾句前白，只有正式的歌唱家才這樣做，唱片也是如此。就使這首辭白兼美的歌更見情景低徊，令人情思無已。我倆唱時，通忘去了這些美好的前白句子：

彩雲共作東風舞，
銜泥帶得落花歸，
塵封樓臺春草綠，
蛛纏門巷鵑聲悲，
飛絮猶似雪，景物已全非，
故壘殘垣人煙渺，

淒迷紅霧映斜暉。

大軍東進，後續部隊旣有待展開，我騎兵前驅，也並未有反攻的行動，可是，已形成先聲奪人氣勢。僞軍、僞組織，紛紛自動前來接頭，誓言反正抗日，不再在敵人壓迫下，厚顏苟活。

五月十二下午四時左右，我到達永年、大北旺村，孟青斌游擊部隊的基地。在村外，他們就布置了荷槍實彈的人手，警戒和歡迎。一體都著的短裝，並不佩符號甚麽的。像一群土匪，乍見之下，令人心驚。我向他們簡單講了一番話，用自拍機留下了合影。王振軍報告我好些情況，孟某已把家人送往武漢，免其後顧之憂，趁著形勢的有利，他積極的在擴張勢力。

夜行軍，拂曉未久，出河北，入山東境。**氣勢雄偉的鎮東堡大村**，坐東望西，屹然而立，傲視河北大平原，蒼蒼茫茫，官兵都爲之精神一振。東北人老家爲山東者，尤爲感奮。

師到達臨清，我前鋒部隊已至平原。未到達臨清前，臨清城的日軍守備隊聞風而逃。臨清是運河的大碼頭，商業繁盛。首先是，了知各方面的訊息。工作之餘，常有走運河畔沈思。**今日運河光景，仍與「金瓶梅」小説所寫的明代情況相依稀。**

在此，我撰寫了一篇告戰地民衆書，交付店家以鉛字印刷，隨即散發地方。

淪陷區敵軍、皇協軍，以及種種色色的抗日武力，無限擴張的八路軍，皆取給於我哀苦無告的老百姓，這種負累，要超過太平年代苛捐雜稅多矣。在壽堂，**只要一想到戰區生活，這種民間疾苦，立即翻騰心頭。**

在臨清我們才住了四天。自河南涉縣失陷，整整三月，後方未能寄遞到的郵件，此時居然追蹤而至。每封信上都貼了六、七張「轉口」條子，虧得郵務人員辛勞，好教官兵們深深感激。

五月十九徐州失守。騎四師立即受到任務轉移的電令，次日掉頭南下，馳向黃河北岸。其一，遲滯日軍渡河。再麼，支援我蘭封守軍對敵的攻擊行動。這時，全師官兵皆有一種警覺，咱們這是往口袋裏鑽哪。兩側、後尾，都有敵軍壓迫。情勢緊急，迫得我們不得不白日行進。穿插敵軍交通線，也就顧不得了。

這兒，特別述一段關乎**「徐州突圍」**這本書的事。民二十八年，在長安看到這本書，集體寫作，從各個角度報導徐州戰役，特重在各個部隊突圍的情況。抗戰八年，好些重要戰役，都有些轟轟烈烈的事蹟，除了報紙上的專欄記述，還少有專書記載如「徐州突圍」者。

經館陶、冠縣，入河北境，到了大名，恨未能入城。過黃河故道，到達南樂縣東二十五里的韓張鎮，午間休息，至當地一個抗日幹部訓練班講話。多半是一些中學生，光頭，著青色學生服。這訓練班的主持人，可能爲地下共黨份子，或爲八路軍所派遣。

騎四師爲此地人士所熟知，所以談話容易進入情況。不幸的是，得到了老朋友李素若兄枉死的消息。他回到濮陽老家，還想恢後十六年發動紅槍會，攆走奉軍的當年雄風，不道時移世異，集聚來的抗日武力，給人家吞併了還不說；自己的命也送掉了，人家且冠他以托匪漢奸罪名。

那些嘵嘵不休的偏激份子，滔滔雄辯，向我大肆斥責托匪漢奸之可鄙。我若非是率領騎兵部隊來此，他們看了我一副「絕不苟同」的冷硬態度，說不定也派我「托匪漢奸」的罪。

從臨清轉戰而南，這一帶冀晉邊境，正是兩位有名的行政專員范築先、丁樹本，在敵後發展民間武力，對日軍作游擊戰，強化敵後地區我地方政權的地帶。

聽到一個小故事。大名僞保安隊五月間，攻打衛河邊的龍王廟鎮，這邊說：「中國人不打中國人。」「是啊。你爲何不繳槍？」「時間未到。」「將來，我們定要捉日本人來，作見面禮，但是，現在非前進不可哪，老鄉。」原來，保安隊後有日本人。前進，並未攻擊，他們忽然坐在地上，每人都抱起了槍。

二十三日行抵清豐境，村民們正忙著收穫小麥，車車滿載而歸。不因我軍的接敵行動，而受到驚擾。反認爲國軍反攻，正在開始，人心甚振奮，未想到後此歷史的發展，抗戰八年，**哀我廣大淪陷區**！當時第一年的災難還未滿哪。

在清豐縣的南寨村，五月三十一日，我開始了「晉冀豫邊區抗戰回憶錄」的寫述。當沒有戰鬥情況發生的時際，那期間，多半白日行軍，每到達一地，即準備接敵，或是休息一下即繼續前進，隨時上馬即行。沒有時間，容許我們進行地方工作。我於是多在人家庭園下，隨便找張桌子，就寫作起來。後來，轉戰道清線，至山西晉城，再回到豫北，直到八月十四，斷斷續續的寫了三萬多字。

平原上，白日行軍，頗有突然而來的驚險。馬兒慢步，經過村寨，自北而南，我剛要通過寨門，迎頭忽遇一架敵機，幾乎是超低空掠過，駕駛員的顏面清晰可見。我前面乘馬，有好幾個勇猛的騎兵，皆斜背長槍，竟來不及舉槍射擊；而敵機爲何不襲擊這枝縱隊長達幾里的騎兵哩？或許是，它已無子彈可發射了。

長垣、封邱的作戰行動，適逢二十七年端陽。近午，我們在一處村寨中休息，弄得點麵粉，調好了餡，正在包餃子。我一時心血來潮，走上寨頭高處，張望四野，忽見我們第十二團部隊，迅速向這邊撤退過來。原來，適才遠處一陣槍炮聲，是他們遭到敵軍的反擊，招架不住了。部隊並未在師部的指揮位置停下來，反而超過我們，向北急馳而過。師的直屬部隊戰鬥力，只好也尾隨撤退。敵軍並未乘勝追擊。

那一個多月，兩團騎兵不斷有戰鬥行動，勝敗參半，而少有讓師直屬部隊遭遇到敵人。咱們眞可說處變不驚，不論白天或深夜，凡聽到十里外的槍炮聲，我們都處之泰然，夜間照睡不誤。不到有正確的情況判斷，不會立即有行動，與去秋在河北之緊張反應大有不同。**戰鬥的熬練**，就是如此。

山東、河北、河南大平原的馳騁，有時，鞍具就卸在馬兒身旁，讓牠輕鬆涼快休息，而敵情甚緊，隨時有通知，人們翻身上馬，立即向前急進，因而不能對戰地民衆進行任何工作。待命狀態下，即從圖囊和皮包裏取出紙筆，**寫我戰地見聞**。

第八節　入出太行内外

七月初，在河南獲嘉、修武，道清線兩側活動，又進太行山了。天熱，樹下蔭涼，從山上南望低下處，人家田野，綠意撲人而來。初入山，與地方、友軍，共同舉行抗戰一週年紀念會。

晉南陵川有一處山麓，清秀如畫，不似太行山的一般形象，巍峨壘壘，官兵們人人莫不**邊走過，邊回顧它，如詩似夢。竟是這一年來，晉冀豫魯，敵前敵後，轉戰數千里所少遇見的詩境。**

然而，也經歷過兩次高山峻嶺間，敵機大編隊飛臨上空的死亡威脅。都是在上午十點前後，我們行在少有樹林掩蔽的山道，高約一千五百公尺，至少是一千人馬，完全暴露於蜿蜒的小路上，戰馬上上下下，步步都十分困頓難行。等於是卡住了，進退不得。此時，敵人轟炸機群，悶悶哼哼，自西南往東北，擺著勝利的，無人可阻擋的姿態，慢慢的沈重飛行而過。既未丟炸彈，也未機槍掃射。如果它降低了，盤旋我們上空威嚇一陣，也會令所有馬匹驚惶不已，而造成我軍的損失。大家有個共同判斷，認爲它們準是轟炸洛陽返航。當晚聽收音機中央廣播的報告，果然，洛陽早上遭轟炸，敵機架數正如我們所見的相同。那時，中國空軍飛不到這方面來，敵機肆虐，毫無忌憚。比永定河作戰之際，更見張狂。除了在武漢上空，才有居於劣勢的中國空軍，大無畏的對抗，克制了敵寇的張狂。

陵川、晉城縣城已陷，國軍及游擊部隊，民間武力，滿佈山野間。八路軍也發展到這方面來。先是，在河南修武的馬界，即有所見。

八路軍補充團三個營，竟有三千餘人。有兩營人住此，一營住晉城。他們二月初，由遼縣來此，歸劉伯承師長指揮。

紅槍會首領畢金發，六十餘歲，河北東明畢寨人。徒衆散布於河北邯鄲，河南安陽、林縣、濬縣、滑縣、延津、封邱等地。以安陽人數最多。某軍頭張學成曾在安陽委派畢某以名義。

還有保安團、剿匪縱隊、民軍、別動隊，各方的訊息不斷，接觸不斷。山西的新軍也揷上一腳，但是，顯然新軍都給八路滲透進來。於是所有各色各樣的游擊隊，民間武力，乃至地方組織，統歸於了八路軍的領導。因爲它的地方工作團，觸腳伸向四面八方，發展了共黨的地下力量，牢固的攀結在敵後廣大地區。至咱們軍隊，就只能靠邊站了。

七月九日，到晉城的東大陽鎮。駐到三十日才出了太行山。

東大陽鎮很富庶，高大的磚瓦屋，則爲河南涉縣、山西黎城縣城所不及。戰鬥、行軍後的休息，人馬屯留於此，都感到舒適。政訓處住的人家，寬敞幽靜。雕樑畫棟，門窗皆有綠紗窗。已住了半月，師長的衛士來向我打商量。說師長身體不好，我們的住處，好不好讓一讓？當然，我滿口答應。內心卻忿然。我們無馬可乘，師長從不曾囑咐有關單位爲之解決；其實，只要他說一句話，就行了。反倒悻悻然的說，看，戰鬥一激烈，政工人員都散了。咱朱某在此工作已五年，竟比不上東北救亡總會派來的後生小子，新來乍到，即有馬可乘。這三年多，王師長不知多少次，與我推心置腹的攀過交情。

好在鎮上大房舍甚多，而政訓處人員半月來，地方關係十分親切。說要找房子搬家，馬上有人指點、介紹，主人家異常歡迎。兩小時工夫，就搬到另一家。這一家，房舍雖舊，但廳堂特寬大，我們只用了廳堂，即時布置，仍然感到舒適。

在晉城鄉下，有一次，濩澤中學的學生爲勞軍演出。他們學校原在城裏，城陷，就只好四鄉游動了。晉城爲太行山南區，群峰競秀，於掩蔽當地人民，逃避敵寇，有太多的山谷、村野、集鎮好去。演出的是他們自編的街頭劇，不外殺敵救亡的主題，情節簡單，角色不多，劇中有個十七、八歲的女學生，即由其女同學扮演。

到西大陽，看到山西部隊五二九旅的少年兵。部隊中的康樂室，竟特名爲「衝鋒室」。軍官們特見老西氣質，不是那麼英挺豪蕩的。

八月二日，太行山外河南博愛縣的原圪塔村，一位游擊大隊長告訴我一條當地盛傳的謠諺：

「要想不當亡國奴，先要當幾天亡國奴；他才不當亡國奴！」說是這帶地區，風氣閉塞，老百姓一向抱著幾千年來的觀念：不管誰當皇上，咱總是一個完糧納稅。日軍打到博愛之後，三進三出，奸淫擄掠，殺人放火，迫得老百姓非有敵對意識不可。如此**擬肯定——否定——堅決肯定三段論證的修辭**，乃八年抗戰諸多同此命題的謠諺所少有，字字血淚凝聚。

所屬部隊在修武、獲嘉一帶作戰，騎兵當步兵用，好浪費的，一位槍兵控制了三匹戰馬，隨在戰線之後，這三匹緊緊靠攏的馬，在高空看來，正是一個好射擊的目標。只有三分之二的兵力，使用在戰線上。多是行著匍伏前進，接近敵人據點，給它一個拂曉攻擊。並非是騎兵特長的奇襲，迂迴包抄戰術。這樣未能發揮騎兵效能的戰鬥中，以致十二團**騎兵連長孫蔭芝陣亡了。他質樸正直，勇敢果決**。典型軍人，未在多次激烈戰鬥中殉職，而這樣平白犧牲，全師官兵都感到太不值得。

去輝縣薄壁鎮拓展地方工作，飽醉。歸程，遇一二九師三八六旅旅長陳賡，跟我一樣，也是兩騎馬，只帶了隨從兵一人，輕鬆自在行走。他是黃埔一期同學，那時才三十出頭，意氣揚逸。是去冬在遼縣劉伯承師長處跟他相識。極熱絡親切交談幾句，拍馬各奔西東。

有天，雨後夜行軍。午夜前後，一片漆黑，縱使跟在一匹白馬之後，也看不清前馬一點影子。俗說，馬是長著夜眼的。人又何嘗不是，長時期夜行軍鍛鍊，大家夜間視力也都提高了好多。可是，這一次卻不靈了。並非有霧氣，就是一個看不見。為要趕特定時間，通過輝縣城的西郊，不讓守城日軍發覺，我們一騎緊接一騎，馬頭挨著馬尾，小跑前進。本當走快步，但怕馬兒連繫不上。就這樣小心在意，仍有老騎兵失足跌下馬來。我們十分緊張的，通過了日軍的射擊區。果然，只大半人馬先通過了，它先是幾道強烈探照燈打過來，而後一陣一陣的，重機關槍掃射。迫得後面部隊盡量繞向西邊，脫離了它探照燈所及的光圈，快步通過。剛好割麥之後，只是田土鬆塌，馬兒快跑，腳蹄忽高忽低。約二十分鐘通過了，人馬都出了一身大汗。

很抱歉的是，這夜間幾乎是盲目的行進，踐踏壞不少田畝。農人們白日檢視，可以體會到，我們捨大道而不行的不得已。

政治部的行軍序列，向例跟在副師長後，未遭到這番驚嚇。明知日軍深夜不敢出動，在此形勢之下，仍然十分緊張。整個的行軍序列，既經調整好，這下半夜，漆黑的情態稍見褪開，已可模糊辨道路、人馬的影兒了。馬兒放開快步，大家心情鬆快好多。

不知別人是否和我一樣？我經歷了這一年來夜行軍所罕有的瞌睡襲擊。居然一分鐘時間裏，會醒來兩三次，又酣睡兩三次。主要原因，是我的坐騎右前足蹄軟，牠踩到了一塊小石頭，或因快步而前後的交叉掉換，稍有不均衡，定會向前或向右傾跌，極易馬失前蹄。自己深知牠的毛病，即使緩步而行，右手執韁，從不敢過於放鬆，卻也不能提勒過緊，怕銜口受傷。當我昏昏沈睡，牠一顛動，我即把韁繩向上一提，驚醒了一刹那，隨即放鬆下來，我又酣睡下去。

步兵夜行軍疲困過甚，睡意濃纏，硬有睡著了，像夢遊似的，一人挨著一人走。有時，這整班士兵都睡著了，還在東倒西歪，搖晃著行進。只班長、副班長兩人，職責在身，他倆位置在本班一頭一尾，任怎樣乏力，仍可掙扎著不受瞌睡蟲襲擊。

八月廿三日晨在河南輝縣、南陳村，舉行本師陣亡將士追悼會。儀式後我講了話。哀傷激勵並陳。並未事先安排攝影，想是趙梯雲或高雲清所攝。未想到這鏡頭成爲壽堂在騎四師四年多服役最後的紀念，今天看來珍貴極了。師的集會上，我講話之多，僅次於師長，或許還有過之。

會散，即得長官部急電，令赴洛陽出席第一戰區政治工作會議。把職務交給王劍文兄代理。當天下午四時，偕高雲清，帶了隨從兵吳永良，一匹老馬馱行李，西南行。師裏，竟沒人想到派一班騎兵掩護我三人通過鐵道線，我也未作此請求。現在回想，覺得好寒心。只是崔志光給了我路線指引略圖，告訴我在鐵道北的游擊大隊，可獲得掩護。

游擊大隊是受本師指揮的。到後，得承諾，當晚他們派出一排兵力，掩護我們三人一馬，通過鐵道，並有一人爲嚮導，陪同走到鐵道線南，引我們走上大路，始離去。這一帶爲白天日軍出沒地區，我們的行動，有相當危險。夜間探道急走，幾次闖到日軍據點附近，引來探照燈搜索，機槍射擊。下半夜，闖進一個村子附近，放哨的村民大吃一驚，趕著引導我們走開些，說村子裏駐有日本軍隊。

好不容易，走到黃河北岸大堤，田野，開闊明暢。有人力車，走一、二十里路，通達各村。路上行人來往，有如平日。是在孟縣境渡黃河。遇到中央陸軍軍官學校第七分校在敵後地區的招生委員，正在照顧一批青年學子，準備渡河，前赴長安。這河岸，其時並無部隊駐守。也是，自離南陳村後，這一百多公里途程上，並未遇到我們正規部隊。當年，咱三個人的膽量，也要算了不起了。無可依仗麼！那匹高大的老馬，走到將近河岸的村莊，就送給老百姓了。好教我難忘懷的，牠行走田間小路的蹄聲，夜裏，幾次因此引起日軍機槍射擊，三個居然未給擊中，眞是人在險中不知險。眞虧得騎四師部隊長好人情，好德性，令朱某永銘此心。

第十三章　終南山下

第一節　王曲，王曲

洛陽快車上，多的是自武漢前赴長安的旅客，幾乎人手一册，欣讀「中國的空軍」，**互說中國空軍挺戰強敵的神勇，國人欽敬，也爲忠烈壯士感懷萬分**。

戰區政工會議既畢，考慮單人獨馬到敵後覓尋部隊之不易，我匆匆回武漢，武昌目睹家家石頭堵塞大門，人多逃離。去漢口旅社尋得家人，他們正在候船準備入川。三個月前，王超凡他們在我家聚會，咸認我應轉職新成立的中央軍校第七分校，最爲合宜。適龔先方在漢口，他已是戴笠手下的高級人員了。爲我籌謀，乃帶了全家老幼，並小家公世杰，一行八人，自漢口經鄭州到長安，特別快車上乘客拍拍滿滿，幸未遭到敵機轟炸。

家人暫住長安旅社。我即先到王曲，受到老友們熱烈歡迎，大家齊爲我感到不平，騎四師部隊長如此對待我這老實人。超凡立即簽報我的軍校任職。

到武功騎四師留守處辦理離職應了結的事。

就新職未久，家人暫住鳳翔。

洛陽開會後，如此脫離部隊，雖非臨陣逃脫，究屬非是，不得不以待罪之身，赴洛陽聽候處分。

遺憾的是，奉侍岳母，自武功赴鳳翔，火車上晨間下車，攙扶著老人家，急忙中掉丟了大皮包，內盛長篇小說原稿「女人」，還有民二十六年的日記。初到王曲，重讀了此原稿，認定它寫得不好，心上還有雞肋之感，這一下，丟掉了倒也好。

得七分校主任胡宗南致電戰區袁守謙主任爲之緩頰，也體念我五年來的委屈。讓我暫時住在砲六旅政治部主任谷耀華同學處待命。耀華與戰區政治部主管人事科長原爲黃埔六期同學，得他說項，事得轉圜。

耀華伉儷待我如弟，打擾了他們將一個月。挨到臘月廿八，才得到通知，戰區准予離職。急景凋年，特別快車上，乘客寥寥。大雪中趕到王曲，已是大除夕的下午四點多了。

長安城南關，爲山貨運入西京市集散之所，相關的行商好多。出南關，過南梢門，遠行客商，有兩條主要的道路，偏左，走大雁塔、曲江池，去引駕迴鎮。正南端走，韋曲、杜曲。這「端」字，**特有陝西口語，凝結了用字簡鍊，音調亢昂的口氣，謂正正直直也**。端走，即江漢口語筆直走。過韋曲，偏右岔路，經申家橋，上坡，這一條路，通達到王曲鎮。溯湘子河上游，過留村，入山口，登終南山主峰大台。

抗戰八年，這長安三曲，王曲、杜曲、韋曲，惟王曲風雲際會，聚合各方人士最多。走大雁塔方向的以老式轎車爲多，走得慢，載客不多，鐵輪子顚得人難受。韋曲、杜曲呢，則幾乎全是拉拉車。不曉得關中地區怎麼如此定名的？旁的地方通叫膠皮車。用兩個汽車輪胎承著車身，車身有如裝運農作物的大車那樣，只是狹長些。乘客對面坐，中間放物品。汽車輪胎直徑比大車輪子約小十五公分。所以拉拉車都矮矮的，人們易於上下。通常，坐六個人最鬆敞，但也可再擠上兩三人。有的拉拉車兩邊架子上加了靠背。坐處不算舒服。但卻是那時節最利便的代步工具。一匹馬或騾子拉，走著快步，時速十里，人貨不多，也能跑幾步。它不顚動，就教人覺得比大車好多了。

拉拉車係新起行業。鄉下人儉省，運糧食寧可用自家的大車。大車利於田畝間行動。要是不超過一百斤，他還是老辦法，自個兒雙肩挑起來走。空著手呢，徒步走。

第七分校官兵、學員生、眷屬，分散在王曲鎮附近各鄉村。士兵、學員生，身上無甚餘錢。其他的人非因公務或私人有甚麼事情，也少去長安城。

出了南梢門，車夫便圍上來高叫「韋曲，杜曲。」「王曲，王曲」，以去王曲的人客多。漢唐盛世，「**八水繞長安**」，今昔未變。以自然環境的優越，長安南郊，自古即有「福地」之稱，景色優美，得都城仕女所特賞。詩人、士子、閨秀們，人人心懷中，皆同有李白名句「出門見南山」的悠然韻味。吟詠長安、終南山，唐詩篇章中幾俯拾即是。往西邊去，鄠縣境的渼陂、靈台、靈沼之勝，要上溯到周文王時代，見於詩經、孟子的稱說。

一句話管總，自古迄今，長安南郊風光，居於北、東、西郊之首。七分校建校於斯，確乎是人傑地靈，**王曲人好福氣，好幸運，也對這個大時代，人人有其好擔當的志趣飛揚**。

長安四野多高地，面積廣闊，三、五十里不等，間夾有起伏的丘陵，關中通稱爲原，高出平地十丈至百丈不等。如東邊的白鹿原，西邊的高陽原，南邊的樂遊原、神禾原，北邊的銅人原。這些原，都爲有高度的大平原。一點也非山地形貌。

當地人，以二十世紀歷史、社會爲背景，寫的長篇小說，即以「白鹿原」爲名，成爲一九九〇年大陸上的代表作。著者陳忠實，一九四二年生於西安灞橋區，現爲中國作協陝西分會主席。他所描寫的人物，風土，正是壽堂結緣王曲八年所熟知者，文筆、語言，讀來倍感親切。

申家橋，經原上，至皇甫村（七分校改名爲黃埔村）北，下臨湘子河。湘子河發源終南山，北流，至皇甫村前轉折而西。沿湘子河東邊大道，南行五里，達王曲鎭。

鎭上僅有一條南北向的街，長約兩百公尺，寬八、九公尺。商店做不起甚麼生意來。比起東邊近山的引駕迴鎭，西邊的子午鎭，市面要差多了。韋曲、杜曲也是這般光景。只是長安人習稱的「十里王曲」景色好，經過軍校的開闢，氣勢雄偉。

出鎭，道路始見寬闊平直，南北相望，軍校建了兩座ㄇ形大門，空曠曠的，在這道路上。道左，爲大操場，場邊，新建一座面積約十平方公尺、高十五公尺的鐘樓。正對鐘樓，操場東邊高地，也就是神禾原西頭，隨後又建了二層樓方方正正的圖書館，這要算是七分校惟一的一棟樓房。也見戰時學校散處鄉間，如何因陋就簡。

再往南走，迎面即見城隍廟的白色圍牆，牆內松柏參天，高出圍牆總在六、七倍以上。稱都城隍廟，又或誇說爲天下總城隍廟，神主爲漢代紀信。

調職事既已完全確定。我仍擔任訓育教材的編纂。與同事們的結交，舊雨新知，風雲際會，天天日子都過得很愉快，生活日有新的境界展開。

我已奉派爲十五期第七大隊的大隊指導員。大隊長陳上拔。大隊部及第一二三四隊駐王曲鎭。第五隊駐王曲鎭東的馬廠村。在王曲鎭者，學生多駐窯洞。王曲鎭，西臨湘子河，東依一帶高原。高原上闢窯洞，原是極順手的。而有些低下的谷地，若藏駕莊至南堡寨之間的大溝，雖低下了二、三十公尺，也闢有窯洞。靠藏駕莊這邊，谷地高處有一老洞，民間竟附會的說做劉秀洞。劉秀既藏身於此，所以上面的村子就叫藏駕莊，而東南近終南山麓，滻水之西，有引駕迴鎭。

這兒，且插述一段**「王莽趕劉秀」的故事傳說**。

這傳說，流傳於河南、湖北、河北、山東、陝西。它與歷史事實乃是有差異的。劉秀出生於公元前六年，王莽篡漢爲公元九年，劉秀才五歲，後來他二十二、三歲時遊學長安。王莽趕劉秀的故事傳說，不僅盛傳於長安一帶，也廣及湖北、河北、河南、山東各省。民國五十五年冬，壽堂有「王莽趕劉秀傳說的分析」一篇長文，先發表於中央研究院民族學研究所集刊二十三期，後收入「俗文學論集」，於此不贅述。

王曲鎭以及藏駕莊附近的窯洞，洞右壁，切割成長炕，約可睡二十人，左壁爲通道，懸掛衣物，槍架則置於洞口正當面處，以其明亮、通風。這些窯洞不像在山西高原所見，土質乾燥，而是相當潮濕，褥子下再怎麼多舖乾稻草、麥稭，也總是濕潤潤的。住上十天半月，少有不生疥瘡。

窯洞是西安事變前，王以哲在此辦軍官團所開闢。七分校只初期沿用，後見其太危害人體，就都棄之不顧了。一時性救急，作倉庫用，那更是使任何物品都迅速腐壞下去。它倒是現成的防空洞。空襲時，家人在此躲警報。

第七大隊屬乙級生，而第九大隊則屬甲級生。是從其入學前的文學校程度而定甲乙。這種區分，在訂定的當時，主事者或認為十分有其必要。所生的負作用，會超過其正面作用。十六期後，就不再為此區分了。

七大隊工作，時期甚短，就調離了。

青帶了秋兒自鳳翔到長安，我前往接到王曲，住郵局後面。

七分校八年以來，日見發展，公私通訊、郵匯、包裹寄遞，自必大為增加。可是，這王曲郵局始終未見顧客擁擠的情形。

郵局後面還有好幾間房。先是與上校軍事教官朱道南一家同住。後門外，一個大院，住了學校的軍樂隊及其眷屬五六十人。樂隊是在徐州撤退時，跟十七軍團到西北來的。要不，抗戰時期，一個新成立的機關、學校，那有能力建立起以西洋樂器為主的樂隊？軍樂隊隊長、副隊長兩位，至今容貌還依稀在心。

這軍樂隊，看起來似無關緊要，它於學校教育，那有甚麼直接關係？比如說馬匹教練所、輜重營、練習營都有其實際作用，非如軍樂隊之可有可無。每天，校部升降旗，它來吹奏一番。每星期一的總理紀念週，節日紀念大會的活動，它配合著禮儀的進行，奏樂。每天，軍樂隊本身有訓練活動。王曲街上常聽到它斷斷續續的演奏。這樂聲，充滿了抗戰大時代的生氣、韻律與成長。要非抗戰，東南西北，這些活潑可愛的青年人，怎麼會湧奔到長安來，**唐詩所美的終南山，因這些可敬愛的「祖國的孩子們」之集聚，而更見巍峨壯麗，朝氣勃勃。**

中心地帶的王曲，每隔三幾天的朝晨，天色還未破曉，軍官學生們驅散了黑暗，扛著長槍，四面八方而來，歌唱著抗戰進行曲，似海潮洶湧，一波又一波，此唱彼和，中隊與中隊競賽，大隊更與大隊競賽，唱遍了抗戰救亡的歌曲。在歌聲的激奮裏，聚集到這大操場上。隊伍都到齊了，軍事訓練的要求，整齊、嚴肅、準時，一大隊一大隊的集合，又合組爲總隊。這些隊伍的集合，隊形的變化，十分鐘迅速完成。音樂教官林光瑞爲司儀，大家齊唱國旗歌，軍樂隊和全體師生，一齊注視著這位音樂家的指揮，他立正姿勢純粹是軍人的標準，而雙臂、兩手、上身、臉部的動作、音樂家風範，更是十分優美。當同學們都知道他是中央大學音樂系畢業，就更衷心傾服。林教官之作爲這個司儀，以及萬人合唱的指揮，眞是再適合也沒有了。

升旗講話完畢，學生部隊要趕回各個駐地，進早餐，上第二堂課。這時的軍樂隊，則吹奏著進行曲，自操場，上大路，出校門，進王曲街，這一陣樂聲，迴盪四野，是七分校官生、士兵、眷屬、孩子們以及衆多老百姓聽來最雄壯、美好的聲音，它與學生隊伍多重的歌唱，組成了**抗戰大時代的樂章**。

更長時間的軍樂演奏，是學生畢業前的校閱。分列式行進，軍樂隊反覆演奏著西洋樂章的進行曲。看哪，年輕人的面孔，好直的鼻樑，人人注視著前方，手臂高甩，兩腿邁開大步，上身直挺挺的，動作隨著鼓聲，像機械似的整齊嚴肅，人人眼神透出青春活躍的力勁。軍官學生標準年齡二十歲左右。其時，投筆從戎爲全國青少年人的第一志願，有十六歲虛報爲十八歲，也有少數三十歲虛報爲二十四歲者，招生委員、甄試委員，莫不一望即可分辨，鑒於他們報國一腔熱血，而且又多爲淪陷區來的，誰能忍心不予通融。

七分校學生物質生活相當苦，很少人沒有不入山打柴，背負著走幾十里路。比起南京時代中央軍校的標準環境，不可以道里計。所用的課本、槍枝、教室、操場、服裝、飲食，也都難以比擬。所不同的，只是殺敵報國的悲壯情懷，與來自各個不同生活領域的同學，大家精神感受，乃是南京中央軍校時代所難以具有的。

我們租得郵局後面的一間小房，約六坪大，出房門即是小堂屋。頂大的特色乃是，白天裏除房門口有亮光，房間內白天也是黑黝黝的。

那年頭，我們已經沒有煤油燈可用，只能拿菜油點燈盞。隊上的指導員因爲經常要批閱一百多學生的週記，塡記訓育考核事項，還有些室內工作常須夜間趕工，政治部給他們每月都發了燈油費。凡上王曲鎭，總有人手拎了油罐子、油瓶、油壺甚麼的，順便買那麼一斤半斤的植物油回去。

白天，我們房間很少點燈盞，虧青母女倆，在這屋子裏度日子，她兩人卻過得十分舒適。原因是，與我分別一年多，好不容易團聚。秋兒剛過兩歲，聰明活潑，十分乖巧，令人疼愛非常。那時，王曲新開了一家西餐館，夫妻倆帶孩子去嘗新。它那有甚麼好菜，不過刀叉用來新鮮，孩子好開心。這餐館，只是曇花一現而已，價格也嫌貴些。下午，給孩子一塊蛋糕，外加一、二十粒葡萄乾，放小盤裏，讓她用叉子慢慢吃，她總吃得津津有味。

秋兒有兩個年歲相若的小朋友。秘書金碩的女孩玲玲，同學朱逸才的兒子蘇生。金碩夫妻比我夫妻長好幾歲，逸才略長於我，他妻氏李思孝則小於我倆，都爲政治部同事。三家因爲孩子的關係，彼此走動很勤。長安城常遭敵機空襲，我們小家庭於此，要算是很安逸的。四十里以外的轟炸聲，隱約可聞。

除了勤奮、勉力工作，以適應七分校的日漸發展之外，公私寫作上也異常用勁。

如何彌補「女人」的遺失，擬想寫「周德勝傳」長篇小說。不全以婦女爲主體，而把時代背景，自民國十六年直寫到抗戰的當前。張德勝、王得標、李國雄，本是民國初年北洋軍隊士兵習用的名字。士兵來自農村，農村裏人每個隨便按他乳名來叫阿毛、阿貴、阿狗的。既入軍隊，就必起個名字了。從周德勝傳的名，可知其主人公係一個士兵，跟「女人」之以中學生心筠爲主人公，背景大有不同。爲「周德勝傳」的寫作，作了好一番計劃，不僅立下寫作大綱，還把全書的故事情節，人物性格、語言，特別表現點，全書思想觀念的遞變進展等等，列了表，一一填就，然後再按部就班的寫。苦苦思索，一再修訂這個計劃，前後花了一個多月時間，寫了近百頁的擬案。

結果，這擬案擱置著，一直未開始進行。也許就因爲自認茲事體大，愼重又愼重的，不以尋常心對它，頭幾行難下筆，躊躇躊躇，就這麼擱置到如今，將近半世紀。我想，不可能寫出來了，因爲人物的影子，早給時間沖淡得一無所有。

「太行山內外」倒是寫得順當。資料就手，許多人和事才剛剛經歷過去。起先，題作「晉冀豫邊區抗戰回憶錄」，連續發表於「王曲」校刊。是由政治教官方本裕主編。就跟許多大專院校校刊一樣，樸素的風貌，不同的是，除校聞報導外，論述、詩文，還有較多比重。本裕是方苞後人，才氣縱橫，倜儻風流，以桐城派今代夫子自許。

半年後，王曲校刊改由廖伯周、余宗玲主編，既改爲月刊才漸漸有了規模，篇幅擴爲六十面，更進步到一百面，一百五十面，二百面。成爲抗戰時期陝甘地區的巨型期刊。政治、兵學、綜合性以及文藝作品，各期學員生來稿甚爲踴躍。圖書館多有典藏。目前臺北中央研究院傅斯年圖書館還保存著有那麼十幾期。「王曲」初期印刷，長安城內還能買得到白報紙應用。其後，長期使用本地土造紙。伯周出身北大，宗玲為之江大學才女，他倆及其編輯群全力投注於王曲校刊。當時，好多大專院校，難得編刊出如此巨型刊物，且從不脫期，得全體師生所美讚。

逢到學生畢業，「王曲」出特大號，載胡主任宗南、學者專家在學生集訓中的講辭，各兵科科長、教官的兵學譯著，還有全部應屆畢業同學小組討論的意見彙錄——紛雜而多姿彩。宗玲特向我約短篇小說稿，寫了「山高水長」以應，涉及對於八路軍在敵後吞併友軍，消滅民間抗日武力的事，她感到忌諱，未刊出。三十二年之際，伯周闢出評論專欄，對學校有建言與批評，當然只能開開頭而已。

七十四年，宗玲在臺北，出席十七期王曲同學聯誼會，她述說了一段往事。王曲月刊編輯部是在青龍嶺下太師洞的一棟廢教室裏。特刊出版前，十分忙碌。胡主任夜宿青龍嶺，下望這邊深夜猶未休息，特下來探視慰勞。然後命衛士送來僧帽牌洋燭跟點心，其時，很少人能使用這種洋燭，照明度特強，還囑咐大家，只要時間來得及，早點休息。其實，他一人在青龍嶺批閱公文，每每都睡得晚，仍得黎明即起，好出席擴大升旗禮，對官生講話。

二十八年三月二十九日，十五期甲級生畢業。八月三十日十五期乙級生畢業。這兩次典禮，都特別請了八路軍駐長安城辦事處處長來參加，貴賓坐在台上。

十月二日，夜入終南山，上至頂峰大台，行升旗禮。那晚十時，我跟魏予珍、邢文康、毛樹聲、蕭澍恩自王曲出發，慢慢的走，出了一身汗，上午三點多到大台。遙望長安城燈光如夢境。校部各單位主官係乘滑竿上山。走在我們前頭，此刻正酣睡。睡足了，黎明前起。學生隊伍走在我們之後，旅次行軍的實施，拂曉前一小時到達。休息，飲薑湯，調整好各自的方位，進入集合排隊的位置。天乍亮，只見大台下，路上、山坡上，萬頭攢動，人聲嘈雜。最吸引人的，是軍樂隊早在讓大家注目之處站好了，那一對大喇叭在晨光裏閃閃發光。大夥意興甚豪，忘了一夜辛苦，只等著看胡主任出來。

七分校這一次終南山主峰升旗式，胡主任要講的話，他本已早有腹稿。這夜，想必思潮翻騰，就在我們幾人到達時，特要余紀忠臨時寫了一張西洋信箋的要點給他。政治部準備好了一部自帶發電機的擴音器。就在昨天，前天，一連好幾日，胡主任在校部操場升旗，對全校師生，專講「**今日的戰士**」，大家皆欣然領受。大台主峰上的講話，短短的，臨別贈言，勉以發揚黃埔精神，奮勇殺敵。**巍巍山岳，無言的教育**，終南山與湘子河的氣勢，在七分校所有教職員、學員生心靈深處，留下了不可磨滅的歷史印象。

在十五期乙級生畢業前後，政治部有了上校副主任，係由辦公廳中校秘書余紀忠升充。紀忠極得胡主任看重，他留學英國，才學、氣質、人緣方面條件都好，高瘦挺拔，其時剛三十歲。他超越了政治部三十位上校之先，受此任命，並無人感到不公平。

二十八年夏，我寫了「日本的成功與失敗」，係參考一年多以來有關中日問題的中西書冊，再加以自己的見解、評斷，作爲訓育叢書之一。這叢書收新著六種，胡睦臣主編。居然都能用白報紙刊印。畢業典禮台上，來賓得之，莫不嘆爲珍貴書冊。我主要論點是，日本明治維新成功了，特嘆中國命運之乖誤，變法革新難成。失敗，指它侵略中國的錯誤以及對中國局勢判斷的錯誤。

緊接著，編就「領袖軍事言論輯要」。係將蔣校長自黃埔建軍以來，迄今有關這方面的講辭予以選集。這事，我作起來，比所有講述「校長言行」這門課的政治教官要便捷得多。已有近十年的全面理解，而將近一年訓育教材編纂，更是常在這些資料裏出出進進。選集工作還待入手，要用那些篇章，早已成竹在胸，廣收待選的資料，很快就編輯成書。爲使承印廠務能在乙級生畢業前早期印出。由我入城駐廠督印、校對。三百餘頁厚書先是印一萬册，後又加印兩萬。可能是七分校八年裏所印教材中書册數量最多者。

對於初出校門的軍官學生說，這部書確有取精用宏的功能。黃埔學生，都是服膺這位校長的，那怕是成爲共黨頭頭的徐向前、陳賡、左權、林彪，徐、陳、左爲一期，林係四期，四位皆屬前期同學。即使只在軍校當過教官的周恩來、鄆代英、蕭楚女也莫不如此。

八十五年十一月廿九日午間，核閱雜憶稿至此，起了一番前此不曾有過的認知。按學校當時職權上說，編印此書本當是教育處的管轄，應當由首席的步兵科長主持，選出一位資深學優的軍事主任教官負編刊之責，政治部豈非熱心過度，越俎代庖。觀其加印兩萬册，所費不貲，可見各主管單位一體認同，此書選編得不錯。同學們離校攜此，莫不視爲生活、工作上的恩物，**由之得到很多啓示、激勵與關懷，彷彿身在校長左右，受到耳提面命的光景。**

長安城空襲不斷，這家印刷廠原在長安城，這時就把廠疏散到城外老人倉的小村。不靠大路，附近田野十分荒涼。其時印刷廠最主要工作，是印這本書。工人技術非全屬上等，每每改錯後，他會把不錯的字行也攪亂了。領班雖有效執行技術紀律的維持，弄得我頗爲困擾。眼看我任務已畢，一仔細檢查，又發現錯誤。不得不在書末加上勘誤表。這兒，我透露一點小秘密。有些著作人、出版者，是不肯刊「勘誤表」的，豈不自暴其短？

這兩部書，一著一編，都爲自己平生首次的出版品，與印刷廠這樣打交道，朝夕相處二十天，自是難得的經驗。

七月十五步行入城，至珍珠泉澡堂沐浴。心不安，返時，信步所之，進入西北飯店，想看看有無王曲來人，旅客名牌上，赫然見「朱介凡」三字，好詫異。原來秋兒驚風命危，昏迷，青帶她坐四十里路拉拉車。先去東關外廣仁醫院住院，以無鋪保（保證病人死亡與醫院無涉），來到旅館，正愁苦無計間，眞巧，我會闖來了。得飯店經理允保，即再去醫院，剛好剩下一個牀位，也是住院的，去找保去了。乘車入城，向西北飯店借張躺椅，供青病牀前伴孩兒之用。青最苦，她正懷著昶兒，已兩夜未好好休息。現在總算一塊石頭落地了。

第二天，魏予珍帶了長子國炳來，是痢疾，每天痾二十餘次，醫院注射，可望脫離危險。秋兒驚風稍好，可睜眼，痢疾又來。住了十一天才得出院。能說話時，孩子就吵著要出院，大病房中奇形怪狀的病患，眞夠她母女受的。

我們父女三人在西北飯店下雨的日子，多住了幾天，讓孩子調養。遊蓮湖公園。回王曲時，中家橋以南正修路，不通車，雇人用籮筐，一頭挑她，一頭挑行李。夫妻倆護隨著，如獲至寶的回到家。朋友、同事們都來道賀。

秋兒體力完全恢復，活潑喜悅更甚，我樂心樂意，又當馬給她騎。得暇，夫妻倆牽了她，湘子河畔散步，更讓她騎在我肩頭上。我們常常提到四月間遊臨潼，洗貴妃池的那一段事，也說到她發病住醫院的令人緊張。

緊接著，秋高氣爽的時際，去鳳翔接了父母弟妹來王曲。剛好朱道南他遷，我一下子新租得三間房，居然還能有間向南的屋子做書房。一家人，頂快活的是秋兒。十九年開始集諺的本子，二十四、五年曾經整理過，這兩種册簿都帶了出來。此時再予以一一檢視。

孩子才好了一個多月，我卻大發她脾氣。五十年後今天寫此，悔恨無已。大台升旗那天晚上，回家後亟需好好睡覺，她不斷的哭，喝之不止。主要是中午她未睡好。著力打她屁股，丟她在地。孩子是止了啼哭，卻嚇得發抖。必然是我狂暴得可怕。我從未對她這麼兇過。青憤然，與我吵。我心好痛楚。

這天，敵機也來上空盤旋。我們這棟大屋子，前面郵局，後院軍樂隊，人都走光了。我父母、弟妹，帶了秋兒也走往防空洞那邊去了。青卻執意不走，一者她挺著大肚子，走起快步來十分吃力，其實，主要還由於她是一個悲觀派。我當然只好留下來陪她。我固然向來沒把死字看得嚴重，但總不願這麼無代價犧牲。可是太太不肯走，做丈夫的又怎好離開？只有留下陪著。按捺下憤憤心情照常做事，我們國家是這般慘受敵人攻擊，不能還手。有時，**聽到四十里外長安城隆隆不絕的爆炸聲，我十分激動，在房裏來回行走，捧著但丁「神曲」，大聲誦讀**。那高空飛機嗡嗡沈悶之聲，與我誦讀詩篇的慷慨激昂之音相應。十月十二的警報中，也仍然如此。直到重重的轟炸機群，盤旋王曲上空，我第一次強著青往野地走避。才六、七分鐘，還未找到臨時隱蔽處所，炸彈接連的落下了，離我們才兩百公尺。

自此，但有警報，青就無法再固執不走。好在王曲窯洞多。軍民都依賴這地方躲警報，比在長安鑽城牆根要近便，安全，舒適。敵機不來，大家在窯洞外候著；來了呢，馬上進去，炕上一躺。就只是，我這麼一個閒不住手腳的人，有點兒無可奈何。其時，編寫教材的事，一天跑幾次警報，把執筆爲文的情緒糟塌盡了。苦的是，夜間寫作，腦力不濟。於是，把諺語集稿，在不逃警報的零碎時間，加以整理。這是隨時可作，也隨時可放下手的活，像女人打毛線樣。因整理，也就有新材料加入，工作興致隨之與日俱增。重要的是，眞正的進入這個工作之後，我改變了從前玩玩而已的態度，以之爲一種業餘研究課題。好像採集礦石，在別人看作是荒涼貧瘠的山谷裏，而自有發見。也即是說，民族諺語的發掘，愈深入，愈見其好處所在。

所以，**對於諺語工作的下力而爲，我要借用美國白克夫人讚美中國因抗戰而進步的話頭：「感謝日本」**。自然，「女人」的遺失，也大有關係，因爲在自己的創作生涯裏，還從沒有寫一部長篇，像這樣大的勁頭；而，又難得重新下手。那邊失掉了，這裏補償罷。

我也了解，這工作，前人已有成績在；自己要另起爐灶，從頭做起，又處於戰時偏隅的關中，交通十分不便，難以與四方同道通聲息，一定做得事半功倍。其奈興致之高何！不過，我有個限制：「三年興趣主義」。打算多方廣事蒐集，按字典部首整理；研究工作，暫且不談。等到三年期滿，結束一下，再作道理。

爲何要有如此限制？第一、考慮自己學力，恐不夠深入的對付這個課題。第二、不知這份興趣能否貫澈下去。也是自己所彈奏的人生琴弦，不僅止於這一根。

朋友中，少數人不以我這種作法爲然。記得主要是余紀忠兄好意勸阻我。以爲這是個出力不討好的事，玩玩則可，下力而爲，太犯不上。倒不如埋頭寫作，以你這一年多戰鬥生活經驗做底子，花上一兩年時間，好好琢磨出一部小說，還怕不名利雙收？朋友勸告，全爲愛護我，爲我好，我很感激。我答說：「這不過業餘活動，等於人家抽煙、喝酒、聊天的工夫，還不算是玩物喪志。」老朋友曹金輪在鄂西作戰，知道了這件事，更是十分反對——後來重慶碰面，他大大訓我一頓，責我不該弄諺語。

卻說，我發出了徵集諺語的啓文。大部份人反應都很好，給我寫錄些諺語來。卻也有極少數人，認爲這種鄙俗東西，值不得重視，表示一種冷淡。

王曲郵局後，光線並不太好的書房，這樣斷斷續續的進行諺語工作，是極可感念的。抗戰情勢逆轉，東南西北，人們東逃西遷，折騰不已。我一家人可團聚一起，不能不說是難得的幸運。

胡睦臣半嘲笑、半讚美、給我起個綽號「新人」，甚至說是「聖人」，謂煙酒麻將都不沾，也不愛談閒天，吹牛，串門子，挑是撥非。其實，我好拈花惹草，卻少有給朋友們發現。或許我有紀曉嵐的心性。

余紀忠兄意氣煥發。有個印象，他換著皮夾克，在馬路上馳馬——也許他是自那兒出差回政治部，確有春風得意馬蹄急的心態。別的朋友也有馳馬郊野，偏偏不教我留有此印象。他住北堡寨一處獨立家屋，發火燒了，遷到河西農場。農場新建四合院，有近二十間房，四周都爲田畝，距校部一里多地。農場場長係政治教官段佑雲出任，他出身中央大學農學院。起先本是大有一番企圖，園藝、果木、畜牧等等，但軍校當局志不在此，並未有投下資本與人力，不見積極開展，西北角四、五間房，就供余府使用。**窗外見南山，風光無限好**。余老太太和姑太太，好像還有位僕婦，做的常州菜，膾炙人口。也是紀忠常常請客的緣故。曾幾作座客，與紀忠、宗玲兄妹相談甚歡。還有紀忠的男孩子，正當少年。余伯母誇讚我的口頭語，總愛說我好福氣，椿萱並茂。原來，余伯父爲官湖北，寄寓武昌，不久亡故，余伯母青年孀居，撫養這對兒女，見我能侍雙親。如今東南淪陷，三代同堂，爲之欣羨。

上海人史汀，剛二十出頭，在政治部編輯委員會工作，最得余伯母歡心，視之爲么兒，常要他至農場晚餐。編輯委員會屬編組單位，由紀忠主持，設在青龍嶺下的太師洞，一所舊教室內，調用的大部份爲政治教官，小部份爲指導員，都係擅長寫作與翻譯的人士，宗玲、廖伯周、劉瑀、張紹良，以及張研田兄夫人吳宣晨，都爲中心人物。日漸擴展的王曲校刊及純學術性的力行月刊，都屬編委會主管，而訓育教材的編纂，不與焉。訓育教材根據教育進度，按週頒發，其編纂、交繕、印發，時在趕辦之中，在我、胡睦臣、何司書豐年、收發人員，精神上壓力好大。紀忠主持下的編委會，工作都表現於外，氣勢很盛。

第二節　傷心曲江池

王曲工作，若是只在校部辦理教育行政，未免美中不足。七分校豈僅在陝西長安、鄠縣、鳳翔、甘肅蘭州，散布於廣大的鄉村；而且**更在敵後地區，有山東總隊、河北總隊、晉南總隊，以及浙江總隊**——自十六期到二十一期，都有些各別不同的情況。如此地區的稱謂，是對其在這個地區成立、招生、「入伍生訓練」，而後千里迢迢的來到長安，進入「軍官學生教育階段」。

這自是，由於抗戰時期環境特殊，救助淪陷區莘莘學子、中華好男兒的國家共同認知，以及七分校地處關中，還有校長重視他大弟子胡宗南的關係。

我奉派爲十六期十五總隊的總隊政治指導員。當時並不感覺這項任命有甚麼特別，如今追憶，卻體認出是我平生極難得的殊榮。檢討黃埔軍校這七十年的歷史，抗戰以前，以第六期學生人數，分在廣州、武漢、南京入學，畢業時期不一，那正是國民革命軍北伐時期，校務行政，教育實施，同學情況，極爲多彩多姿。但不及抗戰後（自十五期起）同學之多，其顚峰則係十六期。抗戰時期本校在四川成都，九個分校分設於南北各地，如第九分校在新疆迪化。此外，還有個海南分校。

本校及其他各分校，都無七分校學生之多。七分校各期學生以十六期最多，十七期次之。十六期，計有第四、第五、第六、第十三、第十四、第十五、第十六七個總隊。而十五總隊還代訓了第五總隊第一大隊，所以乃是黃埔軍校六十多年，在校學生最多的一個教育單位。十五總隊即我們習稱的山東總隊，二十七年春夏，在敵後的山東招生，由黃庸夫率領而來到曲江池，同學絕大多數爲山東人。五總隊（缺第一大隊）駐甘肅蘭州，四十二軍軍長楊德亮兼任總隊長。五總隊第一大隊，卻在浙江招生，由大隊長駱雪塵率領，間關萬里，繞道西南而達王曲，比十五總隊入學要遲。

十五總隊駐長安近郊大雁塔以南的曲江池。首任總隊長劉宗寬。黃庸夫係首任總隊政治指導員。我未到職前，先由他領著我，到曲江池。同學們看到他，無不百分親切。

二十八年十一月十五日到達十五總隊，次年八月三十一日離職，十個月工作，深感愉快。總隊長、副總隊長、總隊部各單位主管、幕僚、各大隊長，皆相處得十分融洽。同學們對朱某的學識、人品、服務熱忱，可說全體都保有良好印象。

少校音樂教官陶今也，比我的人緣更好。他是湖南長沙人，久居武昌，畢業於武昌美術專科學校，中西繪畫、雕塑、音樂爲主。今也除了這些專長之外，散文、小說都寫得好。與我同庚。是十九、二十年武漢的文友。他家境富裕，以前是公子哥兒，此際則是一位成熟的男人，虎背熊腰，好性感。除了於各中隊上課，習唱學校規定的歌曲，更以藝術歌曲唱法，教唱一些流行的抗戰歌曲。**他每到一處就帶來一陣和風**。一星期兩次的升旗典禮，都爲總隊長主持。今也一上台，總是滿臉笑意，表示要開始了，隨即把小指揮棒一揚，全體官生就吸上一口氣，準備大合唱。然後，我的三十分鐘講話，是列在訓育工作進度上的課目，我就站在旗桿前講。總隊長講話，多於總理紀念週席上，在司令台上行之；或是會操之後，或是特定的集合，他講話長短時間不一。由於劉總隊長本職是陝西省軍管區司令部參謀長，五分之三時間是在城裏。

十六期七個總隊，惟劉總隊長係本省人，所以在徵用房舍、租借土地上，得到極大利便。好些人但銜總隊長之命，與地方人士商洽，莫不一談即妥。其時，服兵役爲老百姓最切身的事，但有囑咐，只要不違法，莫不立即允諾，回城後就辦了。

劉總隊長爲黃埔三期，人長得高大，一口家鄉話，鄉黨們都以有這位傑出人物爲榮。南北各大地方，他跑得多了，生活習慣仍一如鄉農不改。喜以生紅辣椒略沾醬油爲唯一菜品，吃硬鍋盔，雖眼膜有點充血，也不肯聽醫官建議少吃刺激性食物。總隊部是設在永慶寺。寺在曲江池的一處小高地上，神像、住持全已搬遷一空，經過軍校一番整頓、修飾，一點寺廟風味也沒有了。

今也多閒暇，也多餘錢，他獨居一窯洞。這兒，窯洞不像王曲鎮上的多，不潮濕，眞正冬暖夏涼，又十分隔音，極安靜。他喜在洞裏搓麻將玩，第三大隊大隊長張育賢跟幾位教官，時來此消磨。他常能聽得一些飛短流長的話頭。

有位政治教官對我惡意中傷，說我升旗講話時，有一次把講辭忘記，半晌講不出話來。人家不知今也與我多年交誼，今也當即正色駁之。因每次講話，他跟我站得最近，句句都聽得清楚。這大操場上，縱使十二個中隊密集爲講話隊形，後排因風大，或許有聽不眞切的。我音量大，講得並不太快。這種講話跟教室內上課不一樣，須是十足的講演姿態，抑揚頓挫，肢體語言，都要有充分顯露，才能吸引全體聽衆。在講辭告一個階段，或是關鍵處所，或是懸疑，自設發問，或是要求聽衆付予思考，我會停講三幾秒鐘。自己已有十多年大衆場合講演的經驗，那會鬧出這般笑話，我聽了一笑置之。若說我內容欠深刻，講辭組織欠嚴密，則有之。每次講話，我只準備了大綱、要點，並非寫了講演稿，照稿子念，也不作興拿出要點卡紙，提示自己。我只是出以尋常心態，有點近乎即興式的講演。

擴大升旗式，還有集體的早操動作。由體育教官李健飛領導示範。他出身中央大學體育系。從那時起，我養成了一年四季每天早上必作早操的習慣。後來，從旁的體育教師習得一些招式，但李某所教的有個動作，不願有所變更。兩臂左右平伸，兩腿同時左右分開，彷佛一個大字，兩手左右交叉的大彎腰，左（右）手指摸觸到右（左）腳尖。一般早操型式，多爲八節，每一節反覆動作四次。這些年來，我還加上太極拳的招式，共爲十二節，每節反覆動作五次。早上散步習慣，每天不間斷，始於十七年夏在河南密縣，以迄於今。

且說說**曲江池的滄桑**。

曲江池初闢於漢代，唐代爲最盛時期。更往前推溯，春秋戰國時期已有其前驅性的勝景形勢存在。曲江池村南端小高地上，一大圓形墳堆，石碑「秦二世墓」。碑石至少在五百年以上。墳上長滿雜草，似每年有人剪除。未有鼠兔洞穴。無墓道，也無半個小祭台、石凳等物，周遭也無墓樹。

曲江池村東南有遐邇聞名的王寶釧寒窯。有窯洞，殿堂上供奉著薛平貴和王寶釧的神像。來曲江池者，無有不前來瞻禮的。薛平貴與歷史實有其人的薛仁貴相糾纏。寶釧則起自小說戲曲的傳說。

民八十年初夏大陸探親，特至長安一行。曲江池、寒窯，皆有時興建築，早成觀光要點。

承雷振大隊長的關心，爲我在廟坡頭村東介紹潘家的獨立家屋，難得的高敞磚屋，門窗樑柱一概爲原木本色，未經油漆。兩輛大車把一家人自王曲載來。我前往迎接，在韋曲碰上。秋兒一見我，便大哭，說：「爸爸，牙齒痛。」由於這處屋子的明亮、寬敞，一家人都很滿意。房東家的大黃狗，即刻就跟我們老老小小都熟了。秋兒一再說：「不再回那破屋子去了。」

住處房子雖好，但生活頗不方便，偏偏那幾天天氣十分冷。不下雨，我每晨上班，只是冒寒風罷了。否則，路途泥濘難行。未多久，在曲江池找到兩間房，村東譚家。一大一小，倒是坐北朝南，讓我們租下了。大房比小房大一倍，父母親弟妹住，兼作客廳書房，我夫妻女兒三人住小間，常得**冬陽溫暖，好融融樂樂**。上下班，三兩分鐘即可走到。屋側，即第八隊的教室和寢室，學生們操課忙，並不嘈雜。青年人都知趣，且經一再誥誡，與鄉黨們雜居，要規矩、禮貌，嚴守紀律，表現軍官學生風度。

爲遂行野外教練、訓育活動並休閒與娛樂的目的，全總隊並五大總隊一大隊，作了一回旅次行軍，前赴臨潼，在華清池校長蒙難的碑石處集合講話，聚餐而返，大家皆精神鼓舞。沿途各界人士看到這些英俊漂亮，好帥氣的青年人，莫不投以前途無限祝福的眼光，也為抗戰大時代有這些子弟們執干戈、衛祖國的行動而深感欣慰。

回隊時，我因在城裏有點事，一人落單，乘昏昏月色，循大路行。入夜未久，以天寒，路上竟無第二人行走。已走過大雁塔了，黑羔皮長大衣，使人熱呼呼的，正想要再解開大衣上兩顆扣子，道傍忽地躥出四個帶槍的人來，詭稱：「我們部隊有逃兵拐了槍走，要搜尋、檢查。」看樣子，他們不像正式軍隊，更不像是受了特殊任務的執行者，分明是劫道歹徒。

當時很奇怪，我一點也不驚惶，更不畏懼。現得十分的跟他們合作，聽憑他們押解我到道旁的一坑窪處，命我跳下去，要幹掉我嗎？他們問我是那個部隊，我據實以告。要檢查我身上，惟恐我會拔出手槍來。原來我左右脅下，背帶著照相機、圖囊。我用兩隻手解開大衣扣子，然後張開兩臂，說：「請檢查。」我語氣一直很平和，對他們客客氣氣，打定主意，他要甚麼，慷慨相贈。派克自來水筆、懷錶，還有些零用錢。局面並不僵，就讓我爬起來——這一瞬間，倒是十分危險的，打我一棍，開我一槍，這一生便完了，我仍然毫不害怕。

臨走，他們好意相勸：「以後可別這樣，一個人走夜路啊。」我只好謝了他們，離開了十幾步路，道右有一段東西向的土牆，惟恐那陰影處會藏著匪徒。驚弓之鳥，此時方放開腳步急行，注意察看四方動靜。終算平安抵達曲江池。始終未向家人吐露。好幾天才在總隊部說起。有位政治教官說，他家養了隻貓，由於難得弄魚給牠吃（關中有「魚龍鴨鳳」之諺，謂魚、鴨稀罕），凡入城，必買塊羊肝回來餵貓。有次，也是回晚了，經過大雁塔，遇到劫道的，不問青紅皂白，把手上拎的一大塊羊肝，向對方臉上摔過去，冷冷的、黏黏的、軟軟的，又是一陣氣味，人家不知是甚麼，竟嚇得拔腿就跑。他也沒勇氣回轉頭去撿那塊羊肝，也許用力猛，早給摔得稀爛了。

當時不知是否爲寫作、還是讀書的關係，我夜宿總隊部。戰時，我們早沒有煤油燈好用。夜間除非特別趕辦要公，很早便睡了。秋兒爲此，對我這爸爸好不高興。青已接近產期，其實，我太應該在家多照料的。

劉總隊長調任師長，總隊長職務難兼顧，由熊克念接替。熊，江西人，年已五十，保定軍校出身，軍事學術科甚爲優良，特注重一些小動作。不知是那裏弄來一匹老馬。各隊野外教練時，他每騎上這匹難以跑快的馬，前去督導、指點。其實，這是用不著他到場的。只因他太熱心於教導這群孩子們。他嫌教官、隊職官施教不夠踏實。最熱心的一樁大事是，每星期天上午，各個中隊檢查內務既畢，本是準備要放假，他卻硬要借來兩小時，全總隊暨五總隊一大隊集合在大操場，作總隊長專題講學——步兵操典。他旁徵博引，深入淺出，綜合自己三十年研究心得，作此懇切講授。

這番好存心，本來誰都能完全理解，要深深感激他才是。無奈全體隊職官與所有同學們，難得有這麼個星期天，都有許多私事待理，有的更需要進城去。經他這一好心教學，大操場上一解散，回到各隊已是午刻時分。怎能免得言者諄諄，聽者藐藐呢？他實在太不體諒部屬與學生仔了。由於他執意如此做，副總隊長主任教官與我，都未能有所建言。其實，在每週六個教育日之中，總可設法調度出兩小時出來，專供他使用的，學生得以安心接納他的高明教誨。

學期告一結束。新年，接著陰曆年又來了。學生們好熱情，各隊競爭性的活動，大規模的戲劇演出。平劇、話劇、地方戲，整整熱鬧了半個多月。下午，晚上，大操場司令台作舞台。各大隊、中隊指導員費力最多。演話劇，學生向我借衣服，能借的，都借了。而自總隊長夫人以下，學生們來向師母們商借，怎好推託。才是軍民同樂哩，駐地附近引起了轟動。鄉黨們一年難得看幾次野台戲，通爲秦腔，現在則紹興戲、廣東戲、山東戲、山西戲、河南戲、漢戲、湘戲、川戲……各樣唱腔，各派的戲路，連教職員、學生們也嘆爲觀止。總隊長夫婦心疼學生仔，常教人拎了滷蛋、點心，送到後台犒勞，他倆最掛心的孩子，是演旦角的宋象桐同學，在臺上，他楚楚動人，一付可憐相。

初春時際，看戲的人如潮湧，竟不感覺這曠野風寒。同學們大多自敵後淪陷區奔赴而來，艱苦備嘗；入校後，學習生活十分緊張，今得此一番舒解，莫不特感一番心情的輕鬆。一個個年輕漢子，蹲坐在小矮板凳上，腿腳踡屈著，凍著，也眞夠苦中作樂的了。

再次，帶著秋兒，送青進廣仁醫院。之後，我父女倆入城，至珍珠泉澡堂，樓上盆子裏熱水浴，孩兒舒快十分，不覺脫口唱出：

起來罷，起來罷，

祖國的孩子們。

凡有軍校學生駐在的地處，朝夕都有齊唱抗戰歌曲。每次至少是五首。孩子們都聽熟了。沒想到，卻引起澡堂茶房的一番感歎：「看，這麼小的娃兒都會唱這些歌，還怕抗戰不勝利嗎！」

青這次入院，剛好江弟自洛陽回來，繞道曲江池來看我們，加上他相伴，一路護送，青好欣慰。秋兒自是特別高興，她好久沒跟舅舅親熱了。次日上午一時就生下了昶兒。時為民二十九年元月二十五日，青定要記陰曆——二十八年臘月十七日子時。讓秋兒跟了爺爺、奶奶、爹爹、孃孃，意外的乖——爹爹，指的么叔。

我隔不了一兩天，要趕往醫院探視，多半是騎那輛破自行車來去。醫院大病房也沒有火爐，空氣裏瀰漫陣陣寒冷。青的乳汁成份不夠，每次授乳才兩小時許，昶兒便醒了，哭著要吃奶。嬰兒房裏總是他首先啼哭，護士只有抱來找媽媽。按初生兒保育的常識，應是每四小時授乳一次，最為理想，而且是這樣子，嬰兒的消化、睡眠與母體乳汁的分泌，剛好有相互的適應、配合。每隔四小時，母體乳房膨脹滿了，嬰兒剛好也餓了，一頓飽餐，他倦極，每每含著奶頭便睡著，媽媽也十分舒暢。無奈青難得達此境地。可憐，小昶兒腳後掌，常在襁褓裏蹬動，傷了皮膚。

二月六日，天氣晴朗，青帶昶兒歸家，車到門前，秋兒跳躍來迎，不知怎樣喜愛這個小弟弟。夜，她只能挨著牀邊，接受媽媽的愛撫。曉得難以睡媽媽懷中，小弟弟奪去了媽媽。傷心啼哭，弄得大家眼淚也來了。過幾天，她不再啼哭，卻強忍著傷心，淚眼瑩瑩。二十二日，上元節，曲江池多城內來遊春的人，忙於工作，竟未能帶秋兒、弟妹們同遊。隔不兩天，星期日，引弟妹、秋兒在曲江池高崗上曝陽，是我父女倆最後的嬉遊。遊罷回家，陶今也兄來訪，為我全家人合攝一影，秋兒留下了她短短在人世間的最後鏡頭。

天氣轉壞，風雪天，弟妹、秋兒都感冒，所幸昶兒無恙。三月一日入城購物、辦事，順便至阿房宮看「孤島天堂」電影，甚受激勵。相當興奮的回家，秋兒病情轉劇，發現氣喘，竟未能送她進醫院去。得隊上屠醫官悉心療治，重金入城買特效藥，外加葡萄糖注射，有時似見減輕。母親、我也感冒，請了一星期病假。十一日，好久未來的敵機來襲，自曲江池高空飛過，天朗風輕的好日子，午刻，青還爲她洗眼、鼻、口、舌，餵了水藥，孩子打嗝不絕，湧痰，右眼先失光，十分鐘掙扎，在全家人環伺下，秋兒夭亡。她只活了三歲五個月十一天。譚家老婦人不讓我撫摸孩子的頭髮，說：「讓她安心的去。」

向八隊指導員張繼斌借三十元，在本村買口小棺材，幾件平常衣服，她的所有玩具相伴。晚七時，我親手裝殮了她僵硬的身體。葬於寒窯左側向陽的高崗邊沿。隔兩天，在小墳旁植了六棵白楊。

入城，在第一商場發現好多布做的洋囡囡，是秋兒再四要我買而未覓得的。心情好沮喪。寫「哀秋兒」長詩五百行，首五句：

一個聰明、活潑、勇敢、正直，有理性的好孩子，

我兒秋影，你僅活在世上三年五個月十一天，

時間無限之中，這是多麼短促的瞬間，

就有些人能記憶，也不過說：

啊，這孩子丟了麼，可惜！

詩成，偕全家人入城散心。青的悲苦，母親疲累。秋兒的影子時縈腦際。我這個做父親、丈夫的人，對她母女倆，只有無限愧疚。王曲、王曲，這個活潑可愛的小朋友，就這樣夭折了。除了極親近的親友，誰知道這深沈的悲哀啊。

這時，我晉級上校。頭年，給我報升，執管人事的主任辦公廳未予核准。之後，超凡帶我往見辦公廳主任羅歷戎，特別陳說我性格樸質。意思是，因此才難爲人知，不像一些政訓班同學之升遷得快。

秋兒故去前，一月間，逆風雪至長安，購得胡樸安「俗語典」，上海廣益書局版。置南院門一家書店的書架上，塵封已久。是朱逸才兄逛書店看到，告訴我，特往買到。此書收成句與不成句的常用語。按字典部首編列，皆註明出處。

正月初七入城，正中、商務兩書店尋書，以價貴，捨不得買。至中華書局，發現史襄哉「中華諺海」，以高價買得。此書收今諺一萬二千餘條，夾有少部份成語。

初初一看「中華諺海」，以爲自己的諺語工作可以不必進行了。仔細閱讀，方了然，好些諺語未見於此書，還有待我繼續用力的地方正多。即以之爲諺語錄卡的基礎。這工程緩緩進行，直做到三十年中秋節方告完成。

向七分校同學蒐錄諺語，以曲江池時期進行得最爲密集。每一個中隊，都分別去講過一次諺語，以引起觸發。

這種「諺語講話」，乃是同學們在校受訓極少有的際遇。不同於一切學課、訓育講話和名人、學者的專題講演。也非精神講話。精神講話是這六、七十年來，軍事政治訓練最常用的名色，泛漫無所不包，它居於一切課目之上，多半是集合全總隊學生行之，聲勢浩大。

講諺語，尤其是以蒐錄諺語爲講述的目的，乃訴之於同學們鄉土生活與童年記憶的辨知。抗戰期間，進入三軍官校的學生，都和以前或以後的軍校學生不一樣，不是純由高中畢業學生來投考，而是還有些大學生、公教人員和各行各業的青年人，總之是流亡的、憤慨的、悲愴的，**中國社會投筆從戎的熱血愛國者。他們都已具有相當的社會經歷和職業經歷，惟其如此，方能體察出諺語所予我們生活、行爲、知識上的價值所在。**又因離鄉背井，走過好些外地，而有了各地諺語的比較觀察。

此所以，王曲同學所提供的諺語，品類雜陳，頗有常人不易知曉的。曲江池總隊以外，以及十七、八期以後，我並未親去踏訪，只分送了徵集諺語的啓文並記錄紙張，拜託各大、中隊政治指導員，代我便中進行。

第五隊駐廟坡頭一高大獨立家屋，似爲祠堂。我講說諺語之後，有位湖南同學站起來說，他家藏有一本木刻的諺語集子，吳獅「一法通」。按詩韻編爲歌韻，「一法通，萬法通」開篇。他很希望有機會時，能將此書送給我。當時未記下他姓名。此後沒機會再相逢。抗戰勝利後，於長安、武漢、南京、臺北各圖書館，注意覓求，也未找到。只找到兩點吳的生平相關資料。

諺語工作已整整五十九年，已往一直有個未經深思的想法，嘗以爲編纂諺語集子的人，不過是些三家村酸秀才而已。自己從未在這問題上，付予思考。這想法，有似天際風雲，常常浮在腦際。今述吳獅事，乃起一番警覺，不對咧！歷代集錄諺語的學者，少有不是飽讀詩書，人生閱歷豐富的前輩。吳獅是不必說了。

八十二年九月，何學威賢弟自湖南長沙，寄來「一法通及其他」（民八十一年十二月，湖南臨湘市，以「內刊」方式印行，故未標明出版者），結束了五十多年，我尋覓此諺書的宿願。爲時月餘，斷續讀之。可記者如次：

吳獬，一八四一——一九一八。此書係其鄉親、家族、後學，爲其誕生一百五十週年紀念，由湖南省楹聯學會、岳陽市政協、臨湘市政協、岳麓書院研究所、洞庭詩社、湖南大學校友總會聯合編印，出版於一九九二年十二月。「一法通」爲全書主體，餘爲其詩、文、對聯的選錄。次爲事略、年表、大事記。並今昔人士題辭、評述等篇。這兒，主要的說「一法通」。

吳獬，光緒六年（一八八〇）十八歲中秀才，三十五歲中舉人。三十九歲首次赴京會試未中。十二年再赴京會試，仍失敗。十五年第三次赴京會試，得己丑科第十一名進士，時年四十八。編寫「一法通」，是在四十二、三、四歲時。深入民間，採集湘北、鄂南、贛西的鄉土諺語的時間，不下十餘載，是在其中舉前後。

他執教三湘各書院五十餘年，胡南鄉賢，若符定一、曹典球、趙恒惕、舒新城、劉范猷、李洞庭等，皆出其門下。深得張之洞、譚延闓賞識。民六吳佩孚任師長，駐岳陽，吳特往求見，致敬意。次年，遇兵受驚犯疾，猝逝，享壽七十八。

一法通，三卷，收偶句諺約三千餘條。

他依詩韻平上去入相配，編爲十八韻，分韻排列這些諺語。

民二十九年六月十六，入長安城，到二府街老百姓報社，初訪李敷仁。我倆快談了一個下午，主要在探討諺語的構成、形式，蒐集與研究。當時，我執意要定名爲「俗話」，以爲這辭兒通俗些，一般人常說，爲大多數人所能聽懂。文盲就不易懂得「諺語」二字。敷仁有些深刻、獨到的見解，我曾擇要記入手册，而中心不免搖惑：如是致力諺語工作，豈不要丟棄婦女問題的探討，還有「女人」的寫作嗎？

敷仁，陝西咸陽人，長我七、八歲，資深中學教師。他專門蒐集關中區的諺語，已有將近二十年工夫，特有「幹話本」的纂述。他是我首次逢到的諺語工作同道。他說，幹話是本地人對於俏皮話的稱謂。奇怪是，長安八年，我怎從未聽說過這名稱呢？

特別談了他的「老百姓報」。二十六年十一月創刊，原係旬刊，後改週刊，四開一張。宗旨是：「用老百姓的話，說出老百姓的苦愁；並且把天下大勢，國內軍政也說給老百姓聽。」純用當地口語，出諸老百姓感受，加上他們這一群教師們的啓迪和提醒。我曾看見完全文盲的鄉黨們聽別人讀這份「老百姓報」，一點不需另加解說，都聽得眉飛色舞，大大超過一份好報紙對於一般讀者所達到的使命。**我是由此而知道「老百姓報」的**。

清末民初，從北京到南北各大都市，曾興起一陣白話報的熱潮。都爲四開小張的日報，以白話行文。雖是白話，而口語性不強，很少有達到老百姓報這樣境界。即使定縣的平民教育協進會和江蘇棲霞鄉村師範陶行知所出版的平民教育讀物也難以做到。我想，這也是另有時代精神激盪，抗戰現實生活鼓舞全國人心所致。民五十年左右，方師鐸教授出諸國語運動工作者的關切，有過檢討。他的專著裏，似未涉及老百姓報。

國內外兩處地方，對老百姓報的讚美，顯得突出：丹麥，陝北。是褒獎狀和讚頌的公函。老百姓報編輯部同仁大半爲老中學教員，也是老國民黨員，陝西省黨部爲他們的成功喝采，他們很樂意接受。進一步，爲了表示強力支持，國民黨省黨部主管宣傳部門，要按月給他們一筆爲數可觀的津貼，這在旁人豈不樂得接納。誰知他們這群書獃子，硬說「吃人家的口軟，拿人家的手軟」，認爲這會有損老百姓報的立場。

敬酒不吃吃罰酒。麻煩、阻礙與讚美齊來，彼此間的溝通、協調未能有美滿結果。我跟敷仁見面時，老百姓報因不願接受人家這番「好意」，業已停刊。要不然，他怎會有閒工夫跟我談了這麼久？

政治教官杜金桂，北平師範大學畢業，他建議我，諺語研究怎不向他的老師黎錦熙請教呢？黎先生就在城固的西北聯合大學任教，離長安近，通信方便。

讀婦女問題名著，德國倍倍爾「婦女與社會」（原名「婦女與社會主義」），沈端先譯本，厚厚一巨册，爲其論述淵博所吸引。辦公室抽暇，東窗下研讀此書，頗有所得。

總隊部衛兵，由學生按每週分班輪值，擔任。全總隊加五總隊第一大隊，共十二個中隊，一百零八班，每年五十二週計，約兩年輪值到一次。這勤務是相當愉快的，他可朝夕遇到總隊長、副總隊長、軍事、政治主任教官、總隊政治指導員這五位核心人物，以及四位大隊長。在曲江池的這九個人，除我跟政治主任教官張光祖二十九，那七位通是三十五歲左右。我們九人皆視學生仔如自己子弟，特有「婆心」，見了他們，由不得不噓寒問暖，溫存一番。學生們也就樂於跟我等接近。加之，永慶寺地勢高爽，房舍庭院寬敞，給整理得潔淨而美化。上班以外時間，有眷職員回家去了，無眷官兵也大都外出蹓躂，只極少數值日、值星人員留守，更見空闊寧靜，是最好做功課和休息的環境。

我特在他們住處張貼了一張徵集諺語的啓文，很是得到些迴響。頂難忘記的是，李繼烈同學爲我錄下了四八〇條諺語，現在還張貼在「王曲採諺乙集」，保存於諺語檔册，居然飄洋過海，帶到臺灣來了。當時審閱意見，以爲有三分之二爲我所未有；後來錄登諺卡者，自因與已有者雷同又捨棄不少。依如今眼光看來，他惠給我的諺語，頗是不乏佳品。如：

上了鹽船，便是富客。

賣紅薯的不知冷熱。

能教人人服，須教面面全。

賊無種，荒年生。

有莊子賣不了地。

王曲採諺甲至己集六本，今天檢視，好教人感慨，時間過去達半世紀，這其中的朋友、同事、同學，不少已作了古人。由於他們熱心集錄，所共同經營的「中華諺語志」全書十一厚册，乃得由臺灣商務印書館出版。

始編我自己的「生活大事記」，從十八年寫起。自茲，每年元旦之後，就在頭兩三天裏做這件事，先檢查日記，把去年的個人生活大事，予以摘記，成爲極有實用功能的備忘錄。

在王曲，我最談得來的，是朱心凡。有學生們，或聽說我倆姓名，還以爲是弟兄，及至曉得一爲浙江人，一爲湖北佬，才知只是名兒近似。他博聞彊記，議論縱橫，好批評時政，品量人物。忽以軟禁於終南山中聞。那天，我們好幾人，漫遊終南山，宿流水石。夜聽王紹旦大發牢騷，也有些見地。次日，早起，山色清新，執手杖獨行，信步所之，走到塔寺溝，廟後一座隋唐古塔，它並非在山之巔，正好是心凡他們有時遣悶之所。我勸慰他，藉此好好休息，寫作讀書一番。

有一班士兵在此看守他們四人：心凡，主任辦公廳副主任蘇玉衡，福利社經理夫婦倆，卻沒碰見過負責看守的官長。他四人在此，自由自在，無逃亡之虞，可散步廟外。只要不走下去，到山口。當時，沒人議論這件事。現在回想，教職員有過錯，不是也可由長官予以申斥；而行政上的處分：申誡、記小過、記大過、撤職；交軍法審判，處徒刑，無期徒刑，處死。軟禁看管，則是出乎正常處分以外，嚴格言之，它不可認定爲罰則。只是隨長官個人意旨定奪而已。蘇某及福利社經理夫婦可能與胡主任有私人關係，因過失而致此，這三人沒話可說。心凡是如何來此的？有一點疑惑，這些年來，存我心念，迄未有過變易。心凡是中共核心份子——憑他十六年南昌暴動，總政治部宣傳處長又兼組織處長一點可證。其時他才二十一歲。

民十六年前後，在上海、廣州、黃埔、武漢、江西，他與周恩來、惲代英等人共事，關係十分親近，也是蔣總司令所重視的跨黨份子。在黃埔任職時，他與國共兩黨黃埔一期的幾位拔尖份子都極爲熟識。這樣背景的人，出任七分校上校政治主任教官，地位上說，他無乃委屈。在身分上，他足可與胡主任平起平坐。不知胡氏有否與他這樣相處過？其他所有在老第一師及七分校服務過的（除了分校首任政治部主任曾擴情）的人，都無不自承爲胡的部下，或曾在其他單位受過胡節制、指揮的人，那怕同爲黃埔一期，若劉戡、陶峙岳、范漢傑、丁德隆、李鐵軍、黃杰、陳大慶、蔣伏生、宋希濂、丁炳權、夏楚中、梁華盛、李默庵、甘麗初、程式、周士冕、袁樸、邱是膺、梁幹喬、李文、王耀武、董釗、李良榮、劉進、王敬玖、李延年、王仲廉。這些位先生們，無不赫赫有名，爲大將軍，大都當過總司令，而樂意聽命於胡。

曾擴情是我老長官，大家習慣尊稱他爲曾先生，或暱稱爲擴大哥。胡則無暱稱。曾、胡二人可稱黃埔之初校長的文武兩大弟子，而曾先生不及胡先生的受任重之專。他倆都是較年長。

朱心凡受拘禁，我一直有個敏感性的疑惑，不會是因爲他好批評，而受人排斥。定然不知是那方面有了小報告，而致如此。我一直懷疑，是否因爲外在的大政治環境，來自陝北方面的壓力，曲折又曲折，很迂迴的影響？或者中央方面不容他在王曲自由自在，也難容七分校早期學員隊同學們對心凡的親近和好感？

起初，他的學生，隔不好久會去探望他。之後，同學們去的也不多。只是圖書館主管人張云周，每隔三幾個月會帶一批書去看他。同事們則極少人願走這一段山路，潛意識裏，乃是明哲保身。獨我懵懵懂懂，也是我好登山活動。隔不多久，必去探望他。同走去廟外，看山色，談天說地，聽他爽朗的笑聲。

九月一日，全家人離曲江池，搬回王曲鎭。上車之前，母親一人去秋兒墳前，大哭一場。青，隔不多久，就去哭泣。對著這可愛的女兒，邊哭邊數落我一番。我只早晨散步，至墓前憑弔。去年，我心愛的，可憐的孩子，興高采烈來。現在，全家人傷心離去。好久未見的一位區隊長說我憔悴了。青正在哺乳期，她更爲憔悴。

第三節　藏駕莊

藏駕莊，當王曲鎭東南一里許，有兩三百戶人家。我們住的是杜家祠堂，當村西南端。原係十五期第十大隊大隊部所佔用，那時我曾來過。

住進後，才發現大問題，無水。東牆外有口井，不深，但水質十分骯髒。左鄰右舍，幾乎家家都有井，卻難以長期供應。還是母親出馬，人情關說，得斜對過大財東杜長齡家允諾，讓我們每天去汲水。杜家外牆高大，院子裏張了鐵絲網，懸著鈴鐺，以防盜。家主夫婦時已年屆六十，兩兒兩媳，一女。

藏駕莊一住五年多，通常都是我夫妻倆至杜家深井汲水，抬回來。杜家井水，水質特別清澈，也不曾遇過只能汲上半桶水的事。長齡老夫婦及其兩媳（兒子長年在外營商，少有碰見過），與我家兩代人皆很投契。五年多，天天打攪人家。每當大年下，我們總最覺過意不去，要把人家「財喜」，大桶大桶的抬過來。

那幾年裏，軍校教職員眷屬之散住藏駕莊者，未超過二十家，皆屬將校官員。有了這些同事散居此村，無形中保障了此村的夜間安全，不懼宵小入侵。

李潤沂兄很快結了婚，把新娘子劉鳳儀從長安城接到藏駕莊度蜜月。鳳儀原在樊川對岸的杜曲興國中學教書，潤沂常乘馬前往訪晤伊人。

婚期前，潤沂自超凡家借來了衣櫥，經理處平價買來一匹本是供給教職員做軍服用的綠布，縫成窗幃。那時，我們居住鄉間，一切用品因陋就簡，很少人家掛窗幃。抗戰時期，大家不太有餘錢能買布料。潤沂之張羅新房，不似在長安城，可以一切購置新品。

新娘子來時，帶了一位老僕婦，她只住了三幾天，急著回城去。她的教職有調動，在長安城，新任師範學校校長。校長有官舍，潤沂只好去附住。這時，咱們才取笑他，堂堂陸軍上校當了校長眷屬。郎才女貌，鳳儀長身玉立，詩文兼美，治事也頗具長才，王曲師生莫不欣羨這一段美姻緣。

潤沂既單身在王曲，他就用不著獨居藏駕莊。他多方張羅的新房，我夫婦帶了䄄兒接住。前後兩房，前房北向，爲書室，後房南向，爲寢室。戰時長安，與前此王曲鎮上住黑屋子，曲江池一家倜處譚家側房，這可顯得十分寬敞。也還有旁的同事住王曲後街，跟我家前此之窄狹擠塞一樣，怎無他人來接住呢？想是同事們體諒我，既有雙親在堂，還有弟弟妹妹。

朱心凡早已靜下心來，鎮日讀書、寫作。也許是這種環境所養成的習慣，線裝書文言文看得稍慢。他全心貫注的寫回憶錄，用毛筆，十行紙，每百頁裝爲一册，寫到第三册，就給我用布包袱帶下山閱讀。一點也不擔心我給他弄丟了。我這第一個讀者，一直讀到他所寫的第十一册。當時，引起我一番心靈的震撼，惜未留下點滴記來，總認爲不久他必能獲得自由，印行此書。

二十九年十月九日，陰曆重陽節，母親五十歲生日。親娘巴巴的自武功趕了來，她一人獨行，西安尋旅館，到王曲鎮，又找我們半天。聽她老述說這一路經過。所幸未遇風雨天，路上少一番辛苦。一年多不見，人老了一些。老姊妹的話說不完，母女間的話也說不完。直住到十月廿，一早，伴親娘離藏駕莊。親娘只是說：「來一回，是一回。這是來辭路呀。」母親總是老話頭：「耐煩呀。」記得兒時回外家，臨分手時，母親也總是拿這句老話頭勸慰親娘。在長安城住一晚旅館，次晨送親娘上火車返武功。母親自婚後將近三十年了，還沒有與親娘這樣聚在一起超過大半個月。外公、外婆先後故去，除了民國二十年，兩家在武昌豹頭堤街同居了一個短時期，老姊妹倆也未在外家長久不離的聚在一起。

出長安城，到火車站，親娘硬把要買茶葉、餅乾的五元錢塞給我。按陰曆，今天是我生日。

入城，在鼓樓附近二十六元買隻熱水瓶，要算最大支出了。走出城，路上想吃糍糟沖雞蛋，蛋要一角五分錢一個，嫌貴，未吃。這三項銀錢的使用，可知其時抗戰已超過了三年零三個月，又老在打敗仗，法幣幣值，還相當穩定，未有貶值太多。以我國國家財政金融並未有太深厚的基礎來說，也眞不容易。

二十九歲生日第二天，王曲鎭上木匠爲我專做的諺語卡片箱，紫紅色油漆已乾，送來家中。用終南山桐木製作，五個抽屜，正面中央，還釘上了薄銅的見出框，以便插入標示的紙卡。這卡片箱滿載諺語卡片一萬多張，好沈重。自長安，回武漢，轉南京，到臺灣，幾經舟車運載，迄今將五十年矣。臺灣北部四十載潮濕氣候，也未使它變質，接榫處未鬆脫，銅框未掉。

有了卡片箱，於初期諺語資料的分類整理，十分得心應手。而且，不怕逃難，可以背載了它走。

吳宣晨、余宗玲姑嫂倆（宗玲一直視研田夫婦如兄嫂）到我家來，特別看了這卡片箱。不想給宣晨留下極深印象。事隔四、五十年了，在臺北，宣晨先逝。民七十五年研田病中，去他家臨別，玄關前，不知怎樣說起，研田兄提到宣晨對我這卡片箱印象之深。說這話未久，研田即以拍金森病逝去。也由於八年抗戰中，物資維艱，治學的人少有自製卡片箱的。

卡片箱未送來的前一個多月，藏駕莊生活都就緒了。九月，下筆寫「中國俗話研究發凡」，捨「諺語」名而不用，乃認爲一般很少使用諺語這個學名。連續寫了三天，方感到不妥，取出黎錦熙先生來信中的意見，經過一番識辨，決定用諺語專名。

朱心凡山中隱居，因我集諺啓文的懇請，也引起了集錄浙西諺語的興趣。起初，他不太贊成我做這件事，以爲用力如許，不值得。感於我常去山上看他，先是試著寫記一點，藉表謝意。不道後來越寫記，越覺得有意思了。他給我的這封信，見幾個特點：毛筆草字。分條述事。「此致敬禮」，是共黨同志們書信的末尾套語，或爲「此致C禮」，「此致革命的敬禮」。抗戰時期，八路軍人員信扎，猶然如此。國民黨則縱當民國十六年革命高潮之際，也無此用語。他信末署一個字「林」，原來他還有個不大爲人知的名字「雅林」。還有，他的字體，放蕩不羈。劉兄，指的七分校學員隊劉殿富同學。之後在臺灣，仍做政工，任海軍少將。

十七年在河南密縣，以及二十三年在河北大名，即有讀書箚記，用的紙、簿，都不一樣。這時，才以向學校總務處特別採購的物品中，匀讓了幾十張五十磅道林紙，裁成拍紙簿似的，作爲專用的箚記用紙，打眼、横行寫，紙的一端爲裝訂線，另一端空出三公分空白。兩面書寫，不佔地方，後來才感到不爽目。箚記區分爲三大類：謠諺，文學，雜覽。由於用一定的紙頁，又加了封面、封底，集之成册，保存應用，方便多了。

特有一册「謠諺書目」的彙集。

抗戰文學作品的廣泛閱讀。心中慫恿不已，很想重拾彩筆，寫寫小說。小說多虛構、激情，與意念之飛揚，常常寫得飛龍在天，作者自己創造出的世界，會迷失了自己，顯出燦爛多變的人生，故謂彩筆。但是，敷衍陳說，一點意念、理則、情態，都得刻劃入微，繪聲繪影，它好曠費時日。在密鑼緊鼓諺語工作之前，小說寫作，又只好退讓一旁。

冬天陰寒，借得一部張恨水「太平花」，一上手展讀，就再也停息不下來。他的小說，不管幾部出名的長篇，還是中篇，甚至後來因爲南北幾家大報同時刊出他的連載，忙得分不開身，就

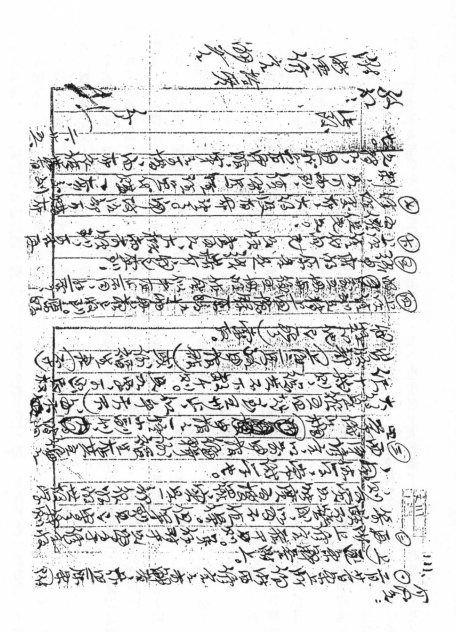

三、

又覆：

(一) 二月廿五日來函所附繳回修正稿之若干部分，並附原稿[illegible]上。[illegible]

(二) 原附上修正稿若干[illegible]。[illegible]

[illegible]

(三) [illegible]

(四) 上次[illegible]

(五) [illegible]

(六) 上次[illegible]

(七) [illegible]

[illegible]也。

此致

敬禮：

二、廿六、

附繳回修正稿 拾頁

[illegible]

由他人代筆，但必經過了他的潤飾。總之，凡屬張恨水署名的小說，都保持著一個特色，不管是寫的甚麼故事，怎樣手法來開篇，那總是，你只要看它三幾行，這部小說就立即吸引了你，抓住了你。若有高明、細心的批評家，取張恨水長、中篇三十部，仔細剖析其開篇描寫的法式，必能歸納出幾個要點來，為何他的作品這般吸引讀者？

茅盾的小說，在現代中國小說評價上，比張恨水要高。可是，在小說藝術上，則難以比擬張恨水每部小說一開篇之立即抓緊了讀者。當代還有好些名家小說也是一樣，文學價值評斷上高於張恨水，但在**開篇的小說藝術手法上**，難以與他比擬，不是鬆散，就是繁瑣，或者局面沈悶。張恨水呢，開篇筆法極尋常，似乎好朋友相見的尋常，一下子就拉上了手緊緊相握。

迄至民八十五年九月，修訂雜憶的此刻說，壽堂此生讀過的中外小說，總量達一千部，一點也不誇張。總括說來，張恨水小說開篇之吸引讀者，無其他作者所能及，的非虛語。

茅盾的小說，一出版即行銷全國。「虹」，「路」，「三人行」，「蝕」（幻滅，動搖，追求）、「子夜」以及抗戰後的作品，無一不得讀者看好。除非少數讀者排斥張恨水為鴛鴦蝴蝶派，又誤認章回小說為腐敗，因而不屑一顧。直到抗戰勝利前夕，茅盾「霜葉紅似二月花」出版，其小說開篇藝術手法，方足與張恨水媲美。

王曲政治部同仁，喜好文學者不多。如林建成，舊詩詞不錯。他是音樂教官林光瑞的胞兄。魏予珍、李聖剛、王乃凡也是，但目前少閒情逸致，懶下筆。新文學的愛好與寫作，似只壽堂一人。女同事則有好幾位，首推余宗玲，次之吳宣晨，羅江雲。羅的閨房懸有郭沫若新近贈予的書法條幅。易水寒專搞話劇，成為職業的編劇家。陶今也也是不太動筆了。同仁們的願望，乃是在目前環境下，注意儲備政治資本，在胡宗南飛黃騰達事業上，在政壇上一展長才，分一杯羹。文學似太無實用價值了。學生中，由投稿王曲月刊中發現，有些喜好新文學者。宗玲、宣晨幾次跟我談起，在王曲發起一項文學活動。說過幾次，終以同好者寥寥而罷。

與林建成說起，向總政治部建議，編纂「中國抗戰中的一日」，他以爲有此必要。李潤沂也贊同，促我寫一建議書，提出理由與辦法。我私心更擬寄請重慶的郭沫若，請他登高一呼。後來，這建議書如何了之？已記不起了。前此，民二十五年，有「中國的一日」的編纂，茅盾主編，孔另境爲助理。蔡元培序，上海生活書店出版。厚厚一册，總有八十餘萬字，選定的日子爲「五月二十一日」。事先，上海報紙上登載集稿的辦法。乍看來，內容十分豐富，學者、作家、各階層人士，把他這一天的生活狀況、感受、見聞，坦率的寫出來。當年讀到此書，已見多彩多姿，其後時日愈久，愈覺得它的可貴，提示了此年月中國人生活的一個橫剖面。還附錄了一些歷史性的附件，上海、北平當日報上電影、戲劇廣告。只是，沒有歷史傳眞的攝影。仔細考察，編者捨棄去不少不合他觀點、立場的來稿，例如壽堂依限期寄去的文稿，他既未採用也不予退回。

日子的選擇，他說只要一個尋常性的日子，免得來稿千篇一律。我卻一直有種敏感，民十六年五月廿一日，長沙何鍵部團長許克祥，以工會、農民協會欺凌出征軍人家屬，起而反共，所謂「馬日事變」。茅盾及當時參與計議的人士，安能不知此記憶猶新的事。我疑心他硬是有所影射。更巧的是，五十一年五月二十一日，則是中國大陸人民開始逃向香港的一天。當然，這種事，惟壽堂書獃子有這般體認。

茅盾回憶錄「我走過的道路」，民七十七年臺北翻印本，無版權頁，關於這件事，陳說得很坦白。原來，他對當時國家社會、當政者，一口咬定，十分詆毀，竟以「荒淫、無恥、黑暗、腐敗」視之。對於這十多年國家建設、進步以及爲抗日而作下的許多準備工作，皆視若無睹。據說前此高爾基在蘇聯發起並任主編的「世界的一日」還未出書。鄒韜奮是因此而觸發「中國的一日」的事。

訓育教材的編纂，以前是我跟胡睦臣兩人分擔。睦臣升到特種兵聯合分校的政治總教官，去了寶雞。這時，變更到由我主持，而另有胡秉衡、曾興道、歐陽孔綏、胡景恒四位中校指導員分任其事。他們終日構思、找資料，埋頭猛寫。由於課題無體系，分涉多方，同仁們但撰成講演大綱而已。未能就標準教案的模式來寫。四人的工作量，平均一個月有十篇教材出手，每篇平均四千字。這四萬字，就夠何司書刻鋼板的了。

由於圖書館藏書不夠豐富，咱五人的學養又屬有限，未能就充分論證的資料多有提供。要提供的話，每篇教材，勢非增加三千字的內容不可。由撰寫、審稿、核定、清繕、油印、分發，這過程，始終成爲訓育科極費力不討好，且始終落在教育進度之後。當時怎未想到從根解決之道，例如寬籌經費，購置參考書册，集中人力，先立定一篇作爲模式，限期撰寫，鉛印成册頒發應用。也當訪問成都本校及其他分校，或許人家有解決之道哩。回想，這樁事徒費人力，教材到各中隊指導員手上，並未太被應用到。

三十年元月十四日，受寒，睡倒。讀胡秋原「歷史哲學概論」，欣美他的一些論點，精神受到鼓舞，躍然而起。次日，致函他，寄到重慶祖國週刊。得到回信。不久，更得知，原來他跟魏予珍不僅爲黃陂同鄉，還是中學同學，乃產生了深厚的情誼。讀一册書，而使感冒霍然而愈，在壽堂，平生僅此一次。那時期，我極愛讀歌德「浮士德」。但認爲它章章節節都特有份量，而不能一口氣讀完，要細細咀嚼，卻從不曾引起如此的激情。平生讀過可贊賞的書不少，怎無如此同樣心神受鼓舞呢？

一月三十日，陰曆正月初五，早飯後，帶了三個孩子，予珍的兒子國炳，十四、五歲，小妹成珍，十二歲，么弟成北，八歲，登終南山。取冰代水解口渴，走走歇歇，領味山上風光。塔寺溝，給朱心凡拜年，飲茶後，向送燈台上行。平常來看心凡，只跟他談談，便下山。少有更往上，走到送燈台的。山道林木深密，僻靜少人行，獨自一人來回走，不免有幾分膽怯。跟他們三個孩子鬧著蛇呀，狼的，嬉笑而上。山脊上休息，曝陽，吃花生，最舒快。左盤右繞，走一時許，才到達送燈台的寺廟。和尚開門歡迎，他這裏不當上山正道，一年四季，除樵夫外，少遊人、香客來。抽籤玩，弟妹們作寫生畫。跟和尚閒聊，吃他做的「麻絲」，一種麵食，飢渴之甚，覺得好適口。看看山外底下的鐵鎖橋，山中生活眞寂寞。下午三點，山上太陽已不甚旺了。下山，坡度大，冰雪未化盡，路窄，下視甚險。孩子們在我後面走，勉強舉步，我只牽著老么。

薄暮，回到藏駕莊。青極不以此行爲然，要是三個孩子，有一人跌下山了，豈不成一生恨事。我也實在孟浪，塔寺溝往上稍走，不歷險坡，就極安逸了。然而，三個孩子都以此行爲樂。

偕同民運股長徐毓生東去引駕迴鎭。毓生，徐州人，三十餘歲，係徐州民衆教育館的工作人員，**特具鄉村敎育者風範**。**滿心熱誠助人**。徐州撤守時，他隨著民教館的一批圖書，跟上了十七軍團。要非這一批書，七分校成立，在長安市上再怎麼蒐求，也買不到甚麼書册，而戰時在武漢、重慶、桂林、昆明的出版物，爲數不多，郵遞到西北，也極端困難。乃使分校圖書館，能有一個書庫的現成圖書。否則，這學校的圖書設備，除教本書冊，就等於零了。

人定勝天。就看你有甚想法，且能堅持而爲。有一個從浙江招來的學生總隊，迢迢幾千里，經浙江、江西、湖南、四川，輾轉來到陝西。他們設想出一個有教育意義，又具歷史紀念的訓育活動，於行軍開始前，要每個學生各自攜帶五本書，每本平均一百五十頁左右。帶在乾糧袋內或是包袱裏，重量不會超過一公斤。每星期，中隊同學互相交換，若干時間，各中隊間交換。這辦法是，同學們長途行軍，經常有新書閱讀，一點也不增加中隊上的輜重量。因爲書冊分散在每個同學的肩背上，一點也不感到累重。反倒爲這種群體互助的辦法，感得特有情趣。大隊部、總隊部，易於獲得輜重運輸的能力，也分擔若干册書本的載負。因爲全總隊的官長也要閱讀這些新書。總之，這辦法讓他們有六千册書本，在大半年長途行軍中流通不已，**使官生獲得平生再也未經歷過的讀書生活**。

毓生之爲民運股長，十分盡心盡力，竭誠爲民服務。凡有涉老百姓權益的事，他總站在老百姓立場講話。起初，校部小部份人甚至責他吃裏扒外。時間久了，才了然這是正確作法。地方人士都信賴他。如河西大操場，要借用民間大片土地，關係很多人的生計問題，都通過他而得順利辦到。軍民糾紛，大小不斷，也賴他大事化小，小事化無。甚且只是純民間訴訟案件，也找他調解。很快的，他有了徐青天的綽號。

我倆乘馬東行，經北江兆原上，急馳田野，人馬都體熱汗出。涉水過樊川。在這段行程中，**特別體味許多唐詩吟詠此自然風光的境界**。

過韋兆村，上高原，逢到一處廟前唱野台戲，我們下馬步行，表示對看戲鄉黨們的禮敬。馬兒輕鬆一下，讓身上的汗消散消散，牠也好高興的。遠近傳來鞭砲聲，年味兒還好濃。今天正月十四。田野風光，已見初春的嫩綠色氣了。

長安城出東關，南行，經祭台，偏東南走，過三兆鎮、鮑坡鎮、大兆，至引駕迴，端走入山。這一條車道，是北自草灘鎮以下，自古迄今的一條大路。引駕迴比韋曲、杜曲、王曲以及有名的子午鎮，市面要大，四條長街，三幾條小巷，清澈渠水流過。房舍高大寬敞，非上述四鎮所能及。街南頭山貨行多，可望見入山的大峪口。

入伍生預備班聚餐。地方上來了一些長者，皆善飲。鎮上造的酒，品類多。米酒、麥酒，清濁全備。人民習於早起，並不僅限於做莊稼戶的。預備班班主任劉英，原係某一總隊副總隊長，很熟的同事。教官劉介夫、張萃吾也不陌生，晤談甚歡。學生生活狀況苦，住食皆不適。

據說，民國初年「白狼」來打劫過。紅軍徐向前部也來光顧過。二十四年山中土匪綁票，索去六萬元，有三十餘人不堪虐待而死。按，地方文獻有記載，民國初年，長安南郊土匪橫行，大道上白日竟無人敢獨行。頗有些謠諺，陳說此事。目前若非軍七分校散處各地，地方安寧，仍然是可慮的。

夜宿德茂永山貨行。他們做批發生意。買進山貨，也有季節性。此時有待開業，櫃房、客廳，高大深廣，大魚大肉。散步歸來，承招待豐盛的早餐。因問起，街上別的店鋪還緊閉了大門，獨有家大山貨行，並無顧客上門，他家店門大開，裏裏外外已打掃得乾乾淨淨，頗令壽堂驚異。

掌櫃的笑了，告訴我這則當地人人都知的故事。原來，清代引駕迴有一富翁，爲獨生女擇婿，許多長安城的人來求親，都不中他的意。某個清早，他走到鎭西那有泉水流過的街上，發見一家店舖門開得最早，是那徒弟娃早把店內店外都打掃乾淨了。他連續幾天來冷眼觀察，發現每天都是如此，不因風雨天而有變更。這少年黎明即起，勤於工作。於是，富翁主動找上了少年人，要把女兒嫁給他，全部財產由其繼承，而並非招贅。這家大山貨行，就是因此而有黎明即起的家風。更有人補充說，那少年人爲獨子，家清貧，只寡母在堂。最初，他對富翁美意十分感謝，卻懇切婉辭，說怕高攀不上，委屈千金小姐。再說，不敢貿然應允，必得先稟明高堂，定要依母命定奪。這一來，富翁更感到**此少年人好德行，有志氣**。就特別央求山貨行的東家來保媒。果然，他母親起初也不免猶豫，怕齊大非偶。富翁擇婿的事，鎭上人們早有所聞，人們皆認這婚姻是極美好的結合。夫妻、翁婿，後來果然十分和好。

這歷史傳說，教人好難忘記。四十六年初春，因臺灣基隆勤工苦讀好學生蔡森旺的大新聞所觸發，併引駕迴這故事，寫「**黎明即起，好蔡森旺**」，收入「擺江」散文集。

引駕迴東，還有個入終南山的路徑，叫湯峪。是出席校務會議，好幾次，聽總隊長們、醫務處、經理處討論學生疾病醫藥問題，而留下的記憶。校務會議由分校副主任主持，各處室科長以上，各學生總隊、班團主官出席，每星期一次。按說，應以討論教務行政、教育實施的檢討爲主，主任辦公廳、教育處與政治部的業務是重頭戲。誰知只因抗戰生活艱苦，每星期所提者，皆爲柴米油鹽家務，不提不行，不解決也不行。其時，十六期既已全部畢業，學生早已不像兩三年前之住窯洞了。但疥瘡問題仍然嚴重，只因跑步、出操、野外，常有出汗，而久不沐浴，衣被又難得洗換。疥瘡到了嚴重時期，極耗人體力。當時營養，只能塡飽肚子而已。因而醫治爲難，醫務處藥品根本不敷應用。

湯峪有溫泉，礦質成份高，可療疥瘡。各總隊學生染此疾重者，使赴湯峪療養，約兩月可以痊愈。耽誤了的功課，自己想法子補習。略有醫護人員照料，但不是太理想。其地甚偏僻，校部高級人員未有去視察督導過。後來，七十三、四年，在臺北，讀到十七期同學的回憶錄，始悉在湯峪療病者，就有那麼**不少同學抑鬱以終的，哀哉！**

昶兒漸漸長大，有時深夜哭鬧，弄得青好疲累。一家人總不免會想到秋兒，難以彌補的遺恨。有兩次去長安城，皆特地彎到曲江池，弔我秋兒。去譚家，老少對我都好親熱，婆婆問：「你爸精神？你媽精神？」這語句極特別，從其語氣，我體會出它的完全意思是這樣的：「你爸身體可好？精神可好？他的身體一定是很好的，精神也一定很好。你媽身體可好？精神可好？她的身體一定是很好的，精神也一定很好。」只說兩個字，卻把問訊與祝福都表達無餘。**這番語意學上的領悟，好難得**。譚家媳婦更稱呼我為大哥。只恨那時際捉襟見肘，竟未帶點禮物去表示表示。

很有那麼一段時間，感慰到生活中的四樁愉快事。第一、讀亞里斯多德和培根，智慧光耀在心。第二、看昶兒天眞嬉笑。第三、民歌眞厚情感的玩味，如通行的「小白菜」，湖北的「麻城歌」。第四、夜讀詩詞，千古名文，吟哦嗟歎。

十六期第五總隊第一大隊第六、十二、十四、十五、十六，六個總隊學生畢業之前，三月間在河西大操場集訓，操場西南邊滿搭帳逢，人聲如潮音相傳，高低起伏，遠近四面八方而來。巍巍南山當前，浩蕩的大操場之南，沿著田野，豎立高兩丈一方丈多的，藍底白字大標語牌，每個牌子上只一個字，站在北面司令台上展望去，一個字，一個字的，非常醒目：

從容乎疆場之上

沈潛於主義之中

這本是當年校長撰句，求書於國父的辭句，把「仁」字改爲「主」字。要說工整，自以不更改爲是。可是，抗戰期間，軍校同學獻身國家，抗戰建國的情緒高潮，這樣改法，倒也描摹了當時同學們的心境和志趣，很能爲大家接受。反正，人們都充分體認這表裏兩字的挪移。這挪移必出之政治部主任王超凡的主意，且得到胡先生核可。此標語位置太重要，非同小可。這大操場，司令台上廊柱、牆壁、兩側場邊，以及操場東西邊，再也沒有半條標語。這十四個大字，眞是極高明美壯的「精神布置」。

超凡把標語牌以及藍白紅布綢點綴的一類物事，特專名爲「精神布置」。由建校初期，自上海逃難長安的青年人吳椿榮主管其事。吳某自少尉幹到少校，娶了幹四團的女生爲妻。所應用的物品，在校部操場之北，新建一棟兩百多坪的平房做倉庫，平日儲備，逢到畢業大典，整修油漆之，用得才特顯光彩，精神耀動。

大操場上的閱兵，步、騎、砲、工、通、輜重各科學生。步兵最多，一列列，一重重的，鋼鐵陣容。騎兵一色的馬，每人右手執紅白三角旗，隨風飄揚。砲科，山砲、野砲、騾馬牽曳，聲勢隆隆。工、通、輜重科，又另有特種兵科裝備。分列式前進，這些年輕的軍官學生，抬頭挺胸，齊邁大步。最使人見愛的，是他們堅毅的面容，挺直的鼻樑——**鵬程萬里，勇往直前，青春**

煥發的氣質。

頂動人的場面是小組會議。每班學生爲一個小組，坐小板凳，膝上捧著圖板，各小組分別排坐成一個大圓圈。一中隊九個小組，一總隊合爲八十一個小組，五個總隊共爲四百零五個小組。外加五總隊第一大隊的二十七個小組，應爲四百三十二個小組。這四百三十二個小圓圈，星棋羅布，層層疊疊，分佈在大操場裏，南腔北調的語言，熱烈的討論著練兵、帶兵、用兵的問題，同學們各把所學、所知以及自己所體認到的心得，無保留的提出來。官長們則來回走動、巡視，並不作任何提示、干預。

上年，十六期四、五（缺第一大隊）兩總隊畢業，集訓中的小組會議也有如此作爲。超凡極有興趣，倡導了四級小組制度的連環運用。認爲學生小組爲基本小組，各中隊各小組長九人合爲□□小組，各總隊指導員各合編爲指導小組，各總隊總隊指導員，連同政治部訓育科長合爲核心小組，由政治部主任領率之。討論的意見、結論匯集，由下而上集中到核心小組；總結論及必要的上級提示，則循上而下的系統宣達之。胡睦臣還特爲這番作爲，說出一番理論系統，畫了圖解，寫成一本五萬字的小冊子刊印出來。

有那麼兩天，十六期十五總隊全部學生進駐到藏駕莊來，在幾處麥場上，集中的搭了帳篷住宿。同事、同學們多來我家拜望，向我雙親致意。在彼此都能碰到的時間，去了三十幾處帳篷裏，看看我所最熟的這些同學們。

偶去王曲街上購物，與騎四師參謀長劉鍾林相遇，他是自綏東來此。大名城分手，六年未見，髮已白，身子還健壯。去他住處拜望，並請來家中便飯。他是來接領分發到他那一個大部隊的軍官畢業學生的。綏東地處敵前又兼敵後，新到差的年輕人，極不容易摸索而前。

四月七日王曲大橋落成，還請來了佳麗剪彩，吸引不少看熱鬧的人。王曲鎮西的湘子河，以距南山谿谷的出水口，不算太遠，平時水淺細流，漫衍亂石間，夏秋山洪爆發，水勢方大。大橋不必建得過高。容得大汽車、砲車、騎兵兩路縱隊通過。

偶跟談得來的同事，講說諺語，人家傾聽我說，便喜不自勝。我宣稱，凡是我朋友，每人至少得提供他家鄉的諺語三十條。初夏，李潤沂兄自臺北回王曲，到藏駕莊，憑北窗而坐，把午睡放棄了。一口氣憶說了三十多條晉北諺語，用字、語調，都特有韻味。如：

有了，親娘好；沒有，後娘好；再沒有，孀子大娘也好。孩子需母愛。

老婆打漢子，金銀滿罐子。妻子管制丈夫，免其放蕩。

蠍子的尾巴，善丘的心。善丘，在家修行的和尙。

天上下雨地下溼，地下跌倒地下立。江漢作「天上下雨地下滑，自己跌倒自己爬」。這立字，顯得挺拔奮昂。爬字多少有點狼狽。

三月間，即有中央訓練團調訓的訊息。政治部應調者三人：張研田、李潤沂、我。離王曲前一天，下午胡主任茶會，在青龍嶺官邸廊下，飲葡萄酒。客人有沈怡、蔣緯國、張研田夫婦，吳啓誠夫婦，張大同（張夫人逝去未久）以及我夫婦。李潤沂夫婦其時遠在鳳翔，未被邀。面對南山，淺淺酬酢，談天下事。胡要我講說點謠諺助興，我忸怩一陣，未承應。私心以爲這是自己學術工作，好嚴肅的，不欲爲人家消閒的語助。私心倒是對沈怡當年留學德國習水利，夫人應懿凝一同在歐，所寫「歐遊雜記」，甚傾服。二十四年冬，住河北大名羊市街，夜讀此書，極欣美之。胡先生盛情相邀，有爲我與研田餞別之意。實則，我太應當略爲說說的。

第四節　敵機狂炸重慶

三十年五月一日至六月二十六日，有重慶之行。

八年抗戰正跨進第五個年頭。前三年多歲月，中國抗戰歷經驚濤駭浪，長江、黃河平原地區，以及自北而南、沿海各港口盡失。德、義、日軸心國勢力正張，奧地利、捷克、波蘭、丹麥、挪威、比利時，都爲德國佔領，而進入巴黎。英倫三島岌岌可危。日本在太平洋上猛烈攻略，珍珠港事件（一九四一年十二月七日）尚未發生。

自始即居於劣勢的中國空軍，此時飛機早已消耗殆盡，敵機勢無忌憚，轟炸中國南北各都市，尤其是**對重慶的「疲勞轟炸」**。

從陝西到四川，兩個月來往行程，不斷遭到敵機轟炸。五月十二抵重慶，六月十七離開，更是受到敵機集中轟炸，乃是抗戰初期，壽堂在晉冀豫魯敵前敵後所不曾經歷過的緊張生活。生命存在於俄頃，不知何時就這樣送命完蛋。全中國人都面臨這樣處境，無恐懼，無哀傷，而只有悲奮，生命之挺昂。

且說啓程之始，偕張研田離王曲至長安城。余紀忠兄晚宴餞行。夜乘藍鋼皮臥車西行。次晨抵寶雞。

寶雞爲隴海鐵路西頭終點，由此轉川陝公路。公路運輸，非如鐵道行車之利便，不是一下子即可買票上車。

訪寶雞警備司令梁載榮，順利接通鳳翔電話，和李潤沂取得密切連繫。下午潤沂夫婦趕到。車子卻因直達不直達發生問題。

意外的，寶雞多逗留了三天，候車的日子，各處行走行走，倒也逍遙。**跟研田走渭河濱，談我的諺語工作**。是長時間的討論，說得十分透澈，他雖是學農業經濟的，仍然具有北大人看重俗文學、白話文的傳統。特提到，要介紹我跟中央研究院歷史語言研究所傅斯年見面，並求得一點經費補助。我則認爲經費補助目前無此需要，跟他們連繫連繫倒是極樂意的。研田爲我描繪諺語工作許多美好的遠景。且約定，他當以一年時間，助我學英文。今日之世，作任何學問，英文不通，則管道狹，視野閉塞，學術資訊與國際絕緣。

去渭河南市郊聯合分校，全名應是陸軍特種兵科聯合分校。楊白楹同學任政治部主任，去王曲挖角，把胡睦臣請來任政治總教官。後來又請了朱逸才來任訓育科長。駐地分散，氣勢自難與王曲比。在他們三家盤桓大半天，把酒歡敘，喜看下輩子侄們聰慧活潑。

擿了幾天木鐘，得當地出名人物郝參議相助，代辦聯運客車手續。這位仁兄爲寶雞市上幾位典型活動人物之一。他原爲騎兵團長，脫下戎裝，來此經商。幹勁、人緣關係等等，開戲院、澡堂，多方交際，上下活動。以辦實業、興盛國家爲號召。建有別墅在小山丘上。他們這幾位典型人物同具江湖義氣，對於淪陷區來的朋友，凡投奔大後方去，皆樂於資助旅費，促其成行，口碑美讚，不絕於耳。

公路站買車票，旅客集聚甚多，情況十分緊張，每人都有行不得也的可能。又恐扒手乘機搗亂，幸而咱三人相互照顧，且都係上校軍官，有相當壓人氣勢。郝某照顧等於打了包票。聯運票，先買寶雞廣元段，每人法幣六十五元四角，係以每公里二角六分計算。這才安心了。

離王曲五天了。研田發現我身體上的異狀，臉上流汗只在右半邊。我一直不知道，因身心並無不適感覺。到重慶之後很忙，也未去醫務室請求檢查。這情形，往後很是繼續了一段時期才消失於無形。

次晨順利上車，我與研田意興洋溢。潤沂夫婦則苦澀不已，鳳儀恨未再伴送新婚郎君一程。車行半小時，已越秦嶺，高處回顧，但見公路如帶，左盤右旋，山光如畫。下山，時速四十公里，最初不免兩分疑悸不安，既而一想，坐在車上，由不得我，也就泰然自若，轉覺壯快，有平綏路特快車自青龍橋下馳北平之感。轉彎處，無護欄，心頗不謂然。山中只野生木，欠缺人爲的植樹。

路上驛運不斷，見戰時物資運輸之忙。馬馱也，拉拉車也，人拉板車也，以及人力肩負，形形色色。伕子們肩負甚重，走斜度大，路狹小徑，仍然挺腰以行，出力辛苦可知。這夥人看著客車捲起塵土，超前而去，你說他們會興起些甚麼感想？怎能怪其粗話連連。

雙石鋪午飯。車站廠中，欣看四圍山巔景色。此間爲工合基地之一，限於時間，未去其工廠參觀。川陝間，頗有些戰時工業產銷合作的經營單位，紡織、五金兼有，成品差可代替昔日滬漢津穗所生產者。十七年夏，有中國工業合作協會的組織，簡稱「工合」。總會在重慶，下設西北、西南、華西、華中各區，獨西北成立最早，辦事處即在寶雞，由合作事業專家盧廣綿主持。

西安、南鄭、天水、蘭州、延安、榆林、鎮平、老河口，以及敵後晉南，皆廣設事務所，各種合作社達二百餘處。工作員工、成品以及買主，都特有**戰時經濟作戰的使命感**。中國提倡合作事業有年，此時際環境需要，乃特見發皇。我曾購用其產品，總覺特有種親切感，只因它跟但知唯利是圖的工商業不一樣。

過酒奠梁、柴關嶺，公路彎角最險。於鳳縣附近，查看前天我空軍迷失方向下墜的飛機，司機甚是關心，有研究的興致，但有幾位乘客慫恿，若非怕路程趕不到，他眞想耗去二、三十分鐘，跟幾人同往一看究竟。

廟台子，張良廟也。車停下，休息。全部乘客皆爲此廟所吸引，定要瞻仰一番。**張良，歷史上最完美的人物，溫文爾雅，堅貞若玉**，中國人無不少小即熟知。他可說是中國古代自由主義者的典型，非蕭何、曹參、陳平可得而比。廟台子亭台樓閣，泉石林木，情調幽美，入其境莫不起飄然之思。街上，商舖門面，人民語言已漸具四川風味。實則，去四川邊境還有相當遠的距離。

留壩縣城牆上，大標語觸目驚心：「放下煙槍，拿起快槍，趕走鬼子保家鄉。」政府嚴厲禁煙，很有幾年了，而這等偏僻地區還有癮君子。須知凡沈溺於此者，每天耗費的金錢，大過衣食所需不知若干倍，富者傾家蕩產，貧者千方百計，偷竊騙弄，賣妻鬻子，甘心爲漢奸，吃點鴉片末渣的殘水，苟延生命。可以這樣說罷，**鴉片鬼之毒害自身，禍及社會，甚於洪水猛獸。咱們不可不想到當初頂紳士型的大英帝國之禍我中華，日本侵略中國，軍事、政治、經濟手段，無所不用其極，更大力推行其毒化政策**，留壩城牆大標語的歷史背景、現實慘狀如此。

留壩縣城極小。南關外幾座廟宇，廟外都有空場。一所中心小學，國旗飄揚，成此偏僻地方的特色。

下午五時抵褒城，初見棕樹，冒出南方景色。過新落成的褒河大橋入城，城小街窄，居民皆在戶外乘涼。小城生活寂寞，迫使人們惟有男女間多取慰藉，這應不算是我的胡想。二十五年初至河北曲陽小城，嚴格說來，那寂寞情味，比褒城要超過多多，壽堂怎無此感受，而但只是心神憂鬱呢？人的心境，變易多端，情緒起伏線，原是難說。

下榻中國旅行社招待所，於清潔簡樸處最爲滿意，可以安適息歇。此後旅程，來回都盡量投宿中國旅行社招待所，成爲它最忠實的顧主，欣慰於這種佳美品質的服務。一般旅館，良莠不齊，小地方的則骯髒雜亂，教人噁心。

一天同車下來，發現有三位最具特色的四川人。一位長衫先生，不知他操何職業，嘴巴閒不住，但知批評這、批評那的。一位游擊支隊長，老拖著水煙袋，精神不振，一點不像軍人。一位姓游的軍需，老營混子，說些不通的話而不自知其醜。另有下江商人兩位，湖北婦人一，小學教師一，皆赴成渝者。此外乘客未引起我注意。咱三劍客想必也給予人一些印象，自應被視爲氣質高，年輕體健無疑。

川陝公路行車第二天。旅途興奮，早早就醒，廁所小便，受夜風侵襲，聞雞啼，特見南方鄉城情味，因致信青述此感。換搭了特約車，得坐向前的座位，展望利便，極快意。車行漢中平原，司機肆意搭乘旅客，只要不太超載，乘客那敢干涉。

過沔縣，遇雨。大安驛北，陷泥中，耽誤相當時間，找地方休息，食初出籠饅頭，看蠶食桑葉。鎮上午餐，吃魚，飲大麴酒。下午，山道雨中上下，車時有溜下山澗可能，汽油差不多要用盡了，幸得無事。三時到寧羌，偕潤沂入城觀光，只過河橋上有古風，城小無可觀者。房屋門面，多用門板湊合而成，進門就擺牀舖。雨天如過年樣，一切歇停，上了門板睡大覺，讓時光悄悄過去了。生活步調好緩沈。城裏有標準鐘。絕大多數的人身上無錶。山上有碉堡，過去係防共之用。有陝西省銀行機構，也有時髦女性。

觀寧羌雨後山色。有老婦，背負巴簍採樵。乞丐特多，這之中，定不乏鴉片鬼。

十時啓程，牢固關北，平路上與陝西省主席蔣鼎文小車相撞，未出大禍。救之續行。車發動機故障，停下修理。見軍隊砲車運輸，壓重吃力，絡繹不絕，超過我車前行，如遇敵機來襲，既無法掩蔽，也難疏散。車隊密接，前後擠塞。大家莫不感泣炮兵部隊之艱苦。

三時許過牢固關，最險。今天撞過車，對司機乏信心，人人皆提心吊膽，見山岩「安全為先」標語，心更不安，幸而安全通過。

入四川境，路狹，路基也差，轉彎角度小，全車人對四川當局大大不滿。相形之下，乃知秦嶺一段公路工程之優良。

過朝天關，將入暮。車臨嘉陵江上游夜行，月色迷濛，時時驚心，惟恐葬身魚腹，也只好聽天由命了。抵廣元，已是晚九點，車場上，我們為最後一批旅客。下榻德隆小客棧，出街吃飯。南來北往旅客，街上一片擁擠。

九日清晨，車站買票，意外的迅速到手，始信寶雞站因警備部友人囑託以及那郝參議助力所促成的保證為不虛，甚愉快。

劍閣古道上，車在山上行，道途坦闊，兩旁古柏參天，景色壯美。武連驛下車小憩。大茶館裏，看大群伙計們放開肚皮飽餐，又似無吃飯愉快的姿態，好生教人聯想起一路上所見的乞丐。

梓潼下車，時間早，從容的住進了中國旅行社招待所。梓潼城不大，清靜潔美，我們走過好幾條街巷，所見皆如此。可安慰的是，急急忙忙旅程，居然還能趕上時間，注射了霍亂、傷寒預防針。飯後城西散步，陶然忘情，不欲返。偶至國立六中，對學生的無禮貌，不修邊幅，大起反感。晚，月光透過院中樹葉，蟲聲細鳴，招待所幽靜，眞想在此再留一晚。

梓潼行車前，逢張繼先生，藍大衫，布鞋，徜徉街上，誰也不知他是中央委員罷。咱三人注目致敬意，未趨前寒暄。我想起，前年王曲晚會上，他講說國父故事，那番老祖父神態。

車經綿陽，過羅江，漸近成都平原，富庶繁華，清新景象，奔迎而來，使咱三人久居西北的心目爲之一變。沿途看到好幾處農業改進所，前後左右，隨處皆呈現顯著的業績。潤沂大發議論，政工是不值錢的，任何人可作，他們有專門學問的人來任此職，未免浪費自己，應快改業云云。我聽了頗感刺激。他當然一絲沒有刺傷我的意思。這本是平心之論。自己任政工多年，不就是並無專長技能。

成都平原風光之美，一似江南。好難想像，江流一瀉而下，會有夔門、巫峽之險，山岩陰森森。

抵成都，時光甚早，幸運的，住進了中國旅行社。研田、潤沂，各已先佔了一間單人房。研田說，不願再跟我同房了，我起身太早，這一路，他倆受不了。再無第三間單人房了，我只好找統舖。心殊不快，卻也屬咎由自取。

去槐樹街，訪張益弘弟。意外的，見到伯母及其三位媳婦。伯母武昌一別，近十年了。與劍仇兄談十年友誼。由於我主要爲宇亮的朋友。宇亮、劍仇、益弘三兄弟，劍仇長於我，當時我卻視他爲弟。也細說靜仙姊與黃超、龔先方近況。共晚餐，候益弘回家，再談一陣始辭。

獨自夜走春熙路，遊成都，領味巴金「家」中所描寫的情境。成都一帶風習，男人都著長衫，非長安城所能比，卻也有穿得不成樣子的。**或說這與三國時代孔明治蜀的教化有關**。女性短旗袍，不下拖地上，有健美風姿。

次日，成都黎明即醒，出街獨步。購得俗曲小調二十餘種。書册典藏迄今，已成珍品。

離成都南行，益見地方富庶與景色之美。達內江，寓大成旅社，還是舊時風光，花布帳，且有帳幔。上街吃貴的晚餐，且嘗甜食，內江盛產糖也。城區觀光，十分繁華，人潮洶湧，很難想到這裏常有敵機空襲。乍然身臨其間，還以爲太平盛世哩。中國地方大，雖戰火煎熬烤炙，而常有感觸不到這艱苦掙扎的時候。

晨間行程，目的地近，大家興致好。司機爲山東壯漢，他們收入都不錯，私帶乘客與貨物，還有些額外好處，以致生活放蕩。這一位沿路站上，都有相好女人招呼。每次汽車停下，他走下駕駛台，必以手捶腰，呼累不已。一車生命、財物，就操在他舉手投足之間，一下子精力岔失，焉有不招車禍的？幸而，前幾天山道難行，那些位司機不像這位仁兄之過於掏空了身子。

汽車駛上大駁船，渡沱江，水流清瑩。公路橋基已建，全工未竣。

榮昌中國旅行社午餐，環境潔靜，價廉物美，甚感快意。陪都重慶抗戰精神的高度激發，已受到它力量的感染了。

璧山站登記，發入重慶證，感到此時際受政府統制的意味，甚以爲然。只是若來者人過多，又時機緊迫，恐不免困擾。天漸雨，至青木關，行李受嚴密檢查。漸近重慶，山勢雄偉，佳美。沼澤水田交雜，煙雨中尤爲可觀。

下午四時抵重慶，兩路口車站下車。見重慶市上一些遭敵機轟炸的殘破痕跡，人們埋頭用力的整理。其時，**有不少電影拍攝這光景，留下了中國抗戰此陪都歷史悲壯的畫面**。我們離王曲已經十二天。若有鐵路通達，不必這般行行停停的，三日夜足夠。

餐後，實驗劇團看戲，最欣賞一個丑角。他使全場發笑，而自己不笑；從緊張動作，突然靜默下來，如木偶一樣獃上十分鐘；唱一句戲，發出好幾種音調。我們笑的，把一路勞頓化除淨盡。

次日，張家花園內政部警察總隊看四弟成炎，無青年英俊氣概，生活委頓。**眞人生緣法也。好友曹金輪**、**張濤都恰巧在重慶**，廣東酒家午餐，痛飲。還是抗戰前夕見過面的，彼此都經歷了南北戰場激烈的戰鬥。晚，先方來，再聚飲。送他至中一路而返。他好孤悽，回去還要趕夜工。其時，他是軍事委員會調查統計局人事處長，責重事繁，自感成就甚大。夜眠金輪處，濤亦來，聯牀夜談。金輪極反對我的諺語工作，以爲花如許精力不值得。張濤、先方則不這樣看法。

街上與文友蔡以典相遇，已十年未見。他在軍事委員會，又兼外交部工作，主要是與蘇俄有關係的。他家眷住鄉下，自己住處僅被褥而已，防敵機轟炸也。

五月十四至浮圖關中央訓練團黨政訓練班第十五期受訓，六月八日結業出團。咱三人係於報到結束後才趕到，未能趕上前兩天的開學禮，幸而不算太遲。團區自然沒有盧山訓練團那般廣闊，抗戰時期的重慶，得此居高臨下的教育環境，新建房舍，寬敞明亮，已屬難能可貴。團中一切辦事規模，則較廬山訓練團更爲精進，教大家深感滿意和興奮。兩三天後，還有比我們更遲才趕到的同學，**他們多來自敵後地區**，平津、山西、綏遠，經過千辛萬苦，同學和團裏服務的人對之莫不深致敬意。

在教育上，訓練這個詞，似屬較低級的層次。如陸軍軍官學校，非正科的召集教育，有軍官訓練班與軍官研究班、高等教育班之別。軍訓班調訓者爲行伍或尉級軍官，研究班、高教班調訓者爲校官且兼收將官。又，二十一年，軍校有教育總隊，廣爲收納了校級軍官。

訓練又爲一種特定目的短期教育作爲。前此有廬山軍官訓練團、峨嵋軍官訓練團、廬山暑期訓練團，卻又並非較低級層次，而是調訓了全國中上級文武官員，一如中央訓練團。

蔣委員長極看重訓練的效果，他主持黃埔軍校（可並非短期教育作爲）以及上述的幾個訓練團，把他的一些講詞並揭示的標語等，都結集成書，有「黃埔訓練集」、「廬山訓練集」、「峨嵋訓練集」、「重慶訓練集」。

抗戰之初，爲收容流亡知識青年以補充戰時政工幹部而設的戰時工作幹部訓練團，總喜歡用「訓練」兩字。而中共的作法不然，它吸收青年人的教育機構，名之爲抗戰大學、民族革命大學，略識之無的也照收不誤。三十八年來到臺灣之後，仍然看重中上級幹部的訓練，這才名之爲革命實踐研究院，而仍有許多程度等於大學研究所的，照樣冠以訓練之名，若司法院辦理的司法官訓練所，乃大學畢業又經過司法官考試才得進入。財政部的財稅人員訓練所，也非初任的稅務人員所能進入。臺灣省政府更常設省訓練團，乃繼續四十多年前省政的作法。

我總認爲，訓練兩字未免委屈了來參與的人。不知有無旁人也有同感麼？那時，人們無有不盼望調訓的，都欣然說道，重慶受訓才回來哪。

中訓團教學內容：部會首長、專家學者的專課，特約講演，團長精神訓話，主管長官訓話，（硬要著重這個訓字，教訓、訓示、訓飭、訓勉、訓誡也，上訓下遵之義）軍事操演，課外活動，訓育活動、黨（團）務活動、讀訓（讀團長訓詞）。一天到晚，除三餐，睡眠，都在課堂裏外，忙碌不已。尤重在團隊精神競賽。如各中隊集合、上課堂的時間，一聽上課號聲，立刻集合、排隊整齊後，即行快步通過自高處沿台階而下，進入大課室，動作雖迅速而並不確實——不待隊伍排好，即起步行走，弄得緊張兮兮的。

專課與特約講演多說的國家政治、經濟、社會、文化教育、軍事的實際問題，決策、實施之展望，聽聞之下，頗感益惠。**獨財政部長孔祥熙傲氣凌人，同學向他討教、質詢，竟然換得來他的惱怒。**也有部分首長，未作充分準備，講得稀稀鬆鬆。

升降旗給人感受深刻，下望嘉陵江上沙洲機場，常覺得氣象萬千。國旗歌「山川壯麗，物產豐隆，炎黃世胄，東亞稱雄」，似乎從前還沒有，中訓團時期才唱開的。這二十多年，在臺北市國父紀念館廣場的升旗，一年四季都是早上六點半。壽堂例行散步，在池沼旁的松柏中作早操，廣播裏先是女聲齊唱國歌，然後國旗歌聲中，國旗冉冉上升。每當此際，我的第一個聯想，從不曾絲毫改移，總想起重慶時代中訓團晨間的升旗。

遇到淪陷區調訓來的同學，莫不特與接談，先慰問辛苦，次談各種情況。所有訊息，總是令人鼓舞。團裏對於這些同學都特有一些連繫和安排。主管機關自有工作檢討與新任務的賦予。

很偶然的，從一位年長同學的符號，**發現了汪靜之，滿臉書卷氣**。他是比沈從文還要早兩三年的小說作家，有「翠英及其夫的故事」（亞東版），「耶穌的吩咐」（開明版）二書行世。他不像沈從文之出名，故不爲別人所注意。而我獨記得那時期，文壇諸家的姓名及其作品。汪靜之，享高壽，民八十五年秋，讀報，他在北京逝去未久。

敵機空襲，早晚時間無定，攪亂時間的長短也無定準。反正但有警報，就立即疏散，進防空洞。有一次敵機臨上空投彈，我們在洞裏，心臟爲之震動。倒是，有兩次星期日外出，敵機來襲，走避附近防空洞，即時見到臨近地區火起。一次，跟金輪在嘉陵江船上，遇到空襲，來不及走避逃生。心想，跟好朋友死在一起，也是種安慰。

兩次，輪到晨間清潔値勤，掃洗地板，出汗勞動，深爲愉快。工作有方法與步驟，半點鐘內就迅速完成。獨在宿舍外休息，清風習習。一刹那情緒，忽想不回陝西工作了。

第一週星期天．第六、七節課，調查作業，我寫了「中國諺語調查計劃書」。這答卷似一點也未引起團中看卷者的注意，未有任何反應。按中訓團結業後，規定結訓人員每隔一兩月，要有報告表塡答寄回，輔導人員都有回答。是一種加強連繫與掌握的意思。這輔導、連繫的業務，由委員長侍從室第三處主管。侍從室並非政府正式機構，卻是權勢好大的所在。

團中規定要寫「受訓日記」，規定每天要寫，每日以記三百字爲度。每週送駐隊訓育幹事評閱。評閱時，多用的那種紅藍鉛筆，於佳美部份加圈點。這日記現還保存著，略見歷史痕跡。

六月五日晚，敵機轟炸，時間特長，造成了有名的**大隧道慘案**，死了一萬多人。並非被炸死。而是人們在此防空洞內時間久了，有一頭大門被外面關住，裏面人要出不得出，堵在那裏；

或因某一部份通風不良，而致窒息。還有種說法，當人們混亂騷動，也有一小部份人，特別的寧靜，心想，橫豎要死了，何必不強忍下性子，那樣騷動不安，抓心抓肝的難受呢？結果，他前後的人都死了，死狀極恐怖可怕，而他們這一小部份被夾隔在中間的人，**本是寧靜待死，竟然保全了性命**。當局十分震怒，事後，幾位軍政首長撤職，以平民怨。但是究竟枉死了多少人？確實的出事原因，似並未公佈。

大隧道慘案的死傷人數？後此史册記載，出入頗大。由四百多人，到三萬多人。按種種情況判斷，死一萬多人，是應可確認的。

研田，潤沂假日上街，大多忙於訪友，連繫故舊，拓展新的人際關係。很多人都這樣，惟獨我只知看看老朋友而已。總政治部在三聖宮，照理說，我太應去向那些老同學們述述職，他們都位據要津，爲何不去說幾句請學長們多關照的話呢？比同學關係更早兩三年，是武漢時代的文友，如陶滌亞、林適存，他倆在總政治部第三廳，乃文藝界朋友必須要多連繫連繫的所在。放著好關係聽它冷卻，我這人也太不知人情世故了。

藝術歌曲的欣賞，在重慶似乎到處都聽到。此後，但凡聽到藝術歌曲，總想起抗戰緊張時期重慶的這一階段，音樂會上的歌聲。

看過幾次話劇，是在抗建堂，特有一種氣氛，只覺其品級之高。

中央訓練團四個星期進修，頗有積極效果。增強了大夥向心力。對中央決策、作法，有進一步了解。提升抗戰建國的信心——敵機勞轟炸，橫受摧殘，人民隨即在破瓦殘垣裏搭帳篷，照常開店營業，並未給嚇跑，這可說是一種**大環境的無言敎育**。**蔣委員長夫婦倆每於警報解除，立即**

出現街頭，撫慰人民，大家都深受激勵。個人精神內在的改造，憑此而更多奮發。

四弟在重慶工作不順遂，決定帶他一道回陝西去。

出團後，再遇金輪，他任師長，即將赴鄂西前線，昨自貴州來，途中幾翻車。特至重慶南鄉石板場龔先方家。先方主要是，利用星期假日，帶所買軍糧百餘斤回家。偕支伯母，三楚侄兒趕場，聽老人說這兩三年家庭，抗戰流徙諸瑣事。雨夜，與他夫婦長談，次日即返重慶。

回程乘車，係先方交代公路上檢查站的給與關照，於青木關搭車，經內江宿夜。成都住兩晚，候車。兩去宇亮家。伯母自我去後，重慶大轟炸，常懸念我不已。成都也常在空襲威脅中。

六月二十三日下午三時許，達廣元。空襲警報，車隊在千佛岩停滯難進，目標異常顯著，大家通棄車往東邊半山矮樹林處疏散。敵機兩次凌空，第二次盤旋一周，有投彈企圖。**望嘉陵江上風光，最後看一眼，我安靜的等死**。

留壩、廟台子之間，與一軍車相撞，錯不在我車，反惹得對方大鬧不休。寶雞下汽車，即搭夜快車，次晨間抵長安，快馬加鞭回王曲。上午到家，出家人意外的早歸。四弟同返，也是一家人所想不到的事。

第五節　長安城、黃埔村、翠華山

重慶受訓歸來，從三十年冬到三十三年初夏，雖本職未動，工作崗位仍在第七分校政治部，卻先後有三個地方，使我時時離開王曲，離開藏駕莊的家。

先是去長安城的財政部西安查緝人員訓練班工作了五個月。其次黃埔村，這三年裏，成爲第八戰區幹部訓練基地：兩屆將校班，一次校尉班，兩期政工班，都奉調擔任訓育工作，乃是七分校工作以外的一些經驗，以地緣及人際關係，又脫離不了七分校的影響。又，三十二、三年，出乎意外的，兼任了西北游擊幹部訓練班的政治教官，該班在王曲鎮東南的太乙宮，再攀登二十里山路，翠華山上。每次前往上課，都把時間集中排列，接續一兩個禮拜的居住山上。

黃埔村南距王曲四里，瀕湘子河，風光明麗。將校班工作緊張，乃王曲八年少有的際遇。這三個地區工作和生活的種種切切，有如長江、黃河，是王曲八年歲月的另一道別流。別流外於主流，而依附著主流的大勢所趨。

長沙余克劍，黃埔五期，筆名拉寧（分明是巴枯寧、列寧或拉甚麼俄國人名的意味），十九年武漢時代文友。二十一年夏考政訓班時，與他在南京重逢。其時他是軍校軍官教育總隊的學員，後來他也進了政訓班，當區隊長。那半年裏，朝夕相見，但少有往還。

三十年十月下旬張研田兄來訪，轉達克劍相邀的事。克劍新自重慶來，要創辦財政部西安查緝人員訓練班。從情報工作人員中抽調集訓，擔任緝私的事，爲軍事委員會調查統計局新擴展的一項任務。班主任由調統局長戴笠兼任。克劍爲副主任，實際負責。重慶方面派來一位上校大隊長胡友爲，是骨幹人員，老於閱歷，有幾分冷漠，與局中關係顯然超過克劍。戴笠與胡宗南公私交情之篤，人所共知。克劍先銜戴之命，看過了胡主任，得到樂於支援的允諾。他再透過私人關係，尋求幫忙的人手。

克劍前此一度在北京大學旁聽，乃與研田相熟。他倆決定的方案是，邀毛樹聲兼任教務組長，毛係浙江江山人，跟戴笠有關係，前任七分校政治部秘書，於約聘各課教官人事，極爲就手，只要這樁事弄妥了，他不必留班辦公，偶而來看顧，問問、連繫一下即可。特從七分校政治部請到聞鍾任政治教官，經常駐班，兼顧著教務組的事。他倆看準了我做訓育組長，我跟七分校和幹四團兩方面政治部的關係，易於找到人手，即時的搭一個班子。訓育組工作人員以及隊上指導員，跟隊職官一樣，需要經常駐班。

可能胡主任有交代，又經研田說項，超凡同意我去西安城兼此職務，增加一份收入，藉以稍紓解家中的困境。也所以表示王曲支援戴氏的一番意思。其時，「軍統」聲勢如日中天，他的部屬、友好，都稱這位局長爲戴先生而不名，一如我們這邊之尊崇胡先生。

在長安城內西北角，克劍找到一處原是學校廢舊的房舍，恰好足供查幹班班部，教務、訓育、總務三組、大隊部、兩個中隊之用，教室、宿舍、禮堂、集合場、操場，都有了。

起初既然忙，後來也忙。草擬法規，建造工作環境，了解學員——他們全係西北地區的情報工作人員，頗有久受壓抑，情意激奮。調訓來此，都有希望改變工作環境，將來待遇能稍稍改善。

我的名字既報到重慶，先方很快的來了電報，勸阻我不可成爲他們的同志，我這種書生性格，易起扞格。感激老朋友即時提示，幸而未跟他們發生組織關係，否則，後此工作多少會受其調排，自由自在的文藝、學術生涯就不可復得了。

好多老同事、同學、朋友們，前此要去王曲看我，往返需一整天，只有我偶而來城，才得匆匆一晤。現在，則多有到班上來看望，我也能抽暇去回拜。晚上常有訓育活動，訓育組燈火輝煌，人們忙進忙出。每隔半月，我必回王曲，處理公私事務。班中工作剛開始之際，去黃埔村辦將校班，三月間接著辦校尉班，就回王曲了。如今回想，查幹班五個月服務，我並未能完全的輔佐老朋友。

五個月中，有個民三十年的舊曆年，我竟然未能回王曲過年，也沒因兼職關係而特別買甚麼年貨孝敬父母，讓弟妹妻兒高興高興。我何其無能。

舊曆年前，戴笠來到西安，自是件大事。他來查幹班聚餐，坐小凳子，菜盆置地上的聚餐。我陪末座。稍稍交談，了解我是由王曲來兼職的。

二月十八，借幹四團禮堂舉行畢業典禮。頭天下午，我帶了一位學員布置禮堂，不過是在牆壁上粘上彩色縐紙而已。這不算是甚麼大事情。本不應由我這個訓育組長，好似工匠樣來下手。無奈一切應用的雜物，毫不就手。時爲正月初三，外出買甚麼極不方便。巴巴的搞了一夜，臨到典禮舉行前，同學們就要列隊而來，我這位訓育組長竟猶未完成此微末任務。克劍來極不滿意，責備我一頓。氣憤異常，即回王曲。與老友共事而決裂，此生平所僅有。

孫適石介紹來的北平中國大學同學鄭誠非，爲訓育組主要人員，晚間工作，爲振奮精神，每引吭高歌。他老是唱「夜半歌聲」，其中詞句，好引人蒼涼情思：

空庭飛著流螢
高臺走著狸鼠
人兒伴著孤燈

梆兒敲著三更
風淒淒，雨淋淋
花亂落葉飄零
在這漫漫的黑夜裏
誰同我等待著天明
一息尚存，誓和那封建的魔王抗爭
姑娘，只有你的眼，能看清我的平生
只有您的心，能理解我的衷情
您是天上的月，我是那月旁的寒星
您是天上的樹，我是那樹上的枯藤
您是池中的水，我是那水上的浮萍
不，姑娘，我願意永做墳墓裏的人
埋掉世上的浮名
我願意學那刑餘的史臣　寫盡人間的不平
姑娘，啊，天昏昏，地冥冥
用甚麼表達我的憤怒　唯有江潮的奔騰
用甚麼慰藉您的寂寞　唯有這夜半歌聲

誠非每次唱得十分激情，我們也百聽不厭，而且幫腔合唱。歌聲只在室內震動屋瓦，戶外並聽聞不到。

誠非見我穿厚呢大衣，卻沒圍巾，特以他用的羊毛圍巾相贈。我一直用了四十多年。民七十五年，夏承楹、林海音夫婦有英倫之行，歸來，海音惠贈一條英國羊毛圍巾，好柔軟，乃是在大陸上過冬用的，我才將誠非贈品給了兒子。

將校班的籌備，在三十年夏即已有所擬議。要調訓西北地區團長以上的部隊長。有的部隊駐在河防前線，如何不影響敵前指揮官任務的遂行？須作審慎周詳的考案安排。軍事、政治課程的主講者，生活教育與事務方面的安排，務要使來受訓者十分滿意。

九月二十一星期天，在王曲鎮上王曲書店後進超凡寓所客廳，舉行將校班政治教育首次籌備會議，大家坐在沙發裏，娓娓深談，極透澈的討論，歷經六小時。這天上午十一時，全日蝕。

三十年十一月十五日至十二月一日，爲第八戰區第一屆將校班的訓練，兩百多將校齊集黃埔村，特請戰區司令長官朱紹良自蘭州來此主持開學式。實際主持者則爲胡宗南，一切課務均有參與。曾擴情任政治部主任，七分校、戰幹四團、西北游幹部的三位政治部主任王超凡、汪震、王大中，分任將校班政治部的主任秘書，政治教育科長、訓育科長職務。這三個單位的政治部副主任、政治主任教官、教務、訓育科長，則通調爲訓育幹事。兩個隊，共十八個分隊，每分隊派訓育幹事一員，與受訓人員共同生活。

訓育幹事大都爲熟友，像劉逸常、崔垂言、高承麒、周烈範、鄭翔、魏予珍、李聖剛、王九思、常宜亭、張光祖、劉瑀、王宜昌、涂心園、張家範、張研田、余紀忠、李潤沂等近三十人，壽堂亦附驥尾。少數朋友一向過的純文士生活，雖著軍服，爲上校，而並未經歷軍營規律、刻板、戰鬥的生活。以致有一次胡主任在大教室上課，訓育幹事們齊坐後面，有三、五人嗡嗡私語，胡聞之不悅，竟惡聲斥之：「你們這些傢伙！」果然，全堂即時靜寂。這夥人感到羞愧，臉面上大失光彩。

寫壽堂雜憶到此，我不能不承認，自己任事四十年，所有長官中遇我至厚者，首推胡宗南。在他衆多文武幹部之中，我不過三流角色。頗覺胡氏「你們這些傢伙」這六個字的呵責，其心態是相當複雜的。

相對照的，乃是訓育幹事們與曾擴情相處，就達到渾然一體的情誼了。每晚在會議室吃廣東粥。曾爲主人，或許有時略略談談工作，小有檢討。大部份時間爲餘興，縱情談論，偶然也講鬼話，說葷笑話，謔浪笑敖一番。

胡主任最辛勞。晚上要批閱重要公文，接見將校們作個別談話。因此而發掘出的重要問題，即時處理。準備次日升旗講話的講辭。檢討將校班本日得失，思考明天班務會議，午間或晚間全班會餐時要提示的事項。偶而心血來潮，讓衛士提了馬燈引導著，去營區各處巡視一番。然後，湘子河畔散步十幾分鐘，儘量放鬆一下自己。

曾、胡兩位的講課，是將校班每天最重要的開端。曾先生的課，黎明時行之，大講堂裏，紙窗戶內擠滿了人，竟不感冬天的寒冷。曾先生聲音宏亮，態度懇摯，引人高度激奮。課畢出講堂天才大亮，操場行升旗禮，由胡先生主持，好幾天都是雪深沒脛。附近莊戶人家，誰不還蹺窩在炕頭上哩。軍人習慣於一年四季，五時即起，**寒冬天這樣黎明前後，室內室外，上兩節課的奮興**

情形畢竟十分罕有，這是終南山巍巍當前，湘子河清流緩緩——將校班給人印象最深刻的事。

這天下午，全班人員乘車至小五台，參觀山地戰演習。每天下午皆有項目不同的軍事演習課目，如戰車肉搏，工兵阻絕戰鬥，輕重兵器射擊教育，故障排除，據點攻擊，步砲協同，村落戰，伏兵戰，均予人以耳目一新之提示，係由七分校學生或部隊擔任演練。參觀之餘，莫不十分滿意。如何應用到實戰上呢？**將校們出之其學養，實戰經驗之各有千秋，也就各有不同擔待**。

王曲劇社向為軍七分校官生所欣賞，在將校班晚間娛樂，更是造成轟動。女演員「紅邊邊」顚倒了不少觀衆。她眞姓名趙新燕，其時約二十三、四歲，長身玉立，一代尤物，屢扮演蕩婦角色。

經過了將校班之後，胡先生這個集團裏的部隊長，我們大部份都熟識了。更由於這幾年來，七分校各單位主官、總隊長、大隊長，常與各軍、師、團級部隊長互調之故。

將校班調訓人員中，惟一非將校，是第一師第三團第五連連長蔣緯國上尉。德國留學歸來就派到這邊，先是任排長職。第一師擔任潼關河防任務。囂然塵上的一個傳說，他這個連雖也在第一線防禦陣地，但附近一營友軍，其任務是保護這個蔣連。甚至還說，他這連上，一如歐美軍隊，竟設有酒保。國際友人但來長安參觀旅行，華山之旅可以免了。烽火連天，敵情緊張的歲月，難得有此心情與時間，上下至少三天，況攀登華山，需要有足夠體力與膽量，很多人畏懼華山之險危。而潼關前線，則少有不去的，蔣連每被安排在參觀節目裏。

這其間，酒保之說，或是好事者渲染，蔣連之受到特別看顧，則屬情理之常。就像蔣緯國破格之置身將校班，所有人並不感到詫異，也無人覺得這沒有甚麼不對。這兒，百分之百的人通是他父親的學生，大家無不以善待師弟的心情，看待這個年輕人。將校班所發的自傳，有如市面發售的任官詳歷表，而加了另外一些記載表列項目，讓答卷者塡寫。有項問題是「你生平最快慰的事」（於是相並的，也問了「最痛苦的事」）蔣緯國的答案極簡單：「我有個偉大的父親」。當時很多人看了，沒有引起半絲議論。

大家以尋常心看待蔣緯國老弟。樂於看到他能以親身體驗，將黃埔村種種切切，說給校長知道。

將校班辦得有聲有色。而胡先生統率的部隊也愈來愈多。爲強化幹部向心力，七分校的軍官教育隊，先後乃特有校尉研究班的召訓，已辦了五期。三月間，我調爲該班的訓育幹事，又住到黃埔村來。胡很重視這個班，派胡長青主持。長青，黃埔三期，曾任十六期十三總隊總隊長，我去各總隊視察，在曹村與他見過幾次。涂心園爲其政治主任教官，同學王乃凡爲總隊政治指導員。胡、涂年事相若，籍貫分屬湖南、河南，兩人都雄健有力，喜狩獵，常結伴去終南山獵野豬。在長青家，特饗我有異味的野豬肉，小飲極歡。他是七分校十六期七個總隊中，最爲勇決的一位總隊長，膚色黝黑，腰部堅挺。是總隊長、班隊主任之中，僅有讚賞我諺語工作的一位。七分校同事中，知悉我諺語工作者，多爲政治部同事，此外人員我少與談論此課題。

校尉班把涂心園也調來了。還有原在五總隊任政治主任教官的李武信，是南京軍校政訓研究班教官李少陵的胞弟，也十分健談，青春英爽之氣，過於老兄。我們相處黃埔村一個月，公私都極爲契合。

後來，三十九年春，胡宗南退到西昌，歷次戰役中，長青以六十九軍軍長兼代第五兵團司令官，足部重傷而亡，他的忠勇事蹟，最爲西北同人仰敬。其時，也有十幾位年輕的七分校同學，追隨胡長青同爲國殤。

抗戰勝利，民三十六年，心園已四十歲，赴美國留學。他原係河南大學首屆英文系畢業。佛羅里達大學修英國文學，兼攻考古、化石課程，四年後，得文學與化石學兩個碩士。又去華盛頓的美國大學地質系一年級念起，四年，得理學士學位。又兩年，得碩士。已年逾五十，進馬黑蘭大學四年，於民五十五年獲考古、化石等綜合性博士學位。任職美國農業部實驗中心土壤礦物研究所主任。其**論文與專著有二十三册，名錄世界「科學名人」之列**。力學精神，非常人所及。陳誠副總統、胡先生先後自臺北赴美訪問，無不對**心園半百之年，如此奮勉潛心攻讀**，特致欽敬之意。

三十一年十月，黃埔村舉辦政工幹部訓練班，我任教育處第三科科長，共事者李廉、任達生等。

三十二年七月，續在黃埔村舉辦第八戰區政工班第二期，工作到九月底止。胡先生主持開學、結業。曾先生也來講課。七分校政治部的主要人員都集中在此。

政工班二期的教務、訓育、考核；總務以及全般行政，有了將校班、校尉班和本班一期的作爲，一切皆駕輕就熟，費力無多。我乃得帶了一批書，擱在大抽屜內，每天有大半時間經營諺語論文的寫述。

有一天，半夜，營中鬧狼。我夜中也有獨行各處，或自黃埔村，經王曲鎮，回藏駕莊，可能會有狼出沒，而竟未遇過。也從未帶根手杖防狼。

除了在班中出席會議，長時間的會議，則多於王曲書店行之，由於飲食利便，超凡官邸的臘味合，街後川湘餐館的供應。需要調卷查考甚麼也方便，十多分鐘去政治部辦公廳，可來回電話連絡也好辦。

三十二年十二月到次年元月，黃埔村第二屆將校班，大致作法與第一屆相同。工作人員仍然集中住宿。第一軍軍長張卓調來當教育處長。他年長於胡主任，部隊、戰陣、社會經驗宏富。每天晨、午、晚餐，自胡以下，全體集合會食，張卓幾每天有一兩次：「教育處通報」，由他即席宣布，大家頓時了然下一步作息課目重點，省去傳令兵跑腿、司書抄謄、值星官宣布等各層次的手續。

此時胡爲第八戰區副司令長官，河南、陝西、甘肅部隊多受其節制指揮。騎四師張東凱、崔志光皆陸續調將校班受訓。轉眼間我離開部隊已五年，由於馬匹補充困難，騎四師已改爲步兵師。志光任團長有年，告我部隊情況，頗多可嘆息之事。臨別，贈我法幣二千元，坦然受之。以將校們爲訴說對象，我爲戰鬥日報寫了一連串的「**熱和愛**」，說理抒情的小品，就平時、戰時、生活、戰鬥、紀律、思想、精神，加以立論，可惜全未留底稿。合訂的戰鬥日報並未典藏。

王大中任戰幹第四團政治部主任有年，好幾位政訓班同學在該團任課。三十一年，大中調西北游擊幹部訓練班政治部主任。其時，還有個西南游幹班。西北游幹班班主任蔣委員長兼，軍訓部長白崇禧、軍令部長徐永昌爲副主任，戰區長官蔣鼎文爲教育長，胡宗南副之。後任教育長湯恩伯爲總教官。梁幹喬、周保黎爲政治部主任。陳大慶、陶峙岳、繆徵流、繼胡爲教育長。這些位領銜者，多未蒞班視事。學員先由豫、陝部隊選送，後更及於綏、察、甘、寧各省。

這游幹班在長安西南七十里翠華山上，由長安來，得先到太乙宮，而後再登山，行二十里，才能到達。比王曲要偏僻得多，起旱路走，十分辛苦。王大中，長安城活躍人物，他很少到翠華山，即或來，也是作客似的，賞玩賞玩，三兩天就走了。無人說他曠離職守，長官僚屬反認爲這是理所當然。胡宗南所主持的三個軍政教育訓練單位，凡調到翠華山來的，都視爲過渡，環境太幽靜了，可以將養身心。

政訓班同學兪銓、高承麒、王公弼隨大中調此。老搭擋孫適石仍然任秘書，爲當家人。任達生爲教務科長。兪爲副主任，高爲政治總教官。公弼任政治教官，還是二十三年春夏與他共事大名，後來他在洛陽教中學，曾有一度相逢。再也未想到三十二年四月九日，我初遊翠華山，專訪承麒，會十分意外的遇到公弼。他還是那麼黑人一個，已婚，妻子是做情報工作。其時，政訓班同學，五百羅漢之中，逾三十歲才結婚者，剩不下幾人了。

壽堂在同學群中，素有佳譽。王曲工作後，胡睦臣更賜以「新人」、「聖人」綽號，益見推廣了名聲。在政治生活中，朱某自認，也被公認是很嫩的。民十六年那一段鬥爭劇烈的經歷，則少爲人知。

翠華山還有好些熟人。沒有特別事故，無深厚的情誼，誰願巴巴的走這近百里路，山中訪友。我的來到，得大夥齊同歡迎。每一處我都走訪，促膝快談。巧的是，公弼即將離去，所遺「游擊隊之政治戰」一課，乏人接手，兪銓、承麒、達生正愁著，一時找不到適合的教官，一見我飄然而至，不約而同都說：「這可逮著你朱介凡了，不怕你不常常要上翠華山了。」公弼也異常快慰，他可放心的甩手而去。

大中在長安城得知此事，迅即跟我通了電話，表示十分歡迎，且肯定我在敵前敵後晉冀豫魯一年多的戰鬥，尤其太行山內外與山西部隊，以及八路軍友軍相處特殊經歷，還加上這幾年王曲的軍校教育生活，我講這門課，必然勝任愉快。恰好，其時，我剛爲七分校編好一部「軍隊政工教程」，可爲講授此課的前驅。

公弼把他授課綱要給了我，並無保留的說了學員們的反應。其時西北游幹班初初定下一系列的六大課程：

游擊隊之軍事戰

游擊隊之政治戰

游擊隊之經濟戰

游擊隊之思想戰

游擊隊之文化戰

游擊隊之群衆戰

其實嚴格的說，游擊戰跟正規戰一樣，只有兩大層面：軍事、政治，二者涵蓋了一切行動。

根據公弼的綱要予以補充、強化，寫成了講義大綱，送承麒審核。於是，從三十二年五月，次年元月、二月、四月、我有四次前去翠華山，爲西北游幹班第七、八期的學員上了四次課。每次約逗留六、七天，都是上午一連講四節課，天天如此。整下午休息，遊山玩水，盡情陶然翠微湖畔。

有兩次是臨時調課。班中派馬來藏駕莊接我。十幾里平地，馬還能欣然快步。上山，牠便走得好吃力。快要進游幹班，也有一段十八盤，彎急坡陡，我索性下馬。馬兒看著我，好感激的哩。一次，當初春，後半天，也是臨時派滑竿來接，在承麒家中晚餐，乘月色上山，承麒在十八盤接我。我本跟轎伕說定，因要連夜準備功課，須留體力，讓他們一路抬送我，直到集合場。我這瘦子，他倆一看就感到並不吃重。但我仍然心有不忍，不但於十八盤下了滑竿，進山前與進山後，我都搶著下地，走兩三里路，讓他們歇肩。兩轎伕直讚好人，迭迭稱謝。還說要是坐轎子、坐滑竿的人都像我這樣，那就天下太平了。

要非臨時找我，須趕次日晨間的課，那有連夜乘滑竿上山的？一人獨行，既怕萬一碰到劫道的。藏駕莊西南行，至翠華山，只經過三幾處小村莊，雖為大路，白天也行人寥寥，入夜更是寂寂無人。這一路上，都無軍隊駐紮。承麒連聲抱歉，誇我膽大，深悔未能派一兩位帶槍的衛士接我，以策安全。其實，黑夜在山道上，若遇十隻八隻餓狼來襲，兩個帶槍的，仍是無濟於事。除非你早有戒備，執著二十響駁殼槍或是美軍衝鋒槍，當牠們偷襲前即已射擊，否則，你就是來不及爭取上風。

政治部特別準備了接待上賓的夜點款待。次晨，又讓我於飽覽翠華山之晨，健身運動後，獨享一頓豐盛的早餐。他們幾人剪燭夜談，三更天興猶未盡，於參加班中升旗之後，又復入室酣然睡去。我身為客座講師，無需參與他們的升旗、早操活動。這時，我一人獨行於風洞、水洞之間。翠華山約高海拔七、八百公尺，西南為風洞、水洞，這一帶有一處，見大塊大塊兩三噸、七、八噸的岩石，東倒西歪，亂紛紛的疊堆在一起。民間傳說，在唐代一次大地震，這崩倒的山峰下，埋葬了山上一個小村落，而風洞、水洞便這樣形成。若得考古學家考察，可確知此傳說究有幾分史實？

翠微湖北邊有蛤蟆嶺，只樵夫可攀越而上。我跟任達生想上極巔，都只走到半峰處，翠華山全景，游幹班營舍、操場，一覽無餘。往東下山行，可達柞水縣境，前至湖北鄖西。曾遇行腳伕販，看他們鎮日山行，以致特別肥大的腳板，腳掌具有抓力。

下午到黃昏這段時間，獨自一人，沿湖漫步。信步所之，我最好走「望江南」小店，要掌櫃的煮碗片兒湯吃，或是一碟豬頭肉、煮花生、滷乾子，飲兩杯山西黃。

游幹班的禮敬，午餐、晚餐時，教育長作主人，邀請客座講師共餐，加一兩樣時餚，如客人嗜飲，也略備酒菜。通常是教育處長、政治部主任、軍事、政治總教官四人作陪。客座講師人不多。主客不超過十人。並不大費周章。面對湖光山色，增人情趣。我做了幾次主客，與繆徵流也熟了，竟然主動要求主人加點野兔肉、陝西臘羊肉，薄飲一番。

繆原係東北軍一一六師師長，二十二年時，先方為他的師政訓處長，他對先方極有好感。聽我說起先方在重慶情形，掏出記事簿，記下先方的通訊地址，說要立即給他寫信去。一次，陪客有事，先後辭去，繆談興特濃，堅留我再談半小時，談甚麼呢，聽他說信從基督教的靈性生活。他無意向我傳教，只是**述說自己生活上的快樂而已，信，望，愛**。

在游幹班課堂上，我時時念及六、七年來**廣大淪陷區老百姓的苦痛，講得萬分激動，情懷悲憤**。根據自己在晉冀豫魯敵後作戰情形，以及對於近幾年華北、東南游擊戰爭的情況加以評述。引述了重慶「戰國策」，陝北「軍政雜誌」，重慶「新華日報」，「大公報」，「中央日報」，

「掃蕩報」並「陣中日報」的諸多報導。這些報刊，其時能在長安蒐集到手，頗爲不易。又講到七分校敵後地區招來新生的一些資料。分析歐美人士有關中國抗戰的論證。而講課時即興的論斷與教學兩方所交互激盪的情趣，皆能使得聽課者悉心聽受，頻頻點頭。

其後，我不再兼游幹班的課。每隔三幾個月，常有去高承麒家。承麒家住在山下大路東側，一處獨立家屋。夫妻倆帶了三歲小兒。左鄰右舍的三、五戶人家，距離總在兩三百步外。承麒一半日子在山上。不過家中裝有通山上的軍用電話。我深深佩服高大嫂膽量，但不敢稍有提說。一次，偶然談到屠格涅夫的六大名著，引得我大開話匣子。高大嫂好生詫異，嘲笑承麒說：「你們政訓班同學都只對政治有興趣，想不到還有他這樣富於文學興趣的人。」自此，跟她談得投機了。承麒竟然不惜跟我抬槓，我自知趣，即刻收縮了談鋒，而高大嫂倒不肯畏縮而退。

長安城、王曲鎮上另一位朋友魏予珍。**書讀得好，倜儻風流，那一手豪邁瀟灑的毛筆字，正如其人**。他長我六、七歲。有待進入社會之初，即已結婚生子。及至在大都市上生活，經不起對於新式女子的慕愛，就和同時代那些百分之八十的中國紳士們一樣，不再和鄉下老婆在一起，定要找上新式女性，過那只羨鴛鴦不羨仙的生活。這期間，他和外鄉女苦戀，糾結難去，問題只是對方已有未婚夫，竟爲予珍在湖北武穴大輪船將靠岸時跳江自殺，使他時存「玉梨魂」式的悲淒情懷。予珍二十歲，正是**徐枕亞「玉梨魂」風靡社會的時際**。隔了一段時間，他如願以償，獲一中學女生爲妻。

魏予珍政治慾望強於一切，全心全意想要闖出一番事業。交朋友，談國家大事，慷慨激昂，是其生活中心。似乎少有卿卿我我的夫妻生活。硬逼著這位妻子進入戰幹四團。戰幹團女生未婚者多，已婚者少。已婚者極易爲男生乘虛而入。予珍感到羞辱，便迅速離了婚，要改弦更張，尋求第三個美嬌娘。

諺云：「陝北四件寶：米脂婆娘綏德漢，清澗石版安邊炭。」陝西盛傳此說，說米脂婦女膚色光潤膩滑，村婦有江南風，臉型美麗，體格更過之。傳說貂蟬即產是地。綏德男性健美，呂布即生於此。其實，貂蟬爲小說虛搆人物。

予珍在長安有了豔遇，秘密享受，無人知曉。大家還總以爲他長安城中理髮、洗澡，看朋友，所以每由城回王曲，只見他風光煥發，心有所喜。原來，有對老夫少妻，丈夫爲外縣縣長，夫婦夥都不把家搬離長安城。膝下無子女。這年輕的妻子，正是米脂人。予珍與此縣長相識，妻子熱戀上予珍，有與夫離婚再與予珍結婚的打算。他倆常在長安城北另一處宅第幽會。半年中，縣長毫無所覺。

臨到要採取決絕性的行動之前，予珍內心起了一番明覺，假如我是那做丈夫的？豈不會要了老命。他夫婦的締結，原由於某種條件，在其限制下，是不可能離婚的。而只能存在這三角關係。這種戀情，終必難保秘密。長此下去，三人苦痛，過於兩人私情之樂。予珍幾經掙扎，思有所超拔。那天，他騎著自行車，從東大街走到鐘樓，已要向北走了，去伊人處；卻是，決心一下，將自行車龍頭往南一拐，快步踏了齒輪，走上南大街，出南梢門，快快樂樂的奔回王曲。從茲，不往北城去。

不久，予珍結婚，果得美婦，子女接續出生。予珍爲我陳述此事，特強調的是，自行車龍頭那麼千斤重，一拐彎，**他獲得了道德生活的快樂**。

那時期，我爲黃埔村某個進修班的學員們，講了一個專題「道德生活的快樂」。以予珍此事爲引，聽者莫不動容。我從哲學、倫理學、心理學層面，並一些日常事例分析。

第十四章　中國之奮戰

第一節　王曲秋盡月當夕

三十年六月廿六自重慶回王曲，直到三十五年四月六日。這五年，一直還住在藏駕莊杜家祠堂，事故不少，內心感懷特多。國家社會的生活背景，乃是抗戰最艱苦的危機時刻，掙扎奮鬥，直到勝利之初。

魏予珍與周志蓮結婚，這是他第三次婚姻。志蓮是未亡人，她小予珍十多歲，比予珍前兩位夫人都美。從結識、交遊、議婚直到結爲夫婦，甜甜蜜蜜，如飲醇醪。結婚前夕，他離開訓育科長職務，由我代理了四個月，即辭去，仍任軍隊政工課主任教官的閒職。

在政治部一次會議席上，我即興發言，建議應著手校史編纂，超凡頗以爲然，要我寫正式建議書，列舉理由與辦法大要，簽報胡主任，迅即獲得裁可。

各單位主管從朝至夕，每爲一些現實問題纏繞，難得爲歷史性回顧與前瞻，也不易有客觀的考察，**對自己主導的工作，付予歷史性的評估**。我的建議提醒了胡先生。七分校官生士兵近十萬人，自必有若干人於王曲歲月起有若干歷史興感。但想到要纂修校史，不是但寫篇概略就罷了，畢竟只朱某爲此作較深入的思考。

黃埔軍校既有其歷史事功，王曲七分校八年更顯其歷史特質，深深值人讚美。學員生人數之衆，比起本校與其他九個分校都要超過。不計種種艱困，於華北各省並浙江敵後招生，乃是極超越、前瞻性的作爲。教職員人才濟濟。胡的職位不斷增高，所指揮的部隊增多，部隊與分校人事對流活潑。八年抗戰的進展，與分校的發展息息相關。學生素質，跟承平時代之通由高中學生投考大有不同；而是至少有一半同學已進入社會就業，各行各業青年人都有，感於國破家亡，**投筆從戎，各人艱苦備嘗，生活情況莫不多采多姿。自華北及東南，奔赴王曲，跋涉數千里，頗有遭遇敵軍幾經戰鬥者。**

例如十八期某入伍生團，有一區隊學生深夜偷渡錢塘江，被日軍發覺，遭強烈炮火攻擊，全部壯烈成仁。

七分校師生報國情殷，可歌可泣的事述說不盡。

三十一年三月，我寫了「編纂校史計劃」「各學生（員）總隊（班團）歷史編纂綱要」。主體部份，一如黃埔軍校校史的體例，於沿革、組織、行政、教育設施、人物誌、大事記作全般敘述，特別著眼，乃在各期各學生（員）總隊（班團）的歷史纂述，兩大範疇：

一、各期學生（員）總隊（班團）的歷史。

二、各期學生（員）總隊（班團）的生活紀實。

立案著眼點，是希望師生們以集體寫作方式，自由抒寫生活紀實這一部份。「王曲月刊」中已有不少這類篇章可資採取，再佐以「大事記」。

三月二十九日，七分校成立四週年，朝夕皆有一些活動，以青龍嶺晚會爲最高潮，胡主任與致極好。校部各單位主官及太太小姐成爲主客。據壽堂當年日記所記，政治教官受邀者近十人；軍事教官、軍事總教官並無一人，似只以工兵科長王化興（到臺灣後，改名「洽南」）、軍官教育隊黃烈兩人爲代表。學生總隊的總隊長，教育處步、騎、砲、通信、輜重兵科科長，按說應當受邀請。不會是我日記缺記了罷。

我之爲課主任教官，乃緣政治部挑出了資深的政治主任教官十餘人，給予課主任教官名義，負責這一課所有政治教官的領率、課程的研究等任務，而不用去隊上上課。因而十分閒散，特受優容。好像其時教育部於全國各科教授中選出十八人，尊之爲「部聘教授」一樣，給公休一年，薪俸照給。當時，軍校政治教育課程，有總理遺教，校長言行，東亞歷史，東亞地理，政治教程，經濟教程，法律教程，國際現勢，黨史教程，中國近世史十大基本教程。軍隊政工，是連同蘇聯國情，政治情報，應用文範，哲學教程，理則學教程，列爲補充教程。七分校政治部更特任用了年逾六十的政治教官劉明宣先生，以特別講演方式，專講學庸。

現買現賣的，壽堂讀書重點，放在史學方面來。有關史學理論與方法的書，凡能蒐求得到，不問中外古今，皆加以研讀，乃在校史編纂工作的推進上，更能多多有所秉持。

這時際，終南山靜靜生活裏，突然發生變故，我幾乎也受到牽連。那塔寺溝廟裏，受軟禁的：朱心凡，福利社經理夫婦倆，還有另一位，是七分校主任辦公廳副主任蘇玉衡。我常去看望心凡，每每暢談半日，也就便看一下蘇玉衡，他爲黃埔四期，浙江人，瘦瘦的。不知怎麼跟他談起袁勁的悲劇，在四期同學中，他早略有所聞。在軟禁環境壓力下，他變得好怯懦的，從前爲主官時的意興飛揚，一絲也沒有了。因語言衝突，他竟爲心凡所懾服。有三個月時期，他內心十分不安，近乎神經病。跟我談話，屢屢提說「圓滿」兩個字，意思是即可被釋放。這是三十一年春間的事。他託我帶信他家，看他的太太。他家住北江兆村，在藏駕莊東南，才幾分鐘就走到了。這年六月，蘇玉衡逃亡，幾牽連到我，因爲主管單位蒐查到他寫給我的一封信，有因我談話，而受到感悟云云。

政治部秘書毛樹聲兩次找我。我把會見情形，坦率以述。顯然他受到好大壓力，甚至與王主任有爭辯也不一定。超凡個性深沈，他不把緊張、嚴重的情況透露給我。近五十年之後回想，毛爲浙江江山人，法國留學，但很少看到他臥室兼辦公室裏有甚麼書册，他可能是學校安全系統安置在政治部的人。他眼露兇光，態度傲然，常常特有所恃的樣子。又，主任辦公廳第三科科長孫仁山雖與我輩接觸，總是喜笑言開，顯得是一位極好相處的同僚，他主管的法制與紀律，後來向軍法方面職務陞遷。如今回想，孫應也屬軍統方面的人。以胡與戴笠兄弟般的情誼，七分校之內必然有這一股勢力，只惜自己爲人天眞，那時一點也未體會得到。軍統的作法是，要點的布置下人手，暗暗窺伺著每一個人，哼！你以爲自由自在嗎？才不哩。

因蘇玉衡的逃亡，塔寺溝看守所給撤走。撤到湯峪附近，那兒距王曲遠，不當大路，尋常人不易下決心走那麼遠去探望在押的人。自此起，我不曾再見到朱心凡這位朋友。就在毛樹聲查詢我的那一天，葉文琴告訴我，朱心凡責罵過我，認爲我是超凡派下偵探，跟他接近，爲的是要偵察他。心凡未免太是以小人之心，度君子之腹。他既已受拘禁，其言行舉止，還用得著我去偵察嗎？誰也知道，那看守所根本與政治部無關；而朱心凡這樣特殊性的人物，雖居上校政治教官職位，其一切行動，政治部主任難有置喙餘地，他之受拘押，出於胡主任直接決定，毫無幕僚作業參與。

不到一年光景，人們傳說，朱心凡新拘禁處起了火，他被活活燒死。這消息撲朔迷離，無人去查問究竟，卻不免引起揣測，山中寺廟軟禁人員有部隊看守，起火焉有只燒死他一人的？可能是掩飾之詞罷。到此境地，人們不再關心朱心凡其人。民國五十年之後，在臺北，超凡一次問我：「朱心凡的回憶錄，現在還能看到嗎？有人想看它。」我答說，如今那會有這部文稿的影子。定然是，也被終南山那陣怪火給燒掉了。

三十二年初，任校史主編，唱獨腳戲。先撰了七分校的簡史。並至各學生總隊訪問，推展各軍位的校史編纂工作，三月間，本校教育長率其他八個分校主任聯合組團來王曲參觀，自是七分校感到極榮耀的事。特別編刊了「王曲副刊」，四開小報，日出一張。每天近午夜結稿，趕送至長安城排印。次晨，貴賓們剛起牀，這白報紙印的副刊已送達他書案上。一切都令人十分滿意。遺憾的是，有位同仁寫的訪問記，用尊稱用誤了——某某人，「諱」，他未死，你怎能用此字？儘管這篇訪問記寫得極好。只此一字之誤，使對方感到大觸霉頭，十分的難諒解。分版編輯與總編輯竟都未注意到。當時，政治部文筆好的政治教官都調集來了，爲副刊助陣。我寫的是孫元良、張耀明二位。

十月間，校史室方開始籌備。于衍曾、周光煒、高覺非、徐秉珠來共事。衍曾爲分校學員隊二期同學，熱情，人際關係好，熟知學校草創諸事。秉珠爲李廉夫人，頗有文才。

春間，王曲發生震撼人心的事，邊語班主任吳啓誠以虧空難填補，自殺。邊語，實際上以外國語文爲重。他才三十出頭，生活有些洋派，相當享受。就這樣，按說也不會迫使他走入絕境。

傳說是，主管單位教育處對他財務不清，逼迫得厲害。他一向跟些政治教官走得很近。

三月二十九，學校六周年，晚上，青龍嶺茶會，曾擴情也出席，講了話。他是本分校首任政治部主任，時間短暫，少爲人知。爲我目前的職位，他很高興。令我特感到安慰的是，我所撰的七分校簡史，由曾先生親自帶到成都本校。很可能現在還被保存在臺灣鳳山陸軍官校。

蒐集一些現時資料，再參考漢唐地書，寫「王曲略考」，甚覺愜意。

我以身爲胡主任部下的身份，爲七分校史官，究嫌地位低下些，總要有如曾先生相當身份，與胡平起平坐，則識見、氣度，方爲夠格，於史事評鑑，斯足以縱橫論斷，了無窒礙。

八月，調政治部訓育科長，校史主編由邢文康兄接替。有兩樁事，印象很深。超凡的創意，把學校各種紀念日集會的舉行，以規劃表代替公文條舉。少校科員徐振中擬辦時，常見他從抽屜中拿出米達尺來，在毛邊紙上直畫橫畫的。政治部大辦公廳內，二十幾張辦公桌，還少有第二人作此姿態。表格規劃，一目了然，省去公文上好些廢話。無怪清代末年講求革新，於使用一覽表的風氣中，有的人士竟會發出這種好天眞的議論：文書如果都用一覽表，國家必可革新進步云云。其實，司馬遷早就用表格了，「史記」卷十三至卷二十二全係年表。**有意思的是，負面的事，「史記」年表裏，字倒過來寫。**

每星期一次的校務會議，分校副主任主持。按說，會中討論者應以教育爲主，涉及教育處者最多，政治部次之。只以戰時物質缺乏，各總隊班團提出的問題，百分之八十都是屬於經理、醫務方面的。我跟政治部教務科長張家範挨肩而坐。討論的事，或有偶涉及訓育工作的，而涉及政治教育者絕無。家範可貞枯坐無聊極了。會議通常進行兩三小時。於是，他把撰述的政治學講義帶到會場上，細細校讀整理。每次開會，我都取了他已校好的部分來閱讀。家範係民國十八、九年北京大學政治系畢業。跟黃少谷同窗。我極欣賞他**白話文的流暢，稱許他不愧爲北大人**。北大人，無論師生，其思想、心性、行事，多具自由主義者的傾向。

校部總理紀念週席上，例必有政治教官專題講演，不外人生哲理、國內外情勢、三民主義、校長言行之類。我曾做過幾次講演，甚且說謠諺，不過是抗戰謠諺，還有「抗戰——中國之進步」等課題，反應平平，只識者稱好。

這年九月初，我講「王曲之秋」，先從余宗玲一篇描寫王曲秋色的小品文入題。有一段引述江漢俗語「過了秋」，謂過了人生最好作爲的年華，意在與大家共勉，毋蹉跎歲月也。主席教育處長何奇，於我講畢後加以補充，有糾正我的意思。他強調王曲局面仍在不斷興旺的巔峰。「王曲之秋」眞是一語成讖，後此，學生不及十六、七期之盛。抗戰將接近勝利時際，王曲生活十分艱苦。

三十四年元旦這天，校部歡宴幾位美國上校。原因是美軍在終南山腳留村附近，爲西北中美軍事合作，要開設訓練基地。政治部出席宴會者十一人：方本裕、曹謙、劉瑀、張家範、安吉人、汪導餘、林建成、邵敬勛、焦春霖、黃邦彥，我。通是西裝革履，先在圖書館集合晒太陽，大談色情故事。說過聽過，捧腹一番也就罷了。我卻感到，**若能將一些喜聞樂道的故事、笑話記載下來，稍加整理歸納，在民俗學、俗文學的研究上，倒是很有價値的**。

二月八日，學校副主任張卓到差。說是要整頓校務，有一番積極作爲。他表現果決、堅毅、明斷的作風。部隊與民間生活的經驗豐富，在校務會議上，爲一些瑣細事務能想出點子解決。常娓娓而談，引導與會者共同的思考。大家都對他抱有好感，通以長者視之，他已年近半百。夏季，美軍基地開設事，積極趕工。每日必有看見美軍小吉普車帶著拖車，自長安城買雞鴨魚肉回來。我總因之引起一個想法，中國軍隊若能達到美軍這樣的生活水準，何愁工作效率不高。

張副主任為了要爭中國人的面子，性情變得急躁起來。每次校務會議，為中美合作訓練基地的事，總必責備這個，或訓斥那個。期限還未到，他硬要查究，怎地今天還未做好。再不是以前循循善誘，引導大家共同思考的那種意向所趨。一當他訓斥話頭開始，大家的思考活動便停頓不前。只總務處長王炳炎修養好，只要事情有點牽涉他，他總和顏悅色，輕聲細語來化解，使校務會議僵局、火爆氣氛鬆散下來。

中美軍事訓練基地正要開訓，抗戰勝利，因而停頓。要不然，七分校校部為此外加任務，天天會鬧得人仰馬翻。後來，分校結束。張副主任去職，還留住王曲一段時期，不知怎樣的，我竟作了他的座上客，常有去他官邸閒談。

有次，談起他為中美軍事訓練基地而情緒急躁的那段日子。他問我：「你那時怎不告訴我，大家這種反應？」我答：「我何必因此惹得自己受窘。」況我上面有政治部主任，公的關係上，隔了一層。今天，你已去職，我常來你這兒，不會有一個人說我瞎巴結。

七分校經過了五位副主任。顧希平，雍容，少見過他疾言厲色。周嘉彬，少年氣盛，大家都說，他恃著是張治中的女婿。邱清泉，剛強，鯁硬軍人性格。洪士奇，英氣內斂，樸質寡言。張卓，好似管家婆。

四月五日，政治部兩位王主任交接。超凡調戰區政治部副主任，大中來接。大中家仍住長安城。他倆性格不一樣，一沈鬱舒緩，一活潑敏捷。超凡要我們草擬工作法案，每每是他事情各方面已考慮周詳了，少有變更。大中則不然，事情很快決定，更改也多。有一點，他對人熱情些。

七月間，校長來王曲。主持十九期學生畢業典禮，並招待美國新聞記者團於青龍嶺。爲準備閱兵禮車上，一面軍校校旗，把政治部、訓育科忙得暈頭轉向。大中連夜向長安城有關機關連繫借用、圖樣的事。按說，這應屬總務處的事，可是旗幟乃爲「精神布置」，跟大標語牌，校長肖像油畫的事，都是政治部當仁不讓。而長安城黨政軍各界，大中關係特別熟悉。

十九期學生畢業前，曾發生學潮。原因是，一部份學生，軍訓部下令要延編爲下一期。同學們心不甘，有兩個大隊罷課，醞讓去長安城遊行請願。軍校紀律而制止不了這等事，乃是極嚴重的問題。砲科大隊長王毓剛安撫最爲成功。砲科，一向是官校程度最優秀的。

就在這時，學校新編制頒發下來。一句話，一切與本校同。例如，新設有印刷所、圖書館。政治部編制也擴大了，有編階少將主任秘書之設。我爲首任政治部主任秘書。

八月十日，日本無條件投降，晚上，消息傳到王曲。即決定次晨八時舉行軍民慶祝大會。政治部連夜印發通知，準備會場，十分忙碌，這都是訓育科主管的事。大中竟體諒我，不讓科裏人通知我，他直接指揮住在王曲街後的幾位同仁，辦了一切的事。只在半夜送了開會通知到藏駕莊。怪的是，那夜我睡得好熟，傳令兵拍門，都未被驚醒。

次晨五點，村裏響起鑼來，才把我驚醒。母親把部裏的通知遞給我。**青也把兩個孩子叫起來，說是要讓他們長大了，能記得今天**。這一天，慶祝會、酒宴，大家談著回家鄉的事。所有在終南山下正積極作業的美軍官兵，少數進長安城去了。美軍黑寡婦戰鬥機經過長安上空，低飛示意，它現在是巡迴旅行，兼帶的還負有監視日軍的任務。血肉橫飛的戰爭，已經休止。

九月二日，超凡回到王曲度假，找我去。承他美意，已與研田、大中商定，爲我進行中央研究院研究員及求得研究經費二事，我當然毫無異議。只是感到，這種授與，目前若實現了，在我研究成績上說，嫌早一點，我不願要虛名。當表示這番意見。他們都認爲，我暫時留校當教官，加深研究爲是。

次日，參加長安城軍民慶祝抗戰勝利大遊行，晚上執火炬。我們的軍官學生大隊伍，贏得最多的掌聲。同學們人人更憶念起自淪陷區，五方八處，奔向長安城，投身王曲的激情經歷。人生之刻骨銘心，無不熱淚泉湧。全長安人山人海，屋頂上都是看熱鬧的，幸無人摔下地來。我們軍校三輛汽車，裝的播音器、化裝表演，中美英蘇四國元首肖像，總算圓滿達成任務。

近午夜，我決定徒步夜行，歸王曲。只有一小半人願隨我走。幾位同學，一行十三人。漫步行走。大家自我解嘲，說是勝利日夜行紀念。

九月四日上午一點多鐘，走到韋曲，咱們不是自以爲很「早」嗎，卻迎面遇到不少菜販，他們是去長安城趕早市的。眞是「五更侵早起，更有夜行人」！

王曲民衆在校部大禮堂設宴，張副主任以下，各單位科長以上都有出席。胡主任此時在鄭州、開封，忙於受降、接收、遣俘、部署部隊向北挺進，難以分身回到王曲。

九月十八日，校部舉行九一八紀念會，我講演四十分鐘，題爲「十四年來歷史觀感」。夜，讀上海新到的「時代生活」雜誌，篇篇皆有份量，尤其一些政治、經濟論文，引我興味。這種感興，竟使得夜間一點多醒來，明月清輝照我牀，思潮洶湧，難以成眠。

由於余宗玲、吳宣晨跟我，三人好興致，在王曲舉辦了三次沙龍活動。這是好多七分校師生所不知曉的事，也是前此七、八年，同仁們休閒生活再也不曾想到的玩意。其潛在意識心態，乃緣抗戰勝利，人們理想飛揚。

首次，十月二十日，星期六，算是準沙龍，政治部主辦，由方本裕、邢文康、林建成、我，四人具名發出請帖。晚六時，客人陸續到來，男女大小三十餘人，很見家庭樂趣。只因臨時布置，不能至於完美，總算還可以，賓主盡歡，八時客散。當時頗有意每週舉辦一次。張卓爲分校副主任，胡主任難經常來王曲，副主任是當家人，要算王曲最高長官，慨然與會。前此幾位副主任相當矜持，絕不肯這樣方式與僚屬同樂，並坐談閒天也。

才隔了三天，余宗玲在圖書館，以館長身份，正式舉行首次沙龍，菊花、燭光、書城、精美點心，上等筆墨紙張，候嘉賓惠臨。先是，我跟本裕忙著幫她準備。宗玲興致高，那天，她打扮得特別美。到方本裕、易水寒、王炳炎、洪燁、我，五對夫婦，吳宣晨、蔣超雄、邢文康、曹謙、黃乃松。先談友誼，次論紅樓夢，次撫琴，次寫詩題詞。女主人有似尤三姐、史湘雲、林黛玉、薛寶釵心性之綜合。十一點方散，我夫妻倆抱了睡熟的昶兒，踏月色歸藏駕莊。

一個月後，第二次沙龍，晚六點在北堡寨張研田家，宣晨爲主人。月當頭，正下著雨，鄉下道路，泥濘沾腳，只怕弄髒了主人家的客廳。壽堂以毛筆題辭：

最難得王曲秋盡月當夕
風雨故人來

談話主題，王曲八年生活觀感。談到一些在此間遇合而亡故的朋友。也談到胡先生的生活、風度。又談到南山中軟禁的朱心凡。研田珍藏多張西洋古典音樂留聲片，聽了兩張，各述聽後感受。（要知抗戰流亡，還能攜帶此物件，是好不容易的事。多少人爲了逃命，金銀財寶都只好捨棄。）文康說得逗人情趣洋溢。他比喩說，有一段音樂，恰似甌江水流情境。文康爲青田人。甌江經青田，溫州入海，灘多水急。會散，已十一點，雨止，月出，全寨人家都早入睡鄉。曹謙盛情，硬要提燈籠伴我夫婦走一段路，他再獨自回家。

分校結束，緊鑼密鼓進行，改組爲中央軍校西安督訓處，命令到達，同事們紛紛他離。沙龍之聚，難得再有。後此半世紀，宣晨、宗玲同在臺北，只以山河色褪，故舊凋零，人生難得再起這般情懷了。雖是，藝文界交遊密集。

十二月十九，陪同政治教官共三十九人，青龍嶺出席胡主任茶會，各抒議論，多言自己出路事。獨出，乘吉普車，馬大恢駕駛，至河西大操場，在全體官生隊伍裏，聽胡講話。川湘餐廳聚餐，之後，再去青龍嶺，留下了一張歷史性的攝影。未久，王曲人便各自紛飛，不辨東南西北。

二十八日，清晨濃霜，校部行最後升旗禮，到官佐三百餘人，特繞場一周，人人腳步遲重。

次日，圖書館舉行結束茶會，宗玲定要把這段短時間等於一刹那的工作，留下最後完美的印象，刻意布置，精美典雅。之後，她又接待我們幾人去新生社小酌。想起她接任之初，我以此圖書館常客身份，曾陪她好幾次在館內外久談。關於開拓業務的計劃，如何能多服務於學生，前此，它只稍稍讓校部人員小有利用而已，主要是藏書並不太多，經費不夠充裕。美夢未成，就此煙消雲散。

時序進入民國三十五年。

元月十二日，正準備入長安城去，忽有通知來，胡主任有請，到青龍嶺吃午飯，兩雙筷子，並無陪客。邊吃邊談，我想，他是忙人，飯後也當休息，稍談就告辭。但他談興很濃，且走出室外在青龍嶺上散步，還走到青龍嶺東邊低窪的稻田坎坎上，繞行了一圈又一圈。我是他的僚屬，但並沒有唯唯否否，我以有關王曲所聞所見的事，想到那裏，說到那裏。其時，能這樣述說的人，都遠走高飛了。

跟胡主任談話內容，除了答復他對於一些同仁，如方本裕、邢文康、還有並非在王曲的張研田、張大同、王輝明、張佛千等人情況的詢問，所談主題是學校現況及教育成果的批判，今後各部隊教育上應有的措施，幹四團學生的運用，七分校畢業同學的掌握與訓練，政治協商會議後的國家局勢。

有兩個主題談論得最多。一是「知識即權力」的問題，一是官高位重需要老朋友的問題。談論到前者，胡先生說：「是呀，在重慶，校長一見到我，總囑咐讀這部書，讀那部書的事。」然後，他走回房去，抱出來好幾封火漆的密件，說：「你看，這是專機從北平帶來的情報，有關共黨軍隊的行動，我必須一件件的仔細研讀，太是抽不出讀書時間了。」於是，我提出了大人物讀書方法的建議，分配你的僚屬各就專門所學不斷追求新知，按時提出口頭報告。後一問題呢，說來最有感慨。也不知是怎麼提起的，我說，人生道上，友誼是最可貴的，眞正的完美的友誼，必基於平等交接的情態。我們事業越發展，地位越高，越是需要眞正的朋友，因為，眞正的朋友乃是自我的擴大。但是，一個矛盾，偏偏發生在這時候，朋友越來越少。好像跑萬米，一同起步，漸漸有落伍者，於是地位相等者不多，抬槓的人少，唱喏者衆，難怪孔夫子要說「無友不如己者」了。

興辭之後，回家取了兩部書送與青龍嶺上的主人：韋爾斯「世界史綱」的精裝本。再就是我最愛讀的列辛喜劇「彌娜・封・赫爾罕穆」，楊丙辰教授譯本，改名「軍人之福」。

特在「世界史綱」扉頁題上獻詞，希望胡先生在事業創造上，爲歷史寫下光輝的篇頁。

元月十六，我受任命爲中央陸軍軍官學校西安督訓處政治組總指導員。

政治部縮編成政治組，組長先爲林維淵，後爲江雄風。雄風，黃埔三期，浙江人，軍事調查統計局的人，在西安作情報很久，眼光炯炯有神，令人生懼。

總政治教官樓邦彥，江蘇太倉人，比我小三歲，英國留學，專攻國際法典。曾任西南聯大教授。**儀表**、**生活**，**都修整有致**。**溫文爾雅**，**了無習染**。給我最有印象的事，是他給重慶「觀察」雜誌寫文稿的情形。他寫得很慢，一個字一個字，就像刻下來似的，不作興修改，也沒有寫誤或掉落的字。夫人容貌秀麗，正是一對璧人。一位妙齡大妹子隨在一塊。

迄至八十五年冬的此刻爲止，文人學士交遊多矣，撰文而一字不改者，還從未見過第二人。無疑的，邦彥爲自由主義者。幾年前才在北京逝去，是在報上得此訊息。

第二節　諺語工作興致高

儘管家庭生活常處於低氣壓，這幾年，諺語工作的開展，不斷的產生陣陣奮興。諺語工作的願求，時時湧現夢魂，如獲得許多戰後出版的謠諺書册。幾乎常常都有這樣夢境，夢裏還好生歡喜，原來還有如此美好的諺語書册，讓我獲得。一如就讀軍校畢業情境，王曲種種切切，臺北博愛小樓，這三方面景況，在後此歲月裏，屢屢夢魂縈繞。

寫「兵諺研究作業」卷，於皇甫村各班學員分發，希望他們各抒己見。那時，自己常愛提說這一個例。「當兵三年，見了母豬似貂蟬。」下句或「見了母豬似天仙」，「見了母豬也愛。」雖爲謔說，實有至理。軍隊要求其成員強壯有力，以赴戰鬥。軍營一片陽剛之氣，人人慾情如火。這種性心理，人皆有之，不僅只限大兵。如甘肅風土諺之指所有男人：「一出嘉峪關，母豬似貂蟬。」**性慾者，生命力之表徵。軍隊無論平時、戰時，須使人人時時都必保有旺盛的生命力，才能士氣如虹。**春秋時代管仲，知道置營妓以調劑、激發士兵精神。歐美、日本，有隨營娼妓，並做愛的示範教育影片。軍中醫護人員，且助其爲衛生安全措施。二次大戰期間，美軍飛機外部，彩繪了形形色色的美女，這在中國空軍的紀律，絕不容許。

對機械化訓練班，講「中國兵諺之研究」。又寫「兵諺在部隊教育的價值及其研究方法」論文，王曲校刊發表了，卻删改不少，使我很不滿意。卅一年春，聽到人們對我講說兵諺的貶議。認爲大兵群下流話，不應放在講壇上說。軍官學校，堂堂學府，只應講戰略、戰術，大教程、典範令等等，這些諺語，未免褻優。他們要聽老師講大道理，縱使玄妙不懂，也佩服——當然，我未能在這種膚淺粗俗話頭中，發揮深刻的義理，也是使人家輕視、搖頭的原因。由此體認到，他們是要擺出一付正經面孔。況還有一種潛意識作崇：**兵諺爲大兵訴苦，揭露了大兵的悽苦生活。**一將成功萬骨枯，軍官學生但望上看，他是未來將校，不願下賤，貶低自己。

其時，正讀黎錦熙「國語運動史綱」，書中有段指出：士紳之流，最厭棄花鼓戲；但背地裏卻是最愛看花鼓戲的。

這情形，是否矛盾呢？是或否，咱們都可得到合理解釋。

寫「中國諺語的研究（之一）」送「力行月刊」，主編張紹良，勉強發表了它。此爲我諺學論文的初始嘗試，理論上既無所憑藉，少旁徵博引，自己鑽研的心得也欠深刻，題目即欠錘鍊，無怪人家不太看重。紹良出身北大，按說不會排斥這類課題。

重慶回王曲未久，與楊世才通信。世才長我幾歲，專輯四川俏皮話，以川省流俗名稱出了一本「言子選輯」，得郭沫若爲之題署、小序，還有黎錦熙序文，黎序特別提說我對諺學的志趣。又載錄了我二十九年「請蒐集中國諺語啓」。它的再版本，登錄俏皮話六三三條。

少年老友王大可，自四川瀘縣寄來「補益增廣」木刻本，清光緒十六年（一八九〇），四川源盛堂刊本，內容甚爲可貴，是自己所獲十多種「增廣賢文」之中最佳的一種。又寄李鴻漸「農諺新解」，教育部民衆讀物編審委員會刊，以科學新知，詮釋農諺。

十九年時代武漢文友馬鳴塵，熱心惠助，尤爲可貴。他在湖北恩施，屢憶錄其故鄉廣東海豐諺語，所記鄉土字辭，謠俗典故，都很見特彩。當年，他自修日文甚勤，所珍藏的熊代彥太郎「俚諺釋典」，明治四十一年（一九〇八）九月，東京金港堂書籍株式會社四版，係民二十一年在武漢購得，於抗戰中幾經遷徙，帶到恩施。他先將此書所載市三源川「俚諺論」漢譯件見賜，隨將全書惠贈。

聾哥謝楚明時在桂林，特剪輯當地報刊上所見廣西諺語記述文章，陸續惠寄。又錄賜他故鄉湖北隨縣諺語。寫記諺語，常有這種情形：學養高的，擅長寫作的，於寫記時每能發抒出好的見解。每每越發掘，越多發現，而情趣愈見濃厚。而於字句、音韻的考證，促使自己不知不覺，進入諺學領域。鳴塵，楚明即係如此。在工作中，懷念到江漢文壇的那段友誼，更感故交情味好不尋常。

谷斯範自福建永安多次寄來諺語，以盧成林福建農諺爲多。老同學廖鐵錚在安徽敵後任縣長，工作生活兩皆艱苦，也給寄來了諺語資料。顯然是，他深深讚賞我諺語工作，壽堂感到莫大鼓舞。

這樣瀘縣、恩施、桂林、永安、安徽敵後寄來的郵件，都要幾經「轉口」，通過敵軍封鎖線，僞軍土匪出沒之區，方能到達長安。迢迢數千里，跋山涉水，非是前此輪船、火車、公路，緊密銜接，郵件運遞迅速妥便。不像如今，難以計算它行走的時限，而常有意料之外事故發生，遭受不可抗力的損失。這些郵件，每到王曲，接到手，**屢爲之感泣不已。感激付郵的朋友，感激艱危犧牲的郵政員工**。意念中，不斷浮現，冀魯豫敵後作戰，曾遇見多次，綠衣人獨自個擔著郵包，無畏敵僞騷擾，在火線上出出進進的闖蕩。

少小知交馬曼雲，武昌博文書院畢業後即服務武漢郵區，要非抗戰，他必穩在武漢爬升上去。要麼，必是武漢郵區難容大菩薩，就升到京滬區去。武昌文華、博文兩教會學校畢業的，視武漢郵區爲禁臠，同學彼此援引照應得很踏實。兩校畢業生得前人開路，凡考郵政者，莫不十拿九穩。武漢撤退，曼雲調到重慶。我倆不期而遇。這時，他已是高級郵務人員。他有位要好的同事韓大墉，是全國郵務工會的訓練部長，係一位藏書家，賴著身居郵務要津，西撤時，能帶了一部份藏書到重慶。多少人只能帶著隨身衣物、細軟逃難呀。曼雲在韓大墉家，看到郭紹虞「諺語的研究」，這原是郭在民十年春，連載「小說月報」十二卷二、三、四期者，後刊印為百科小叢書單册出版，曼雲認為是我諺學研究極好的參考書，深信必在長安看不到。他寫信問我，我說，早知有此書。曼雲不放心將這册書交郵局掛號寄來，也沒有妥當人可委託給我帶到。但是，他卻向韓借了來，擱在自己皮包裏。在敵機重慶大轟炸不斷的空襲裏，夾進夾出，不知躲了多少次防空洞。其悲愴、莊敬心態，可感極了。

這年陰曆年未久，張益弘弟、董白侃兄送來湘陝諺語五百多條。益弘長沙人，白侃漢中人，他倆客居長安，不能回家團年，在其辦公室兼寢室裏，朝夕閒話，又因引說湘陝諺語，相互激盪、聯想、比較的結果，在十行紙上，誰想到一句就寫，括弧分別註上湘、陝。這一個多月的集諺活動，在他倆長安城生活上，留下好深刻的憶念。

五月間，陶今也從黎小蘇主編的「新西北月刊」處，轉來丁治國在內蒙阿拉善旗所採輯的蒙古諺語百餘條，其意識、辭句、語言社會生活背景，都與漢諺有顯著不同，極可欣賞。四十三年前後，寫「蒙古諺語」短文，發表於臺北聯合報副刊，後收入「諺話甲編」，略述這段因緣，選錄了部份蒙諺。六十年十月，至政治大學民族社會學系作專題講演，說諺語。系主任札奇斯欽教授主持。我特提說到蒙諺「羊可憐，狼也可憐」，其意境、哲理，高明超絕，若非蒙古沙漠、蒙胞佛心，再也難得這樣諺句。札奇為蒙古人，出身北京大學。初相識，未細問他漢化歷程。返臺北，他親送我同車到家。途中，承以佛家大乘、小乘義理，說羊狼之諺，更見高明。佛有肉身飼虎的喻說。又，狼在冰天雪地大草原上，飢寒交迫，佛化身為羊，投入狼口，讓牠咬殺而食，以得活命。壽堂在佛學上少所知，否則，就能與札教授爲廣泛深刻的研討。

撰「中華諺語志」，把丁治國所得蒙諺全部納入，沒有打散它，而使之分屬人生、社會、自然各篇。後此四十多年在臺灣，非無機會找到蒙胞，只因自己未起心去進行。七十七年春夏，讀到大陸新近刊出的少數民族諺語選集，各族雜陳，應該是繽紛可觀的了，但並不如此，或許是漢譯失其光澤。我特別注意到蒙諺部份，竟少有可與丁治國當年採輯者能等量齊觀。

軍七分校圖書館藏有一本杜定友編的「杜氏圖書分類法」中册「分類表」（民二十四中國圖書館服務社出版）是當時同類書册中內容最完備的。先是長期借閱，後來便據爲己有。從此書，導引了我諺語分類的道路，極可感激。杜氏任中山大學圖書館長。戰時，中大內遷粵北樂昌的坪石，山巒重疊之鄉。與他通了一次信，承賜我新的圖書分類表，另抄惠該館所藏中國謠諺書刊目錄，收入諺語檔册，珍藏至今。

三十一年九月二十九日，在童姑丈家，備了一桌酒菜，請黎錦熙先生來，行拜師禮。本也請了黎師同居人，她不肯來。她才三十出頭，生了個孩子，三個多月。其時，黎先生已年近半百，情愛纏綿，寫有一首詩的横披，就掛在臥榻壁上。師生戀愛，有若魯迅與許廣平。我未向人打聽，黎先生也從未提起。政訓班同學胡淳爲陪客。他倆論青年問題甚久。黎師甚高興，收了我這名矢志中國諺語蒐錄與研究的學生。他在童府客房南窗下，寫了兩張横披給我，一張是我選的成語「滴水穿石」與諺語「不怕慢，只怕站，不怕站，只怕轉」。這是自己諺語工作的口號。另一張，黎師自選唐、郎士元的詩「送別歌」。

那幾天，我夫妻帶了昶兒，住姑丈家。姑丈去世未滿百日，童姨家居寂寞，青來相伴，甚受歡迎。我逗了三個小表妹玩，講長故事，她們聽了，感到從未有過的樂趣。

拜師前幾日，天天都有去黎師處討教，談話主題全在諺語工作，我的目標與作法。黎師時加提示，總不會忘記他在北平所主持的一件大事，「中國大辭典編纂處」，其來龍去脈，組織，工作大概，所著「國語運動史綱」言之甚詳。編纂處在北平中海內，當代學者胡適、林語堂、劉復、錢玄同、汪怡等人都曾參與，分任編纂。黎師爲總主任，組織陣容相當龐大，且複雜，依工作推展程序，分蒐集、調查、整理、纂著、統計五部。

部以下分組，組下分股。

編纂處逐年發布工作報告，二十三年五月的第六次工作總報告書，見於「國語運動史綱」，工作積極，副產物已出版不少。黎師特爲我指出，孫楷第是得意的門生，在編纂處爲主幹人員之一。孫撰有「宋元明清四朝諺語類輯」四卷，係自四朝小說戲曲，輯出當時通行諺語，分類編次，予以簡明詮釋，旁見他書者，亦間加疏證。

盧溝橋事變，孫留北平未出，成爲大辭典編纂處主要留守人員。在華北敵僞政權時期，編纂處並未取消，**只是「大日本帝國」甚小氣**，看著咱們「大」字不順眼，硬予剔出，改稱「中國辭典編纂處」，得以苟延在世。其實，就此辭典內容之宏富，非「大」字不足以名實相稱。黎師說諺語資料卡，編纂處所錄得者，極宏富，但等我運用。幾次告我孫的地址，囑與之直接連繫。

拜師次日，黎師自西安赴蘭州。我通過查幹班同事劉韻谷關係，請託他找到西（安）蘭（州）公路上，財政部的查緝人員（公路大站上均駐有），向站上打點，得在班車上找到跟駕駛員並坐的位置，舒適且能受到特別照顧，黎師好不滿意。

黎師把首屆部聘教授十八人，國家特予的一年休假，大部份時間用在督修陝西洛川、中部、同官等六縣、黃龍山設治局的方志工作上。先是，他出版了「方志今識」。城固縣長佘正東對其擬議甚感興趣。自清代章學誠、民國、李泰棻以來，不少史學家提出了纂修方志的新見解、新方法。黎師認爲從方志的編修中，可獲得不少語言學、音韻學的可貴資料，又因對於現代編修方志的體例，就是有好多意見要提出來，乃有「方志今議」的撰述。

抗戰時期的地方官，以徵兵、徵糧，支援前線軍事爲優先要務。許多平時縣政事務，都被壓成次要。凡屬書卷氣重的縣官，只要地方財源許可，少有不注意到編修縣志的事，那怕前志修過不到三、五十年，也要來續修一番，這乃是太平年頭的盛事。遇到戰亂時期，那就沾也不敢沾它了。佘縣長要行此並非當務之急的事，在抗戰最吃緊年頭，定要來續修城固縣志。

他找到黎師，建議何不把「方志今議」的一番理想，立即付諸實驗？黎師答，我當然很樂意。不過，你如要我主持此事，我可是只有一個條件，城固縣政府辦理此事，絕不可以增加田賦附加的辦法，來籌措經費。自來地方官不怕興辦任何一件事，先決條件的經費問題，總是羊毛出在羊身上，只要用「田賦附加」來解決。等而下之，甚至區鄉保甲村里鄰，要辦任何一件事，他雖不能田賦附加（縣政府才能徵收田賦），卻也是按田畝攤派。黎師了然戰時民間負擔之重，故有此一先決條件。

佘縣長深感黎師這番存心。他說，我有極簡便的辦法，不用增加一絲一毫地方財政負擔，即可輕而易舉辦理此事。我把徵收田賦所得的十分之一，向由縣長獨吞（或全權支配）的手續費，拿出來用在這上頭。從古至今，已是不成文法，這項收入，是地方官最眼紅的財源，他完全歸入私囊，也不爲貪污。或拿出一小部份津貼所屬，也有之。但完全移作公用，則可說絕無僅有。因為縣官薪俸微薄，太不足養廉，而任上公私開銷，各方打點，津貼賞賜屬下，莫不十分浩大。

這田賦十分之一的利得，爲歷代君王共認，是理所當然，也是所以使得州縣官忠心耿耿的，勤勞不懈，夙夜奉公的主要動力。田賦但收得多，你上解得多，你自己的利得也多。爲官作宰，做州縣官，但有兩三年，如係頭等縣，他這一生也就足夠了。何止於古今通諺所指陳：「一任清知府，十萬雪花銀。」

余縣長既有此難能可貴的決定，全縣人民無不齊爲歌頌。還有，對於縣府員工應有的津貼，他比上一任縣長所給與的，務要豐潤些。審時度勢，他更認爲此時可以優於爲之的，乃是編修、調查、採訪人員，除了地方人士參與之外，大可借重西北聯大教授和高年級的學生。例如地質、氣象、農業、動物、植物，可由相關科系教授分任編修，指導學生爲調查、採訪，即以之作爲畢業論文，給與學分。黎師居中策劃、督促、總纂。這乃是城固縣千載難逢的好機會，要非抗戰，這些高人，那會聚集到這個偏僻的小地方。

限程計功，積極作爲，新修的「城固縣志」，在民三十年即已完稿。出主事者意外，超過了二百萬字，而不可刪略，因並無糟粕。各篇學術性之高，爲民國以來依新史學觀點、方法編修的方志前所未有。大特色是，分析、解剖、統計圖表特多，不但爲關中印刷條件所難刊出，連其時重慶、成都、昆明也不易出版。後來全稿歸了中山文化教育館，將俟抗戰勝利後，作爲學術性著作付刊，不視其爲一般性的方志書册。

執筆的此刻，民七十七年十二月一日，我更有種體察，黎師的方志工作，著重者在其「方言謠諺志」部份，其他各篇則可看作是某某地區方言謠諺志社會背景的說明。把現代方志的編修，看作是中國大辭典編纂處的蒐集、調查工作之延伸、擴展而爲，又有何不可。黎師三十一年六月三十一日給我的長信，透露：「熙撰方志今議，軼出語文本行，其動機實在於調查方言風謠諺語，此即所擬志目三十篇之一，欲藉方志以立此項工作之規模耳。」

余正東很快就調升爲行政專員，公署駐洛川，轄六縣與一個設治局，這兒跟城固的政治形勢大有不同，緊緊的與陝北特區毗連，在別的當政者惟有緊張不已，他居然一秉城固作風，發動所轄縣局，按方志今議體例，加上新近實驗的經驗，駕輕就熟的續修方志。行動毫不拖沓，編定了的初稿，送由黎師核閱，在長安定期舉行圓桌會議，由地方有關人士答復詢問，再定稿付印。見於「臺灣公藏方志聯合目錄」其洛川、中部、宜川三縣，都係三十三年的鉛印本，僅內政部有藏。臺北藏方志最多的中央研究院歷史語言研究所尚無有也。

三十二年，黎師住在長安南郊宋家花園，校著印刷廠送來的排件。曾幾去拜訪。一次，他患小病，師母侍候，吃碗小米粥，即感到十分清爽。每晤見，所談，都環繞著諺語工作。內心不免抱幾分歉意，除了滿腔治學熱忱，大大得到黎師欣賞之外，我總是空著手來，從未帶點甚麼禮品孝敬老師跟師母。更自感在語言學、音韻學的毫無造詣，不夠格接納他的指導。

三十二年五月，因煙台時代老友劉克讓先容，寫了一篇相當坦率、詳細的自傳，寄到重慶去，拜師顧頡剛先生。

我當然告訴了黎師。我的意思，乃是在民俗學、俗文學方面，要多從顧師學習。有天下午，侍從黎師在長安城東木頭市街上行走，黎師忽然冒出「腳踏兩隻船」的話頭，我立刻敏感，這似乎意指我不該拜第二位老師。我並未做甚麼反應。後此，黎師從未言及，或有什麼暗示。反倒是，常有提及，他凡與顧師碰到，總有談到我。他倆十分關切的，要共同出力輔導我的諺語工作，大力鼓吹，以期擴大這項工作的群體作爲。諺語工作，跟個人性的文學創作境界不同，它必須多有他人提供南北四方各樣口傳的資料，斯能使諺語的採集不斷提升，臻於完美。

有天，我提到，請黎師介紹，向陝西省教育廳借書的事。他忽然靈機一動，私人出面，不如有個團體活動的好，咱們爲何不組織一個謠諺學會呢？借書的事，沒有往下說，倒是興致勃勃，討論學會應該如何如何。

要黎師介紹省教育廳，自是因爲他爲北京師範大學老教授，桃李遍天下。才貞是資深哩，跟毛澤東爲小老鄉，當過毛的老師。黎府係湘潭世家。全國中等學校校長，省市教育行政主管少有不是師大同學。其實，用不著走這條路。我本身就有好幾方面的關係，大可輕易取得協助。政治部同僚就有不少師大的前期同學，且係長安人士，如張光祖。還有好些其他的人。李敷仁一幫人，老中學教員，多與教育廳相熟。幾位在戰幹四團擔任資深政治教官的政訓班老同學，也多與長安城高級黨政人員相熟。好友李潤沂夫人劉鳳儀，鳳翔人，師大同學，現爲中學校長，找找她，不有的是門路。又不是向人家求職、借款，或是關說甚麼事。僅僅借公藏的書，又非特藏珍品，實非甚麼大不了的事，按說，僅憑七分校政治部一紙公文，即可洽辦。不過是，有了熟人關照，進行時利便會多些罷了。後來，我始終不曾去陝西教育廳。

之所以有借書的願望，乃緣「陝西謠諺初集」而起。這本書，民二十四年春，陝西教育廳出版。壽堂極思看到其原始資料，未刊出的部份，以及繼續來到的材料。三十八、九年，我任十六期十五總隊總隊政治指導員，每有抽挑到隊上操課的空檔，去每一個中隊上講說諺語，漫談一小時，比起他們鎮日聽兵學、政治、訓育課，乃是另一番天地的課題。

第六中隊政治指導員趙樹瑄藏有這一部書，慨然惠贈，一見之下，稍加瀏覽，立即認定，這是謠諺書册中的珍品。扉頁上還揷有幅陝西省地圖，標示出書中謠諺地理分佈情形。樹瑄，臨潼人，金陵大學畢業，遂其戰時從軍報國情志，拋棄優厚收入的工作，任職軍校。那年頭，青年人無論男女，誰不以著上戎裝爲榮，何況成爲軍官學生的老師。樹瑄淳樸、熱情、勤勞、敏捷，他的好形相一直留我心深。五十多年來，但見此書，必懷念到這位長安故人。六十三年十一月，臺北天一出版社影印再版，出版社主持人朱傳譽教授，自難體會我對這部書的情感，把所附地圖弄掉了。

還有個特別情形。長安鄉居既久，陝西朋友多了，除不能吃辣椒，我早給老陝同化了。加之，看到不少「五四」後各地出的謠諺集子，皆不及此書佳好。

但一提到此書，我最難忘記的，乃是這首謠諺：

你姈子，不對咧！
南邊上了馬隊咧！
炮一打，城墜咧！
今黑不得睡你的熱炕咧！（朝邑）

把抗戰之前，民國二十個年頭，軍閥混戰，民不聊生的情況，三幾句，即描述盡致。陝西口語濃，鄉土社會景象如見。爲古今名家詩句所不及。謠諺傳播如風。同此主題、格調，辭句大同小異者，其他各縣還有好幾首，也爲本書所登錄。再看兩首兒歌：

鈴鈴滄浪浪，
一步走到王家莊。
王家莊一窩狗，
把我咬的沒處走。
「張爺婆，王爺婆，
開門來！」
「誰呀？」
「我呀！
不吃你的飯不喝你茶，
但捉你的花花狗。」
「我的花花狗，
走牠外家去喝豆子米湯去了。」（郃陽）

娃娃睡，上山摘個穗穗；
摘的穗，餵雞雞，

餵的雞雞喩水水，
喩的水水磨鎌鎌；
磨的鎌鎌割穀穀，
餵老牛；
老牛餵得壯壯的，
耕得地勻勻的，
打得麥和石榴顆也似的，
蒸得饃饃和斗也似的，
吃得娃娃和虎也似的，
愛的牧羊娃娃和紅眼狗也似的。（綏德）

起興句，或係催眠曲。疊辭。農家事物，處處皆爲童話世界的感受。末四句「也似」的形容，得來全不費工夫。末句，冒得出奇的好，好逗得兒心歡喜也。下面的拗口令，乃是大人、小孩都有說唱的：

吹了一場黃風，
吹散了天上的星，
吹平了地上的坑，
吹滅了房子的燈，

吹滴了牆上的釘，
吹落了釘上的弓，
吹飛了弓上的鷹，
這便是星散，
坑平，燈滅，釘滴，弓落，
鷹飛，一場空。（耀縣）

其文學，詩，哲學了悟的意境，實兼而有之。再如這短短民謠四句，言簡而意境甚深：

過年哩，過月哩，
銀子錢兒飄雪哩，
「人家門外叫你呢？
你在家裏粧鱉哩！」（註：「粧鱉」是形容負債的人，畏縮的樣子。安定。）

姐姐縫衣縫窟窿，
哥哥看書看不通；
兩人急的滿懷碰，
幾乎成了瘋先生。
不要急來不要慌，

慢慢看來慢慢縫，
就是功到自然成，
那有一揪挖成井？
那有一筆畫成龍？（華縣）

它說的是「功到自然成」的道理，先以少年人急躁治事爲說，引出誥誡勸說，彷彿是學塾老師的口吻，也正是父母長上對下輩人的叮囑。再引錄幾句諺語：

說話說理哩，碾穀碾米哩。
指親親，靠鄰鄰，不如自己學勤勤。
差人門前過，請到家裏坐，雖然用不著，也是個冷熱貨。（冷熱貨的形容，諷刺，好。）
人怕坐上席，豬怕吃糧食。
刁人說軟話，人人都害怕；軟人說刁話，人人不害怕。
辣子姓張，越吃越香。

人但知四川、湖南人嗜食辣椒，少知陝西嗜辣，過於川湘，有吃辣子的無名英雄之譴。

有趣的是，黎師怎地從未想到組語文學會呢？這應是他一生治學本行有關。想是語文學的研究，無需如謠諺這樣要有群體採集作爲的緣故。三十二年夏，教育部國語推行委員會三屆全會在重慶舉行，由黎師建議，顧師贊助，有了一項決議，設全國謠諺採集處，並另組謠諺學會，以期朝野兩方協同作爲。緊接著，抗戰勝利，國家社會多變故，這項決議，就擱在那兒了。黎師一封來信，可見當時密鑼緊鼓推展的情況。還有，黎師在長安核校洛川、同官、中部等縣志，於其方言謠諺志部份的查究，所寫下的「地方諺語整編工作步驟」表解，可見對我諺語工作，時時縈迴腦際，今敬錄影印之。原件，珍存「諺語通信」册卷。

「中國諺語研究述略」既經寫成，寄顧師處，原冀在他主編的「文史雜誌」發表。黃谷農見到取了去，擬謀在性質相近的說文社，爲出專書。不止一次，他爲我這部論文，去找了衛聚賢先生。谷農，廣東汕頭人，民國五年生，筆名薛汕。就讀北平中國學院化學系，後轉國學系畢業。於詩、文藝批評、小說、散文，寫作甚勤。熱情明敏，十分活躍。由於他更是一個歌謠迷，其下力之深，矢志之專，一如我之於諺語。我嘗說，諺語、歌謠乃屬姐妹。古今人們所說、唱者，更常有謠諺混同的存在。認定它是謠也可，諺也可，所以只好以謠諺共名稱之。而歌謠、諺語本是有截然不同的形態，如上舉陝西謠諺的例子。

黎師在重慶見到了黃谷農，聽到他跟我的連繫，非常欣慰。有這樣認定：環顧當世，這一、二十年來，國人如你倆這樣埋頭歌謠、諺語工作者，硬是無有第三人。別人都只是偶爾爲之，或只是限於一個階段性的作爲，如胡懷琛「中國民歌研究」，顧師之集錄蘇州歌謠諺語，郭紹虞輯元曲諺語，婁子匡「紹興歌謠」，羅香林「粵東之風」，胡樸安「俗語典」，白啓明「南陽諺語」，常惠「北京歇後語」，豐子愷「比喻」（詳見壽堂「中國諺語論」，第八章第二節「書目提要」。又，「中國歌謠論」參考書目），我倆這逾時半世紀的作爲，也確是足以承當黎師的認定。「諺語通信」册收谷農函最多。

三十二年，敵機已無力襲關中。西京圖書館自疏散的杜曲鄉間遷回長安城，一切作業恢復正

亢兄足下：五、七兩手接悉。待顧頡剛之來函，今未得，或係太忙，當將示中所提八人先行聞去。揚某未之意選輯專書版本寄到，字鑑。渝時已有兩期，邵君頃談，未知結果如何。部令之「讀讀微集要」審查待於邵君（係原提案人）。該「讀書副刊」（或即名「讀書研究」），如須有額餘林靜修語），將在西京先行出刊，以讀其散吹。今類了邵河县傳化正首底定到西京，所為中等教員者該會了，會址當在城內國民師範所，當面商決之。三郎尚工作，「標8」為基本，今此基本尤能成立規模，仍為閱讀新組之範而已。達閱經刊，係經過南鄭版，不知目前寄到否？如未，乞抄一份補寄。來接手件（為劣版知佳，沉均掛號。），郵遞此間，大學圖書館也可負責。抄目容常寄。六年信件選回，附存！雙好！錦熙。六月十三，卅年

中華民國

鄉語記整編工作步驟

一、注釋——「方言訪問」①汶川人，②同官人，中部人。
（歌謠同）
凡字、詞、句、（形式）（內容）意義，皆細向詳記。
（以自己有疑者為準。）

二、分類——抄內容要點。
（歌謠分類 類別先分。題目姑且自擬
另定標準再 材料分送。
列為個依據碼。）

三、組織——(1)母題
(2)地方比較
(A)全國性；
(B)南北東西性；
(C)省區、縣、鄉別。

① 汶川志稿
計有若干如何
定之
同官縣志
伴來時共同補充

② 刘安國詞考本，
西京信訊補充本。
① 汶川 ② 同官 ③ 中部 之諺語諺末。
內汶精出
下次帶同來。

精。細。

173

常。以前，去疏散處所看書好不容易，自藏駕莊，經馬廠，涉樊川而過，來去須費大半天時間。如遇樊川水大，更須繞遠道，經申家橋往返。去到了，看不到多少時間的書，即須走上歸程，怕天黑了，過河、上坡、下坡的，不易行走。而十之八九的書，都還置在大書箱裏，難以取出來。

遷回長安城，西京圖書館全部藏書都可調閱。春夏間兩度獲得假期，專程前往，研讀了七部諺語、謠俗典籍，留下了箚記：

明、楊愼「古今諺」

明、楊愼「俗言」

清、錢大昕「恒言錄」

清、毛先舒「諺說」

清、梁同書「直語補證」

清、梁章鉅「農候雜占」

清、翟灝「通俗編」

承圖書館惠予利便，准我借出，在留宿大保吉巷童府的朝夕，搶時間閱讀，寫下箚記。西京圖書館十分寧靜，房舍庭院，處處呈現十九世紀前的氣氛，置身其中，研讀往昔典籍，彷彿在清末時代。閱覽，出門，走上大街，我才回到現實。每次去，每次都有這樣強烈感受。

這時際，崔志光兄寄了東北諺語抄件來。淳樸、剛強、灑脫，一如東北鄉土和東北人的性格。自我二十七年秋離開騎四師後，在敵後地區處境艱苦，常有與日軍發生遭遇戰，馬匹死亡，漸漸不易補充，徒步團既然不斷擴張，後來索性變成了步兵師。渡河而南，成爲河防第一線部

諺語通信冊，收黎師信八封，預師信五封。預師信，茲影印其首封。

文史雜誌社用箋

介凡先生：承 賜書，敬悉。以[illegible]事務過忙，直至今日始得作答，歉極。先生有志整理諺語，名為蒸嘗，聞之甚喜。承 示條例，亦已讀訖。甚望 先生繼續加功，集人所聞，俾全國諺語集成一編，則史[illegible][illegible]先生之[illegible][illegible][illegible]如[illegible][illegible][illegible][illegible]，而大著遂為[illegible][illegible][illegible][illegible]矣。[illegible][illegible]，即頌著祺。

頡剛敬啟。一月廿[illegible]日

隊。志光已從參謀處長調升團長，駐河南閿鄉，當函谷關西，緊接著潼關，對岸即是山西芮城。潼關斷斷續續的砲戰聲，清晰可聞。對岸敵軍行動，望遠鏡裏可以看見。對峙時間既久，官兵也就視若尋常。前進陣地的部隊，自是時時保持高度警戒，不敢稍有疏忽。

志光來信說，在這種固定駐守的日子，除了前岸出擊，閒暇頗多，他常有集合幾個「白帽子」（東北老鄉）和崔大嫂，吃著茶，吸著煙，你一句我一句的，說了好多鄉土諺語。談說間，也閒說起對我夫婦懷念的情誼。得到他的抄件後，有的諺句，並寄回請他爲之詮釋。那時期，洛陽長安間還能通行火車，不過潼關這十幾里地帶十分驚險，火車需行「闖關」動作，以免遭敵砲射中。

抄件雖只三十五條諺句，大都屬東北地理風土，甚爲可貴。悉數纂入「中華諺語志」。在當時，要算諺語「進帳」最多的了。其時，朋友們以及七分校衆多同學所錄給我的諺語，十之七八，皆與已蒐得者雷同。邀志光參加謠諺學會，甚樂意，立即寄了詳歷表來。

因童世璁表弟、黎師先後相告，他倆於長安城竹笆市冷攤上，發現清、范寅「越諺」木刻版的殘本，三冊中的上冊。復蒙世璁偕引前往，以二十元購得。此書係清光緒八年（一八八二）谷應山房本。范氏係取廣義諺語的觀點，把一部份成語、方言、字彙、詞彙、俗語、謎語、歌謠，都包括進來，用了不少冷僻的字，或許還有他自己杜撰的字來記錄，使合於紹興話的腔調。後於民四十一、二年，在臺北方見到全本。更看到民二十一年北平來薫閣原版重印的本子，有周作人跋，他十分欣賞這位鄉賢輩，述說其採集謠諺的情況。四十五年春，即從來薫閣重刊本，託請臺灣省生產教育實驗所教育長黃尙仁老弟，懇託該所學員孫中先、孟全申代爲錄下了中、下冊。好感激他兩位，完全按原書册版式大小，字體格式給我抄得一字不誤。後此二十年，臺灣影印機普遍應用，不需一小時就影印好了。他倆可是花上了兩三個月工夫哪。五十一年十一月，臺北黃共芳，因語言學家香坂順一自日本來信託請，據臺灣大學所藏來薰閣本影印之。黃氏影印本比原書縮小了一半，由一七三頁縮爲八八頁，取閱應用自是方便多了。黃氏特寄贈壽堂一册。諺語工作的緣法乃是，後此十多年，古屋二夫來臺北研究中國諺語。他跟香坂，正是一九三七年日本東京外語學校的同班同學。

民三十二年十月廿八日這天，有段驚險遭遇。

朝讀黎師「國語文法」後，離藏駕莊，下王曲，到圖書館，借了托爾斯泰「戰爭與和平」的全譯本回。午飯後，未休息即出門，向興國寺行。一路上，麥田牛羊悠遊，黃花送香，蝴蝶飄舞，心情怡然。過馬廠，走原上，未注意到遠處紅旗危險警號標示。正走進了軍校專用的陸家墳射擊教練場的東頭，忽然，西邊的步槍、重機關槍射擊開始了，我無法退回。只有冒險向前躍進，槍彈打著唿哨，在頭上飛過。幸喜發現近處有條約百公尺長南北方向的交通壕，壕內灌木、雜草、荊棘叢生，也顧不得裏面是否有水淌，有蛇，急速跳下去，低頭屈身而行，能否避過流彈，難以預卜。因爲我這一頭，正是對方射擊的彈著點。進、出交通壕前後，都未看到西邊有人影，他們想必也未見到我，否則，就不會這麼不停的猛烈射擊。

驚魂甫定，整理衣褲，稍稍休息，涉水兩次，過樊川，已有涼澈筋骨感。進了興國中學，看班上男女學生合堂上課，候李敷仁兄下課來。交了「國語千字報」給他，取回朱雨尊「民間諺語全集」。從他，借得費潔心「中國農諺」，朱炳海「中國天氣俚諺」，心中好滿足。

四點鐘趕回王曲，出席政工班的編審會議。前些時，不論自藏駕莊還是自王曲往興國中學，徒步行，單程總得兩小時，當年不知怎麼能這樣快速來往的？回家，天未晚，母親一再說，我今天一定累了，臉上落瘦了。我那敢吐露午間驚險的事。也緊緊瞞住了青，她忙於照料孩子，渾然無所覺。

次日，鄭翔同學到王曲來，與談，方本裕老弟也在座。鄭是中央大學畢業後，再讀政訓研究班的，長我好幾歲，讀書底子深厚。胡睦臣向不輕易稱許別人，朋友們少有不受貶薄的，獨於鄭翔推崇備至。鄭現爲戰幹四團王牌政治主任教官，有些孤傲。幾次去他家都看見破棉絮，似比我更清苦。他懇切勸告我，不必這樣花精力在諺語工作上，以爲不值得這樣著迷。本裕出之桐城派的家學淵源，不斷發出輕視的、冷嘲的笑聲，他極端鄙視諺語之卑下，這怎能算甚麼學問？

鄭翔是爲我好，認爲我枉費精力，我很感激他關切。對本裕的態度，則一絲也不氣惱。我告訴他倆，在王曲，前幾年，余紀忠兄也曾這樣勸阻我。還有好幾位朋友，背後非議我的諺語工作。前年在重慶，好友曹金輪也是極力勸阻我，不該耽誤了長篇小說的寫作，只把精力放在諺語上。我說，對這些勸阻、反感，毫不在意，反而是更激發了自己幹勁。愈是橫逆之來，愈增加迎頭而上的勇氣。爲何信念這樣堅定？我想，主要是自己對諺語的認知，跟常人不同。玄妙的，帶點形容與誇張性的說法，正是後此二十年，撰「中國諺語論」，第一章「導論」第一節的標題——「緣法」。

反正朱介凡跟中國諺語已結下不解之緣。篤志不懈，定要於我有生之年，在這門冷僻學問上往深裏發掘，不達到某種程度不會休止。到了後來，無論舊雨新交，再無人說一個不字，百分之百的贊美聲有如朝鳥噪林，響遍遠近，支持、助力、指正，令我好是感激，越加奮勉。

只恨自己對音韻、訓詁之學未下力鑽研，在方言的論究上不夠水準，但仍本著「知之爲知之，不知爲不知」的態度，於三十三年五月，寫「武昌方言俗話及其用例」，開始了這方面的纂述。方言俗話多是不成句的辭彙，如母曰「姆媽」，曾祖父母及以上長輩均稱「太」，未成年的男女通曰「伢」。自我訓練而有成就曰「自成人」。無計算、浪費、虛耗財物曰「曹大把」。謂人煩急曰「樊梨花」。渾厚、略傻、不經心、不在意曰「哈哈乎」。

少部份的武昌方言俗話，找不出適當的字眼，寫記爲難。其實這只因自己學力膚淺。如擤鼻涕之「擤」，大小便之稱做「解溲」，粗針大線的縫紉曰「敹」。這「擤」字，是自己體察到的，好些人只好用「捏」字。「解溲」，是前幾年我的學生山東臨清葛希韶寫的回憶錄，用此辭我才恍然的。「敹」，則是三十多年前，齊鐵恨先生賜閱「武昌方言謠諺志乙篇」時，改正在稿本眉批上的；當時我用的「繚」字，有的人乃至用「料」字暫代之。

由於地理因素，語言的流變，好些方言不僅只囿限於一地，好些江漢地區的方言、俗話，也在長江流域其他各地照說不誤。要嚴格辨認起來，只有極少的部份，才是僅只江漢地區所獨有的說法。

方言、俗話既屬辭彙，乃成爲組合諺語的重要成分，對於方言的記述，因而起了莫大的興趣。十一月二十六日晚，以「擺江」起筆，下筆「武昌方言謠諺志乙篇」的撰述。體例全從當時黎師所修洛川、同官縣志已刊部份，「方言謠諺志」抽印本的作法。

民三十四年冬，再有鄠縣之行。偕黃乃松乘馬前往，並未清晨趕路。九時始起步，過黃梁鎮，走興周村，教我再次聯想起屠格涅夫「獵人日記」，俄國農村景物的描寫。這好幾年來，每離王曲，西來鄠縣境，總有如此強烈聯想，而到子午鎮以及東南邊的三兆鎮，引駕迴鎮，則毫未起此聯想，更不要說享盛名的韋曲鎮、杜曲鎮了。

到了鄠縣縣政府，立即見到劉瑀夫婦。他倆生活與在王曲之悠閒安適，大不一樣，一個忙於公務、會客，當縣長的，硬是應接不暇。縣長夫人不能隨意到地方人士內眷中去走動。偶而帶了孩子外出散步，會惹得人指指點點。

可以理解到的，縣長更必有另一番感受。幾年前他擔任七分校十六期總隊政治主任教官。十六期七個總隊，六個總隊全係步兵科學生。惟十六總隊有三個步兵隊，兩個砲兵隊和工兵隊，一個騎兵隊和通信兵隊，號稱特科總隊。向例，成績好的學生多在特種兵科。十六總隊總隊部駐秦渡鎮西邊的牛東，我來視察或督導，不止一次。劉瑀曾和我講起，那年端午佳節，全總隊官生會餐爲慶，他作特別講話，十分激情的講述屈原，即席朗誦了「離騷」的好幾段文辭。

官生們都爲他這個講演，感動興奮不已。「離騷」之一倡三嘆，情節纏綿，乃是君子憂時憤世常有的心態，長篇的反覆陳說，百般吸引了每一個愛讀它的人。聽他說起這樁事，我彷彿就在聽衆裏，感染了他長沙口語讀古詩辭特有的韻味。

那時，劉瑀於鄠縣乃爲客人，如今卻主客異勢了。既是抗戰勝利後，來主宰這個一等大縣，徵兵徵糧的緊急任務已完全解除，縣政百廢待舉，一切都可好自爲之。他內心必是豪情萬丈。再說，這正是他從政的起步，往上升遷，宦情前途，十分看好。

晚餐之前，劉瑀欣然偕同去西關外教堂，專訪諺語同道薛思達牧師。還是好幾年前，長安城舉行陝西全省文物、衛生、產業展覽會，看到他「西京俗語雜誌」初稿本，因而通信。其後，又看到他增訂的稿册。

得縣長偕同造訪。薛兄自感榮幸。現今民國，雖不再說父母官了。縣長如非看重他，不會抽出寶貴時間，專程來拜訪。

在藏駕莊，很花了一段時間，摘抄薛思達「西京俗語雜字類註」的諺句。他用了不少冷僻字眼，有時我懶於抄錄，但偶而查查「辭源」、「康熙字典」，發現他用字不錯。註釋費事，終於未全部抄下，即迅予璧還。凡借閱別人書册，既承主人慷慨厚意，必用後即奉趙，不像士林中極少數份子之失德，霸佔爲己有，或拖延時日，兩相淡忘，就這麼混在己藏書册之中。某聞名於世的大學者，即係如此好德性。

三十五年元月十三日，至長安民衆教育館訪李敷仁，長談諺語工作並民俗學會的建立、展望，興致很高。抗戰既已勝利，我這書獃子總以爲一切好景象迎面而來。這八年艱苦而爲，乃是好扎實的準備，此後好像良馬行坦途，可爲伸長快步的急行。先一日，在王超凡家，育兒室裏談了半天，論到政治協商會議，他以爲國家前途，仍然未可樂觀。

敷仁有個治學的天眞想法。到北平圖書館門前擺個香煙攤，維持生計。上午和晚間，則進館飽覽群書。殊不知北平圖書館門前十分潔淨，那種氣氛，自自然然的，使得閒雜人等不易逗留，就好像自北海公園不斷吹拂過來的清風，把北平圖書館庭院、大門內外，地面上吹得乾乾淨淨一樣。我對敷仁說，爲讀書、治學，我不怕吃苦，但這樣擺攤子，賣香煙卻幹不來。

這天，特由他帶了我，拜望鄭伯奇先生，未碰到，也是並未先約定。那時很少人家裝有電話，可以聯絡。鄭伯奇爲創造社首腦人物之一，當時在日本，與郭沫若、郁達夫、成仿吾、張資平時相過從，是作品最少的一位。創造社最旺盛的時期，已過去二十年。這些歲月裏，少有他的消息。當時，他似乎才從牢裏放出來。自是政治犯了。按，當時政治犯，抗戰開始未久，就大都獲得釋放，鄭伯奇直挨到此時，必定案情嚴重。

八時會見鄭伯奇先生於其家。他有五十一、二了，但看不出來，人極和靄熱誠樸質。談話中間，有作家青苗和旁的客人來，使我與敷仁沈默了一會。客去，才續談。我略述個人生平，及「女人」寫作，諺語工作情況，還有關乎發掘鄉土事物的意見。鄭對民俗學研究事，興致很濃。談話結果，爲民俗學會組織、週刊編行兩點。敷仁更提出開民俗書店的意見。

後來，咱三人續有會見，商洽事情。組學會，還有張簽名紙，我一直保留著。鄭伯奇在報上發表了幾篇短文，果然，頗有號召力。敷仁就是想借重他，登高一呼。檢討前此作爲，我們認定會比北京大學「歌謠週刊」，中山大學「民俗週刊」，妻子匡「孟姜女週刊」要做得好些，因爲關中區這方面的同仁，下的工夫比前人深厚。

美夢並未成眞。長安城這點火苗未能燃燒。自信比人家好，卻未能起步，豈非等於幻想，白日說夢。

第三節　讀和寫

王曲師生前後五萬多人，學問、文筆之高於壽堂者，何止千計，這，一點也非我故作謙詞。

論到讀書、寫作之勤，則似少有可與我相比的。別的事不敢自負，惟此一點，自以爲或可說滿話。

我一直把時間看得比甚麼都寶貴，不敢也不甘心有一點虛耗。而戰時交通，不管坐騾馬牽引的膠輪車，還是木炭代汽油的載客大汽車，啓程前沒有不一等再等的。膠輪車要等乘客坐滿。汽車要等它自來方到達，或是等它修理、發動，等一兩小時是常事，有時甚至空等半天，還是不得動身。即使一個再有耐性的人，也會弄得毛焦火辣，坐立不安。此爲抗戰八年交通普遍現象。我卻採取了不變應萬變的辦法，不論春夏秋冬，陰晴雨雪，衣袋裏老揣著一册書，在等待時間裏，一心一意看我的書，書中世界使我沈醉，不問他今天走不走得成也。長安至王曲木炭汽車行程，只需一兩小時。每每就有老早買好票，今天等一下午，明天又等一上午還未能開動的事。天王老子，發脾氣也無濟於事。若是徒步慢慢走，這四十里，六小時工夫也足夠走到了。

有一時期，極欣賞的閱讀劉復「國外民歌譯」，其「大眞實」一篇，正是修辭絕佳的諺語風格。

三十年秋，從張研田讀英文。在他辦公室小房間裏，未大聲朗讀，又因彼此一忙，把時間錯過了。未有像學生之每天朝夕苦練，這段學習，又是曇花一現。怪在當時怎未能一星期鐵定兩三個晚上，去他府上跟他夫人學。寧杞專教胡先生英文，閒暇極多，怎未去從他學呢？

三十一年，讀蕭一山「清代通史」序文，心佩。

讀「新舊約」全書，每多得啓示。偶而，爲人錄聖經語，最喜寫「新約」、「哥多林前書」第十三章「愛是恆久忍耐，又有恩慈」到「凡事包容，凡事盼望」這幾節。

爲了諺語工作，細讀黎師的「國語運動史綱」。

讀陳光垚「中國民衆文藝論」。光垚，陝西城固人，北京大學畢業。二十四、五歲時，對中國俗文學以及民間文藝各部門的歌謠，故事、神話、諺語、謎語、笑話、地方戲曲等，具有高度探討的興趣，矢志獨手包羅其調查、蒐集、整理、研究與纂述。後來又讀到他「三十自述詩」單行本，陳說他這番大抱負，並略述其如何進行的步驟。

光垚的志趣一直存在我心。只因在這一課題上，許下如此宏願的學者太屬罕見。我一直期待著光垚下一步的訊息。後此四十多年，訊息杳然。直到七十七年秋，譚達先老弟自大陸，經香港來到臺北，回答了我的詢問，光垚未留下甚麼業績，人已故去。我深信光垚是位力學苦行的志士，他不會說空話，自我陶醉。

由陳光垚而想到壽堂的諺語工作，一直能從心所欲的在做，豈非太幸運了。

對比後此，大陸上「十大文藝集成」蒐求民間文藝的做法，乃國家全力投入了何止百萬人的精力，已歷時二十年矣。其財力上的支援，絕不會少於人民幣一億元之多。前輩陳光垚，氣沖牛斗的豪情，那能想得到的呢。

讀江紹源編譯的「現代英吉利謠俗及謠俗學」。其附錄，多是些隨時想到的意見與收得的資料，經編譯者隨時編入，與本文等量齊觀。由於此書之用名，關於民俗學課題的探究，有一時期，我也好用「謠俗」一詞。

三十二年，立「夜讀抄」册子。抗戰時期，夜間照明，使用植物油，點燈盞，照明微弱，加之自己一到夜間九時，精力即不濟，我的夜讀生活並不多。

二月十五日，為學生總隊編纂校史事，專程赴鄠縣牛東村，於辦正事之餘，在政治主任教官汪導予處，借得一部奇特的小說「繼母」。翌日回王曲，隨即讀完。著者朗豁。這本可稱奇特的書，近三十萬字，未註明出版時地，無作者眞實姓名，也不標明出版者。必要敘述的地方背景，也予隱藏，但從人物對話，可知是寫關中事。作者序文上，說「代亡友泉作述」。這說法自是幌子。其細膩，煩複的描寫，非親身經歷，不能達此筆力。它正是自傳體小說。記成年男性受後母虐待，家庭不睦，閑話糾紛，地主佃戶關係。風格頗與舊俄陀思妥也夫斯基「窮人」相似——敘事之故作反覆想念與訴說。不描寫，也不十分作心理分析，但於情緒感覺上的敘述十分深入。

成年男性而受後母虐待，抗戰八年以後的中國社會，就不可能再有了。人子孝道觀念，早生變遷。

可以確認的，這必是著者所寫的第一本書。定是心境上受到強大壓力，不抒寫出來心情難以紓解。從其筆名之寄寓「豁然開朗」可知。

讀林語堂「語言學論叢」很受啓發，甚佩服他早期對方言的見解。

歌德「詩與眞實」上卷的欣讀，印象頗深。假如把屈原、李白、杜甫、蘇東坡的詩本事，跟他們的詩詞，參證了來讀，豈不更加深了欣賞的意會。後來，士人之註釋、解說這幾位中國大詩人、文豪的書册，所以皆見神思之清發。

馮玉祥「我的生活」，暢銷一時。跟他一向敵對的人，瞧不起他行事多變，立場不一貫，故意做作，宣傳他的生活，是與士兵、農民同等級的。其實，全是虛僞騙人，瞧他粗食粗衣，通是在外面做給人家看的。回到屋子裏，其錦衣玉食，毫不讓於一般王公大人。他把狐皮小襖穿在粗棉軍服裏面，珍饈美味偷偷在家裏享受。我倒對他這種行徑另有一番諒解，只是認爲他犯不著這樣作假。抗戰之前他下野了，隱居泰山，南京去的大人先生訪問他，臨食但以蘿蔔白菜豆腐饗客，客人難以下咽，他卻能吃得津津有味。豈不顯示，沒經歷過苦生活的人，要他一時作一下假，還就是做不來。

馮的自傳，是作家吳組湘代筆，寫得樸實，懇摯，其表達北方農民生活，是當時好些國人傳記書册所罕於述說的。這方面，可說有其獨特價値，値得吳組湘這樣高品味的筆調來寫。馮氏童年時代的貧困，則有許多常人不易知曉的事。馮玉祥童年少有穿過新鞋，都是穿的別人穿舊丟了的破鞋。

歌德「浮士德」詩劇，周學普譯本，不時展卷誦讀兩三頁，即放手。感於詩句哲理味道厚重堅實，好像吃乳酪似的，營養太高，一下消化不了，硬是不能一直暢讀下去，也不可能狼吞虎嚥的貪嘴下去。只能一次咬這麼一小塊硬乳酪的，慢慢品味。別的理論書要像剝筍頭一樣，一層層循序而進；或是說理深奧，文辭艱澀，閱讀要費思考。讀浮士德並不要太費思考，但就是不能輕易的讀下去。怪不怪呢？壽堂十八、九歲之際，啃過不少譯述生硬、造句冗長的左傾政治、經濟、歷史、哲學、文藝批評的讀物，卻從未有這種感受。

艾蕪「文學手册」讀來興味最大。人都好自秘其訣要。金、元好問「論詩絕句」：「鴛鴦繡出從教看，莫把金針度與人。」艾蕪卻是難得的君子人，他出版幾部小說，「故鄉」、「童年的故事」、「豐饒的原野」之後，迅即馳名文壇。善與人同，他樂意把自己研讀文學作品（大部爲西洋長篇小說）的心得，與乎自己從事小說創作的經驗，心路歷程，寫成了這一本書。把小說寫作的準備工夫，入手方法，人物、心理分析，選取了名著的例證，比前此一些文藝理論、批評、文藝史的學者所撰的「小說作法」，要生動活潑，具實驗性，有用得多。

艾蕪這部書認其爲上好著作，絕非過譽。我好意借與一位朋友，不料再也要不回來了。只因他辦文藝函授學校，學生衆多，超過了當時臺灣同類的學校。我敢深信，他所應用的函授教材，再也沒有像「文學手册」這樣高明的了。而當時臺灣的政治情勢，不允許滯留大陸的人其著作在這邊被翻印。過後了好幾年，臺灣商務印書館重版鄭振鐸「中國俗文學史」，把著者姓名改爲鄭篤，明眼人一看即知。世界書局出版他的書，則用鄭長樂之名，振鐸籍福建長樂也。

民八十年冬，偕常薇赴長安前，大事清理書册，這「文學手册」竟然冒了出來。是我錯怪了人家，還是另一複本呢？就不遑查究了。

老舍、沈從文、巴金，創作生涯，早於艾蕪一、二十年，涉獵西洋文學，既比艾蕪爲多，小說作品也一直豐盛無比。假如他三位也像艾蕪這樣把金針度與人，取多樣例證，各寫一本文學手册，內容是否會更精彩？難說。

三十三年，抗戰形勢已大見好轉，勝利在望。重慶寄到的「旅行雜誌」深深引起我的興趣。希望此後能多有旅行南北各地的機會，以攝影與遊記來留下紀錄。近二十年來，以上海銀行爲基礎的中國旅行社，其高品質服務，給中外人士留下十分佳美的好感。

李劼人「憶東鄉縣」，刊成都「風土什誌」一卷二、三期合刊本，民三十三年春出版。短短憶舊之作，寫的他童年時代，光緒三十年春到三十二年春，他父親在江西當小官，而差遣到東鄉縣，所見縣衙以及地方政情，社會生活的諸般狀況。把昔日偏野小縣的樸質與寂寞，有動人描述，文筆平順可喜。李文特別提到一首記述撫州府所轄六縣風土人物的諺語詩，爲各地風土諺語所少見：

臨川才子金溪書　宜黃夏布樂安豬
崇仁子弟家家有　東鄉蘿蔔芋頭薯

這六縣以東鄉最貧瘠，人文亦最落後。李劼人所寫的長篇歷史小說「大波」、「死水迴瀾」是極有份量的作品。不知因何情由，寫此不起眼的小文，卻意味雋永。或許是他喜愛「風土什誌」的風格。

十二月一日下雪天，戶外行，耳朵凍得最難受。午飯罷，圖書館閱覽，讀英國史，誦太白詩，舒美之至。傍晚歸家，小兒女寒冷瑟瑟的，心好不安。

三十四年，用十行紙選錄今人白話詩，念誦之。離湘子河東大路，傍元君廟下，進上坡道，這一段幽靜路程，眞是吟詩小徑。喜讀聞一多的詩，並從聞鍾敘述中，得知他許多詩本事。聞鍾是一多親侄兒，二十四、五年共事河北曲陽。聞鍾每去北平必住清華園他叔嬸家。自北平返，總道說不盡聞一多的許多事故。

五月間到長安城，偕金碩觀話劇，袁俊「萬世師表」。三代人獻身教育的故事，那中間一代的，很顯然，係影射蔡元培，感人極了。直看完劇終已午夜，才沿北大街漫步歸來。五幕劇，舞台條件不算太好，但劇本內容好，演員都很稱職。五幕後還有「尾聲」，是拉下布幕，劇中人走到幕前條桌後，讓全體觀衆變成了聽衆，聽那劇中人發表了一場五、六分鐘的講演。由於全劇進行過程中所凝結的力量，全體觀衆，硬是賞心樂意的，聽完講演，才懷著滿腔感激之情，走出劇場。

重慶出刊的「時與潮」雜誌，發行了乙刊，比原來的十六開要窄，而頁數稍厚，似乎一位苗條淑女的風貌。乙刊以文藝爲主，小說、散文都屬上選。在我當時不算程度太低的鑒賞水準說，常爲之拍案叫絕，稱許其某些篇章爲不朽之作，如高植短篇小說「二船夫」。我曾錄下卡片，有意爲編目提要。這些作品，皆以抗戰社會生活爲背景，跟前此「小說月報」、「文學」（生活書店出版者）作品旨趣，因時代背景之異，而大有不同。

抗戰八年，武漢、重慶、昆明、桂林、長安、蘭州等地文藝刊物，以及南北大報副刊上的文學作品，最是顯現了時代精神。即使淪陷地區，仰敵寇鼻息的北平，南京、上海、長春等地報刊，雜誌，也不可概以漢奸作品視之，它乃是抗戰八年中國人心態情感的另一層面，要當付予併同的考察。

民七十年前後，常爲文藝批評的劉心皇，在臺北，也跟我有此同樣看法。寫至此，因想起當年創造社，既有郭沫若詩的狂飆，不也有郁達夫散文的頹廢；張資平小說多產，難道不似鴛鴦蝴蝶派？其訴說多角戀愛——畸戀，豈不與後此臺灣女作家瓊瑤同一層面？瓊瑤空有一隻多姿彩的筆，卻不肯往人生深層發掘，她的作品特別吸引初中女生，一進入高中，這些讀者就再不願以瓊瑤小說爲消遣的書册了。七十七年新春，臺北市一文藝茶會上，遇到二十多年不見面的陳致平教授，他是瓊瑤的父親，我特別拉了他到另一處無人的別室，提出這些年來我自己對瓊瑤的觀點，好可惜這位才女作品之未能向前跨進一步。陳教授深以爲然，連說當向女兒轉達我這番誠摯的意見。還有，瓊瑤的舅舅袁行濂與我有七、八年同事的情誼。因爲這層關係，我初訪陳府，與瓊瑤的媽媽，就談了陳教授之愛下圍棋，廢寢忘餐以及作家女兒。再說，她的良人也是她作品的出版者平鑫濤，早已是多年文友。

八十一年春，臺北中國電視公司連續劇「青青河邊草」十分吸引觀衆。我與昶兒每晚都不放過。欣賞其編劇手法，難得的是，它每一集都高潮迭起。原著出之瓊瑤，製作人平鑫濤。因函她致敬。說起我以前的觀感，爲何你不像俄國屠格涅夫那樣，「六大名著」的爲國家社會留下歷史、時代的痕跡？如此只在愛情遊戲中娛樂性的筆墨，未免枉費這一枝彩筆了。信，她應該收到了，卻無回音。記得去年，也曾寫過信，同樣無回音。從茲，我就不再多嘴了。八十五年冬，皇冠藝術中心觀廖未林畫展，遇鑫濤，我仍忍不住，向他陳說這番意見。

新文學作品看不起寫章回小說的張恨水，斥之爲鴛鴦蝴蝶派，不合現時代精神。若論筆觸之廣涉中下社會，人間百態，則與張恨水同時代的非鴛鴦蝴蝶派諸作家，還少有如張恨水筆下之兼收並容。堪與比擬者，則只有法國「人間喜劇」的作者巴爾扎克。

因時與潮乙刊而提說這兩三件相關事項，讀者或不嫌我枝蔓罷？

論孟的白文本，用的一直是廿四年在河北大名收到，自上海開明書店半價郵購寄來的「斷句十三經經文」。全書各篇節段，皆以數字標出。配合了葉紹鈞編的「十三經索引」（民國二十三年八月開明書店版）於撰寫論著時，查證引句確切出處，極爲捷便。常常瀏覽中，於孟子**「充實之謂美，充實而有光輝之謂大」**（盡心下篇），特有體味。從前，每讀到這兩句，只覺其說法深獲我心，認爲這正是人生向上的追求，深信自己學問、德業、生活、身心健康，均正在齊赴此境界。

元月七日，讀完「浮士德」周學普譯本。以前，還讀過郭沫若所譯的上冊。周本爲韻文全譯，雖然並未能句句緊密的踏接著韻腳，但總算可以吟誦了。譯者序，敘說著者經營此書的歷程，或許因此給了我讀此書的壓力，只能慢慢咀嚼的閱讀。這次，非瀏覽性的閱讀，歷時三年。

重讀一本西洋哲學史的書，楊蔭鴻譯美國都蘭（W.Durant）「古今大哲學家的生活與思想」，開明書店本，應是民二十四年前出版。初版時，我即在河北省買得一本，五百多頁。白洋淀敗仗，撤退保定，無法帶走而棄之。長安城舊書攤上重新購得，用深綠色桌布精裝，美稱「綠皮書」。它毫不涉及中國、印度，回教國家哲學，而只能算是西洋哲學史。從希臘哲學到十九世紀歐洲哲學，都論列得十分完美，書末談美國哲學，其境界淺淺，讀來乏味。大致上，其介紹每一哲學家，分三段論法：生活，哲學思想，對這位哲學家的批評。批評客觀公允，讀來有如美餐後品味一杯羼了點醇酒的咖啡。魏予珍兄見到借去讀了，讚不絕口。前此，讀了不少「哲學概論」、「哲學的故鄉」、「西洋哲學史」、「印度哲學史」、「中國哲學史」的書，都不及這綠皮書引人入勝，趣味盎然。

自十九歲起，矢志文學寫作，要把這個大時代所見所聞、所思所感的種種切切，留下紀錄。年歲愈大，愈認爲自己這一生的感受，大大小小的遭遇，都不同於尋常人。並不是說我有甚麼特別，超越了一般人。而只是我的遭遇，以及事物上給我內心的感受，爲他人所少有，所以才特應該把它寫出來，此所以特別看重自己的寫作。

既然全力投入諺語工作，文學寫作就給冷落在一邊了。不像有的人精力旺盛，而同時可做兩方面的事，況編纂校史的職務正在積極進行，必須做點成績來，才好有所交代。

寫作之被擱置，是否造成了遺憾？這正是幾位好友常有的關心。後才自己有了辨識，寫長篇小說而有成就的人不少，但致力諺語工作如壽堂者，則宇內尚無第二人。有了此辨識，方認為自己這幾年文學寫作之無成績不為損失。

後來的日子裏，我總算把自己一生所見所聞，所思所感，種種切切，寫入壽堂雜憶了。

婦女問題的研討，是閱讀的中心點之一。原擬有一連串的題目要寫述，以剖析中國婦女生活之特殊處所。結果，僅成三文：「論婦女的痛苦」，「論母性」，「婆媳之所以不睦」。「家事勞動之經濟價值」，是第四篇要寫的題目，常在揣摩，而迄未下筆。後來，這方面的研討止步不前，把幾十冊婦女問題的書，一古腦兒送給了吳宣晨嫂。

「論婦女的痛苦」寫得較長，寄重慶「婦女雜誌」發表。諸多痛苦之一，在坦率指出婚姻與愛情中，性生活的困頓。這在民三十一、二年的往昔，還少有同文為此指陳。卻引來一種誤會，半世紀後，我方釋然。婦女雜誌主編陸某本係女性，但她寫的字，雄蕩如男性。她有封來信致意。我認定她是男性，而我以朱依萍署名，通訊處亦然。依萍每讓人視為女性名字。因誤以為這位男性主編特向我示好，而感到不悅。迄後，未續寄稿去。否則，我會一系列的寫下這方面的文字。八十二年三月一日，讀臺北中國時報「人間副刊」徐鍾佩「蓋棺依舊是書生」一文，方知她是陸寒波，係徐柏園夫人。說來，我眞對這位大姐太失敬了。

應余宗玲邀稿，為王曲校刊寫「一個兒女英雄的故事」，未被採用。由於在這篇小說中，據自己抗戰第二年春夏，在晉冀豫魯敵後地區，所見八路軍排斥異己，坐地自大，動輒以「托匪漢奸」罪名殘殺無辜，有所批評，宗玲以爲當予保留。此文也就一直但留在我「藕絲集」的稿本中，那謄清稿卻不知散落那兒去了。

秋影隨筆改名「秋暉隨筆」，以並悼念亡兒仁暉。隨筆只偶而爲之。較長文字，性質龐雜，均歸之「深秋集」。

余宗玲評我文字不緊凝。今年近九十，仍然如此。

長安城訪青苗、鄭伯奇，謝冰瑩，談文學寫作，少見十九、二十年武漢文友們的浪漫情趣，無有高度鼓舞。冰瑩大姐主編黃河雜誌，爲長安城惟一巨型文藝期刊，怎未投稿給她？我只去過她香米園住處，承以白糖番茄厚待，以白糖在長安爲珍品，番茄之生吃風氣未開，比吃蘋果、花旗橘子，要高貴得多。而與青苗、鄭伯奇，則常相過從。

惜乎，長安城的文學交遊，只這麼一點點。久住王曲鄉下，乃因素之一。

第四節　展開新局面

藏駕莊杜家祠堂一住五年多，三十五年四月搬到王曲鎮。

新居環境好別致。是在七分校校部右側操場北，前政治部的庫房。

我家雖只佔用三間房，卻比藏駕莊原住處的四間房，客廳、倒座，要寬敞多了。目前王曲鎮上並未駐學生單位，七分校既已結束，這西安督訓處，單位、官兵、教職員、學生都已大大減縮，比當年七分校最盛時期，十六、十七期學生共十四個總隊，約略的說，爲二十與一之比。

已無總隊編制，只有幾個十九期、廿一期學生大隊。二十二期學生因入校未久，已調往成都，併入本校。

在這兒只住了八個月，便離開七分校，回到武漢。七分校儘管已無此名義，但大家仍一直把西安督訓處這個單位，澈頭澈尾的看作是第七分校。督訓處處長先爲袁樸，後爲吳允周。胡主任已無任何名義，可是實質上仍係十足的主持者，一切大政方針，袁、吳兩位，皆秉承胡的意旨行之。

青龍嶺情況絲毫未變，那別墅式洋房，一直是胡的辦公處、官舍、書齋兼休閒所在。接待重要賓客，召見高級幹部，舉行重要會議，爲問題思考，閱讀研究，朝夕獨處，胡總喜歡自長安城，行車四十里，一路流連山水，賞心悅目而來。七分校，幹四團，西北游幹班，乃至勞動營的教職員，一戰區長官部人員並所屬各部隊營連級以上幹部，少有不在二十五歲左右，就已結婚成家了。至於胡氏同輩份的人，更不用說。而胡還一直孤家寡人，青龍嶺朝朝夕夕，步出別墅走廊，樹林間遠眺南山雄巍，志氣豪蕩雲霄。

直到三十八年春，西安綏靖公署遷漢中，胡氏方不再到青龍嶺來。有件最特殊的事，可證他與青龍嶺關係之深微。他的終身大事，乃五十二歲時，民三十六年五月二十八，在青龍嶺與葉霞翟女士舉行婚禮。據「胡宗南上將年譜」：葉夫人，浙江松陽人，畢業上海光華大學，因友人介相結識，爲時甚久，民二十六年已有嫁娶之約，適抗戰軍興而止步不前。葉夫人於二十八年赴美留學，三十三年獲威斯康辛大學政治博士，即在南京金陵大學任教。婚禮前一日，胡在京面報校長，得到允可。婚禮當天，迎葉夫人自南京飛長安，證婚人：王宗山、石敬亭、張鈁、高桂滋、劉楚材、祝紹周。介紹人：顧希平、盛文。葉夫人留青龍嶺僅三天，仍回南京教書去了。

胡氏之成婚，倒是有許多事值得談談。

據葉夫人敘說，他夫妻倆自婚前西湖初見起，迄至胡氏五十一年二月十四日，六十七歲，在臺北逝世，其戀愛，婚姻生活，爲時二十五年。則初識應係民二十六年春，時胡四十二歲。葉夫人說，兩人一見鍾情。頭一天，胡即來她家四次，一坐就是兩三小時。胡氏後來告訴她，要不是怕葉府人們誤會，還會有第五、六次的拜訪。一直到晚上十點始去。可見胡氏愛戀伊人，熱情洶湧，超過了許多青年男性，這那裏是衆人眼中的胡宗南其人。二十七年秋，壽堂服務七分校初識胡氏，以及後來在臺北、澎湖與他不多的幾次會見，他太是**公爾忘私，奮鬥向前，幾乎無有個人生活的勇者。犧牲奉獻，太不尋常**。

婚禮太是閃電般行動。這婚事，何需面報蔣公允可？萬一不允可呢？或者答說，再等一些時。那麼，次日青龍嶺證婚人，介紹人的約集，不都成了問題？這八位長安城的軍政長官，都爲大忙人，臨時那能湊齊得了？這八位也都有夫人小姐，嘉禮中怎未邀請？在青龍嶺慣常舉行茶會，胡氏很愛請成雙成對佳賓來說說笑笑。葉府親友只送新娘子到南京明故宮機場，怎不依禮伴送同機飛西安？新娘子三天即飛回南京，可並非禮俗的「回門」。豈不教葉府意外？但有人暫時伴伴新娘子，胡氏太應度度蜜月。

胡氏逝去後，葉夫人雅好文學寫作，在臺北，壽堂因得有多次相見。如今，她也隨胡氏而去，有好幾年了。見到新聞報導，她原來是軍統方面的人，戴笠的學生。

前期的黃埔學生，以對日抗戰前畢業者而論，是當時女性擇偶的第一選擇。大多在二十五歲前後便已結婚。三十歲才結婚的黃埔學生少之又少。如胡之遲遲成婚，實在極爲稀罕。

抗戰勝利前幾個月，西南戰事緊張，西北空運部隊緊急增援，四引擎的運輸機不斷自長安起飛，向南而去。抗戰既勝利，原駐河南、陝西的部隊，大量渡河而北。於是，兩三年歲月裏，不少在王曲待過的軍事幹部，不斷外流，都當師長去了。

政治部，我但說說較熟的。李潤沂去了新疆，張大同去了上海，余紀忠去了東北，吳嘯天去南京，魏予珍去武漢。去到長安城的，則有張光祖、陳紹奏、李廉、李聖剛、張研田。得胡氏資助，遠赴美國留學的，則有涂心園、張紹良、閻子桂。總之，在王曲八年相熟的朋友，愈來愈少。約略說，十之七八，都已散處四方。咱們留下來的，生活再安適，也覺無啥意思，而況三十五年八月，督訓處再受令縮編。

豈止軍事學校的縮編，軍隊的縮編也在全國各地展開。於是，岳村、牛東這些從前學生總隊的基地，都滿滿駐紮了軍官總隊。功成身退，軍官們閒散的吃飯、睡覺沒事幹，等著領了退役金，各自回老家去。或是分道揚鑣，尋求轉業機會。問題是，中共稱兵作亂，形勢日非，北幾省有家歸不得。轉業嗎？談何容易。退役金爲數不少，但是，法幣貶值，錢到手，大多數人都無法怎樣保值，弄得人人心情稀糟。一時間，軍官總隊所屬，這些編遣下來的校尉官們，成日無事閒蕩，飲酒賭博，乃至宿私娼都大有人在，跟前此軍官學生之朝氣勃勃，勤於夜讀，情調大不一樣。

我可眞是太不務實的書獃子，在學校的總理紀念週上，以「中國黃金時代之到來」發表講演。儘量發抒我對於抗戰勝利後，國家重建的理想，對於陰霾的大局，彷彿未曾看到。

且說視爲第一優先大事的諺語工作。對於發動軍官學生集錄各人鄉土諺語的作爲，仍然未有停歇。是分請各大隊政治指導員，代爲分發「請蒐錄中國諺語啓」於各中隊政治指導員，在課堂上利用一節課時間，先向同學們講說，隨即請大家當堂寫記。有的收齊同學原件，彙送給我。多半是，中隊指導員加以整理，去其雷同，抄送給大隊；大隊指導員再予彙整，抄送給我。印象最深者，是大隊指導員何泰峋的來件。彙整後，再逐條抄寫。他國文程度好，於諺句用字，頗多辨證。泰峋爲學員隊同學，服務王曲政治部有年，跟我有相當情誼，他不肯草率爲之，敷衍了事，硬要實在、細心的來做。他爲我解決了一條通諺多年的疑問。

「會說說都市，不會說說屋裏」。史襄哉「中華諺海」錄有此諺。此諺常有聽說，彷彿是指說，會說都市百態，而不會說自己屋裏的事。

對這條諺語，我所起的疑問，是在「都市」兩字上。它非屬鄉土、口語性的詞彙，在諺語的造句裏，顯得有點「夾生」。它是知識份子的詞彙，新聞記者跑省市新聞、地方新聞所慣用的字眼。不僅是六十多年前，史氏初撰「中華諺海」的當時，這「都市」詞彙難於爲諺語的造句所結納，即使壽堂執筆的此刻，七十八年三月七日，在臺北，這詞彙也還是難以水乳交融於諺語中。當年，何泰峋抄件，予以正確用字和斷句，乃是：

「會說，說都是；不會說，說無理。」謂巧言善辯與木訥之難於申說義理也。按，人生童年時代，兄弟姊妹之相處，即已充分顯示這現象。三十年之後，校訂史襄哉「增補中華諺海」，爲如下之訂正：「會說，說都是；不會，說無理」。第三句省略說字，是此諺在衆人口傳中修辭發展的一種進步。八十五年十二月四日，校讀雜憶至此，乃認三四句，當這樣斷句：「不會說，無理。」

壽堂在治理諺語的蒐集、整理、考究中，常有遇到諺句字眼起疑義的情況：這字爲訛傳？抑集諺者寫了別字？或一時找不到本字，以及方言上的關係，而用同音字代替？我總取「中華新韻」來尋求解決。此諺未循此途徑，疑義久存於心。泰峋明辨，惠我多矣。

整理「武昌方言謠諺志乙篇」，琢磨「中國諺語研究述略」，未有新的纂述和論著。「武昌方言記事」則寫得帶勁，續成「左以」，「難得做大人」，「大特敬」，「不的確」，「革命黨脫胎」，「酒痲木」等篇。

興致勃勃的寫新詩：「打向敵人去」，「王曲月夜亂唱」，「藍的花朵」，「想起來」。「王曲月夜亂唱」，後來多次修訂，定稿如斯，若得譜曲歌唱，就更有意思了。

只要是田野，
就可當它作公園；
更何況這裏，
山花秀美，
流水安閒。

只要是樹木，
就一定能有綠蔭；

更何況這裏，
槐柳成行，
松柏爲林。

只要是月夜，
就顯出詩的美境；
更何況這裏，
大家欣賞了無盡
八載春秋的佳景。

只要是雨天，
就給農家的歡喜；
更何況這裏，
「南山戴帽」（戴帽，指雲霧繚繞山巓間），
好雨多在夏秋裏。

只要是北方，
就有晴朗的冬天；

更何況這裏，
冬天明暖，
高爽得無限。

只要是雀鳥，
就愛在天空集會；
更何況這裏，
灰鶴，燕子，白鴿，
都都喜歡高飛。

只要是道路，
就可以走得老遠；
更何況這裏，
道路平坦，
寬廣而又連綿。

只要是燈光，
就必然會有人家；

更何況這裏，
咱熟識的人家，
在那處處燈光下。

只要是熟人，
就總有好交情；
更何況這裏，
舊友既知心，
新交更相親。

只要是青年，
就能成爲時代英傑；
更何況這裏，
千萬無名的人，
上前線奮勇流血。
只要是戰爭，
就難以教人忘記；

更何況這裏，
有咱們抗戰生活，
太多太多苦樂的回憶。

只要是詩歌，
就應當大聲高唱；
更何況這裏，
我亂唱著王曲之歌，
一章一章又一章。

民國三十五年五月十日下半夜，長安一帶大暴風雨。聲勢威烈，震撼人心。當其前夕，終南山下，湘子河畔的王曲，卻是一個極幽靜的月夜，美麗銀輝，地面生情。我在王曲校園槐樹大道散步，起先毫無所思，只是默默觀賞這裏，靜靜心念那裏。好悠悠然哩，對眼前景物，不覺亂唱起來。

四月，偕邢文康，惠榮雲等七人遊華山。夜九點多，下隴海路火車，轉搭架子車，在槐花、麥穗清香裏，向華山龐然黑影前行。跟文康兩人，特別悼念新近遇難的先方。文康直嘆息十年前在西安，怎不接受先方建議，幾個人共遊華山。我則說起更早的幾年，在武昌南湖兵營，與先方初相識的種種切切。時近午夜，投宿玉泉院。次晨，雷聲細雨中，坐滑竿上青柯坪。腳力都蓄儲得十分充足了，而無一不險、無一不美的山景，迎我當前，人人激賞。再有，朝山進香者，男男女女，虔誠勇進，所有同道者無不喜悅感動。小心穩步，經老君犁溝、千尺峒、百尺峽，在北峰午餐。過蒼龍嶺，我獨行在前，谷中勁風上捲，心力較緊張。既過，其餘諸險，就不甚在意了。

夜宿西峰，枕上剛一合眼，峰巒形勝，就像放映幻燈片似的，紛至沓來，奔向腦際。可見這一天華山險壯，予人印象之深。即使戰場上敵我相對，戰鬥慘烈，血肉橫飛，生死俄傾之間，我也從未有過這樣的心神衝激湧盪。

此行，原有意爲老好人文康、榮雲撮合，奈事不諧。後，榮雲歸於李廉老弟。眞風流才子也，他同時擁三房妻室。結髮者乃才女。李廉才氣縱橫，來臺後，主中國時報筆政甚久。他仙逝已逾十載。未爲老友諱，春秋責備賢者。弟台在天之靈，當不以我爲失言。一牀錦被蓋過。他不少拈花惹草風流佳話，何必多說。再說，人既爲萬物之靈，則古今中外，每一個人都當風流風流，否則就白活了。

且說，第三天，五人先下山了，我與文康興猶未足，雖旅費將用盡，宿廟中，獻香火油資，難以豐盛，也就不管它了。我倆遍遊華山各處，只除了非屬必經之處（華山由山腳至頂端的南峰，只有一條路）也是最危險的鷂子翻身（東峰下，下至孤懸崖石的下棋亭），長空棧（南峰下）以及毛女洞，大上方幾處未去，犯不著太冒險，跟自己生命過不去。

我倆多遊兩天，興致勃勃，旅費僅夠自華陰回西安的了，才迫得下山來。過中峰，一處休息，路旁，飲道人大玻璃缸浸泡的藥酒。酒內匯雜二三十種採自華山的草藥，色澤如琥珀，飲一小盅，以華山名產黃精嚼食佐酒，立感氣血舒暢，快意無比。一路上，談論華山不已。到了華陰街上以及回到西安，餐館小飲，還以華山五峰行酒令，南、西、東、北、中峰、高低論贏輸。

回到王曲，即以「華山初遊」爲題，洋洋灑灑，寫了遊記，把這幾天在華山上所寫的幾首詩都錄上了。隨即抄寄上海「旅行雜誌」，承他們配了華山風光的照片刊出，只是把題目初遊二字刪去，加上了形容的字眼，是那幾個字，可記不起了。之所以特標出初字，是還想寫再遊三遊的文章也。稿費法幣二十多萬元很快寄到，一喜。心想，即憑此稿費，可再遊遊那裏，寫篇遊記。如此生生不已，不是可以極有情趣的寫本書嗎？

五月初，編定了「民俗」第一期稿，交由作家青苗送刊。原定附在「秦風日報」抑「西京日報」？現在可記不清了。之先，是李敷仁邀約了幾位治俗文學、民俗學的同道，在鄭伯奇家中兩次會談決定的。結果，並未刊出。其時，秦風日報有了突變，社論上以俄國的二月革命比說中國情形，強烈宣揚，政治暴風雨就要到來。

接著，從張中會口中，得知敷仁在咸陽遇害。中會是七分校後期的政治教官，專教地理。記得曾特請他，就關中地理因素，詮釋「長安自古西風雨，不颳東風不晴天」這條風土諺語，在校部總理紀念週上，作專題講演。今查「中華諺語志」，竟未將他的詮釋述入，憾事一件。敷仁爲長安老中學教員，教育界少有不知道的。自「老百姓報」停刊後，他在興國中學任教，曾奉調到重慶中央訓練團受訓，比我稍後。順便他去看了郭沫若，而確定了以「唯物史觀」、「唯物辯證法」的觀點來看待謠諺的存在，特別強調其政治鬥爭的運用。在這方面，並未與他起過爭辯。諺學研究中，我與時俱增，**深深體認出謠諺之植根全民生活，它特有其寬容性**。

抗戰勝利後的新形勢，敷仁跟一部份教書匠，不甘於思想蟄伏，集資辦了「長安民報」，對開大張，週刊。書生論政，爲建設省政而致力，似並無甚麼政治背景，外縣通訊來件很多，全係爲老百姓鳴不平，揭發政治黑暗。敷仁獨處南院門民衆教育館斗室中，編輯、核稿，決定去取。

我曾有兩次晚上看他工作情形，他並未太放任那些肆意抨擊時政的來件，每有面色凝重的，搖頭：「唉！這不能用，不能用。」

遊華山回西安，遇劉鍾林，我大大宣傳，在關中而不去登臨西嶽，太可惜。抗戰八年，為了軍事安全的理由，華山禁止一般遊客上去，等於是「封山」了。那天，我兩去敷仁處，一次去鄭伯奇家，談華山與我們的「民俗週刊」。沒想到，竟是與敷仁最後一次會見。還與他約定，六月往遊太白山。華山高二千二百公尺，太白高四千公尺，山巔夏日猶有積雪，以其高寒，偏處郿縣，交通不便，山中的開闢經營不及華山，平日少人登臨。陝諺：「六月朝太白，凶多吉少。」以多暴風雨，又復冰雪崩塌，危機四伏。

據說，正是我「民俗」首期稿送出的時際，人家說敷仁胡亂寫文章，指摘時政，給抓去弄死了。槍斃在西安去咸陽的公路上。並非私人仇殺，而是有權勢者，不知那方當道給他的制裁。棄屍滅跡的方法多的是，不知為何不做得乾淨利落。說來誰也不信，李敷仁並未被這一陣亂槍打死。後來陝北的報紙，必有詳細報導，李敷仁也必有自述的記載，不難查考到這種歷史文獻。

我所知曉的情況，只是：天亮時，給人發現了，敷仁已能言語，他誑人家說是夜行遭到劫道。他是咸陽西南鄉的人，就央求人家抬他走了一段路。漸近家了，考慮著鄉土社會必能保障安全，才說了實話。差不多的鄉黨，都知道他的名聲，無不起有十分的憤慨與悲憫，於是方圓二十里，立即封鎖了消息。把他送回家，急救敷藥，將養兩天——逼得李敷仁只有一條路走，黑夜裏趕路，越隴海路，超過封鎖線，讓他安全的逃到了陝北。轟動了邊區政府。被畀予魯迅藝術學院院長職務。

敷仁的諺語有否集結成書？怎不再辦第三份報紙？有否籌辦民俗雜誌？四十年音塵隔絕，這三椿事似都沒有了下文。

八十二年元月二十一日，在臺北中央圖書館，讀到徐友春主編的「民國人物大辭典」（一九九一，河北人民出版社版）始知敷仁是中共份子，係一九二六年加入的。老百姓報停刊後，改任國民日報，農村週刊主編。三十四年參加中國民主同盟，負責民盟西北總支青年部工作。曾聯絡「秦風」、工商報支持民盟工作。被捕槍斃未死，至陝北，任延安大學校長。三十八年後，任西北人民革命大學校長，爲中國人民政治協商會議西安市委員會副主席，第一屆全國人民代表大會代表。四十六年二月病逝西安，年五十九歲。著有「關中民歌集錦」、「抗戰歌謠」等。未提到民俗學、俗文學、諺語方面，有無著述。他大難不死，卻仍然未活到六十歲，爲之悵然。當時，壽堂跟他來往密切，應爲情治人員洞悉，未受牽連，總算人家高抬貴手。

七月初，**書房、臥室間樑柱上，盤踞一條大黃花蛇**，茶杯粗細，頭尾不可見，它盤繞了四圈，身子大半沒入土牆裏。有時微微蠕動一下。沒法子弄它下來，只好由它去。也未驚動外人來圍捕，驅之使去。青甚至於另有解釋，以爲它會帶給我們以福氣。老人家更是這樣說，家蛇呀，不可打。人不惹牠，它也不會擾亂的。它可以吃老鼠。也是青膽子大，帶了兩個孩子，照常睡那未懸蚊帳的大牀。人蛇相安，它盤繞了一星期，可能是夜間逸向圖書館坡下谿谷，或走湘子河畔去了。來臺灣五十年，常有想起這椿不可思議的往事。如今，即使一條小蛇在室外的院子裏，那怕它現一現，大人小孩也會不安哪。

以兩天時間，小字楷書，爲自己寫了一幅橫披，用的雙宣紙。據三十五年夏間長安版「書報精華」月刊十七期所載，音樂家冼星海「我學習音樂的經過」，寫其全文。主要是述說他學習音樂好多年之後，已在嶺南大學當教授，爲了要深造，民十八年至二十四年，赴法國巴黎攻讀高級音樂學科所經歷的艱苦、屈辱、困乏，以及得異邦樂壇人士的青眼與惠助，英國政府的岐視。跋如右：

必得完成了生活中的眞、善、美，才能彀致力於藝術。我所以要美譽一個在音樂上有成就的人爲我們人類的花朶。花朶是在枝葉上最向高處，最美麗，最吸收陽光，也最遭風吹雨打的部分；要不然，我們頂優美的幾位音樂家：王光祈，聶耳，蕭友梅，怎能都是因人世折磨而死在少壯之年呢？但他們誰也沒有如這篇不朽文字的作者所遭遇得這樣艱苦，所希望得這樣弘大。他引起我最深的崇敬和悼惜的感情。

介凡附識　時在民國三十五年七月二十一日，長安、王曲舊招待所。

這年冬，橫披帶回武昌裝裱。在花堤街小樓廳堂北壁掛出，時有瞻顧欣賞，感喟不已。下南京後，即藏之樟木箱，不見天日，已四十年了。取出閱讀一過，橫披上下端，已硬化磨損，而並非蟲傷。可見裱畫店用的漿糊，必羼有防腐劑。藝品保藏非易。八十一年秋，予以重裱，外加壓克力外框，懸我書房。此生可難有再寫如此小楷書法的興致了。原件已呈咖啡色，是古董了。再說，我很贊同「書報精華」選文的作法，選上了即錄其全文。而不欣賞「文摘」的作法，選文者縱然費了心思，摘其精萃，但難投合每一個讀者閱讀的角度。也許它認爲廢話，予以撇棄的部份，正是某一部份讀者所需要的資料。說來，全篇選文易辦，文摘極費取捨。

洗星海的姓不多見。人皆誤寫爲洗字。它的讀音，不作「徙」，而音「銑」。正確的寫法，應爲冼。字書上說，本高涼蠻酋姓，又讀線，南海番禺多冼氏。一般字書，也多寫爲冼，少寫成冼。這番識辨，直到八十二年夏，我才得察知，也見中國文字的繁雜了。

張智，當了青年軍的連長，自漢中來看我們。難爲他遠遠的，帶來了兩袋米，又贈我兩根手杖，尤爲愜意。還有餅乾、蛋糕，剛好，妹妹斷奶，給她爲食糧。妹妹很乖，白天裏誑她，說紅眼睛狼把媽媽乳部咬壞了，她也這樣說。孩子才兩歲多，我們倒爲扯這個謊，而不好意思。

夜，偕世杰、張智，到校園草地上吃茶，月色昏朦，絮語別後事。與他倆，究因年歲距離、生活、思想稍有隔離，欠缺十分投機的話好說。論關係，他倆都與我全家人十分親近。世杰每來必十分疼愛的抱了星兒，四處走。論輩份，他爲我夫婦的外公，是孩子們的太公了。

那天晚上，我們都在室外乘涼，母親左手爲蠍子所螫，一時痛極，把小妹、么弟嚇得惶恐不已。用萬金油塗敷，又用俗名八寶丹的花葉來擦抹，才見減輕。住藏鴛莊時，她老常受此災難，沒想到搬下來，仍然不免。

政治部特在太師洞辦月光園會，入口處紅燈籠，都很別致。客人陸續來此，領略這幽靜的環境。太師洞爲此活動，空前絕後。

昶兒一再想坐車，乘上一輛，卻把青跌倒了。我先送孩子回家，再轉頭迎青。她腦部太受衝擊——那時際，還不知曉「腦震盪」這個病名。她神經都有點亂，疑心會如同她二姑媽那樣，好傷心。我即跑步去醫務處請羅醫官來，爲她注射強心針，再好好撫慰她。將養兩天，青健康才恢復過來。好險！

初夏下苗的番茄，茁長得將有人高了，不知行間疏開，又捨不得剪枝，三十株番茄，密密擠在一起，不通風。果實一直是青澀的。**由此也悟到寫作要有剪裁的道理**。自己半點農事經驗也無，又未向人家求教。林建成、張我權或許這方面比我懂得一些，但看我橫直是種得玩玩的，就不願多插嘴了。也許他倆說過，而我聽不進。

上書胡主任，請助我四百萬元（那時月俸約二十餘萬元）去北平讀書兩年。王曲朋友都這樣促勸我，以爲我這個淡於名利的書生，走這條道路是正確的。況那邊有黎師支援、指教。我的如意算盤是，爲武漢報刊寫點文章，可解決父母弟妹的生活，免後顧之憂。黎師畀我以中國大辭典編纂處編纂的工作，收入應可解決小家庭的生活。這編纂，本都是一些名教授才夠格擔任，我得此殊榮，確是受寵若驚。此事得張研田兄簽辦，乃得有核准的可能。

偕邢文康至鄠縣。晤劉瑀，談極快。他勸我赴平讀書事，更進一步，要能留學日本。宿縣府花廳外院，睡竹牀，蓋棉被，望星空，頗適然，只苦於蚊蟲相擾。訪薛思達，談方言、諺語。得縣府王科員導游，遊九女塚，翠空堂，王季陵。陵上眺望，起思古幽情。探胡公泉。西行，至盩厔境某村，看藥王爲龍治病的塑像，民間故事傳說的情趣，老百姓信愛無疑。

沿渼陂行。至曲抱村，見劉海戲蟾像，印象深刻，歷時近半世紀，今猶依稀。經渼陂西岸歸，稻畝荷花香十里，很以爲美，比之曲江池之點水無存，能見出當年勝景多矣，我彷彿活在唐詩時代的往昔。杜甫「渼陂行」首句：「岑參兄弟皆好奇，攜我遠來遊渼陂」，常存我心。歸王曲後，以十分欣快的心思，寫「渼陂紀遊」，好抒情也。

在鄠縣，**讀白薇「花兒開在荒涼」**詩，錄之，時在吟哦。

右手手背，接近中指、食指根骨處，發現白癜瘋，有蠶豆大，不痛不癢，只是白得難看。外科醫生給予有色藥膏或藥水塗抹，無治療效果。後來，到南京，中央醫院給的黑色藥水，治療了大半年，也不見效。只是，它並未擴大，如旁人之擴展，乃至蔓延到顏面，若前輩臧啓芳先生。這不痛不癢的頑疾，十多年之後，才逐漸隱失。

親娘家遷到長安城，有段時間了。九月一日，隨世杰到來。父親看到她面容乾瘦，好難過，眼淚都掉了下來。一家大小都歡迎的不得了。兩個孩子有了姥姥疼愛，高興更不必說。母親，她老姊妹更有說不完的家庭舊事。因想寫「江夏朱氏家族史略」，而以「朱氏宗譜」附之。不僅寫名氏、生卒、職業、子女、世系，還想把家族歷史大事及個人的性格、行事、略加評述。如更把家族事與戚友、社會、國家的關聯都行寫出，就更有意思。兩位母親說，外公有個手抄本「記事珠」，如尚存，我很想能予注疏。那時，沒想到今天寫「壽堂雜憶」之更爲擴大了層面。爲我們之將要離開西安，回武漢轉北平去，這次，親娘之來，時期住得很長。沒想到九月二十八那天，父親跟青大鬧起來，親娘只好走了。她老在我們家過中秋，坐院中吃月餅，父親任我們怎樣請，都不肯出來。親娘這次住這麼久，卻不歡而散，全家人傷感之至。

那天，星期日晨間，在井邊清洗木器，忙碌了兩小時，剛歇手，進書房吃早點，住室對過小庫房西牆突然倒塌。事先一點跡象也沒有。要早三分鐘，我會受傷。頂可怕的是，母親正坐在小板凳上洗衣服，那能立即拔腳逃避，定會出大事故。慶幸之餘，不能不感謝天神、祖宗默佑。

偕世杰遊香積寺。八年來，常在皇甫村這邊看望到香積寺的寶塔，也留下一篇紀遊。

還在長安城，出席了近一星期的政工座談會，到會的都爲老長官、老同事、老同學，大家暢所欲言，交換了許多意見，得聞一些政治、社會上的訊息。

這一個多星期長安城的逗留，公私生活都有極快意的享受。顧希平、王超凡、王大中、張研田、林維淵、李廉家都有先後留餐，小飲、閒談王曲歲月。他們乃是先我離開王曲的人，大家對此地都保有深厚情分，尤其跟我年歲相若的人，咱們把自己青春黃金年華，都獻給了王曲。也特別去拜候鄭伯奇先生。自敷仁出事之後，我去過鄭府幾次，以前皆是偕敷仁同來，或是約好了在這兒碰頭。欣慰於敷仁大難之未死。承鄭先生款待小飲。後此，無緣再見到這位長輩了。在鄭翔同學家，看到曹敏、胡睦臣在北平創辦的「北方日報」，四開兩張，得許多大學教授助陣，很有勁道。

青是先我開會的前兩天，帶了星兒到長安回娘家。藉此，我倆享受了點甜美的生活，並肩攜手走長安街頭，吃羊肉泡饃等等。好奢侈的，她花四千元，爲我買一個厚厚高高的彫花玻璃杯，供我書案上飲水之用。我寫作，旣不吸煙，又不飲茶，就只喝白開水，看著玻璃杯內的清亮飲水而起文思。

在高承麒長安的家，得到主人極欣然的接待。承麒新自晉城歸來。顧盼嫂自傳體小說「逝」脫稿，我得先睹爲快。寫的江南青年男女，民十六年奔赴武漢，參加革命陣營，以及此後時代變遷所發生的一些故事。顧盼爲書中的葉之明、承麒則爲尚乃俊。她之寫這部小說，緣於看到蘇青「結婚十年」，自認「逝」的內容品質，要超越些。在辦事處候班車未至，夜讀「逝」，葉之明心性，好與宗玲相近。後來，顧盼改其書名「春秋」，我爲之寫了序。承麒不太滿意她這樣坦白了感情生活。

大陸變色後，傳說顧盼爲中共份子。承麒久任軍政治部主任，遭清算鬥爭否？想是慘苦情境爲多。正如老好人邢文康結了婚，妻爲共黨份子，傳說這君子人給打斷了腿。自已生日，偕青赴終南山北麓，作石扁峪、鐵鎖橋之遊，未帶孩子前往。大談赴北平的夢。送二老至寶雞劉積耀處小住。歸王曲時，積耀贈我五十萬元，以壯行色。

政治組的事，旣已交代。還能安下心來，把書房兩桌相併，靜靜寫作。首先，把「自傳綱目」寫在「長安日記」上。這日記本還是三十四年十二月初，世杰買來相贈。自三十六年迄今，四十多年投稿報刊，都登記於是。

這年初秋，小妹、么弟爲了要減輕我負擔，未得家庭同意，離去中正中學，偷偷的到寶雞聯合中學，跳級一學年，可全部公費。弄得我一面央求中正中學校長高化臣兄爲保留學籍，一面請劉積耀於寶雞多爲照料。弟妹們不得已而出此下策，好教我夫婦不安。

杜曲軍官十五總隊報到，辦理退職事，不無英雄末路感。抗戰之初慷慨捐軀氣慨，一掃而空。辦手續，處處得低身下氣，王曲之趾高氣揚，昂首闊步，不可得矣。

爲退職及領胡主任補助費事，得跑長官部。小雁塔這地方處，王曲人多半皆熟，獨我從未來過。幸各處多係王曲老同事把關，指點門徑，省略好些轉彎抹角的手續，一切事辦得便捷十分，眞「人熟是寶」，內心好感激這些故人情分。

大中主持新中國文化出版社的事，一切還有待開展。我並未有所央求，連一點暗示的意思也無有。他主動發了我一百多萬元的稿費，是付給我諺書的。其時，這書的撰寫，一點影子都還沒有。德厚惠愛，常存此心。

三筆現款，合爲法幣六百萬元。當時，法幣不斷貶值，自己昧於財務的事，竟不知買黃金以求保値，只知存銀行，由西安匯往武漢。非如張益弘弟台，自少至老，潛心著述，又善於理財，自刊所著，從心所欲，嘉惠士林，贏得中外稱美。

長官、同事、同學，分別在我家或另處設席，盛宴餞別。王炳炎接住超凡王曲書店後進房舍，席間行「青蛙」酒令。超凡盛宴正學街中央茶社，大中、保黎皆來，席上魚翅、鴿蛋、兩道鯉魚，是長安八年所少吃到的，怕不花去主人十幾萬元。

蕭鳴籟大哥，爲澍恩、潭恩長兄。與顧頡剛師同輩份。原在中山大學任教，香港陷落，受敵驚嚇，成神經患者。好幾年休養才痊愈八九。來弟處療病，與我很相得。承爲「中國諺語研究述略」序。**他近治周易，時有樂不可支之感**。特下南堡寨，爲我全家人送行。

十二月七日，一家八口，行李二十八件離王曲，住西安中正門華陽旅館候車。

各處辭行，大中家遇何奇，他說，王曲人物星散，他再也無心緒出長安城。經韋曲，過申家橋，走這條舊路了。歲月如流，王曲風光難再，宜其人同此心。沒多久，就聽說何奇在旅長任上陣亡。

我獨去秋兒墓地，也去暉兒葬地。夫妻倆，又帶了昶兒，出南關兩湖義地，與長眠的童賓秋姑丈作別，青哭泣不已。母親、弟妹、妻兒，都留西九府街親娘家團聚，我則各處行走。

離長安前一夕，同學們在西京食堂，溫暖中聚談。除了柏羽笙在鄉下，翁曙明未通知，楊柄南未到，張義舉、俞銓、鄭翔、邢文康、李聖剛、孫充沛、高承麒都到了，一致許我以成功。認我的作爲是同學中別樹一幟。後此，壽堂勤勉以赴，幸未辱沒友好期許。

十二月十一，西京站買了到鄭州直達車的頭等票三張，二等票四張，花去二十萬元。臨查票時，又爲昶兒補一張三等票。排隊，先登記，又是公文，又是找站長，多虧世杰幹練，事情辦得快當。掛牌行李送站，候了一個多鐘頭，才辦理手續。書箱通不過（在王曲、西安，我已送出了一部書給親友們），我找站長懇請。眞承情，他說：「書是最要緊的，可以帶，應該帶。」我並非大學教授，又非有名學者，得此優惠，好出意外。但有旅行、遷居，書籍總是困擾人，它太重太重了。

晚上八點多，揮別了長安，與親人分別，在運江身上，所看到的，是親娘的影子。離親娘家時，天還未黑，我們動作十分迅速而不見形跡，免得老人難過。

車隆隆東行，別了長安。前半生歲月，只有這地方逗留得最久，說不盡的前塵後影，驅使我們奔向才從苦難中重見天日的故鄉。

第十五章　退潮

第一節　回到武漢

除了丟去兩個孩子，秋兒、暉兒，也算得是衣錦榮歸，人生那能沒有缺陷。火車還未到站，湖北境內但有停站，必先買鄉土小吃解饞。既抵武漢，卻是無家可歸。先住漢口旅社，而後一家分開借住於細太、童阿姨兩處。冬寒中，我獨睡童府客廳。

夫妻倆爲拜訪老親友、尋房子而奔忙。故鄉的殘破，雖已勝利復員一年多，而難復舊觀，武昌爲軍事區域，童年舊居的街巷，全遭日軍無情的拆毀，武昌城眞爽朗呀，舉目即見長江浩蕩。三歲小兒也能體味出這爽朗中，砲火、血腥、侮辱與損害的背景。何敢恨大日本皇軍？**禽獸們好德行！教此時代的中國人刻骨銘心。老東呀老東，你毀了我鄉邦武昌城。**

黃昏，司門口車禍，我夫婦幾橫屍街頭。青卻留下了隱在身體內部十餘年的骨結核病。

勉強定居花堤街。房中西窗越過殘倒的房屋，可隔大江遠望鸚鵡洲，掩起我受傷的文思，心情之低調，竟比少年貧苦餓飯的日子還要難受。藏之心深，一絲也不敢透露給家人知曉。自少以迄老年，跟青無話不說，獨此番心情，不讓她感受分毫——**時代苦難惠賜，乃我著述生涯，不竭盡的泉源。**

天可憐見，諺語緣法，獨惠壽堂苦心人。當晚與老友馬曼雲不期而遇。隔幾天，即至他家，取得千辛萬苦所覓得的珍本，郭紹虞「諺語的研究」。

孫適石先我離長安返武漢，即轉原籍安陸。適石在一家，偶聽婦人們灶間談話：「你愁甚麼？鍋裏有煮的，胯裏有拄的。」胯，安陸方音讀如卡，這是湖北話好多地方都有的土音。拄，四十多年之後的今天，方辨識到應寫杵字。拄，拄拐杖也。杵，重重的抵觸，撞擊也。適石一聽，頓時體會到，唉呀，好鄉土諺語，這乃是「嫁漢嫁漢，穿衣吃飯」的另一有力說法。鄉村婦女，此兩問題上但能得到飽足，豈非人生極大幸福。適石謹記在心，旣告訴了我，果不其然，我大爲贊賞。他如釋下重負。老朋友特爲告訴我一條諺語，其刻骨銘心，不易忘去者，此爲罕有的極少數事例之一。頂難得的是，婦人閒聊此諺，一絲猥褻意念也無。

馬鳴塵這位老廣，一直在國民黨湖北省黨部服務。此時兼任華中日報副刊主編。武漢幾家大報副刊主編，資深者尚無人出其右。

三十六年元旦，帶了昶兒去看他。承贈他珍藏多年的日文「俚諺辭典」，熊代彥太郎編，明治三十九（一九〇六）年初版發行。此非小說暢銷書，兩年內已四版：明治三十九年十一月十日再版、三十九年十二月十五日三版、四十一年九月二日再版。由此，**好見明治維新時際，日本人勤讀力學。以迄於今，中國人眞愧煞。**

燕鳴軒原任教湖北均縣草店軍八分校，學校結束，復員回武漢，任教中華大學。好愉快的會見。我倆十好幾年不曾碰過頭。文友中，他是位謹厚君子，不像大夥生活浪漫。我特將諺語論文、「武昌方言記事」的稿本送請他細讀指教，有所討論。

謝楚明也自廣西回到武漢了。夫妻倆住漢口市區。還是得跟他筆談，通常他說得多，對方說得少。冬天未開窗，房間內臘肉臘魚的氣味，陣陣呑（囤）人，還少有在別人家受到這樣氣味醺過。

符浩，任和平日報副總編輯。他是武漢軍事政治學校畢業。坐了相當時期的牢，盧溝橋事變前才放出。他有個小孩，大家習稱「小號兵」，由他未出嫁的妹子撫養。孩子的媽，一陣情潮之後，早離開了這位革命情侶。

姚三叔過了二十多年「二世祖」生活。抗戰開始，「種穀」也吃完了。妻離子散，孑然一身，迫得只好在軍中當文書上士，這麼討生活。卻不像別的年輕人，在這職位上發憤圖強，進入軍事班隊，混得了資格，而後任軍官，力謀上進，有幹到少、中將的。他從前很嚴重的胃病，在顚沛流離裏，早不藥而愈。他說，如今胃口好得很，餓時連石頭也呑得下。

青的大孃孃，劉家姑媽，情況好教人驚異。大家閨秀，婚後還帶著大丫頭侍候。她無生育，劉姑丈理直氣壯的娶了丫頭做二房，果然生了孩子。從恩施回到武漢後，夫妻生活已是十分冷淡。

大孃孃竟然跟已婚的姑子，姑嫂兩個結伴，在粵漢路上、武昌、廣州、香港之間跑單幫。從港穗批發商品帶到武漢，賣與零售商店。姑嫂倆都是本分人，不會說廣東話，也無武漢商家精明幹練，更無絲毫走江湖的經驗。一個月跑兩趟，賺得並不是太多。說不定，還抵不上她從前打一場麻將的輸贏。這都由於抗戰八年的艱苦鍛鍊，以及夫妻生活失調，迫得她只好放下身子來幹。

蛇山清晨散步，我才上山，就遇到老同學許瑩漣，他已自蛇山東頭折轉回來。他是荊門人，長我八歲。時任省參議員，單身住在明月橋畔的參議會招待所。那兒原是清末的一所西式建築，奉直會館，三面臨湖，二層樓，房間多，有迴廊，瞻望眼前湖上風光，不當大路，環境極幽靜。出大門，往西走三十步，即係花堤街。蛇山上三次如此相遇，不免詫異，同學中竟有經常比我更早起者。

瑩漣入政訓研究班前，曾從學梁漱溟，甚受山東鄉村建設學派影響，簡樸力行，刻苦自律。抗戰初期，任鄂西某縣縣長，面對長江上游當面之敵，徵糧、徵兵，執行戰時政務，爲戰區長官兼湖北省主席陳誠賞識，不次擢升爲省政府秘書長。按常例，總要先經過行政督察專員或其他較高級職務，方堪出任此幕僚長一職。既受此任命，書生報國，亦且感激知遇。他前此並未與十八軍有過甚麼關係，自是更爲夙夜從公。肺部本欠健康，因而病態日增，勉力以赴，聲譽鵲起。陳誠治理湖北的政績，爲全國上下所樂道。在恩施一帶，人們但稱頌陳誠，則必聯帶要提說這位省府秘書長了不起。有雲遊道人來見，勸他放棄工作，完全休息，借重道家養身之術，可以完全恢復健康。他答：並非貪圖利祿，捨不下工作。實因報國與感激長官，願捨己犧牲奉獻，有如軍人捐軀戰場。道人爲之感動，說既是如此，我且爲你設計一兩全其美的辦法。

依道家玄學以及深諳今日科學，**地球轉移與人體關係的律則，每天子午時分的眠息，十分重要**。假如把你深夜猶在熬油亮，批閱公文的疲勞時光，另加調整，必可強化工作效率，而於身體健康，可無大礙。辦法是：每天上午三點起牀，批閱昨天未處理的公文。黎明前後，外出活動散步。午間，絕對要午睡。晚九時一定上牀睡眠。那年頭雖有鬧鐘，但恐有欠準確，可責成一個工役來喊醒你。如此，黎明前的工作效率，必優於下半夜拖著百分疲憊身子處事的精力。照這樣調整工作時間，使他勝任了秘書長的職務，身體並未垮。

其時，他已是名參議員。一身粗黑布棉中山服，粗黑布棉大衣。這還是八年抗戰裏的服式，勝利後，人們早已扔棄了。去一些機關，屢遭門房擋架，他掏出名片來，對方反說：「你那會是許參議員？」直到識者見之，才大驚失色。他這種行徑，並非自鳴清高，沽名釣譽，只是我行我素而已。

在漢口的，空軍第四軍區司令部，新聞處張翎，政訓班同學，一寢室居住了半年，因他建議、牽引，勸我何不進空軍？

郎維漢，劉若虛同學也早回到武漢。他倆任黨政工作，在戰前即已立定根基了。維漢，漢川人。若虛，漢陽人。他倆都為當年武漢軍事政治學校（即黃埔六期）的同學。維漢入政訓研究班兩年前，即在漢口相熟，十九、二十年，但不太有寫作生活。若虛胖胖的，**一口好純粹的漢口話，卻沒有俗腔俗調**，跟他談起話來，特感鄉土味濃。他倆這十多年的工作，都不曾到過北方，比我長期于役河北、陝西要舒服多了。至少，常有鄉土小食可吃，尤其是漢口市上早點的生煎小湯包（上海、江浙口味），一口一個，肉餡鮮美，為臺北市民國四十年以後迄今三十多年，衡陽街上那許多著名江浙餐館所不及。

若虛家廳堂紅木傢俱，正襯托出這位心廣體胖的主人。他與詩人易水寒為郎舅至親，好出我意外，王曲八年多，怎從未聽水寒這位舅子提起呢？因與主人夫婦說了水寒不少的事。

當時我若想留在武漢做事，由他倆援引，是極有可能的。魏紹徵時任湖北省新聞處長，也可擴展關係。還有十六年時代老友熊東皐，此時也在漢口，係應城石膏局局長，他在湖北政壇淵緣很深。尤其是東皋與曹金輪、黃超，交情皆不錯。漢口市長徐會之曾任過軍委會保定行營政訓處長，保定撤退後，我特到河北邢台縣去拜望他，述職。而前好幾年，他任九十一師師政訓處長，也跟他在高邑縣會見。按說，我既回到武漢，太應該去市政府看看他，才合情理。偏偏親友故舊，我都一一拜望過，獨未去看這位政府首長，無他，但有公誼，而無私交也。

其時，幸未有此營求。武漢如待下去，後來大局逆變，我就難以來臺灣了。變色的大陸，頭一、二十年，翻天覆地，誰知我會怎樣，是仆著呢還是仰著？即或苟活，諺語工作極可能中斷，雖或能到了北平，侍從黎、顧二師左右，但治學的思考、識辨，必失自由自在，而陷於馬列主義、毛澤東思想的框框，那可是極不幸的事了。**非我壽堂個人之幸，實中國諺學之大幸**。

岳仁甫世伯來，爲我們籌謀，住這樣貴的屋子怎麼得了？趕快把未耗用的現款自錢莊提出，託他在鄉下買了豆子囤著以求保值。否則，錢就更不值錢了。

范伯平表兄，是青大姑媽的大兒子，以前也曾見過，不如這次戰後重逢的親切。他送贈一本諺書，日本香坂順一「支那語難語句集解」，昭和十六年（一九四一）東京外語學院出版部版。諺語、俏皮話，並夾雜了成語。這本書常在壽堂記憶之中。

六十二年四月間，日本青年學子深澤俊彥，服務我中華航空公司，他熱中中國諺語研究，一遇機會即來臺北，因以此書給他帶回閱讀。次年四月他從日本帶來還我。難道日本舊書店還尋不到這類書？也就在這時際，古屋二夫更是一年來臺北三、四次，爲的與我研討諺語，好幾次談到香坂順一。香坂是他在東京外語學校的同班同學。香坂很早就出版有關中國語文的書册，古屋則性格拘謹，不肯輕易發表著述。於此，扯到後來臺北的事，只是要指出，人生的同好、同道，它會同聲相應，同氣相求，雖源流紛歧，而必匯合在一起。

燕鳴軒應國防部民事局局長王開化邀，赴南京任職。他幾度希望我前往共事。王也來函鳴軒嫂勸促我，且說任專員，它有專研究風俗的，可與我治學課題相近。由於我已允諾了予珍，助其辦正義報，對鳴軒不能貿然答應。可以想見的是，若與鳴軒共事，必然極為愉快。

予珍幾度與我懇談。正義報已打下基礎，若得我助力，他對外，我主內，必能大有所爲。

珞珈山武漢大學，武昌城郊景象最爽朗的地方。到了這裏，特感心神振奮。在漢陽門，乘武大校車訪金克木教授。克木，安徽人，年歲與我相若，苦學之士，張研田兄特爲介紹。他還未婚，奉母住宿舍樓下。八十五年春，所得訊息，克木在北京，健康還不錯，爲學術界知名之士。次年，到北京與克木通了電話，他身子不太好。夜晚，留北京時間不多，未去探望。

金克木家樓上，住著赫赫有名的吳宓教授，因克木而與他相熟。之先，下校車，徒步一段，看到一位長袍馬褂老教授，因同車學生對他失敬，氣呼呼的。後來相識，他即是吳宓。不識者，看他那古色古香的服式，很難想到他是外文系主任，談開了，他極豪情幽默。他倆對我的諺語工作都付與高度評價。

吳老其時已過半百，只大女兒跟他住在一塊。跟鄰家教授組成小小伙食團。外面來武大的訪客，不論對江來自漢口、漢陽，或自武昌城，以校車班次並不太密集，在珞珈山的主人看來，總以爲來之不易，不論上午下午，必熱忱款待才放你走。況談文論道，海闊天空，不是匆匆會晤所能了的？於是，我多半在金家打擾。

與吳老散步校園，迎寒風，看湖上煙波，談紅樓夢，說文學，論證陝西與武漢鄉土生活，興

致越談越濃，不覺時間之溜走。珞珈山歸來，心神舒暢，是漫遊武漢其他各處所難領有的。

民十六、七年，新月派出版社崛起於上海，文藝出版事業似起了一陣和風，卻也極具狂飆性，與創造社、文學研究會鼎足而三。梁實秋的散文集，又兼文藝批評，強調文學創作的自由主義風格。書名「浪漫的與古典的」。中國古典文學，西洋浪漫主義思潮，正交集表現於吳宓的一生。

吳氏本早已結婚，卻與一位才女苦戀，事不諧。長城對日抗戰之際，此三十三歲伊人，與六十六歲廣有財勢有名人物熊希齡結婚。熊剃鬚爲新郎。未幾，熊逝。悲情佳話，故都褒貶議論不絕。大作家熊佛西，頗爲吳宓惜且痛之。寫長篇小說，陪襯了士林諸君子與北平社會生活，描繪吳宓這段情史，風靡當世。

吳老半百之後，長詩自述，稱伊人爲「海倫」，再四致其纏綿情思。壽堂初到空軍未久，即知老同學楊述凡令弟樹勳，乃吳老得意弟子之一。抗戰初，樹勳被徵調爲空軍翻譯官，正是我所服務的渤海大隊。其時，中美空軍聯合作戰，中國一個飛行大隊，美空軍亦一個大隊配置於同一基地上。張唐天大隊長愛重楊老弟，常爲我道說不已。留居臺北之初，重遇述凡兄，不意他夫人乃我小學同窗。未幾，述凡亦逝。從樹勳手中，得見吳老五十自述詩全文，並他「石社」的「紅樓夢論綱」，立論精闢，樹勳所爲的扎記。今，**臺灣名教授齊邦媛，正是吳老當年得意高足之一**。海倫後未再適人，居留臺北頗久。國父紀念館池沼旁晨間散步，屢屢遇此遲暮佳人。

武漢大學之行，若時間甚寬裕，附帶的作卓刀泉之遊。鄉間小徑，穿越墳間。回望武昌，忽起一番思想，他年我死去，要葬骨鄉土，乃爲人生最後安慰。

澄源堂兄家，看家譜。他的譜名應爲成源，或成元。自取同音名字或字塵緣。家譜，薄薄的一本，小册，寫的字不怎麼雅致。非如兒時所看到我家的那本，大册，紙張好，裝訂也佳。不知是否武昌圍城時，北軍進駐文昌閣，逼得我家倉皇逃到全善堂爲難民時，而致散失了？澄源很希望我能有重修的可能。考慮這樁事，我想，需得一些財力，本族內還得有兩三位可至各家訪查登錄的人手，按現在印刷的利便，只留下幾個手鈔本的辦法是不高明的。當印它兩三百册，分置各家。再說、禮儀上，還當祭祖一番，祠堂還當吃會酒。是則，目前並非良好時機，戰後一切未復蘇，各個本家都自顧不暇，僅澄源家還富泰。立體例，找線索，各家查訪，寫爲問卷，初編、再編，方能定稿，非得三、五年時間不可。

予珍在武漢交接了一批新朋友，後來加上我共十二人。每月都有次聚餐，漸漸要形成爲政治性的俱樂部。平均的，這十一位都長我四、五歲，人生閱歷豐富，不似我詩呀文的，不切實際也。那天慶平里聚餐後，共至劉先雲家，爲劉伯母拜壽。

有天，過蛇山，胡林翼路行走。那是個晴朗的冬日，太陽滿照，一家裱畫店，晒板上正貼著一張條幅：

昨夜西風凋碧樹，
獨上高樓，
望盡天涯路；（立高望遠）
衣帶漸寬終不悔，

爲伊消得人憔悴；（心堅志專）

衆裏尋他千百度，

驀然回首，

那人卻在燈火闌珊處。（豁然貫通）

三個括弧的十二個字詮釋得好，使詩境喻說，不爲文字表面形相所牽引。此係王國維「人間詞話」人生成功立業，必經斯三境界的名論。

諺云：橘子打不得燈。寒冬季節一過，兩湖川黔，自深秋上市的橘子，就不易保藏了，漸暖天氣使它易腐爛。長安王曲，極少吃到過橘子。這一個月裏，我過不幾天，就拎了籃子，到鮎魚套小河邊，向船家橘農賣批發者，「打橘子」。打者，買躉莊貨，比在攤販、商店買要便宜。至少得買十斤，三五斤人家不肯賣。可是，其他貨品如菜蔬，果品，魚，縱有生產者也是這樣用自家船隻運來鮎魚套直接批發或零售，卻不興說「打」。「打橘子」乃專門性的行話，非「打魚」、（漁撈）「打酒」（沽酒）、「打烊」（收市）之打。打這個字，辭義之廣泛，亡友任稼青，晚年有「打雅」的纂述。

漢口生成里外市街，既有幾家金號、參藥號，是大行商集中的區域。還有在里巷內非熟人難引到的特別商店，專賣美國派克自來水筆的批發店，它也零賣，要比市面便宜兩成到三成。戰後，這兒卻成爲臨時攤販集中處，擁擠不堪。賣的是美軍剩餘物資，善後救濟總署的配給品，這可是市面商店買不到的。

過年之後，去劉姑母家，見臘梅，好高興。前幾天，去抱冰堂尋梅，街上也不易買到。臘梅，人人喜愛，但有花販叫賣市街，立即被搶購淨盡。妹子，十三、四歲了，長得極美，是姑丈側室所生，姑母視若己出。那天，姑母、妹子同來，特地送了梅花並天竹，合插一瓶，好見情趣。隔幾日，以極微的代價，三百元買得兩株蘭花，清香滿室，這正是我去漢口正義報的前夕。

第二節　正義報

三十六年元月廿八到四月二十七，爲魏予珍兄幫忙，擔任漢口正義報副社長。

當天，去新快報社訪王杰，他力勸我不要搞報。倒非同行相嫉，主要是，他冷眼旁觀，察覺到予珍財力不夠支撐一家報紙。我剛把行李搬來，得予珍伉儷殷懃款待，怎能馬上打退堂鼓。他正當艱困掙扎，理應全力爲助，使他改革報社的計劃得以順利執行。稍稍進入情況，已知事不可爲，只好退一步想，無論如何，要幹它三個月。

報社在華中里。總編輯賀蘇，副刊主編秦敢。幾位分版編輯沒有。總編輯好辛苦，深夜始息。報是送往印刷廠排印，非是在社內，取稿工友的勞頓，編輯部的焦急期待可知。我原有心幫幫總編輯的忙，代他看看通訊社來稿，無如一到十點多，瞌睡蟲爬在眼皮上，就是強著掙扎不起來。只好寫點社論，還有散文小品提供給副刊。寫下了二十幾篇社論和短評。

新聞版闢有「江漢波濤」欄，以較特殊的報導爲主，夾述夾議，也可幽默打趣。短短長長都無所謂。臨到發排前，發覺記者寫的稿不宜，也有臨時快馬加鞭的趕寫來塡補。甚至打高空的寫新聞稿，塞入此欄。

採訪者意識低下，寫的東西予以百分之八十的修改，方能提升起來。報社財力太弱，難得請來好手。

儘管這樣，報社也感受到外來的壓力，不得不把言論鋒芒收斂起來。盡量做到綠色，理性，希望，而沒有刺。

予珍想從和平日報把謝楚明拉過來，要我轉達他的意思。我轉達了，卻並未力促。只因這邊薪水難按時發放，不像和平日報爲官方報紙，它係掃蕩報改名，有軍方年度預算支持著。但武漢新聞界的老朋友曾露、王杰，都特有介紹，跟予珍談過。

余紀忠自瀋陽來了兩次電報，邀予珍赴東北。予珍兩次有意要去。而把報社事全交給我。我勉爲答應，留下半年罷，靜待時局發展，故鄉侍奉雙親。但報社經濟，我無能力接下來。他新聘屈仁義爲總經理，屈甚能幹，事務長才，企圖心旺盛，經濟能由他承當，我就可接手。要馬上設資料室，以充分財力蒐購書刊，若如目前工具書無有，本市各報都無藏存的簡單設備，怎行？

三月二十一日延安克復。四月初，京滬中外記者五十餘人前往訪問。武漢記者團十二人，由予珍率領，於七日到達延安。三月三十他即已離社，四月十五方歸。半個多月我未回家。

予珍成日愁米愁鹽，愁員工薪水，愁報紙印刷、紙張費，想著如何打開局面，多拉關係，跳出跳進的。他如果不辦這份報，找份差使做，會比劉逸萍他夫妻倆快活得多。這也是他早就有的存心，剪存了不少掌故、瑣聞、幽默小品的資料，爲的副刊上補白之用。寫新聞稿，寫報導文章，寫社論、短評，寫長篇小說、新舊詩詞、散文的人並不難找，問題是財力支援。辦一年，不要想賺錢，方可以打出招牌來。若是少得可憐的員工，不能按月支付薪水，人家怎能幹得下去。他了解我的經濟情況，只要有款子來，總是十萬八萬的送點我，我不收不行。收了，心裏好不忍。

有次，他引我去拜候徐恕先生。徐老已逾七十，身子硬朗。滿室書册、文稿，見其治學之勤。他思想偏激，也未有何著述行世。不同於陝西鄠縣的薛思達，也不同於長安的鄭伯奇。予珍宴請兩位小說作家，都是六、七十歲長者。其社會經驗、人生閱歷都好豐富，專爲各小報撰寫長篇章回小說，於色情、下流、低層生活面，有入骨三分的描寫，引人入勝，抓緊讀者，並沒有譴責或剖析，如巴爾札克，如張恨水。消閒之作，可增加報份。青年新進作家，不屑於章回小說的寫作形式，而文筆嫌嫩。當時壽堂起一個感想，自己若到了老年，還能從事寫作，會不會這樣腐朽昏庸的爛筆頭呢？誰又能保住自己的未來？今，壽堂自少至老，不無病呻吟，不爲應酬、無聊文字，不寫無情趣作品，總算無負我這枝筆。

特把童姑丈家「諸子集成」線裝本，連同半人高的木書櫥，一併借到報社來，備隨時瀏覽。非起初，上午都還清閒，可以寫讀。後來，報社事漸多，人客來往不斷。酬酢一番，耗時費財。非如住武昌家，泛泛之交，他不會來打攪。取得予珍諒解，我只好離開正義報社逃回武昌。不再寫社論、短評，只爲副刊寫「江漢憶語」，「太行山內外」，「中國風土俚諺小集」。

十二位朋友們的聚會，立春前兩天，特選在黃鶴樓呂祖閣靜室裏吃素食，談到下午三點方散。可能要義結金蘭，又可能要發展爲政治結合的小組織。後來發展如何？我已疏遠下來了。不是文學或學術上的聚合，我的興趣不大。跟金輪、黃超、先方、張濤、宇亮這批朋友，來往得自自然，少有這般急切捏合。

從華中里往西，過鐵路，走一條街，即到中山公園。亭台樓閣，池沼園圃，無殘破景象，不似武昌首義公園地區小，又太欠經營。常有散步到此，且在圖書室裏看到「王雲五大辭典」的一字長編，以時局阢隉，雲老大辭典這部全書未能問世。到報社才幾天，早上既帶了昶兒去中山公園散步，午飯後予珍、志蓮、我跟青，各帶了孩子們再去中山公園，留下了一幅合影，想不到竟是歷史性的畫面。

春濃，有天下午獨自散步，越過大智門火車站，往西北邊走。經過西商跑馬場，過怡和村，至有名的楊森花園。走郊區回望漢口市，另是一番風貌。如果有人相伴，就走到姑嫂樹那個富有歷史傳說的地方去了。

那天，乘馬車到橋口營房看吳義同學。二十二、三年，任職陸軍一四二師七二六團團指導員，他是師政訓處長，和鳳家斌同學駐北平清河鎮上民間房舍。他很少到營區來，以不便飲酒玩樂聊天也。我們這些年輕軍官，服飾鮮明，意氣飛揚，營區官兵早投以有色眼光，若聚在一起會飲談笑，自覺有些尷尬，分散四處，就不那麼打眼了。總是我們往吳義那邊跑，去北平城，鎮上購物，都比營區這邊方便多了。此際吳兄已恢復他通信兵科的本行，當了通訊兵團團長，但見通信器材，美軍軍援物資，到處堆積，這特種兵的團長，任務好吃重。談述十幾年前北平城郊的生活，極為愉快。

辭去吳兄後，走王家巷碼頭。風大，渡輪停航。不得過江的人，立岸邊，看那擺江以搖盪斜闖的姿態，向武昌駛去。可笑我去年元月在王曲藏駕莊，以豪壯情懷，拿「擺江」破題，始寫

「武昌方言記事」首篇，今天雖急想渡江去，與家人團聚，卻失去乘坐擺江的勇氣了。

王乃凡同學從四川送家小回湖南，安排了老人的喪事而途經武漢，可能將去東北。乃凡頭部特大，笑聲爽朗過人，詩文造詣高。留宿報社。予珍晚歸，續談至深夜。天下大事，西北故人，無不付予關切。看我方言記事原稿，「擺江」引發了他二十多年前生死交關的回憶。

民國十六年夏，大風禁江，他以一元大洋獨雇一隻小划子張帆破風浪，行駛漢陽，已達鸚鵡洲江邊，船覆，舟子捨命救他上岸，感激十分，將身上三元錢全部付予了人家，人家要設法去搶撈水面漂流的覆船。乃凡全身衣衫濕漉漉的，十分狼狽，渡過漢水，到了漢口，夜宿一秘密機關。臨睡前，乃凡還與三、五位同志談過話，洽定了次晨要辦的事。由於一天的過度驚恐，在樓上一間小房，一上牀，便睡熟了。誰知半夜，樓下一陣槍聲，闖進不少人，又雜著慘叫，顯然是這地方受到襲擊。乃凡考慮怎樣應變，絕不可奪門而出。以為人家必會上樓搜索。誰知毫無動靜。是否暗中還潛伏著襲擊者呢？越窗向屋後跳到鄰家去？深夜不辨方向，而且安知鄰家又怎樣對待？只好穿好衣裳，歪在牀上，儲蓄精力，準備應變。天剛破曉，確知樓下已無人了，下樓來，才發覺昨夜談話的人，都已中彈身亡，每人不止挨了一槍。大門是敞開的，黑夜既未盡，左鄰右舍沒人敢出來探視。那段時日，全武漢社會太動盪，也無軍警前來，不走更待何時，乃凡火速奪門而逃，連轉幾個彎，脫離了這個是非之地。

乃凡看了我「華山初遊」的原稿，居然還記得他自己十二年前，快遊華山所寫的一首長詩，緊鍊雄奇，情趣洋溢，特為憶錄出來。不怕掠美，照抄在此。

華山行

廿五年五月，與文康、振鵬同登華岳而作。曾載「國聞週報」三十六期，斯時正值河北事變未久，嶺南風雲頓起，誠不勝神州陸沈，新亭落淚之感也。

洒藩誌於卅六年二月十五日

峻嶒華岳拔地起　一步懸崖一步奇
千尺峒高削壁立　攀欄猿臂上天梯
梯接北峰樓倚雲　欲駕蒼龍奮北溟
下臨幽壑無窮極　上懸白鍊與煙凝
朝暉煙合兩相還　人在虛無飄渺間
翠色落花新雨後　天馬行空意自閒
扶搖直上仰天池　落雁峰前古木支
俯首群山爭拱立　天外黃河一線絲
煮茗石鼎敘南峰　慷慨高歌萬壑鳴
激越清揚天籟在　猛士何妨賦大風
大風歌處起歸思　嶺南冀北雨風時
國難更兼家難急　雄心常與素心差
振衣千仞情無限　獨立蒼茫自詠詩

友輩咸能文，多佳構。亦善吟詠。其如「華山行」意境、鍊句之奇古，則罕見。錄此實我雜憶，庶時時鑒賞。故人挺立華嶽險危神貌，與祖國山水勝境，同此詩篇之不朽。

至省教育廳爲弟妹辦理轉學，爲昶兒申請入學。幾度去拜訪了承辦科長，一再洽說手續，補繳文件等等。遇朱有勳。他是老友朱有瀓堂弟，從他處得知有瀓通信處，寫了封信去，這中斷二十年的友情重新燃燒，懇切極了。有瀓大哥生活平穩，不似我之跌蕩飄忽。他膝下有好幾個子女了。

在秦敢處借得傅雷譯的羅曼羅蘭「約翰・克利斯朵夫」。一部巨著，堪稱著者的代表作，文學史評爲其一生思想和藝術的匯萃。寫作歷時二十五年（一八八七——一九一二）完成。全書未成前，先在報上發表，寫成之時，恰當壽堂出生之年。全書百餘萬字，厚厚四冊。陸續閱讀半個多月，那天深夜之時才讀完。無限的感奮之情，好幾年未讀到這樣好的長篇小說，它跟托爾斯泰，陀思妥也夫斯基，大仲馬，其作品原色味，大大有所不同。

昶兒的黑棉制服做好，穿上身，好神氣的。又爲他買書包。也是自己第一個孩子在故鄉上一年級的緣故。夫妻倆爲付出這筆數目不算小的用費，覺得安慰。說來，咱倆總算對得起這一對兒妹，直到後來，二十多年，他倆大學畢業，每個學期前，總把學雜費老早準備妥當，從未發生過期限逼迫，錢籌措不及的事。

省立實驗小學是前湖北省立第一師範附屬小學的舊址，那地方對我是再熟不過了。送孩子入學，我各處都走過一遍，憑弔二十多年前的往昔時光。令我訝異者，教室內一位女老師，竟然是我小學三年級教算術的俞老師。第二次特選下課休息時去拜望。不錯，她是俞老師，她說，她是姐姐，當時模範小學教我們的是她妹妹，已在疏散四川時因病去世。儘管這樣，對這位任教近三十年的女老師，仍然充滿敬意。好難忘當年俞老師對我的親切。

祖兒很勤學。一早下樓去，樓下人通還未起。看著他搬了凳子把大門門抽開，帶上門而去。星兒那時才三歲多，在樓梯口，攀著媽媽褲腳管，也學著大人口氣，囑咐哥哥一番。老實成性的祖兒，絕不會反唇相譏：「你煩不煩啊？」他必一一答允。從花堤街走到實小。

有天，日記中提到初到王曲，CK「眼兒媚」，心繫十年。青看到了，她的感受是：「一落千丈，淚如雨下。」而把我三十六年四月八日的這頁日記剪去了。她寫了一小頁紙，述她的傷感。又在我日記空白處，指摘說，當年祖兒未出世時，我打秋兒，大發脾氣，也因怨恨她，而思念CK柔情之故。四月十二日，我在日記上發牢騷，謂回家時，青老著臉，且掉眼淚，使我這個星期天，自漢口回家，弄了一肚子悶氣回報社。青把這天日記也撕去了。還以為她把這兩部份日記都毀掉了。先是，四月十九日，星兒告訴我，青剪掉了我的日記。她好難過的。我使用日記本，向例總拿牛皮紙包裹起來，沒想到這包紮裏藏了玄機。這年七月間，在南京，我借住龔先方家，承支伯母、夢瀚嫂慇懃相待，孩子們常跟我親熱著玩。有天，孩子們無意翻了我這本日記，包書紙鬆散，掉下了青給我夾藏的日記剪頁；否則，我自己是難得發現的。

不管在自家或寄住別人家，我的日記本皆隨手置案頭，或抽屜內（抽屜向來少有用鎖）。現在忽體會到，夢瀚母女有否翻閱我的日記？要不然，孩子們怎會翻閱到呢？自認為先方好友，情逾兄弟，又事無不可對人言，所以才毫無防備他人窺伺隱私之心。

有天，把報社裏要寫的文章都交了卷，趁著予珍在，我度一天假。搭輪船返武昌。一個多星期未回家了，雙親、弟妹、妻兒、老幼七人都是我所掛心的。武昌城生活慣了的人，對漢口繁雜，多少感到欠適應。走上花堤街，已是十點多了。家裏再也想不到我今天會回來。

天氣既爽朗，我心情又輕鬆。到家，進了大門，臨上樓，我滿心有喜悅感。走了兩步樓梯朝上一望，呀，青正在上面樓梯口也往下看，夫妻倆視線相接，心中同樣洋溢著甜美，不覺要笑出聲來。既上樓，先到後房，向雙親請安，說報社事。青牽了星兒前來歡迎我。

婚前，「貧窮的幸福王子」時期，兩家同住豹頭堤街小樓，我倆朝夕遊散，尤其夜間回來，總在大門前擁吻，也是好甜蜜。但還無夫妻生活的滋潤，不及花堤這時期小樓青春煥發，只惜失業陰影壓人，故鄉團聚不易，人生總難十全十美。

使用著從武昌路新買來的兩屜小桌，我寫了「太行山內外」，「中國風土俚諺小集」以及「武昌方言記事」，「秋暉隨筆」的系列作品。

報社有個專差，送報到武昌各處黨政機關，特殊的個人以及武昌報紙批發處所，每天必來我家。也要逼點稿子去。有次是予珍長子國炳侄特來我處取稿。我們長安的所有朋友，都十分愛重、憐惜這個有父無母的孩子。他的生母乃是自願休棄離去，容許予珍在外自由擇配。民前五、六年出生的中國男性，凡以知識份子、新派志士自居者，多有如此休棄了鄉下黃臉婆。**若如胡適留美學生，青春得意而仍能守其結髮妻室，眞是絕無而僅有。**雙親和我夫妻，都免不了要跟國炳侄親熱一番。他回到報社，看著年輕貌美的繼母，雖也喊娘，卻不是味兒。

於是，我方有可能，有時候悠哉遊哉的，帶了兩個孩子上黃鶴樓，遊蛇山，走保安門，去紫陽橋這些地方，看風景，觀長江形勢，講鄉土舊事。也侍奉母親，去聽聽說書。

武昌體育專科學校春季師生運動會，教職員不過點綴，各個項目的參與者，學生爲主。萬米賽跑，有位同學，兩三圈後，便落後了，但他不氣餒，不急躁，仍然不徐不速的跑。所有與賽者，人家都到終點了，他整整落後兩圈，跑道上空蕩蕩的，只剩下他一個人跑，最後五十公尺，躍起腳步衝線，在大衆歡呼鼓掌裏，跑完全程，他並未歪歪跌跌。次日武漢各報，都爲他做了特寫，也登出了短評。

予珍一再推荐我去徐州，朱鼎卿處任秘書。鼎卿是朱懷冰的堂弟，其時任軍長。不久，他出任湖北省政府主席，爲大陸變色前的最後一任。爲了此秘書甚閒適，待遇也可。依當時生活計，我答允了。但一再說，我不大能寫應酬文字。予珍說，他已向人家詳細介紹過我了，對方十分歡迎，期待我立即前往。雖是這樣，我內心還是猶豫不前。且等到了南京再說。

第三節　空軍渤海大隊

空軍總部任命，派我爲空軍第五大隊上尉一級新聞室主任。把我陸軍上校將十年的資歷，一下子下降三級，實在委屈。只恨自己，奉委前，總司令周至柔召見，問了好些話，我竟未陳明，跟他有些艱苦戰鬥中的淵緣。他民二十年任陸軍十四師師長，曾爲其僚屬，與該師五、六位營長交情深厚。僅憑這層歷史關係，空總政治部之以少校簽報，就不會打折扣了。而抗戰之初，即進入航空委員會政治部位據要津的好幾位資深人員，乃我軍校同學。空總政治部朋友們還都說哩，歷來，八個飛行部隊政工主管的任用，得總司令重視，特予召見，我乃爲第一人。

三十六年八月四日，出南京光華門，大較場空軍基地到差，面臨一切都陌生的新環境。空軍的四個驅逐機大隊，依序爲第三、第四、第五、第十一大隊。其時，這每個大隊編制，配置七十五架P51野馬式單螺旋槳戰鬥機，二次大戰末期，這種飛機是性能最好的。還有四個大隊，則分屬轟炸、運輸。

第五大隊，轄十七、廿六、廿七，三個中隊。大隊代名稱「渤海」。其他同等的飛行部隊，有東海、黃海、南海、北海等。五大隊大隊部，並十七、廿六中隊，駐大較場。廿六中隊還派遣了一部份飛機，飛行人員及機械人員，駐漢口王家墩機場。二十七中隊駐山東青島滄口機場。大較場基地還駐有空軍十二中隊，是專飛偵察機的。此外，則空軍第四供應分處及第四供應大隊，供應飛機油料、彈藥、器材以及修護方面的事。

大隊部除大隊長、副大隊長、大隊附，設一二三四課，分掌人事、情報、作戰、機械修護與補給業務。另設軍醫室、軍需室、新聞室、汽車房、電話班，副官。還配屬有無線電台。大隊長、副大隊長爲現役飛行軍官。大隊附，一二三課的課長爲備役的飛行軍官。監察官四人，分掌行政、情報、戰術、機械的監察業務。除機械監察官外，皆爲飛行軍官。一二三課的參謀，也皆爲備役飛行軍官。

新聞室編制簡單，主任、幹事、文書員、文書士各一，下轄三個中隊，每中隊設政治指導員一人。我到差未久，新派的幹事顏述志也隨著來到。文書員蕭超然任此職有兩三年。文書上士程思遠。十七隊政治指導員李家超，大學畢業，是書法家清道人李瑞清的孫子。廿六中隊政治指導員陳伯容，西南聯大政治系畢業，五大隊抗戰後期駐湖南芷江時，就到職的。廿七中隊政治指導員寧英麟，陸軍官校十六期，比顏幹事到差略遲，隨即飛赴青島。李、陳兩位，並未下隊，就在新聞室工作。

飛行人員一直比陸軍人員薪俸高兩三倍。這一點，從沒人覺得不公平。他高空飛行，營養差了，駕駛飛機的手眼能耐會生問題。而空軍初建未久，即逢抗戰，與優勢日本空軍對敵，犧牲率太大了，勇士們一升空，莫不抱著有去無回的決心，高待遇也是太應該的了。此所以，氣質高雅的仕女，莫不傾心於飛行員。自杭州筧橋空軍軍官學校建立以來，年輕的師生伴著蘇杭小姐出遊，使西湖風光更增添了時代的詩情畫意。在以往，只文人學士，江南佳麗，乃能領味西子湖畔的風雅情趣。也正在這時候，相並著空軍軍歌：「乘雲御風去，凌空把志伸」的另一首抒情詩歌**西子姑娘**，低迴委婉的情思，傳遍了大江南北。這首歌，教我們立即起了聯想，每位飛行員身旁，莫不有位溫馨可人的西子姑娘。

五排大營舍之南，車道直前，通到志清堂。志清，乃紀念本大隊殉職飛行員而命名。志清堂是一座長方形建築體，奶油色牆壁微綴的形貌，柔和中透出端莊、華貴與一兩分嚴肅。它比六排營房稍低，進門，即見約五、六十坪見方的大廳，正中並有小小舞台，可爲講演與娛樂節目表演。還有幾間小房。我到職未久，即特闢一個房間爲圖書室，把新聞室惟一的文書上士程思遠派出，專管圖書室。每月撥了新聞室有限的辦公費添購書刊。大隊部也隨即撥款補助。

程上士早年服務警界，四十八、九歲。行步略顯蹣跚，老氣橫秋的，臉面眞可刮下霜來。他常對一些年輕的士官兵，不假辭色。飛行人員對一些地勤官士以及陸軍人員，本是免不了趾高氣揚的，卻不得不在程上士面前收斂幾分，只因他確爲父執輩角色。

這基地營區內，五大隊隔馬路東邊，爲十二中隊，一點不像軍營，毫無陽剛之氣。所有房屋，外牆通爲乳白色，內壁淡綠色，而屋舍位置，曲折有致，上頂覆瓦，白色圓柱的寬寬迴廊。判圖室，暗房，銀幕顯影的地方，都特別吸引人。這中國空軍惟一偵察機的部隊，任何人一來，心上立即湧起種意念，務要欣賞欣賞空軍的高空攝影。

空軍指揮部所要求於此部隊，乃是戰場的全面攝影，戰鬥前、戰鬥中以及戰鬥後的種種情況。咱們不曾置身統帥部，自然見不到這種驚心動魄的畫面。拿壽堂個人體認說，我並非沒有參加過太慘烈的戰鬥，但畫面上所捕捉到的瞬間，固定的景相，不是稍縱即逝的動態，它容許我們用心的仔細的，拿了放大鏡，或是幻燈放映，可以慢慢觀察那一草一木。

抗戰勝利後，此偵察部隊曾巡禮南北各地上空，在毫無敵情顧慮的情況下，選擇最好的時機，角度、高度，從從容容的，詩情畫意的，拍攝了許多高空鳥瞰，廣闊鏡頭的照相，是地面或站在高處所難以達成的攝影。並非飛行員、照相士之閒情逸致，乃係任務飛行就便或訓練飛行的作爲。這可貴的作爲，何止三百幅「清明上河圖」，又何止於長城、黃河、長江、白山黑水，海峽兩岸之萬里追蹤。

大隊長鄭松亭，很樸質。副大隊長項世端很年輕。大隊附，有點八面玲瓏，善於肆應，口邊常夾帶幾句洋涇浜的英語。起初，我不太習慣。既而也就視若尋常了。原來，此時際，空軍飛行員的養成，全是按著中美租借法案以及中美空軍並肩作戰的要求，其中級、高級飛行，全是去美國各個空軍訓練基地訓練完成。也即是說，我國抗戰後期的飛行員，除了入伍，基礎教育是在中國空軍官校行之，其全程的戰鬥教育，乃是接受自美國。當時，盟軍多有如此，英國空軍也是這樣。無形中，他們習染了美國空軍的生活、語言、動作。所著用的服裝、旅行袋等等，也全屬美國空軍式。

軍醫長陳漢儒，四十一、二歲，要算全大隊軍官年紀最大者。空軍飛行部隊的軍醫，乃爲航空醫官，除受過一般醫學、軍事醫學之外，還特有航空醫學訓練。空軍官校招考，考生首須通過的，乃是嚴格的體能檢查。因而飛行軍官學生，一開始便受到特別保健上的照顧，首先爲高空伙食營養。及至成爲飛行員，直到他空勤工作的終了，每年都有定期體格檢查。一旦體能有問題，立即施以航空醫學上的治療與補救，若問題無法消釋，縱使飛行技術如何完美，又如何的立有戰功，他的飛行紀錄已是幾萬小時以上，也只好接受「停飛」判定。

航空醫官都享有空勤給養的待遇。薪俸上也有空勤待遇。他要定期體驗飛行生活的適應。陳軍醫長既爲老空軍人員，青年飛行員對漢儒都十分尊敬。

軍需長鄧幼鴻和易近人，由於其時幣值不斷下跌，多半的人都時感錢不夠用，等不到發薪水，就早花完了。因此，不免常到軍需室找他批准借支。

官兵們無大需求者，似只咱們這個新聞室了。新聞室主任與各中隊政治指導員，對飛行人員負有思想教育訓練與考核的職責，生活必須求其一致。於是，也享有空勤伙食的權利。不幸的是，我們所得到主副食卻只是地勤人員所額領的。於是，我們在空勤餐廳就食，就成爲揩油性質，我與二十七中隊指導員，以單身在職，眷屬未來，就以地勤人員額領給養而搭伙空勤餐廳，公家既不發給差額，我們個人也未自掏腰包，予以補足。事隔近五十年，好教我想起國家建軍編制、給與的不合理處。既要我們參與空勤伙食，何不發差額貼補。

中國空軍的建立，剛剛二十年光景，吸引了最優秀的青年人。當年，全國高中畢業生能考入南京中央陸軍軍官學校者，約為二、三十分之一。空軍官校，再從陸軍官校學生中選拔。及其進入空軍官校，又歷經三個階段的淘汰：初級飛行、中級飛行、高級飛行。就一個高中學生之訓練成一個合格的飛行員，要經過此五個階段的篩檢。若說從一百個高中學生才造就一個飛行員來，這估譜一點也不誇張。

南京市街上還保持著十多年前風尚，商店迎街播放廣播電台的流行歌曲。多是「孤島天堂」時代的上海，以及淪陷、光復這幾年來產生的歌曲，「何日君再來」、「鍾山春」之類，與抗戰歌曲之雄偉、悲壯，大不一樣。這些歌曲，後此四十多年，在臺灣「懷念老歌」的節目、廣播、電視中也偶有聽到。

到差才兩天，一切還未就緒，父親已陪著母親到了南京，借住龔家。先後至中央醫院、鼓樓醫院就診，醫生都說母親子宮炎已到第二期，難救藥。後轉至中醫施今墨處，他說得較為樂觀，只要瘤皮拿出以後，能漸漸乾癟了，就可有治。診母親脈門，說是還好。醫藥費都貴得嚇人。

既不能住醫院，由於弟妹在武昌讀書，當時未能考慮全家遷到南京來。只好讓母親回武漢去。

母親既回家，我才輕鬆下來，只要打算如何按月籌錢寄回。這時，因法幣貶值，即有加薪，每月收入仍感捉襟見肘。

鄭大隊長入空軍參謀指揮學校受訓，張唐天來接任。他原是上一任本大隊的大隊長。抗戰末期，中美空軍混合大隊時，在湖南芷江基地屢創敵機，逼使日本空軍退處武漢以北。他治軍甚嚴，脾氣不好，是空軍裏出了名的，八位大隊長之中，以他最難侍候。空軍新聞處的同事都爲我嘆息，捏了一把汗，說鄭某是最好相處的部隊長，而張某是另一極端。要算你運氣差了。

送舊迎新的舞會上，張大隊長不跳舞，我倆端了一杯酒，坐在一邊，欣賞年輕人的嬉樂，談著閒天。他向我直率表示：不錯，我是有些脾氣壞。你想，我沒有家嗎。

當時，分隊長以上的飛行人員，全部都已成婚，莫非如花美眷。飛行員這個階段的小伙子，則人人正忙著戀愛。除了少數上了年紀的夫人，兒女也大了，不太有興趣到舞會裏來，飛行軍官百分之九十八都來跳舞。有位副中隊長吳其軺，他的女朋友還在金陵女子大學讀書。有次在大行宮候休假車出城回隊上碰到他，街邊立談許久。他發了一番議論，中國社會如此苦難，雖是勝利國家，而經濟問題愈來愈嚴重，蘇聯、中共之膨脹，比當年日本侵略更爲可怕，南京已失首都氣象，我那有心情去跳舞？

張唐天陸軍官校九期，空軍官校五期。應小我一兩歲，但他那黝黑臉色以及大隊長的威儀，又似乎大我一兩歲。稍胖，眼神特顯一種強毅。他的職位既是慣常指揮人家，逢事必作斷然決定，就益法顯示在個性上了。其時，本大隊的主要任務，在防衛首都，協助蘇北戰場（徐州駐有空軍十一大隊）。但非抗戰時期，現已毫無空中敵情顧慮。每天出任務，都是支援陸軍的攻擊、撤退或被包圍。驅逐機的地面攻擊並無對手。由於陸軍要求頻繁，空軍支援行動逐漸擴大。從清晨直到黃昏前，本大隊都有飛機出發作戰，並無大編隊行動，都是雙機或三機出動。偶或遇到地面上決戰，才需要一波又一波的空中行動。

跟張大隊長最初一兩個月的相處，有君子之交淡如水的意味。兩人生活，更有清教徒的光景。我很少在下班時去高攀他。晚飯後散步回來，我多半在室內寫讀，大隊長屢屢這時闖了來。約摸還有三十幾位單身的飛行人員，也在這營區裏。自中隊長以下，在他面前，多不免有些拘束。

一次提及空中戰鬥，他進房去，特把新近在參校受訓所寫的一篇作文**超低空奇襲白螺磯機場記**，拿給我看。三千字左右的記述文，也不乏抒情與議論。他是領隊機，說的是在美軍驅逐機掩護之下，如何迂迴，躲避敵方雷達偵察，超低空突襲長沙敵空軍的這個前進基地，一舉而成功。自此，乃能掃除障礙，而控制洞庭湖到武漢的領空。冒險性很大，或是遭遇到武漢、江西方面的敵機來阻戰，或是白螺磯機場敵機早已升空爬在高處了，或是飛行中碰到地面物，或是我機群編隊發生混亂，或是飛機發生故障等等。教官很欣賞他這篇文章，打了不少連圈，他自己也以這一次戰鬥之緊張刺激，立下戰功爲得意。

飛行人員的戰鬥生活，每人都有其得意之作，也不乏驚心動魄生死交關的遭遇。由其本人留下文字記載，再加照片作證（當時P51 上已有照相槍設備，可攝下本機諸戰鬥動作）實在是很有意義的事。無論就國家或個人歷史文獻上說。

行政監察官伍相傑，美國華僑，民前一年生。先在北平讀中國大學，後入空軍官校八期。空中作戰，手臂負輕傷，精細動作受了影響，不再能操縱飛機了。一次，閒坐聊天，他陳說許多抗戰中國空軍慷慨報國的悲壯故事，怎地那時未勸說他筆之於書呢？那時，他多閒暇，文筆很流暢。許許多多故事，單只記得一樁。他們從基地派到前進部隊的南鄭，飛行員每天都有出任務，一去而不復返。出任務，都在頭天晚上派定。被派定的人，便把身上佩戴的物品，還有未用完的錢，託付給同伴，交他爲寄給自己家人和女友甚麼的。這種交代，十分尋常。次晨一躍而起。有時醒遲了，來不及吃煎蛋，喝了一碗豆漿，便上飛機了。他們睡的行軍牀，一天比一天的空了，也不覺得有甚麼悽傷。只剩下伍相傑一人命大，他奉命單機飛回隊上去，隊長歡迎他，**只說了聲「好樣的！」兩人淚如泉湧。**

副官室辦的都是些雜務，被人呼來遣去。有位擔任雜物採買的上士劉忠哲，中等身材，相貌猥屑，左肩下斜不正，每當他按時送辦公用具來，我總對他無有好感。心想，他準是經常採辦雜物，揩油貪污，吃喝嫖賭，把身體弄壞了。不到三十歲的人，身體才這麼沒有一個正直姿勢。有天薄暮時分，我正在冷水淋浴，剛抹上肥皂，才發覺他也在右邊角落，已洗好了，正拭著身子。偶然一眼瞥去，啊喲！他背部、胸部，幾處傷痕。是作戰受傷的嗎？請站過來，讓我瞧瞧看。走路、動作、吃飯，天氣變化時，會不會感到不舒服？原來是衡陽戰役，又在宜昌外圍，兩次受的傷。頓時，**令我肅然起敬，再也不覺得他猥屑。**

有次，特跟大隊長提起這位劉上士。大隊長笑了，說他起初看到這位部下儀態不振，好生氣，把李副官叫來，申斥一頓，很想開除他。李副官並未垂頭喪氣，反倒滿臉堆笑，好言報告這位上士的經歷。並說，他採辦東西，十分盡心，買得好，又買得便宜，是兩個中隊的採辦人員所不及。不僅絕不揩油，還把商店硬塞給他的回扣繳給公家。大隊長一聽，自也肅然起敬，特找他來，懇談、勉慰一番。從此，很看重他。檢視了他身上的傷痕，幾次交代第一課給他辦傷殘慰問金，並保舉他升官。不久，果升爲少尉事務員，調到中隊上去了。青年飛行員們，自然更是十分尊敬，親切的跟他打招呼。

有了這次經驗，我深深體驗了「**人不可貌相**」的古諺。

小陸，廣東華僑，大眼睛，膚色帶棕黃，一口帶外國人聲調的國語。他的舉止、氣質，一看即知不是在中國本土長大的中國人。說到這裏，我有個認定，抗戰勝利前後，新生代的飛行員，華僑與世家子弟，似佔了十分之一。如蔣委員長的親外甥竺培風，即曾當過五大隊飛行員，空戰殉國，陳伯容很熟悉他，常爲我說起這舅甥間的事。

小陸剛升分隊長不久，新居也完工了，奉准去美國完婚，把氣質高雅的新娘接到了南京，一到即住進小屋子。這屋子極特別，方體建築，不太高，兩房一廳，廁廚俱全的西式平房，有小小庭園。要非父母出資，分隊長的收入，儲蓄積存六、七年也建築不起來。

白天，小陸都在隊上。新夫人也不太出門，常在家彈鋼琴，一隻狼犬爲伴。小陸特邀我去他家作客。我買了徐訏的小說「風蕭蕭」、蘇青「結婚十年」以及「旅行雜誌」送給他夫婦。去過兩三次，咖啡，可樂，龍井茶的慇懃接待。看到他案頭上的日記本，於是免不了建議，要新娘子寫寫這甜蜜小巢。我請李家超兄買了兩本有格稿紙送給他夫婦，隔不兩天，小陸高興的跑到辦公室來說，新娘子已下筆寫了，她極喜歡這上海印的淺綠色稿紙。在美國，不易買到。

小陸夫人有了孕，丈母娘不放心，要女兒回美國待產。這房子便空了下來，別的人嫌它地點冷清，無人願去住，漂亮小洋房便空閑下來。

張大隊長是個性子很剛的人，使接近他的人都起幾分戒心。但究竟有點年紀了，並不毛躁火爆，也並不是太那麼驕氣凌人。他之對待部下，不太客氣，乃是一視同仁的。

天熱，餐廳就食皆著短袖麻紗汗衫。獨我著白洋布齊肩的汗衫，是青買的窄幅白洋布，簡單剪裁縫成。穿此衣衫，豈止土氣，硬是寒磣極了。只怪手頭太緊，竟抽不出錢買幾件短袖機織麻紗汗衫。渤海大隊到差之初，這麼硬挺了半個多月，不免自慚形穢，教人家好瞧不起。

這次卻在南京城，與本源堂叔夫婦相逢。本源早從中央大學哲學系畢業，源嬸王家純是同班同學，也爲同鄉。她家在漢口江漢路經營一家大參藥店，門面堂皇，專賣高貴藥材，鄉下人抓藥，想買點黃連、大黃的，再也不敢踏進那落地大玻璃門之內。哲學系是冷僻學科，以就業爲選系科的現實打算說，多少學子皆望望然而去之。他倆爲方東美得意高足。我自讀過方著「科學哲學與人生」之後，對其博學與風趣，好感常存在心。特爲他倆說起這一層，並述黃乃松心理系學生亦爲方氏所喜愛之事。堂叔夫婦倆，皆共事國立編譯館。

我們二房，祖父、父親爲獨子，走的商人路途，到我們弟兄，我跟老二，都爲「漂學」，好可憐的淒慘苦讀歷程，我居然經歷了職業寫作，治學於諺語，在紫陽堂朱家家族子弟中，豈非異數。此所以，與源叔夫婦碰到，共感欣慰，朱紫陽堂大房、二房一大家人，終算還有四個讀書種子，可接大房三爺爺朱之綱的薪傳。

話也不完全是這樣說。民三十八年之後，這四十多年，大房堂弟妹、子侄們情形，不詳。由於時代變動，家族受教育情形，較之以往大大有了不同。讀書種子，較上代人是多得太多了。

在大陸的二弟，跟我一樣苦學，竟然成爲高級軍事學院的第一政委，教授、學員生皆十分尊敬他。民八十年、八十六年，我兩度返武漢，住他學校裏。清晨，校區裏散步，遇到男男女女中年人，攀談起來，人家知道了我是他大哥，莫不異口同聲，交加贊美，稱譽他眞是個好領導。後來接班的，業績多不及他。

可惋惜的是，二弟太是犧牲、貢獻了自己。他在海南地區一十八載，竟致聰慧秀麗的三位侄女，失去了讀大學的機會。要是三個爲男孩，夫妻倆就放心讓他們去廣州、武漢、北京升學了。

小我十八歲的滿妹爲高級工程師。民八十六年初夏，返鄉，偕她和大侄女珠珠走訪武昌平湖門、文昌門那一帶機械廠房，爲妹子十多年前工作場所。辛酸，困頓不少。

妹夫錢鋒和小我二十二歲的老么，一直在新聞界工作。錢鋒文筆不錯，詩辭修養，超過我這大哥多矣。兩個外甥，更是了不起。可惜兩位亡親不及見到。錢毅，一表人材，多才多藝，詩詞篆刻皆佳。小外甥朱斌，在大陸開放未久，竟能赴美留學，獲得波士頓大學的博士，任教於校。兩外甥媳婦，皆秀麗，或學音樂，或攻文學。

么弟兩子，朱強、朱毅，由於弟媳湯世英爲藥學教授，強、毅弟兄倆都讀的藥學系，中西醫藥皆學，毅侄已獲得原子醫學博士學位。這還是我們外公楊世瀛，與壽堂夫婦，還有兩母親五個人，自清末以來，百年歲月的理想所指歸，**中西醫藥的綜合研究與應用**。

在臺灣，我的一兒一女，憑其資質與我的經濟條件，跟一般人比，他倆本應讀到更高學位，惜乎未能如願。但總算讀到最好的學校了，國語實小，建國中學，臺北一女中，臺灣大學，東吳大學。昶兒自幼博覽群書，以第一志願入中國大學最早設立的圖書館學系。只以其研究所，後此八、九年才設立。昶兒這首屆畢業者，已失去更進一步的興趣。他的治學，放在佛學、靈學，與未來學的方面。中英文都好，卻懶得動筆。

星兒出身中文系，英文說的能力強。服務臺北故宮博物院，古銅器，古鏡的研究二十多年。各國館際間的研究、合作。近幾年，她單人獨馬，已走遍歐美各國。

大外孫女梁振儀，已讀畢美國匹茲堡大學資訊管理碩士研究，隨即就業美國。旋轉臺北。爲工程師。其妹振萱也讀得相同學位，就業佛羅里達。

只有惟一的孫子，書讀得不太好，已高中畢業了。

自壽堂這一輩說起，比起父祖三代，但爲雜貨店老板，缺少書卷氣，確乎不同得多。

先是，國防部政工局邀請了一些教授，巡迴首都三軍部隊講學。渤海大隊的首次講學會，開始於三十六年九月十五日，余紹彰講國際形勢。二十五日，許鴻講周易。三十日，陶希聖講「空軍眼中之世界」。他意興風發，講得十分欣快。以湖北官話爲底子的國語腔調，別有韻味。十月十三日，陳鍾浩講國際問題。這天，自己已有一種感想，老是侍候別人來講學，自己爲啥不開口呢？當然，每次講學會，在開始之前，我先要講幾句話介紹主講人。

由於張大隊長極有興趣，渤海大隊的講學會，後來則全係我們自己辦的。我全權負責的邀請教授們。風氣既開，他們都樂意來。

接續下來的是，蔣復璁講圖書館事業。劉繼宣講歷史。張金鑑講現代政治思想的趨勢。盧前論詩文。余上沅說戲劇。蕭孝嶸講心理學。任卓宣講現實問題。蕭作梁、陳石孚先後的講學，皆論世界與中國的希望。徐仲年風雪天蒞臨，大氣磅礴，由於我提說「風雪故人來」，引起他好一番感慨。朱建民論港九問題。宗白華講歌德浮士德。陸鏗是渤海大隊講學會上最年輕的主講人，娓娓而談，說「日韓觀感」。歐陽翥純粹科學的講述，「大腦與智能種族之關係。」

在南京最後一次講學，是三十七年十一月十九日，顧毓琇論「科學與文化」，除去關於本題淵博精微的分析而外，他講了不少中國航空工業研究製造上的歷史珍聞。其時，我們還未能自造飛機，但是，國人在這方面的用力，並不可忽視。也使飛行人員體念中國航空工業道路上的艱難奮鬥。

這五十多年來，中國空軍不論訓練飛行，還是面臨戰鬥，在上空凡臨到飛機發生故障，或是遭到射擊，飛機失去控制，應該跳傘逃生，縱使地面指揮或領隊機提出如此指示，那當事者，不管他爲初任或資深的飛行人員，也不管他性格怎樣（按說，極少拘謹的人能夠成爲飛行人員），所有的中國空軍飛行軍官，他總無時無地不深深體念一樁事情，祖國太苦難，向外國購買一架飛機，出資財好不容易，空中但有遭逢事故，跳降落傘逃生乃爲次要的考慮，首先總在千方百計，務要維護這架飛機，能儘量保全它乃爲至上的宗旨。美國空軍以及美國社會則不是這種邏輯，人命乃是最寶貴的，捽它一架飛機只看作是次要的事。

其實，要認眞詳細計算起來，在中國社會培養出一個勇於戰鬥的優秀飛行軍官，何嘗不是要支付極大的資財與精力。能夠佩上飛行胸章的人，大約是一萬人之中選得一個罷。例如七十八年，臺灣人口已突破兩千萬，現役飛行軍官，又何嘗能有兩千人之衆？

關於請吳宓、雨僧先生爲空軍全軍，旅行武漢、南京、長安、北平、杭州、成都各基地，巡迴講學的事，雖然未辦成，武漢、南京幾方面的親自接洽，過程相當密集，辦來十分順暢，饒富情趣。先是，徵詢空總新聞處的意見。他們對於我能請得動這樣一位無政治色彩的大學者，豈僅只是贊同而已，上上下下，都表示異常欣慰。吳宓，由於一直執教外文系，醉心紅學，思想略有些保守，如民十年，他跟梅光迪、胡先鏽在南京辦學衡雜誌，反對白話文。後來也就不太堅持了。他可說是一位西洋文學古典主義與中國文學浪漫主義的結合。他跟四川吳芳吉的友情，與毛彥文的戀愛，轟傳宇內。

國立武漢大學用箋

介凡先生：二月二十六日航快函奉悉。宓欣願到京平演講，講題為希臘羅馬史詩，內容注重述說故事，適合抗戰建國之情勢，當可激勵士心，而助成其忠貞勇毅之精神也。因此間諸事布置未完，故至早須三月九日，方可離武漢。請按此期辦理乘機之事。由三月九日（星期三）起，任何日均可行，乞候通知（張鋼庭長已函洽）。惟宓未慣飛行，故盼於天氣晴和之日，乘安舒之機以行，免身心受苦。又宓帶行李共約二十五公斤，想可僅容。此外有武大同事（宓之舊友）金、曾二君亦欲同來演講，並同赴平，敢為舉薦，祈同洽聘。

金克木　安徽壽縣，年三十六。印度鹿野苑及加爾各達大學研究，印度國際大學教授。現任國立武漢大學哲學系教授，專授印度哲學。今擬講題：大我與小我——印度哲學之中心問題。

曾炳鈞　四川瀘縣，年四十二。[redacted]清華大學碩士，美國哥倫[redacted]比亞大學博士。現任國立武漢大學政治系教授。今擬講題：憲政與圖強。

三人甚望能同來京、赴平，不同機先後行亦可。再宓此去平，擬於留衛華講學，如君亦然。約到平後，三人演講之日期，不必接連太近太密，俾閒益游。敬頌

公安。

弟吳宓上　三月一日

吳宓　陝西涇陽，年五十五。清華學校畢業，美國哈佛大學學士碩士。歷任國立東南大學、國立清華大學及西南聯合大學外國語文學系教授，現任國立武漢大學外國語文學系主任。今擬講題：希臘羅馬史詩。

其時，國土上下遍地烽火，尤其是北方，鐵道線不能暢通，吳老甚盼趁講學之便，順道回陝西家鄉一行。也想看看他的母校北平清華大學。講述的主題，從希臘羅馬史詩，來論證時代精神，或深或淺，或短或長，都可隨時視情況而定。三十六年冬，就與他當面說定了。次年春，與吳老、漢口空軍軍區張翎兄，幾度函商，已到成行階段，因戰局惡化，而未辦成。

吳老信札，筆跡有一特點，凡塗改的字，並不僅僅圈掉了事，一定要塗抹得結結實實的。很少人這樣做法，也足見這位老陝耿介篤實性格。他未用新式標點，只打點打圈。卻用括弧，人地名與書名符號（反常例的標在字句右邊）也用了新式標點符號的冒號。如此之不拘常格，眞好有意思。

在渤海大隊這個新環境，頭兩個月的工作感受，由於地勤與空勤的差別，常有激盪不安。全大隊各單位主管，除軍醫長陳漢儒年長於我，其餘，包括前後兩任大隊長在內，當我任師政訓處長時，他們大多職務上還未起步，或者還在讀中學。政訓班同學張翎，任空軍漢口軍區新聞處長。葉逸凡爲空總新聞處主管科長。王道中則在空軍總部，得王叔銘倚重，三人同係空軍少校。而我在工作上，又難以施展，跟在騎四師五年，七分校八年情況大有不同。在這兒，所扮演的角色，乃是可有可無的。很想請求調動，不受飛行人員的氣燄。有次，逸凡曾問我，願去武漢麼？這期間，王超凡也有信來，邀我去陝北工作。幸而未輕予允諾，否則，後來大陸局勢逆變，我就不可能來臺灣。受播弄的命運，既不可知，後此的諺語工作，必也付之東流。

顏述志有天黃昏，偕同散步營門外田間，望著紫金山麓，逐漸歸入暮色迷茫，細細談起心來，他感到好受氣的。憑他的學歷，要比所有年輕飛行員要高，但誰教你並非能在天上飛的呢？

那時，空軍之參加戰鬥，只在支援地面陸軍部隊，不像抗戰時期之有激烈空戰，而且是居於劣勢，傷亡率甚大。這時則是佔在幾乎是絕對優勢地位。儘管這樣，還是並不保險，仍然出生入死，有遭到地面攻擊的時候。或是貪戀戰鬥，油料耗盡。或是飛機出故障，或是氣候突變，使飛機失去操縱。在這種種生命交關的場合，我只是個旁觀者。如此，乃使受氣、委屈、不滿的心情緒，漸漸消釋。

十一月十日，飛行員解鴻奇，機場起飛失事，當場燒死。美國受訓後，到渤海大隊未久。宿舍走廊間碰到，總跟他閒聊幾句。看他敦敦厚厚的，總認爲他前程未可限量，不像有些飛行員，太是英華外露。這天早上，說不定我倆還在餐廳共食。

十月間，有天晚上，大隊長特請我過去。稱許我們工作有進步，我則感到愧然。同事們很拖沓，遲緩，不起勁，不太推動得起來。例如，辦一份壁報，就貼在空勤餐廳對過走廊牆上，他們都推說困難。我只好自己下手，除了剪摘上海新到期刊的文字，只好自己寫點短文湊上。卻未能再辦個一份，張貼到機械士人多的南邊營房去。

跟薛汕通信，有邀他來空軍，任職學校教官之議，考慮一些實際問題，往復函商。他有點遲疑，事未進行。也幸未成。半世紀後方知，他那時早爲共黨份子，若在空軍裏做起兵運來，不知會發生些甚麼糾葛。

陶今也原在青島海軍官校工作。該校政治部主任陶滌亞，與今也，我，同爲十九年武漢時代文友，且同爲武漢人。他很想轉到空軍來，因向張翎推薦，他軍區裏正需要這樣多才多藝的人。一說即妥，很快就得到了空總的任命。

法幣時在貶值，母親治病醫藥，家庭生活之需，父親不斷來信逼錢，困擾不已。離長安所帶的大批款子，已蕩然無存。幸而軍需長鄧幼鴻厚我，凡有借支，從未打我回票。取餉時，並未扣除借支。一兩個月時間過去，法幣貶值的差額，便被沖掉了。我常體念到機械士們，有人家口衆多，恐難普遍獲此厚遇。

很意外的，十月廿九日飛武漢，次月九日返南京。由於是在渤海大隊的方便，乘坐飛機甚爲便捷。到家，昶兒正在吃午餐。母親住進了漢口協和醫院，已可獲得鐳射治療，即趕去探視。同病房的看到我，都羨慕母親福氣。父親每天皆拎了青燉的湯水到醫院。來來往往的過江，也是好勞累的。

這十二天裏，侍疾，看親友，帶孩子玩，吃鄉土小食，從容自在的忙出忙進。

看堂兄成源，完全的退隱生活，認自己老病爲邪魔，說是家鬼鬧家人。勸他靜坐療身。答：平生殺人太多，一坐定，雜念浮動，冤鬼就來了。想是他當團長打土匪的那個階段，**太輕易的刑殺了可憐人**。再談修家譜的事，盼我任之。我考慮是，自己無時間，又不在家鄉。還有，朱家目前無有錢的本家，在武昌城又無祠堂人手，不易著手。

帶孩子們於看母親病後，彎到王家墩機場，二十六中隊的飛行員們往還，他們對我好親熱。讓梁德智帶昶兒，爬到 P51 飛機上玩。

一回到南京，心情立即歸於孤寂。工作，諺語，寫讀，不讓自己閒著。

參閱著杜定友圖書分類，揣摩諺語分類的事，還並未積極下手。摘鈔清、杜文瀾「古謠諺」於卡片，有的諺句還欠理解。盧前聽我自述諺語工作，樂意支持，即把所珍藏北京大學的「歌謠週刊」抄本，慨然借予。自己只浩歎，在歌謠週刊復刊的時際，我來去北平，鑽北平圖書館，走東安市場舊書店尋書，怎失之交臂呢？

讀郭紹虞「語文通論」，得知薛誠之諺語研究的訊息，深感欣慰，即函上海同濟大學郭先生詢問薛的現況。

上海近在咫尺，這兩年文學期刊迭有新創，只因抄謄費時。如今為文，必起初稿，經仔細修改，才讓它出手。又兼不需煮字療飢，少有投稿。也是寄給「中國作家」的「大特敬」，「旅行雜誌」趙君豪的「雞鳴寺紀遊」給退了稿，就提不起勁，四處投稿了。

好出乎意外的，寄給北平「文學雜誌」朱光潛的「武昌方言記事」一系列篇章——豬，呸卻，泥河爛醬，擺江等篇，陸續刊了出來。短文「棲霞山小遊」，投與南京中央日報「山水雙週刊」，給更改了幾個字，刊載。從二十四、五歲之後，自認凡投出去的稿，都經過一番字斟句酌。或有不尋常的句子，乃是特要表現自己風格。但無新的情意，不會下筆。因而不願編者擅予刪改。人家之所以刪改，不出以下幾種情況：一、不合他立場。二、削足就履。三、認為你的字句欠高明，或是欠妥適，太鋒芒了。我多半於稿端註明，「保留修改」。有的編者，他樂意用你的稿，就顧不得你的條件了。也有少數編者，他先跟你打商量。受到這樣尊重，我少有不敬表同意。山水雙週刊係朱偰主編，其更動數字，**好教我心悅誠服，眞一字師也**，乃六十年來筆墨生涯少有的感受。現在只是遺憾，怎未有繼續多寄稿去，獲得他的高明修改。

時序進入民國三十七年，在渤海大隊的工作不能再激盪難安了。可是，國家社會的大環境起了劇大變化，局勢愈見進入逆境。

這一年，「武昌方言記事」寫了一心想做好人，飛天，清晨八早，屋門口，魔氣，混碗飯吃，放知趣些，吃種穀，身不由主，脫離，安逸，自成人，科器樣子，捶鐵，宋兮等篇。捶鐵，乃首次寫有寓意的文章，敘說兄弟不合，隱喻國共二十年來的鬥爭，竟未成篇。自認一旦完成，此篇應屬力作。宋兮，成於九月初，隨即寫了篇「武昌方言記事第一部後記——不能發表的」述說方言記事的緣起，並略略詮釋每篇寫作的意趣。

一年裏，多是利用假期，營區人都空了，關了門在辦公室、寢室裏寫，無人打擾。後來，青母子三人到了南京。在家，則拿板凳當桌子，低低的坐下寫。仍然寫得很愉快。

三十六年大除夕上午，在武昌兩湖書院，武昌體育專科學校，教職員宿舍，與薛誠之長談，多少有點令他家人無奈罷？這時際，那家不是正忙著準備年事，正是江漢口語所形容的：「忙絞了。」偏偏這兩個書獃，刺刺不休的講說諺語。抗戰當中，誠之丟去一萬多張諺語卡片，嚴重打擊了他諺語研究的進行，本已停滯不前，消逝了的興致，因我這番鼓動，他極願爲**中西諺語的比較研究**，來下力。

用整張道林紙，打上格子，寫明中國諺語綱目，掛在大較場空軍基地寢室東牆上，常常看著它思索，怎樣體系井然的，進行諺語的分類。這只是初步嘗試，建立了概念。必待後來，就中國諺語的實際材料，聚集了諺語卡片，排比歸納，方能逐步形成分類體系。

秋，空軍人事業務，開始實施休假制度。之先，並推行國內各地的旅遊，空軍運輸機供遠程應用。其時，人們熱中去臺灣和北平。我原可列入第一批名單，去臺灣，軍醫長夫婦，極樂意邀我夫婦爲伴，我初步答允，後來考慮，還是要去夢寐難忘的北平——不道這願望迄未達成。

享受了短時間的休假。連續好幾天，整日去龍蟠里的江蘇國學圖書館看書。地方僻靜，不是存心尋求資料的學者，普通人是不大來的。看到不少清代到民國的謠諺典籍並相關書册。也乘便拜謁**書城主人柳詒徵先生**，愉快的長談。其時，他的名著「中國文化史」剛由正中書局出版，我並未讀到。無獨有偶的，這部書撰寫的體例，一如前幾年錢穆的「國史大綱」，都是著者先提出自己申述的論點，作爲本書的綱領，而後列舉相關書册的資證，並不把旁徵博引的資證，羼入本文。

國學圖書館並未排斥新知識。其藏書管理，墨守經史子集四大領域的疆界，好在其時它新刊了「現存書目」兩大册。我得到特許，進入各個書庫，盡情瀏覽。線裝書和館舍的陳年色澤，我彷彿回到十八世紀的往年。

在基地東邊的七橋甕村，找好了兩間房子，並購置加上在大隊部借用的傢俱，布置好了鄉下的住處，即離南京，飛武漢，接青母子出來。行程比我這幾次南京、漢口往返的便捷，可就困難多了。第一、他們是眷屬。第二、須得有四人座位，而又攜帶了多件行李。人家運輸機的作業，就不是那麼簡單了。弄得我們夫妻子女四人，整整在漢口候著登機，候了六天之久。可不能回武昌去，一有登機訊息，要迅赴機場。幸而，正義報社予珍夫婦處，熱誠接待，堅不讓我們破費，去住旅館。

臨到登機那天，行程倒是意外順暢，上午十點五十分在漢口王家墩起飛，十一點半就到了南京明故宮機場。即由大隊部派車接到了七橋甕。小兄妹倆，感到這天上、地下行程，彷彿童話世界的情境。

大隊每天早上，去指揮塔台舉行作戰會報，決定這天的任務派遣，隨著，發出命令，飛機都加掛了兩顆五百磅的汽油彈，便出發了。汽油彈墜地即爆發起火，燃燒面積大，破壞力強，使驅逐機兼具了矯若游龍的轟炸機的功能。大隊長要我也出席這作戰會報。每次專作時事報告，約十五分鐘。弄得早上這段時間，我十分忙碌。城內報紙送到大較場來，時間較晚，總是等上班車來，陳伯容，李家超給我帶到兩三份日報，匆匆忙忙搶閱，將決定要報告的題目，寫在一本專册上。每天憑册講說，很少把報紙帶到當場。

工作上一個新構想。除教授講學外，請民間藝人，專說山東快書的高元鈞，來說水滸「武松打虎」。每星期一次，時間在下午。連續來了四次。所付的車馬費，比他在茶樓上的定場收入，要少得多。只因人們樂意跟青年飛行員親近，並未託人介紹先容，也未先函徵詢。我專誠拜望他，一說即妥。高元鈞，年三十許，身軀高大，長袍大褂。語言、舉止，典型的山東漢子。未說快書之前，照例先說三、四個笑話。無一次不是逗得全場人笑得出了眼淚。然後，敲動手中兩個小鐵片，便說起武松來。一口氣，勢如奔騰的急流，快速說下來，聲容、肢體，都有表情配合，使全場人如身入其境。武松打虎，在水滸傳中不過五千餘字，他多所擴張，仔細敘說，加深描寫的言辭，十倍而不止。令大家贊嘆不置的，乃是他每一次的講說，主體並未脫離水滸傳的情節，而四次的講法不一樣，結構各有不同。

請高元鈞來大較場，事前，我並未作深長考慮。卻沒想到這樁事，在渤海大隊的歷史上，乃是件大事。自某方面說，幾不下於大隊長張唐天之超低空奇襲白螺磯日本機場。民八十一年七月，在臺北，看中國電視公司「大陸尋奇」節目，高元鈞如今已是中國曲藝大師級的人物了，不下於鼓王劉寶全。

這年夏秋，空軍官校驅逐科新畢業的學生，六、七十人集中在渤海大隊大較場基地，進行職前訓練。所有飛行人員，對這批新血輪，莫不親切照顧指引。二十六中隊長張濟民主持其事。排了我兩節課。爲他們留下幾幀歷史性的生活攝影。發覺濟民有項忌諱，登機前，不願人家攝影，會留下一去不復返的惡兆頭。這自是迷信，卻不可不予以認同。一如古昔，大將出征前，忌軍旗爲風折。

八月十九，帶了二億元法幣入城，爲公家購書。夫子廟遇盧前，先買「南京文獻」二十四册。再到四象橋、太平路一帶書店，選了些書。自去年到差，由於張大隊長接納我充實圖書室的建議，願意不定期撥款，讓我去選購新書刊。不要只是一些公家配發的書刊，幾份報紙，寥寥無幾的市面流行雜誌而已。使俱樂部除咖啡、香煙的平價供應，還得有大家樂意瀏覽的讀物。只惜限於物力、人力，未能推展到機械士那邊去。僅充分服務於飛行人員，還有大隊部、兩個中隊的地勤官士而已。

軍需長鄧幼鴻，軍醫長陳漢儒一年相處，建立了很好的友情。漢儒家也住七橋甕，膝下猶虛。兩家夫婦皆十分相得。我回武漢前夕，本來早已借支了旅費，帶回家的款子，都很夠用。幼鴻怕我手頭緊，又著人送款子來。漢儒長我六、七歲，醫事經驗豐富，又輕鬆、幽默。眞是一肚子笑話。我卻是個不善說笑的人。

年輕飛行員們，有幾人與我很談得來。但不包括那些好耍樂的人。看起來，以爲這些孩子們，是美人醇酒的享樂派，無甚麼人生價値可言。但如從空軍軍事心理學來探究，不說抗戰時期中國空軍犧牲率幾近百分之九十五以上，現在並無空中戰鬥，乃是十分優勢的，居高臨下，雷霆萬鈞，完全殲滅式的攻擊敵人。野戰部隊不可能配高射武器，不用太擔心。但是，危險狀況的突然發生，其頻率並未低於百分之二十。既然他常是生死交關，一登上坐機，常有一去不復返的可能，其享樂派傾向，你又何忍心深責。況享樂派的飛行軍官，從未超過五分之一。縱使是空戰激烈的當年，縱使當抗戰末期，勝利之初，我空軍飛行人員的養成，其中級、高級飛行訓練，都是去彼邦美國完成，飛機操作，戰鬥進行，服式裝備，生活品味，大都美軍化了，也仍未打破此數學估計。

一般說來，我長他們十多歲，算得上閱歷豐富，經驗的襯托，使我的談話，於他們有些益惠。談人生、文史、藝術、民俗、陸軍的平時與戰時，而少有涉及到思想問題。也不作興說長論短，爲人事上的品評。更是不好談論政治上的內幕消息。社會上不知有多少人，成天在消息靈通上，耗去多少時間，形成一個漩渦，讓自己跌入其中，成天到晚在打轉轉，弄得昏天黑地的。也是壽堂自少及老，異常的毫不熱中於此。於是，所有跟我談得來的人，不把我看作是個有「政工味道」的人。

青年飛行員王武成曾坦述他家世、求學、進空軍的歷程，常常跟我談說時代的苦悶。爲國家社會當前局勢，憂心忡忡。他派駐漢口，有次河南平原上空出任務既畢，順利返航，不料在王家墩機場落地時出事，飛機遭到相當程度的損傷。他受了輕傷，旋即回到南京。一次跟我談述他的失事經過。那是在**飛行失事檢討審查鑑定**會議中，所隱瞞未陳述的部份。一說出來，可能會遭到永久停飛的判定。認爲他情緒不夠穩定。原來，返航途中，忽發現公路上，有大股難民在移動。

有時，為敵軍人海戰術的偽裝或掩護，存在著接續而來的，毀滅性突襲，即緊接在後，威力十分可怕。空軍有義務立加辨明，而予以處置。飛機與基地以及地面陸軍，其時無線電呼叫，都可立即連繫。**喲！這不是我河南一些老老小小的鄉親嗎？**

王武成心念一閃，分了點精神，也許是他習慣性的壓低了駕駛桿，飛機降低了，他要加以偵察，隨即拉高，歸入他適才的航道。似乎快馬急馳，顛失了一下腳步，飛機竟然失去平衡，他迅即調整心神，也調整了飛航的路線。誰知這一下子，心神上的閃動，在二十分鐘後落地時，情緒深刻波動的影響，仍然存在。並非由於機械故障，基地或氣象上的甚麼因素，只緣自己精神上一絲兒的岔失，**心靈深處的這一陣激動**，引得飛機操縱出了問題，而致失事。

是他主動陳述，並非我有意發掘。他源源本本，仔仔細細說了細微末節。精神重壓，得到了鬆弛。果然，我未透露給他的部隊長，也不曾向主管人事、作戰的課長、軍醫長、大隊長、副大隊長、戰術監察官透露。四十多年後的今天回想，其實，我應先向他們詳細詢問飛行失事檢討審查鑑定會的一些情況，再徵詢張大隊長歷年處理這些事件的經驗，以及他對於飛行人員戰鬥心理的體驗，得到了確切保證，先獲得王武成的同意，不妨三個人坦白探討一番。

或許，這種心理波動而起的閃失，王武成並非獨一無二的事例。

攏總說來，所有的飛行人員，從副中隊長、隊附、分隊長、飛行員，幾乎無例外的，都跟我有過促膝談心。有兩個分隊長閻迺斌、步豐鯤，他倆原是王曲十七期學生，再考入空軍官校的。三位中隊長，廖廣甲是頂沈默寡言了，也跟我有過幾次長談。而且，彼此還另有層關係。他是我長安時代文友段念茲的內弟。念茲跟我少年時代老友張益弘、王曲同事王宜昌，都是醉心於哲學、文學、政治經濟學的學者。後來，民四十年間，我離開空軍未久，廣甲竟成爲王曲老同事工兵科長王化興（洽南）的女婿，可哀者是，孩子出世未久，廣甲殉職在天。

十一月二十日於南京中央日報，以張大山筆名，作爲記者身份，發表了「訪大較場空軍」（收入「渤海大隊的弦歌」），浮光掠影的，記述了大較場基地上指揮作戰的情況。略摘兩段：

年輕漂亮，老是滿面春風的張維烈，要算是我們最熟識的一位朋友了。先是，從他們隊附張亞崗那裏得知，一個不爲人所知的故事。

我一下找著了他。

「聽說你在宿縣有個特別發現？」

他馬上掏出飛行簿子：十一月十四日。

那天早上，他領了僚機劉潔新，到徐州東翼的碾莊，出任務返航。從徐州沿鐵道線飛向宿縣，他一直是低空偵察。到了徐州南邊五公里的地方，發現我軍有一萬多人的密集隊形，沿鐵路前進。

他繼續向南飛，在八點十五分時際，到了二堡寨上空（距徐州十五公里），發現零星部隊百餘人，是跟蹤前行的。張維烈心想，這是前面部隊落伍下來的罷，但看到他們那不正常的形狀，（僞裝，對於飛機的躲避），判斷出這是敵軍。於是加以掃射，但子彈不多了。他繼續向南低飛，發現這一路上，直到夾溝爲止，有大批的敵軍，部隊中間還夾有十輛卡車，可把他嚇了一大跳——心想：要不是及早發現，讓他們一直跟蹤而進，到得徐州，咬了前面部隊的尾巴，來個措手不及的突擊，那還了得，趕快回去，通知徐州電台，可是王副總司令還急等待他回去，報告黃兵團的狀況哩！不過一分鐘的猶豫吧，適有劉介民分隊長領了三架P-51來到，他把這發現交代了，讓劉介民他們去攻擊。

以後，據陸軍指揮方面說，要不是這個發現，十一月十四日上午，徐州可能要吃一個大虧。

遇到了步豐鯤參謀。

「怎樣？有得意之作吧？」

昨天十五日下午的事，他和劉紹良、劉潔新到得碾莊上空，投擲中國自製的油箱彈，把青莊以及另一個無名村莊裏敵軍突出的陣地毀滅了。

地下的無線電連連道謝說：「今晚可以輕鬆些了。」

他們卻是好危險的超低空投彈。

他們異口同聲的說：黃伯韜兵團被圍，到今天已歷六晚七天，能有如此的攻擊精神，實在是難得的。黃將軍有時與他們陸空通話，說過幾次：「請你告訴王副總司令轉報委員長放心，我必不負黃埔精神，戰至一兵一卒，也要堅持到底！」

西翼的邱兵團呢，那是穩紮穩打，好一支常勝部隊。敵軍就是想來吃他。

八十四年，報上訊息，張維烈已是空軍副總司令了。有四十餘載，不曾見過這位好帥氣的老弟。渤海大隊的弟兄們，頗有不少人升到頂尖位置。獨惜勇烈果決典型張唐天，只做到空軍作戰司令而已。

再說諺語工作以外的寫和讀。

秋天，一度興起寫長篇小說「周德勝傳」的意念，只是於寫作綱要上，斟酌一番而已，並無強烈動筆的勁頭。

寫「南北飛文學漫談」。

文學雜誌續刊出「擺江」。將刊印件寄給四川遂寧的候一先去了，未得留下作爲紀念。

非如大學生按程計功的讀書。只是散漫的，自由自在的閒讀。自然，比別人，我是顯得常在親近書本。許許多多的人，過了三十歲，要非職業上的必要，只抓本消閒的小說書隨便看看。有的人，則只看不費腦筋的雜書，不把這種書本當一回事，看後隨手一丟。

這一年，諺語工作以外的書册閱讀是：李劼人「大波」，李廣田「灌木集」，還與著者通了信。大仲馬「基度山恩仇記」。特別欣賞汪曾祺的長篇散文「雞鴨世家」。俄國克蘭欽可夫「我選擇了自由」，此書同時有幾種譯本，我讀到的是全譯本。其後幾年，才有香港亞洲出版社一系列共黨份子自白的血淚作品。當時暢銷的美國翻譯小說「飄」。艾蕪「故鄉」，頗多深刻感受。艾蕪不失爲這個時代的文學青年，其生活背景，寫作過程，大不同於老舍、沈從文、蔣光赤、巴金。也研讀了晏殊、柳永的「蝶戀花」，辛棄疾「青玉案」——王國維用以喻說人生成功立業三境界，摘句的原始詩詞全文。老舍「四世同堂」。甘運衡詩「我隨著夕陽流水走」，長篇，自述而抒情。特爲此詩留下了毛筆的鈔件。

用十行紙，爲「秋暉今詩鈔」。時吟白薇小詩「花兒開在荒涼」。

傅雷譯法國羅曼羅蘭「約翰・克利斯朶夫」，上海駱駝書店出版。這年十月，毅然決然的，以七斗米代價，金圓劵十四元四角，買了此書。它比「飄」要貴一倍，而不似「飄」之曉暢易讀，好多篇章文筆沈悶。而仍爲讀書界所歡迎。前此，我寫過一篇隨筆，贊許此現象顯示**中國社會愛書人之思想堅實**。這次，乃第三次重讀。

上海「人物雜誌」很報導了時下一些出色的人物。有兩位特教廣大讀者難忘。跛腳數學家華羅庚，並未受過正式學校教育，全憑自學而躋身學術之林。小學徒出身的民貴輪船長。盧作孚的民生公司，奇蹟似的，經營出上海直航重慶的定期輪船。好幾十年來，中外輪船行駛滬渝間，必須轉三次船：上海到漢口，漢口到宜昌，宜昌轉船上重慶。川江航行，險灘難過，無好的領江上船，莫不擔心極了。民貴輪爲民生公司幾艘客輪之一，設備與航行紀錄之佳，居各同型輪船之冠。特別的是，這位船長乃「行伍」出身，從未曾住過甚麼海事學校，而是最低級的水手所帶領的小徒弟。他經歷過船上所有的工作，鍋爐間的，輪機的，艙面的，事務的，行政的。當了船長，事無鉅細，皆洞悉熟練無遺。令一些外國船長佩服無已。

元月二日南京新民報一篇通訊，說曹禺「蛻變」話劇中的丁大夫，實有其人。曹禺據實人而添加了另外的故事，爲之感動。即寫信去天津。十五日，果得到丁懋英女醫師的回信，她還不知道此事。後來編爲書信存卷七〇。這些年來，學者、作家、親友致我書信，存卷的編目記載在「長安日記」上。

來信全文：「介凡先生鑒接讀來函備蒙獎勵不勝慚愧關于新民報日刊元月二日所載鄙人並未

見聞如蒙賜寄一份是所感盼此覆並頌進步丁懋英一月十一日」。信以鋼筆書寫，未加標點，六十一個字，特有三處抬頭，語句客氣而淡淡的，並未表示她特有甚麼驚喜。就其書法匠氣看，顯然不是丁醫師手筆，而係出於男性秘書人員之手。信封紙質不佳，發信地址「天津市十區成都道一三二號丁緘」，未用她醫院或診所的信封信箋。平信，郵戳清晰：天津卅七年一月十二日十八時，一月十四日十四時南京落地投送。要算郵程很快的了。一枚橘黃色國父頭像參圓的郵票，加蓋「國幣貳仟圓」增資黑色戳記——這倒是郵政史上的一點小資料。因考慮，全件贈送給臺北市的郵政博物館。

在南京城，看到全國郵務工會訓練部長韓大墉的藏書，好羨慕。大墉為我少年時代老友馬曼雲所介紹。他倆為郵局同事而成朋友。生活安逸，收入固定，乃能逐月添購新書。並非所有郵務人員都能如此。八年抗戰，由京滬遷移重慶，再回到南京。運輸這些書，他費了不少力氣。

七月九日，新民報停刊，**南京報紙就少有在野的聲音了**。為之嘆息。

在「國文月刊」上，讀到程亢對於北平語彙的整理。裁下他這篇文章，收入讀書劄記。並去函致敬。

慫恿陳漢儒寫自傳體的小說「叛徒」。燃起了這番寫作意趣，即下手寫下去。甚見高明。如能修改，得到發表，就會把他引上這條道路了。

岳四爹抵南京，特來看我們，陪他一整天，參觀基地，談述一些舊事，以及眼前種切。想起曾祖母、祖父，更想到母親目前病況，我內心感傷，難受。但並未表示出來。安知林姨到了老年，心中不想我們這一家子？岳四這兩年，當國家社會大變動之後，這些家庭間悲歡離合，就不顯得那麼嚴重了。我們這般自顧不暇，縱使知曉小叔小姑景況，也難也伸以援手。假如抗戰前後，他倆跟我連繫上了，準能拉他倆一把。

岳四說起他自己一生，孤苦伶仃，令人起敬。三歲喪父，五歲喪母，八歲出來幫人。又談到共產黨的事。他漢陽、大嘴鄉，前幾年晚上，頗有受紅軍騷擾，他怎未被綁票呢？他有這兩句評論性的話：「那都是不馬虎，祖宗有積德的人。」

相聚兩日，岳四爹依依不捨的走了。我知道，他心上不斷浮起我幼年生活的影子。祖父對他，一直庇護有加。

去政治大學，巧碰上黎東方講學，聽了一下。訪王鏡清，由他介紹，見顧毓琇。又碰到黎東方。他說起自己一個志願。周遊全國，到小地方講學，不拘束自己，專任教一個地方。這引起我一個想法，未來諺語工作，也當用此方法的。打如意算盤，立即就設想到許多遠景。我這個不切實際的人。

第四節　經濟管制的一角

後來歷史顯示證明，經濟危機，是民三十六、七年政情逆轉的大主因之一。

三十六年國慶日初赴蘇州，即至顧頡剛師府上訪拜，他在北京少回家園。次日至無錫。不久，再至蘇州。次年冬，赴無錫公幹。瞬間決定的行程，專機飛青島。又匆飛上海。上海市面物資高度逃避。相併蘇錫，經歷其時雷厲風行的經濟管制。東南人心浮動，已見大難臨頭前兆。

第二次去無錫，主要是前幾天去上海，洽商好買麵粉的事，現在特來產地直接領取。先到無錫永興坊的經濟檢查小組，這兒也是國防部戡建總隊青年服務處所在地。戡建總隊與上海那時雷厲風行的經濟管制，緊相配合，檢查小組則是經濟管制第一線的尖兵單位，防制囤積居奇、物資逃避的執行機構。這一段時期，國家社會風雲變幻之大，江南（劉宜良）「蔣經國傳」中「戡建大隊」、「八一九防線」兩章，有詳細記載，且引證不少原始歷史文獻。民八十六年一月，臺北前衛出版社，重新排印出版。唐德剛教授序文，評論轟動一時的「江南案」，與本書的論證皆見其**歷史春秋之筆**。

很可能是，不知那一天，在渤海大隊談話間，我說漏了嘴。上海經濟管制專員蔣經國的主任秘書俞季虞，我很熟。季虞，湖北黃陂人，大我八歲。二十一年讀政訓班時，他是訓育組特別聘請的二十二位指導員之一。由於訓育組長梁幹喬，係黃埔一期，又讀莫斯科孫逸仙大學，所以找來不少留俄同學。俞是莫斯科中山大學畢業的。還有莫斯科孫文大學的。二十七年秋我任職王曲，俞爲胡宗南的秘書，胡以此職位禮聘他，並未怎樣處理公務，清閒得很。因而，常有去閒聊。那時，我任編撰，爲增進文思、休息、活潑腦筋，每伏案一小時許，必經他小院北，出側門，到操場東邊花壇散步一番。校部各單位，同坐辦公廳者，總不下兩三百人，似無第二人有我這種工作習慣。俞不久便離開了王曲。

十月間，南京城即使高價也買不到麵粉了。空軍供應司令部本來掌握有充分物資，又有優先的交通工具可資運輸；而聯勤總部對空軍作戰部隊（比起陸軍，數量上不過百分之一的比例）的糧秣問題，向來只有特垂青眼的，也竟然感到無能爲力。空勤餐廳，麵食爲主要搭配。大隊附央託我去上海買麵粉。帶了公文赴滬，立即見到俞季虞，承欣然答允。囑人寫便條，讓我逕赴產地無錫洽購。他極忙，來請示者絡繹不絕。未多談，即辭。未想到竟爲訣別。太平輪事件，俞隨全船同難者枉死臺灣海峽，蔣經國撰文悼之，刊於臺北自由談雜誌，是蔣生平罕有的文篇，特見時代苦難感，與蔣俞留俄時期友情之篤。

無錫經濟檢查小組，在市區一高級住宅內，滿室紅木傢俱，青年工作人員，兩分打手氣質，好不調和。我立即聯想到，民十六年春夏，武漢國民政府時代，氣燄逼人的黨部、「學聯」、農工機關團体，皆據深宅大院辦公，屋主悉爲北洋軍政要員，給這革命氣盛通嚇走哪。蔣專員上海「打老虎」，風傳他堅持任務，六親不認，孔宋財經勢力頗有扞格。我想，這二十年歷史發展，或有某一點氣勢相接承，蔣難盡去他少年時代滯留赤俄所感染的作風。

檢查小組工作十分忙，不是都在辦公，而是盡力外勤活動，頗得全國民心贊許。我去了兩次，等候要見的負責人，耐心等了好久。我一個空軍軍官，反正不在乎這種氣氛不尋常的地方，就坐在大廳廊下，讀起「約翰·克利斯朵夫」來。結果是，持了劉勇的名片，到北塘大街麵業公會理事長秦素城處。又是候了好久，一下說妥明天取麵。跑到車站，探詢運麵手續。因爲麵價太高，就到電話局打長途電話，從一點半直候到四點多，都未暢通。到晚上六點才通了話。半夜，南京來了電話，立加派人手送款子來。

次晨，南京來人帶來了款子，去北塘大街恒協麵粉廠取白麵粉三十七包，由船上裝人力車，五滿車的麵粉，三人押著，招搖過市，心中充滿說不出的感受。車載甚重，不能跑步走，穿行人群中，在那別人都買不到糧食的時期，萬一有人搶糧，三人那擋得住？人們看我們那樣子，似了解到，這並非來套購圖利，而係空軍軍食，只略現羨慕眼光而已。麵粉交了火車站起運，他一人隨車，一人先返京覆命。我任務既了，獨自留下三、四小時來，與長安故人相晤。

對於當年震驚中外的上海經濟管制，這兒，且容我作一番歷史回顧。當年，人都說蔣經國但打蒼蠅，而不敢打老虎，對於孔宋家族之操縱金融，貪瀆誤國，罪在不赦。還有不少謠言，瀰漫京滬間。事實眞相究竟如何呢？據民八十八年四月，臺北近代中國出版社所刊「追思與懷念——紀念蔣經國先生逝世十週年口述歷史座談會紀實」，根據俞國華、馬英九、李煥等二十六人的發言，彙編而成。其中，王昇談到戡建大隊的一段史實：

> 現在我還要報告，在上海「打老虎」的經管工作。他到了上海，就舉行一個記者招待會，介紹戡建大隊到了上海。在記者面前，他說：「我們寧願一家哭，而不願意一路哭。」也就是說他要查辦少數違法的人。以後有許多的流傳，說是因爲揚子公司孔令侃囤積一批糖，爲甚麼不辦孔令侃？是因爲蔣經國怕蔣夫人會爲難他，所以蔣夫人到了上海，老先生（蔣中正先生）也到了上海。其實這完全是個誤會，老先生到上海，是因爲到東北視察後到上海的，那麼老先生到了上海，當然蔣夫人也到了上海。至於揚子公司有沒有一批糖呢？恐怕沒有人眞正經歷過這些事情。我向各位報告，我們戡建隊會同警察、督導專員，以及其他的司法人員，一道去查的。會查的結果，揚子公司是有一批糖，但是我們化驗的結果，那批糖是製藥用的糖，而不是食用的糖，因爲當時糧食、鹽、油、糖這幾樣東西，是受管制的。那麼有很多揣測都是不確實的。如果那批糖眞的是食用的糖，孔令侃也會被關進牢裡。

其時，中共的宣傳污衊，很有幾部抨擊「蔣宋孔陳」四大家族的書冊。如今，時逾幾十載，事實眞相，早已大白於天下。若無宋子文之理財，北伐後的事功無由達成。孔祥熙之富，乃緣他山西票號的悠久傳承。陳立夫，於各級黨部組織，並未形成甚麼「ＣＣ」的派系，壽堂民二十一年讀軍校政訓研究班，就有三、四十位同學，乃屬各地方黨務工作主管來考進的。半年同窗，其言行足可確認。

由於到了無錫，去戡建大隊洽公，已初步辦妥。出街，即與老同學高承麒夫婦不期而遇。承麒時任某軍政工處長，軍務倥偬，當天就趕回蘇北防地去了。只高大嫂跟孩子接待我。先在薛時敏書屋的樓上會見，談時局惡劣，如何打算等等。我說，自己是聽其自然的。只有一個獃主意：諺語，方言記事，周德勝傳。崇安市場小飲，我告訴她以老友劉積耀的事。積耀把在陝西寶雞開布廠所賺得的錢，大都換了黃金，乃得保值，繞道重慶，再順流而下。南京逗留一段時期，回到浙江象山故鄉，要辦農場，甚至建新村，實踐夫婦倆的共同理想。

承麒跟我同庚，顧盼也不相上下，只生了一個男孩。大陸社會四十年的劇烈變動，顧盼可續寫了點甚麼？但得有機會探視大陸，好想探詢這位長安故人的究竟。

跟很多投身寫作生活的朋友，比較起來，我總算不負此生。這六十多年，一直寫作不斷。當年，同時起步的人，並非我自謙，確乎人人才情，都高過於我，不管武漢浪花社四友，譚颶風、馬鳴塵、熊壽農、我。還是長安王曲時代的詩人易水寒，兩位才女吳宣晨、余宗玲，比他三位，我都瞠乎其後。即使這一度提筆寫自傳體小說的顧盼、陳漢儒，他倆位在客觀條件上也都強甚於我。總之，估計六十多年來，搖筆桿的朋友，細細數說，相熟識者，男男女女，總不下三百人罷。到了八十一歲年紀，修訂雜憶的此刻，八十一年七月十九日，這兩年，我現實生活受了多大的挫折與打擊，五十七年婚姻的青逝世，繼室常薇絕情的甩掉了我，讓我過著孤老生活，猶能心神安泰以事寫作，記憶、思考、判斷、推理都好，還從無提筆忘字的情形——當然，不免於枝蔓。自感寫作的情趣，還一如十八、九歲的當年。不像我的獨生子，五十三歲了，中英文都好，自少小迄今，十分博覽，蒐集的資料豐富極了，但他就是疏懶性成，吝於動筆，總只在想，且等將來。我勸說、開導、責備，都無用。就不再說他了。

矢志寫作，老耄之年而不衰，自己檢討，我實在太應該滿足了。當然，我寫得不高明。但是，爲歷史、時代，留下了公正、忠實的紀錄。這是可以告慰於批評家的。非如兒子屢屢評論我的，**一絲兒沒有定要青史留名**。只因爲，苦孩子一生，有些跟常人不尋常的遭遇，拜此大時代之賜，太應該說說。

運到隊上的這些麵粉，可能爲空勤餐廳解決了主食品供應的問題。當時南京市上，大米、豆類供應還未生問題。如今回想，因此任務，上海、無錫一行，接觸到當年經濟管制的一角，倒也是好難得的事。

爲了看看二十七中隊，意外的，十分迅速的青島之行，冷得出了意外，怎未向隊上借件冬大衣？其時，老友毛龍隱正在青島。爲當地駐軍的軍需處長。經常在滄口機場，只與空運部隊有經常連繫，致失之交臂。我們已十多年不曾遇見了。這十多年，變化好大。當日，年少春衫薄，多少老朋友，勇戰敵前，已上爲國殤。其時，龍隱在青島，與其第四任妻子吳德華正當蜜月。

那幾天，一直在滄口空軍基地上。白天，飛行員不斷出任務，支援四近陸軍的戰鬥，每次出動，機下必掛上了兩枚五百磅的汽油彈，殺傷力好可怕。晚，隊上休息了，少去打攪飛行員們，但與寡言談的廖廣甲隊長長談。還有那四川人的副隊長彭傳樑，他後來當空軍侍衛官，頗得蔣公夫婦的見愛，旣是學生仔，又是子侄輩。也可以說，老先生的侍衛長、侍衛官們，全是這般情形。若軍七分校十五期同學，狀元孔令晟也是如此。還有跟隊附，幾位分隊長談談。飛行員們，但只在餐廳共飯時才稍稍談談。都必問他們，有無要我在南京要辦的事，需要我幫忙的。

特別去看了機械官們。機場上，大寒風中，慰勉機械士們的辛勞。基地室內暖氣如春，大家但著薄薄毛衣，就很舒適。室外，則必須重裘禦寒，我不得不臨時借用了一件。

青島市去了好幾次。特去山東大學專訪陸侃如、馮沅君教授，長談諺學。他倆治文學，專研戲曲、詩詞，識見淵博，只恨承教時間無多，不敢多逗留，教授宿舍好冷瑟瑟，連木炭盆也無有。

美麗青島苦兮兮。

數學教授張學銘才三十歲，很欣賞文學。是山東大學圖書館主任劉崇仁請我上館子午餐的陪客。也只因教授們住的房舍雖好，卻無煤火取煖，連辦公室也一樣冷瑟瑟的。國家經濟衰敗，一至於此。

經濟南，下飛機稍息，也因天候不佳，有所期待。京滬大雪。飛機過泰山，繞紫金山背後，下看谷地陰森森。天地都冷凍了。黃昏前，平安降落大較場，大家才鬆了口氣。駕駛員飲幾口熱茶，才知味兒，香片嗎還是龍井？

上海之行，主要爲拜望兪季虞，更重要的，是同濟大學訪郭紹虞教授，暢談諺學。離上海前夕，未得食正餐，只因物資逃避。將近二十年闊別的上海，竟留給我們這般艱苦、狼狽的感受，好不尋常。

郭紹虞的會見，是最愉快的一件事。記得，還看望了一兩位同學。將臨晚餐時分，不敢多留。主人也顯出兩分尷尬，難以款待。其時，上海一般人家，都有買不到食糧的問題。

次日回到家，九歲的昶兒問了我許多上海的事情。哦，記得曾在舊書店，發現「古謠諺」一百卷的木版原本，索價甚貴，非我財力所能購買。即或價廉買得了，非如後來鉛印本全書二册，既好攜帶，應用又方便，那可就成了累贅——由之，見上輩人治學木版本書册問題沈重非常。

第五節　南京直航基隆

應是壽堂平生未有遭遇到的事故。一家人剛搬到一處新房子，很舒適滿意，卻一下子就離開了，而且要作幾分迷茫，不可知的長途轉移。青帶著兩個孩子，先幾天，搬到南京光華門內的大光新村二十號，其時，我正返回武漢。

三十七年十一月三十日，漢口王家墩機場，意外順利，四十分鐘航程，便回到南京明故宮機場。晚飯後，返家，燈下，圍爐，煖烘烘。多麼天眞設想，這日子要能還過幾天，多好。甚至胡亂想法，不要搬離哪！聽它怎樣，要來總是要來的。然而，不能不隨了大夥行動。次日，隊上已忙著準備大移動了。世事變換，眞難逆料。

空軍遷移臺灣。其作戰部隊，渤海大隊的全部眷屬，行政部門，地勤官兵，除了一部份機械士及全部飛機，尙留南京、漢口、青島，執行作戰任務，大都要立即撤離。其餘的三個驅逐大隊，兩個轟炸大隊，兩個運輸大隊，一個偵察中隊，也隨即自南北戰場，逐步撤離。空軍飛機的撤離，自有周密部署，全盤作業一聲令下，呼嘯而過，紛紛遠走高飛。

這是統帥部重要的一著棋。空軍先期脫離大陸，眷屬都遷臺灣，可抓緊了作戰部隊，不致有飛機投向敵方。但能把現有空軍力量緊緊掌握，可以自由進出大陸，就有了絕對主動，仍能隔海支援陸軍日漸敗退的頽勢。其作戰情況，非我所知，這兒，不枉費筆墨。

各個辦公室成爲半工作情態，整理卷宗，焚去毋需帶走的公文、書册，眷屬則全都急急收拾行李。

本大隊所移防的地點是，臺灣島的桃園。臺灣於我們是相當陌生的，雖然，南京市上早有臺灣方糖，其潔白、細粒、甜度，爲大衆所喜。還有香蕉以及陳漢儒夫婦旅遊臺灣所帶回的楊桃、鳳梨，南國風味。趕緊購來一份臺灣地圖，略略了知其地名、方位。

謠言不脛而走。臺灣米糧缺乏，物資不足。大戰末期美國飛機的轟炸，日軍撤走所留下的破壞，有待完全修復。說法很多，越注意聽，越說得離譜。自必有中共地下工作者放出的傳播。

有點人事關係是，武昌花堤房東的女兒女婿在基隆。後來告訴了所在地方。薛誠之的兒子，服役青年軍，在臺灣，確址不詳。

爲撤離的事，大隊長招集會議，首次，晚上在他辦公室舉行。接著，另有一次，先已接到通知，候了兩個小時，後來說，我毋庸參加。深感不快，要麽，早先就不必通知我。我卻憑著自己單純的想法，願留著最後走。甚至於等到那一天，背個包袱，打游擊，且戰且走，退到東海頭。

十二月五日，租用的商車已開始來，運走了辦公室的桌椅以及其他辦公用俱。

飛行員吳志卿家居上海，家裏開輪船公司，有條貨船福民號，約一千六、七百噸。當時，中外輪船公司，南北洋近海航線，長江輪船，上海至宜昌，滿水期，則上溯到重慶，都是這種上下噸位的船隻。三、四千噸位者佔極少數。中國輪船的招商、三北、寗紹、政記，英商的太古、怡和，日商的日清、大阪、大連等等輪船公司，所屬南北洋非遠洋航行的船隻，都是如此。

這些輪船公司，除了貨輪常須行駛海洋，外殼通是黑色，駕駛臺、客艙爲白色，行駛內河者，則船殼通有不同色彩。招商，黃。太古，紫紅。怡和，乳白。日清，桃紅。遠遠一望即可明辨。它矮矮粗粗的大煙囪，中匝，有顯明的彩色標幟，乃是這每家公司的商標，要在近處才能看得清楚。

福民號屬於雜牌公司。國輪如果給聯勤總部軍事徵用了，極可能相當長時期脫不了身，營運損失，不言而喻。吳志卿家裏的船，自是十分樂意爲兒子服役的渤海大隊服務，一到臺灣，這趟任務既畢，就可以海洋闊闊任遨遊了。

公物擱置於福民輪的艙底，艙位還空蕩蕩的。乃決定要大家，不僅把個人行李都帶上船，也可把木器都帶走，好壓船艙。於是，我連新買的木炭也帶上了船。那時，南京能運走的好東西很多，急切間，你怎好去招攬？這遷移等於逃難，不過並非兵臨城下那般緊迫，還可從從容容的走。也不像抗戰時期有敵機空襲。當時竟無人把上等木器運出，甚至花錢買點甚麼帶出來。主要是臺灣商場情況不明，大家也不願、不敢、不好意思，乃至不忍心這樣做。這種情況，但有發現，豈有不撤職查辦的。

行政監察官陳康，卻把四張寶藍色的羊毛大地毯，捆了四大捲送上船，就擱在艙面上，特別顯眼。其時，首都上等人家，廳堂也少有舖地毯的。少數朱門豪富或有如此。原來，他是前軍事參議院院長陳調元之子。

陳康之來渤海大隊，係接替伍相傑。他有幾分驕縱之氣，巧言令色，大隊長很聽信他。

李指導員家超性子很倔強，與他乃祖清道人家世有關。他受了完整的大學教育，職位上也是很委屈的。主管著俱樂部附設小小福利品買賣的事。陳康為買家用肥皀的事，需求無厭，指使家超如家奴，不遂所願，因而語言齟齬，彼此都惱怒在心。當特為指出者，兩人皆有世家子家庭背景，巧的是一文一武。

壽堂寫此雜憶，凡斥責他人者，少有這樣直書本姓本名，不為化名的。為何不遵凡例，採「隱惡揚善主義」？原來，往後幾年裏，陳康有了澈底的改變，升為渤海大隊的部隊長，他德行完滿，得人美讚，出任務，逝去而不返，成為空軍忠烈，那是我離去了空軍以後的事。

我一直留置著一件破爛，單人用的褥子。那是抗戰末期，在王曲軍校領得的，一件士兵用，灰色的厚棉大衣，裏子是白色的。這棉大衣讓母親拆開了，東湊西拼的，縫成一牀褥子，粗針大線，是母親晚年的活計。帶到臺灣之初，我一直在想，要留著這母親的手澤，將來給自己墊棺材底。這點心願，從未向任何人提起過。時序一近三伏，總要曝晒它，有的部份給磨破，露出了陳舊的棉花，下輩人雖口裏不說，心上總有些嫌惡，心想，你這個固執的老人，怎麼如此捨棄不得這件會藏病菌的破爛，我又從不曾陳說緣由。

約是五十五年時際，我在一篇刊載「幼獅文藝」的文章裏，曾經宣布過，我不管是怎樣死亡，定要把遺體捐給醫學院，給醫學生們作解剖之用。內心深處這樣設想，這四十年，我雖受了不公平待遇，頗感怨懟，但仍樂意對社會作最後貢獻。既然如此，還要甚麼褥子墊棺材底呢？七十八年初冬，自己親把這破爛，丟在垃圾堆了。

由幾塊木炭而扯到破褥子，這雜憶豈不也是破爛？您說呢？

十二月八日那天，領得半月借支，入城至建康路，金銀堆裏，穿來走去的，買了一個金戒子。可見我是怎樣阮囊羞澀，竟無法買上半根金條。

國立戲劇專科學校就在光華門內，去看過「歲寒圖」的公演。這天，特別帶了孩子到劇專遊玩，看到他們學生壁報，筆談「走與不走？」大多都是不走的。以爲「光明已經來到」，這戰爭與抗日戰爭性質不同等等，他們要等待變局的到來。很顯然，中共地下思想滲透，已漸漸上浮於社會表面。

知識青年這種仰慕的情懷，定然存在於當年全國各地。一年後，大陸整個變色，青年人的希望，都實現了麼？有無一兩部極公平客觀的史書來記述呢？當然有，當然有。

時，讀老舍近刊小說「駱駝祥子」，寫北平下層社會苦人兒，後來當了兵。其口語運用，更超過他以前的作品。甚欣賞。竟然會天眞的擬想，到臺灣去了，做一個說書人，即以此書爲底本。好不切實際的人。還與陳漢儒說起，眞有幾分認眞哩。

我交船海運，合計行李、物品四十四件。要非從容遷移，公家有車船載運，且歡迎帶木器壓艙，能攜帶三、五件走，就已很費力了。跟上海人們搶著裝載貴重物品，搭太平輪駛臺灣，兩相對比，眞是強烈的諷刺。

無任何人央求我，大隊長也未命令或暗示，是自己搶著做的。按職責，本當是副官室來做，它三位副官平時已夠忙的了。這項服務，得到軍醫長支援，派出一位司藥。跟新聞室的文書員兩人，撥出一間大辦公室，專收大隊部各單位官兵、眷屬的箱子、包裹、袋子等。一一用黃漆塗寫上姓名，編號登記入册，大的重的放下層，小的輕的放上層，堆滿了一屋子。運輸到下關碼頭、上船，則由副官室派武裝士官兩人負責押運，以及夜間堆積碼頭上的看守。

那幾天，我不時去察看，慰問兩位管理者的辛勞。他倆是渤海大隊老人，樂於在此時機爲大衆服務。事後，自己可吃驚的不得了，如有失竊、掉包等事情發生，我怎能負得起這項責任——「保全」的風險？因爲後來，到了臺灣基隆，從艙底吊起，集運，上碼頭，上火車，下火車，桃園轉汽車，到機場，下汽車，集中放置，發還他本人。好多次的轉手，每一節過程，都容易發生問題。後來傳說，只有一位少尉軍需官，他的小皮箱被撬開了。

其實，本大隊個人的財物細軟，早給能坐飛機的眷屬，隨著飛機，帶到臺灣。我原指定爲第一架眷屬專機的領隊。後來，卻把我夫婦兒女四人的飛機座位，讓給了李家超、寧英麟兩夫婦。他倆，李夫人有病，寧夫人懷了身孕。我寧願坐船走。

臨走前幾天，連續去了先方家。夢瀚回石門老家，安排了之後，再回到南京。公家會照料他們。只是，南京城浮動不安的景況，處處刺激著人心。十六日那晚，隊上人員都去城內空總新生社看電影，是總統邀請的。忽然一聲巨響，自東方傳來，把玻璃窗都震動了。次晨，大家議論紛紛。十點多，傳出消息，說是八大隊一架B24，朝北飛到敵方去了。叛逃者很留情，並未投彈於小營地區（陸軍官校、總統官邸小洋樓、空軍總部），那一來，損失與震驚可就大了。或許機上只一顆炸彈，也或許炸彈不在少數，他只投下一顆炸彈，在南京城的東北郊無人地區。三大隊新聞室主任徐紹節，四大隊新聞室主任朱樸（作家艾雯之夫），因撤退程序稍緩於本大隊，似少有福民輪這樣空敞的艙位，都托我帶了大雙人牀，連同席夢思墊褥，運了來，一齊帶到臺灣，然後，再派車來桃園運走。

爲妻兒去寄賣所、百貨公司添置了幾件舊衣和新衣。時時關心著搶來的任務，連去下關察看兩次。有時也去塔臺指揮室看看待命的飛行員，爲臨別巡視。

上船頭一天，眷屬分別集中到隊上，反正空房子多的是，大人小孩擁擁擠擠，一時營區好熱鬧。次日，離營區，通過南京城。細雨濛濛，衣衫爲濕，擁擠困頓，青一點抱怨也沒有。我自覺對她、對孩子歉疚，讓他們受罪。

船上指揮，由朱懽課長負責，還有軍醫長、軍需長、技術監察官郭蔭田、我四人，雖未派任務，而義不容辭，共同協助。飛行軍官有分隊長劉介民，飛行員吳志卿（他等於船東代表），范必大。他三人全付戎裝。副官室的士官，士兵數人，帶著長槍，日夜有兩人擔任警戒。是朱懽他們好意，安排咱一家四口坐入艙面一輛綠色轎車中，可展望四方八面，眞是好稀有的「特座」。

廿一日晨六點啓航。上午過三江營，左岸有敵情，加強警戒，人都下了艙底。我則陪妻兒仍坐汽車內，無事過去。夜泊江陰。次晨續行，風浪，過南通，艙內已有人暈船。泊吳淞。廿三日晨入海，暈船人更多。我擔任夜間値星，看著船在黑暗的大海，給潮浪推得搖搖晃晃，海平線時高時低。我不暈船，有能耐拿著手電筒於船上各處巡視，克盡自己職責。

航行長江的那兩天，每天張大隊長駕了座機，率領一個分隊的飛機，緩飛上空護航，與船上通話，朱課長隨即下貨艙，告知長官關愛。大家在困頓辛苦裏，特感欣慰。

船一出海，搖晃中，暈船的人更多。天色陰沈沈的。有時飄雨絲，風勢大，躺在船艙底的人，更不願爬梯子到艙面上。一心只盼望，快快能上岸。公家爲每人都準備了長條的麵包、香腸，多半的人皆失去了胃口。只聽見船的馬達聲，與海浪拍擊船的聲音，倒是並不寂寞。

船長把餐廳讓出來，供我們指揮部的人坐臥。每天兩次會報，明瞭船的位置，大隊部在南京的情況，底艙裏人們的情況，現在要做的事，下一步應有的準備，行李的管理與下船的步驟。有時，也聚在一起談談閒天。夜晚，船上燈光微弱，惟駕駛臺、餐廳、火艙最明亮。艙面上，特爲這次航行，於艙口、船尾、廁所、過道，掛有幾盞明亮的燈。吳志卿說，這是他老早就想到了的。他也多帶了幾付無線電通話器，船上報務員也加了人手和設備。果然，很快的，跟桃園基地先遣人員取得了連繫，彼此覺得安慰。大家感到，茫茫大海，冬夜又黑又冷，這艘輪船並非孤舟，它勇壯的乘潮而進，很是提振了全船人的精神，咱們正航向歷史所盛讚的蓬萊仙島。那兒，是國家新光復的地區，不像大陸遍地烽火，滿目瘡痍，民不聊生。這跟明清之際，唐山過臺灣的情境，大異其趣。

青跟兩個孩子，昶兒九歲，星兒五歲，都不暈船。由於海上空氣清爽，反胃口奇佳，啃著乾麵包、冷香腸，每人都得吃雙份的。副官室把口糧準備得很充分，你多取幾份，歡迎之不暇。

浙江海面剛走完，就感到氣候漸暖，我脫下了衛生衣褲。自此以後，在臺灣就很少穿它。大陸的冬季、春季，人們少有能擺脫衛生衣衫，緊緊縛纏的那種膩味。

既不像南京之冷，人們窩在艙底，也就少有感冒。軍醫室準備的藥物，多未派上用場。海上強風驟雨，我在汽車裏，欣讀「約翰・克利斯朵夫」，以鉛筆於書上註記了好多眉批。可能，全船上，惟獨我這個書獃子，有此海洋航行，在艙面的轎車內，閱讀大部頭著作的經驗。跟青說，如果半夜，船晃得過厲害了，這汽車滑落大海是絕無法逃生的。不要瞧此刻安逸。船上亦有此警覺，海上航行次日一大早，兩位水手拖了粗繩子來，加力的綑綁了汽車。也加綁了艙面上其他的物件。

因吳志卿引導，我們幾人輪流到船長室、駕駛臺作禮貌性的拜候，略略談談。不敢多耽擱，怕妨礙人家工作。船長深表榮幸，長江航行的兩個白天，得到張大隊長帶領機群的護航。他要特別把這樁事，記載在「航海日誌」上。對於少東吳志卿，他已經好佩服了，志卿說了張大隊長以及渤海大隊，當年組中美空軍混合大隊抗日戰爭的一些史事，更覺福民號這次服務，特具意義。

我帶著昶兒在甲板散步。星兒小，一人帶兩小，牽不穩，怕三人都滑倒。給船長碰到，他特邀我父子先上駕駛臺觀賞，再引我們下火艙察看，讓孩子們留下了深刻難忘的印象。

耶誕節那天，黎明，上廚房買稀飯吃，又買到水泡飯，再加乾糧，鹹鴨蛋，大人小孩皆十分飽足。說今午可到臺灣，海上空氣，景色，都不一樣。半夜，也曾遇見密集航行上海基隆間的太平輪，燈光明亮，人影幢幢，裝載沈重，而船行甚速，彼此鳴汽笛，示意爲禮。也看到了遠方的輪船和中國兵艦，還有往西邊通過，走臺灣海峽，開赴香港的船隻。已可看出，臺海航運特繁忙。

朱課長跟船長共同主持了一次半小時的會報，安排人員下船的諸般事項。

已可望見臺灣了。飲下最後一瓶啤酒，幾天困頓盡釋。艙底的人，也都爬到甲板上，舒展一下身子。船的搖晃，不復如前此之甚，暈船的人也都好多了。電台報務員已通報南京渤海大隊，告知我們到達基隆的時間，福民輪上的五個黑夜，就此過去。

船上輪機長，自是最懂得電機方面的事，由於吳志卿有次對於一位頭戴絨帽，臉有病容的老機械士，特別尊敬有禮，引起詫異，問他：「少東，前幾天，你跟了你大隊長上船來，我看你跟美國空軍一樣，對長官有點兒嘻嘻哈哈的，怎地對這小老頭兒，如此恭敬有禮？我看他，分明是位士官，土頭土腦，一點軍人儀態也沒有。」

「是啊！」吳志卿滿臉笑容的答道：「你可知道，就連我們大隊長，還有諸位長官」，他指指我：「大家都對這位小老頭特別尊敬。」

「哦？」

「晚餐後，你能撥出二十分鐘時間麼？到餐廳裏來，給你講咱們中國空軍的一段故事。」

「好哇，只是得稍晚一點。我得先去輪機房、火艙裏看看。好在餐廳裏有通話器，有事，他們可隨時通知我。」

「那麼，把你的法國葡萄酒帶一瓶來。」

「少東吩咐，敢不從命。」輪機長連連點頭，望著餐廳示意：「還有好幾位長官，我會帶兩瓶來。你的牛肉乾，可別藏私。」

原來這位老機械士陳衛華，本是位華僑，在美國，曾在人家飛機製造廠好幾個部門做過事，關於飛機電機方面的技術與修護保養，有多年經驗。尤其是對這項工作，發生了與時俱增的高度興趣。在民二十一年「一二八」淞滬抗日之役，激於報國熱忱，拋棄了美國政府高薪，偕同好幾位有共同志願的**青年華僑，回到廣東，投效空軍**。陳衛華正好三十歲。他不願當官，那時，中國空軍軍官的黃呢制服，頂神氣了，人家美國空軍也比不上。他只要當機械士。

這段歷史，壽堂初到渤海大隊未久，陳伯容，還有旁人都曾告訴過我。在南京，我曾特別去他家看望過他兩次，第二次，我花了不算少的錢，買了份於他最有意義的禮物相贈——梁又銘編繪「中國空軍抗戰史畫」，共收入筧橋「八，一四」勝利第一幕，首都「八，一五」空戰，閻海文殉國等彩畫二十四幅。果然，看到這部精彩的畫冊，他比得到稀世珍寶，還要高興。

他指出幾幅畫面上的中國飛機並幾位殉國的空軍忠烈說，某架某架戰鬥機，是經過他修理的。某架飛機，黃昏時分才拖進機棚，他帶了助手趕緊檢查、修護，連晚飯也忘記吃。累到下半夜一點多鐘，才一切停當，試了試發動機，百分滿意。吸了一隻香煙，喝幾口水，人疲困得瞌睡的要命。坐在機棚角落，飛機機槍子彈箱上，就睡著了。

天一大亮，棚場飛機都滑到停機坪，飛行員也都全身裝備好，在待命的小屋子裏，一有命令，兩三分鐘，立即登機，凌空而去。某某人，某某人，**好漂亮的小伙子，就這樣一大清早，奮勇直前，犧牲於祖國天空**。

陳衛華說這些戰史，我肅然的聽了，兩人都禁不住熱淚滾滾。

空軍機械士們常常連夜修護飛機的事，在南京大較場，漢口王家墩、青島滄口機場，都是我親眼得見的事。陳衛華十六年前投效中國空軍的夥伴，那年紀輕的，隨即在杭州筧橋投考了空軍官校，有未能錄取的，分別進了空軍機械、通信學校。那後來成爲飛行員的人，抗戰中很快就成爲空軍忠烈。其餘的，都有當空軍上尉、少校的了，惟獨陳衛華矢志不二，還要幹幾年機械士，等待退休，回美國去。他家是好幾代老華僑，他的老母、年長的子女，還一直住在舊金山，他家經營著餐廳。年輕飛行員，見到他，少有直呼他陳機械士的，無不親親熱熱的叫陳大叔。

那天晚上，海上波濤洶湧，輪機長拎一個厚帆布袋，抱了三瓶法國葡萄酒，逼得吳志卿把所有的牛肉乾、筍乾甚麼的，朱課長、郭監察官也拿出私房零食品。先由吳志卿說陳衛華的事，朱、郭，陳軍醫長，七嘴八舌說抗戰後期，中美空軍混合大隊的事，全集中在機械士的題目。足足談了兩小時。這位輪機長，每隔二十分鐘，就與駕駛台、機艙通話連繫一次；中間，還離開十多分鐘，他要上下察看，才放心。

中美空軍混合大隊，他們所說，限於渤海大隊在湖南芷江時期。其他三個驅逐大隊，兩個轟炸機大隊，是否也是這樣。當時必有提及。中美健兒合力空中對敵，爭先恐後，以及**美國大孩子們犧牲在中國種種壯烈的事蹟**，也有涉及。混合大隊者，出任務時，中美飛機，一半對一半的，合在一起，緊密的併肩作戰。

八十六年十一月廿九日，校讀到此。這兩天，黎明、午間，三天連續看到北京中央電視臺專題報導，二次世界大戰中，有美軍 P-51 飛機，在廣西雲霧迷濛的高山地區，撞山遇難，已逾時半世紀矣，近爲上山採藥的鄉民發現。美國空軍，三次派了專人來勘察，又有殉職者後人一同參與憑弔，好教咱們深深激情，感懷無已。中美空軍的 P-51 戰機，早已除役多年了。

福民輪到基隆港，渤海大隊的機械士們，隨同著飛機、飛行員們，還分別組爲三個工作群，集中在漢口王家墩機場、青島滄口機場、南京大較場機場。還有第四股人，則先期的乘了運輸機飛到臺北松山機場，隨即進入桃園機場，開設這個渤海大隊的基地；第五批，就是福民輪艙底的老機械士們了。

空軍飛機這些可親愛的保姆們，雙手都起了繭，工作衣上總難得脫去油垢。雖然，也儘多年輕的機械士，假日穿了外出服，走在市街上，他好帥、好俊，一如他所伏侍的飛機一樣，光彩奪目。

第十六章　海天情湧

第一節　桃園空軍基地

從蕭瑟、寒冷，徐州戰事日漸逆轉的南京，兩夜波濤洶湧海上的航行，民國三十七年耶誕節午刻，抵達臺灣基隆，雖是很快的通過了檢疫、海關檢查，仍弄到下午三點，才緩緩入港。滿岸林木蒼翠，中外海輪紛集，上海、基隆間的船舶來往最頻繁。其次爲香港。再就是廈門、基隆間。有的船一時無碼頭停靠，只好寄碇港中等待。福民輪事先早有連繫，一來即靠上十六號碼頭。只聞上貨、下貨，起重機與絞錨下錨的聲音，不絕於耳。顯見其港口作業技術，超前大陸。所有人都以比較眼光，感受初見寶島的事物。首先買幾份臺北出版的當天日報看看，立即看出，新聞、廣告、評論、副刊，編排、印刷、用紙，比之京滬報紙差上一大截。

四點多鐘宣布，艙底的人，今天還不能走。下船，碼頭上活動活動，買飲食，則聽任自便。我下來，買了橘子和炒年糕，與妻兒同進晚餐，感到味道奇美無比，只因幾天冷食、乾食、硬食之苦。船旣不搖晃，雨淅淅瀝瀝的，這夜，大家都睡了個好覺。

次晨，細雨未停。基隆港口的架構是，臺灣縱貫鐵路，北自防波堤以下，環繞著港灣，有的還是雙軌以及四五條軌道的調車場，緊靠著所有碼頭，客貨接駁，十分利便。

碼頭上早已聚集了不少飲食攤販，豈僅臺灣口味，紛然雜陳，也有大陸口味的豆漿、燒餅、油條、肉包子，與餛飩、麵條。供應了渤海大隊官兵、眷屬們，初到臺灣的第一頓早餐。

指揮部人員一齊出動，先讓艙底全部人員連同隨身行李上車。然後，隔了好幾天，才是第二步，打開貨艙，將由南京就集中管理的行李，由負責管理的人員，按著編號登記冊，檢查無誤，押運上車。

這天上午，我一直站在下船的二艙處，檢視官兵帶下的行李。幫人家抱小孩，攙婦人們，跨過貨船，到碼頭上來。嬰兒們，十個中就有九個，一陣尿臊氣撲鼻而來。他們又多著厚棉褲，臊得我幾乎要嘔吐。

港口運輸司令部派員來照料，火車站副站長也來巡視。他們辦公處離我們碼頭還有一節路，百忙中抽出工夫，厚意令人可感。空軍不似陸海軍人多，三軍中它是最年輕的。小伙子飛行員們，更是人見人愛。

人民對空軍特存好感，世界各國皆然，中國空軍尤甚。它壯大於八年抗戰，以劣勢兵力、裝備，迎戰強敵，奮勇犧牲的壯烈精神，驚天地，泣鬼神，實爲各國空軍戰史罕見。

當時，北方餐館興起，天津兩種烈酒，綠豆燒、五加皮，極得飲者嘉許，價比臺灣煙酒公賣局所有佳釀都要貴，市上供應無缺。而江浙花雕不多見。

艙底的人走空了，我們這幾個人精神壓力才卸去。自船長到水手們也都感到清爽。我還是有責任在身，下艙去檢視一番，看有無人家走後散落的東西。**自己天性使然，凡事總是先人後己。**把別人散落的東西收檢起來，覺得好安慰的。然後，順便檢視一下自己的東西如何？我這書獃子所惦記的，並非裝衣服的三口大皮箱、書箱等，念念難放心的，乃是我的諺語卡片箱，給撞壞了沒有？厚大白布帆布袋的諺語資料卷宗，是否無恙？

到基隆第三天，船上人員和我們這幾個留守的，除值勤者外，都有休假，我伴隨著漢儒、蔭田，三人漫遊基隆市街。感歎於日據時代，這些官署公共建築之整體規劃。限於港灣地理條件，後此四十年，除公路、高架橋，基隆市街上，不易有新興建築。

三十日，初次進入臺北市。首先去新公園裏的臺灣圖書館巡禮一番。經公園，出重慶南路，過總督府前廣場。並未太詢問人家，走到植物園，沿荷塘，到了國語日報社，也是臺灣省國語推行委員會所在地，拜訪主事者何容。這是我專程來臺北的主要目的。前年臨離長安，張研田兄特別爲我說了何容的事，他頗有興致於俗文學的探討，以爲有援引爲諺語工作同道的可能。戰前在北平，研田跟何容時時都有在一起。認爲我不難碰到何容。

我首先詢問何容，臺灣有無人治諺語。他答說沒有。其時，他但注意於推行國語，不太關心到這方面。後來，跟文教界人士交往，我得到訊息，**臺灣正有好幾位下力於諺學的同道**。

三十八年元旦，報紙上大消息，政府同意和談。

吊運行李，耗去兩個半天時間。管理的人並非我的部下，他們樂於聽命，又一無差誤。內心好安慰。後來，張大隊長率大機群飛過海峽，到了桃園基地，他只能擠在一間小屋子，處理行政，指揮作戰，目睹營區人員、物品，擁塞不堪，十分教人煩心。他這烈性子人，非要大力捺住性子不可。

我們再去臺北龍鄉川菜館晚餐。其時，這東西向街道上，兩邊都還不曾有大廈興建，只有二層樓的餐館，街道上車輛不多，行人一點也不擁擠。酒樓上臨街小飲，觀賞臺北街景，並無塵土飛揚。椰子樹搖曳有致，逸然極了。

我正在爲「中國民間語言論略」寫述的構思，特別聆聽到茶房、跟櫃上、廚下，工作招呼的用語。

開壺——「開水壺」的省略。

家常——「家常餅」的歇後。

還有略去詞彙頭部的字眼，是當謂之縮頭語了。都可稱作簡縮語。

我自二十三歲後，極少飲烈酒，也興致大發，吃幾口綠豆燒，喉頭上火辣火辣的。看到京滬豪富在此的享受——**受人訾議的上海風，就此登陸臺灣**。

離基隆前一日，初遊北投。外來客莫不驚於它的艷名。同行者，漢儒、蔭田、張維烈等。青年飛行員維烈，偉丈夫，皮膚呈古銅色，聲音帶磁性，迷死女人的角色。他若一人單身來此，準難逃離此溫柔鄉。四十年後，升爲空軍副總司令。他的同儕，多半都早神遊九天之上，壽堂於此，謹致無限欽敬感激的懷思。

有個書獃子想法，這兒，當成爲國家休假中心，讓那勞累的人來此休憩，而要非以金錢才能獲得。

既到北投，上下山道，散步其間，又車遊一番。參觀法藏寺。旅舍、住宅、別墅，公園、山壑，公衆俱樂部，都很幽靜。溫泉熱氣瀰漫四空。

硬要身上攜帶著指北針才好。從臺北市出發，過臺北橋，經三重、新莊、龜山，入桃園市區，西北行，一大段鄉村大道，到埔心機場。

元月八日入桃園街，當時人口並不太擁塞，市區現得相當寬闊、安寧。桃園縣政府、議會、民、財、教、建、衛生各機構，郵局、電信局、銀行，都緊相比鄰。火車站，長途公路汽車，桃園縣境各線汽車的起站，交會於此，距離都不甚遠。

埔心機場久未使用，一片荒涼。傳說這是抗戰後期日本空軍神風隊輔助機場之一，最靠近臺北的軍用機場。空總專派工程官常駐本大隊，執行機場、飛機疏散堡壘的擴建，大隊部，三個中隊行政區及單身飛行人員、機械士並眷屬宿舍的新建，處處都在趕工。

陰雨連綿的日子，居然當我們這一行人，自基隆到埔心的次日，便放晴了。新房舍未建成前，自是處處擁塞，人人都不免抱怨。獨我內心一片恬適，以為這個大遷徙行動，定居這埔心鄉下，總算得到安頓了。此時際，大陸軍事形勢愈見逆轉。

十一號營區靠近埔心街，門前走廊寬敞，門後對著庭園。竹林、小溪流圍繞。這兒住了空勤人員眷屬。八號營區向南，西邊即是機場，這兒，另外加蓋新的平房，是地勤軍官眷區。往東半里多，九號、十號營區，也加蓋了新房舍，是眾多士官眷屬住居區域。

清理船上運來集中保管的行李，並無損失，好不容易，我精神大大鬆快。所有木器，堆積於八號營區空地，無人看管，憑物主自行取走，沒有任意亂拿的。自是團隊精神與大撤退官兵並眷屬們的憂患意識所致。

將近一個月，眷屬全未自家開伙，通吃大鍋飯。大家皆欣慰於臺灣四季常春，一年到頭有各種蔬菜好吃。菜心肥，豬肉嫩，好教人味道難忘。

太太們無嬰兒在抱的，下午時光，就三三五五的打起痲將。空勤眷屬們荷包富裕，星期三、六放假車直開臺北西門町。她們忙於購物，看電影，極小部份的則秘密行動，爲手上金鈔尋出路。

遷移工作，初步就緒。到埔心機場的第六天，一行十二人，傍晚馳車臺北，到中山南路、仁愛路、信義路交叉處的凱歌歸聚餐。紅色西式建築，正對著東門與介壽館。這處是其時臺北市上最高貴的餐飲處所。我們十二人，飲茅台，又加啤酒，耗去臺幣五十餘萬元。喜歡它這兒的高雅、幽靜。未幾，它成爲中國國民黨中央黨部所在地。依附著主體建築，逐漸添蓋了不少紅屋子。

元月十七夜夢曾祖母、祖父、林姨，在大朝街老屋，著單衣抖寒。其時，起風，天冷。醒來，成一絕：

明月西風滿竹林
心思遠馳千里還
上人老屋暫相聚
睡夢醒來是臺灣

次年春，短期受訓，集淡水海濱，西望雲天，一如陸游，鄉邦情思鬱結，行吟不已，成詩二十篇。後此年月，少有如此抒懷。

元月廿二日，夫婦倆帶昶兒、星兒，看博物館，遊新公園，兒童遊戲場。坐三輪車，到動物園，看獅象表演。孩子們好高興。

蔣總統退位，大家都期待著和平建設的日子。寫「和平的曙光」抒感。

匯家臺幣二十萬元，匯費高到百分之三十一。隔了一星期，又接著匯十萬元，引起青不快。我沒有話說。家信一個勁的要錢，又當此局勢緊迫的時際，但能有，怎能不特地跑到桃園郵局去交匯？二月底，父親來信說，不必匯款了，可在武漢借貸，心一寬。那時，幣值變動太快，從臺灣匯到武昌，貶值之速，與郵程之緩，恰成強烈對比。隔了沒多久，告急的信又來了。母親的病，與家庭生活。前年長安歸來囤的一批糧食，也不知挪用到怎樣情況？五月四日，把首次得到的薪俸現洋十元，專程帶到基隆，港務局工務處宿舍找到孫才芷，她是武昌花堤房東的二小姐。去冬曾見過面，錢交給她了。由她寫信回家，再由她父親撥款我家。可嘆！這十塊錢，竟是壽堂此生最後一次奉獻父母。

空總撤退臺灣帶了些現洋來，全體官兵人人都有領到，爲薪餉的搭配。我月領十元。這在當時財政十分支絀的情況，是好不容易的事。總額自是可觀。當幣值十分穩定時，一塊現洋算不得甚麼。此時，其穩定軍心的作用，發揮到了十二分。三幾個月後，新臺幣便問世了。當年日記，還夾有一張臺灣銀行舊臺幣十萬元的本票。

同僚們工作不起勁，沒有有效的促動人家，心懷不滿，遷怒於青。

爲求情緒的出路，續寫「南北飛文學漫談」，「民間語言論略」。也寫了諺話「打破沙鍋紋（問）到底」。

先送了臺幣百萬元給埔心國民學校添製桌椅。過幾天，招呼了眷區的孩子們，剛好百人，到埔心國校插班考試。昶兒功課做得好，他以爲簡單得很，不用太費力。但仍很用心。星兒跟了去玩，一人坐教室裏，很乖，她好想上學。這所國校設備簡陋，但大體上，教室、操場，都比我們抗戰時在長安王曲所新創的中正小學要寬廣，教室外有相當寬的走廊，供孩子們雨天活動。

去空軍總部新聞處述職。整個總部，住於臺北市工業專科學校後面的工業試驗所，也是十分擠。後來，想是感到這裏地點適中，建地還大可拓展，就不打算遷移了。

民國五十年後，空軍總部在此逐漸完成其永久性的建築，成爲臺北市很弘偉寬闊的軍事單位。臺北的市政建設，仁愛路旁的林蔭公園，正與空總紅色建築相互輝映，構成了都市上的一景。

籌辦桃園基地的幼稚園，先作幾種準備，常到臺北。兩次去總部後面的空軍子弟小學，訪校長陳鴻韜，向他請教。先後參觀臺北師範專科學校和臺灣糖業公司附設的幼稚園。我們自然是小規模的辦，但希望也要辦得像個樣子。

第二節　風木哀思

二十八年春，臺北圖書館夜讀，欣讀嚴工上「說話流口轍」。著者為諺語、俗話的紀錄，體例另闢蹊徑。即去世界書局購買一册，細細閱讀。其時，上海各大書局都斷斷續續有新書銷運到臺北來。

八十八年四月二十八日，黎明，前輩蘇雪林，仙逝三天了。校讀壽堂雜憶至此，想起五十年前，桃園至臺北，民營客車上，乘客不多，我讀了巴金的長篇小說「火」，乃讀書人所罕見的書，大家但熟知他的「春」「家」，引起我對於中國現代文學史一段歷史的省思，好驚心動魄，好令人想不到的深層可悲的歷史教訓。

紅旗照耀了大陸，對作家們說，北京冰冷小屋子，上海亭子間那種淒清日子的寫作生活，再也不會扼苦這些筆墨生涯，最高貴的靈魂了。當年地下工作的周揚，此際已是國家文藝工作者的領導人文化部長，他常和這些同志、朋友們促膝談心過。可是，很奇怪的是，自「火」以後，巴金錢乎少有作品問世了。不僅他一人而已，謝冰心、郭沫若、茅盾、老舍、沈從文、曹禺等，無例外，全皆如此。卻一點也非江郎才盡。地處一隅的此岸呢，蘇雪林、姜貴、陳紀瀅、墨人、高陽等，一直作品不斷問世，是他們才氣特高？答案乃是否定的。

直到先參加了國民黨，後參加了共產黨的跨黨份子，馬克思主義者的經濟學家千家駒，「六四」事件後，出走美國，寫了「從追求到幻滅」，民八十二年在臺北出版，以及近幾年巴金、蕭乾等人不多的隨筆，以及他人所爲的訪問得知，他們身體都很好，得到國家極週全的照顧。只是一椿，靈感枯澀。按唯物論者推究，百思不得其解。解放後，千家駒一直是「特權份子」，這是他自己的認定。

唯心論者的說法呢，文藝創作的主要點，乃在心靈的自由。古今中外，莫不皆然。

中國現代文學史的歷史省思如是。

寫「臺灣印象」，也偶寫「秋暉隨筆」。「諺話」的寫述，興致很高，五月二日那天，一口氣連寫了五篇。此時際，空總分發下慰勞品的八一四香煙，每月配給，癮君子則嫌稍少。我則每晚吸一隻，意在刺激寫作。多年晨間寫作習慣，硬是改不了。入夜，精神便渙散了。幸而，空總這種鼓勵全軍官兵吸煙的政策，未使我成癮君子。如此按月配發的辦法，實施了一年，給臺灣省煙酒公賣制度，造成不利影響，空軍才停止製造八一四香煙。

此時已與齊鐵恨先生通信。四月二日專程去臺北，到植物園國語會拜訪，奠定了後此三十年的情誼。鐵老大我二十歲，北平人，清末爲籌邊學校學生。亦曾從學黎錦熙師。他說，這十年來，雖於語文研究，仍有濃厚興致，而苦無工夫。由於國語會推動社會國語教學工作，鐵老爲主幹人之一，瑣碎事不少。說起嚴工上，八十高齡逝去。其收藏的語文資料及浩漫的著述，已不復爲其子女所能承緒或保存了。鐵老昔在上海，跟他很熟，爲之浩歎再四。

空軍總部遷臺後主要構想，空軍要謀獨立生存。戰術上要爲如此概念。所以也要大企圖的組福利總社。機場邊沿，圈著不少荒蕪的草地，要辦農場。於是，大批公文到來，這樁事，竟落到我頭上。寫初步的計劃，與大園鄉詢洽，原則上，找農家來承租墾殖。技術上，得到的支援是，桃園農業職業學校，即使毫無關係，也可去連繫。恰好俞承德同學正轉職該校任訓育主任，十多年前，他也曾任職空軍，一談起來，話可多哪。

承德個人也亟謀經濟生產自立之道，就在獨棟的宿舍養了大批來亨雞。來亨雞生蛋率高。其時，不少大陸來臺人士多爲此副業。以爲操作簡單，有了特製的雞籠，按時餵以食料、飲水，還加營養劑，特意維護，就可看見纍纍雞蛋不斷湧現。

來亨雞乃貴族，還沒有人讓它跟土雞一塊生活，任其自由活動，四處抓抓弄弄的，尋小蟲吃。這陣風氣，持續多年。它非肉食雞，吃起來，味道可比土雞差多了。

空軍總部以及其所屬部隊，有編遣行動。總部各幕僚單位以及作戰部隊並未縮編，從前全國須設置的好幾個軍區司令部，自然是要撤銷了。風聞我們新聞室的李家超在編遣之列，好沒來由，大隊部並未徵詢我的意見。家超管理福利社十分辛勞盡職，只是不肯屈從行政監察官陳康，多爲他私人服務，彼此間水火不容而致此。此事大傷我心。

家超妹夫萬循三任教臺大。偕訪，得他擔待，於臺大圖書館借得日本、臺灣諺語辭典大書四册。內中一本是臺灣總督府大正三年（一九一四）出版的「臺灣俚諺集覽」，要算那時期本省諺語收錄得最多的一本集子，得人重視，直到民八十年代，臺北舊書店裏還時有發現。

又持大隊部公函，去新公園的臺北圖書館借了十幾本書。在這時，與劉金狗、高碧烈兩位相識。即承破例容我進入書庫自由閱覽。自離南京龍蟠里國學圖書館後，好久沒有這樣悠遊書城了。滿天烽火的當年，一位空軍軍官竟然這麼潛心高文典册，劉、高兩位自必認我朱某好特殊。後來漸漸了解，哦，原來你乃是之乎者也的書獃。

桃園鎮上行走，遊忠烈祠。原先，本爲日據時代神社，石坊，道旁燈柱，皆仍襲神社原有器物。主體殿堂，更是一仍其舊。只是神位有了改變，凡桃園縣屬五十年來抗日身殉的義士，以及抗戰八年陣亡者之本縣忠烈，皆有其靈位。管理員說起來，他是當年抗日，遭日本逮捕入獄未死者之一，緬懷當年，每當月黑風高的午夜，不知他心境如何？

說起神社，那燈亭，牌坊，一看即知係日本人的器物。臺灣初初光復，不管本省人、外省人，看了它都心生反感，爲何現在還不把這日據時代的殘跡，剷除一盡呢？難道還有「順民」思想不成？直到八十一年三月，看了某電視臺「臺灣寺廟巡禮」系列報導之後，才了然到一個事實。當年日本人要積極消滅臺灣民間宗教信仰，有好些迎神賽會以及各樣廟宇興建，神佛崇拜，日常敬香瞻禮，都予以嚴格管制取締之列。有的地方人士，想到巧妙逃避、掩飾的辦法，它本是一座純中國式廟宇，卻特意在廟外，按日本神社風貌，也有那日本式燈亭、牌坊，而使得寺廟存在下來。

這就像，男男女女穿了和服，滿口日本話，鞠起躬來，走起路來，也像日本人似的，還以爲他數典忘祖了，大家都罵他「狗腿子」，漢奸。誰知**這是假象，他其實乃是一個澈頭澈尾的抗日**

份子。也正如，辛亥革命前夕，部份革命黨人，硬不剪辮子，雖朝朝夕夕都做革命黨活動，清廷爪牙就是不會抓他，他身藏傳單，帶著炸彈，監獄探監，爲黨人傳遞消息，履險如夷。不在乎社會上的唾罵，甚至於家人父子都不恥他。不論舊劇還是新戲，都有爲此扮演，莫不緊抓了觀衆的心，爲之感泣不已。

五月七日得母親病危電報，父親要我趕回武漢。這時，我怎能走？一筆路費難籌，還不知怎樣走法？先到上海，還是先到廣州。上月，南京已爲中共進佔，這時，一面沿江而上，一面也正要佔領上海。一旦輾轉回到武漢，再要出來，根本就不可能。夫妻倆討論此事。問題悶在自己心裏，沒有與第三人說過。二十四，得父親十二日航快，母親九日晚九時半逝世，次日入殮，十一日草草安葬於武昌中和門外長板橋張家的地裏。剛好那天，我送基隆孫才芷撥的現洋十元航空信到達，略略派上用場。父親東拼西湊，共花現洋三十多元，爲母親辦了後事。張家的地，似未算錢。父親來信說，墳地風水好，他最滿意。

此刻的武漢，眼看就要陷落。人人有朝不保夕的心理，不知這個變故之來，會是怎樣的情況。有人當然不太在意，船到橋頭自會直。抗戰的劫難，日本人來，不也過過來了。再怎麼說，大家都是中國人，怕它怎的？

從父親來信信封背面所貼的郵票，可以窺知其時政府金融財政，已到了不可收拾的地步。那時，由於郵資不斷提高，幣值不斷滑落，常有在低值郵票面上加蓋高額郵費的辦法，或是蓋上「郵資已付」的戳記來應急。往往，上級大額郵票還未配送到來，當地幣值一日三跳，已大幅下瀉，叫你措手不及。這報喪信封背面，一共貼了四十三枚代用郵票，它是在金圓券二十元一張的印花稅票上，加蓋了郵資五十萬元的戳記，合爲兩千三百萬的郵資，清清楚楚蓋了武昌郵局二十一個消票的戳記。這四十三枚代用郵票，摺了三摺的，摺疊在信封背面。而信封正面，一序列的蓋了臺灣臺北、桃園、大園的三個落地戳。父親此信說，金圓券在武漢已成廢紙。

這封皮，連同信封背面貼的四十三枚郵票，於雜憶寫至此，即寄給臺北郵政博物館。它覆信說，確有研究參考價值。

這是此生父親諸多信件，所僅僅留存的一封。悲哉！悲哉！

半個多月來，每夜皆夢到母親。由於未目睹她病苦狀況，每次皆恍若平時。夢到她向我辦公室走來，說家裏已經一天沒米下鍋了。獨有一次夢境奇特，我問母親，你不是死了麼？母親馬上倒下，且向我作揖，好似抱歉樣，我趕緊跪下，夢就醒了。一會兒，又夢見，母親在日常生活中的樣子，照顧我的衣食，一如長安、武漢。

哀思深埋心底，寫「悼念我的母親」。

此外，在目前大局日見惡劣的情勢下，我甚麼悼喪的舉動也沒有。未去找僧尼念經超薦，也未燒張紙錢，燃半隻香，也未纏黑紗。也沒把喪母之痛，說給外人知道。

母親在家去世的當天，我正在埔心眷村挖陰溝，出身大汗，心神十分舒爽。到機場，送二十六中隊飛上海，王敬禹問我，要帶點甚麼？我一想，給我帶一盒G字鋼筆尖罷，囤積下來，足夠兩年用。次日黎明起，趕到臺北，去空總洽公，人家才剛上班。下午，臺大文學院聽董作賓講「中國原始文字之推測」，談甲骨文，即與他通信，討教甲骨文中諺語的消息。

桃園鎮上，我向人打聽，臺灣可也有人研究諺語？人家說，有的，一位日本教授金關丈夫，他任教昔日的臺北帝國大學，也即是今日的臺灣大學。戰後他繼續留任好幾年。是日據末期風靡全島「民俗臺灣」雜誌主幹者之一，一直與本省學術界人士有著很好的關係。日本戰敗後，他也仍然受到禮遇。聽說，他就要回國去。當即去函和他聯絡。

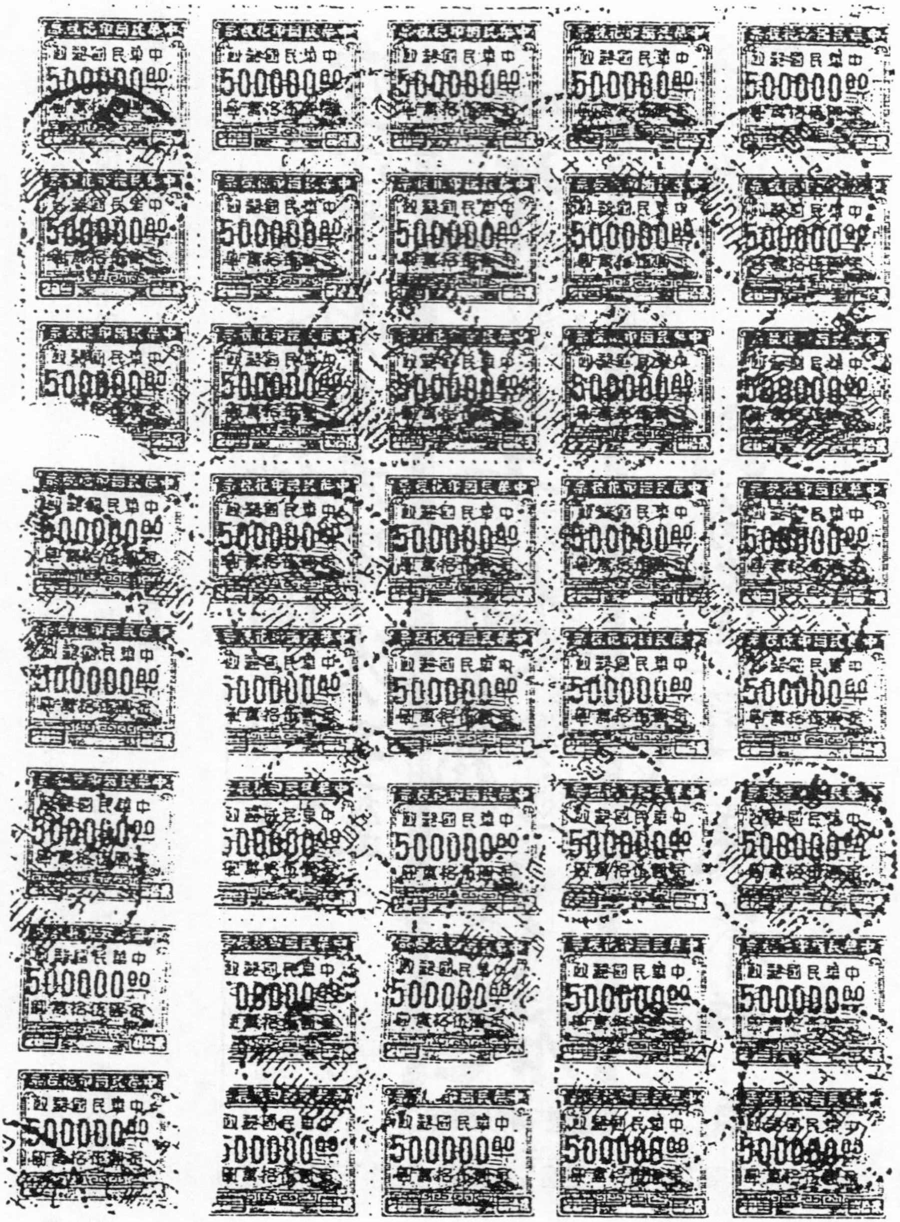

五月十七，感冒。很欣慰的，接到金關丈夫的英文覆信，他並非治諺語。治此門課題的，乃是臺大社會學研究室的陳紹馨教授，並寄來陳教授近刊「諺語之社會學的研究」（臺北，「人文科學論叢」第一輯）論文的抽印本。略略讀之，甚見高明。他已讀到這兩年我在上海「新中華」上發表的三篇諺語論文，承列為此文的參考書目。他參閱英文、日文的資料甚多，文中有「英國諺語學史年表」。

即與紹馨通信，廿八日那天，帶了昶兒並我近年有關諺語的著述，到他研究室長談一小時半。在臺大右邊對過酒樓午餐。從他手裏，借得了日本人寫的「北京俗諺集解」，「朝鮮俚諺集」並馬東泉的「魯諺」。餐後，至國語會，共訪鐵老，並國語日報社長洪炎秋教授，說諺語事。

自此，凡來臺北，少有不去紹馨處。他長我七、八歲。甚樸質，故而十分投契。社會學研究室在校本部文學院樓下的後進，右鄰為考古學陳列室。上課時，門多半未鎖。印象最深的一件事，是金關丈夫擱置了自己論文一篇，致董作賓的，在房間內桌檯上。他倆這天如未碰到頭，就利用這兒互通消息。

每間研究室，都有可轉動的圓形銅牌，懸於門首。如時鐘樣，可左右上下旋轉。劃有格子，標明：「在內」、「上課」、「返家」、「」他出」、「會議」等字樣，主人進出，隨時旋轉於指標位置。二樓上，神父方豪教授也有間專用的研究室。紹馨的用書，大部在此室內。諺語卡片，則全部擱在這裏。每和紹馨見面，談到諺語，總是沒完沒了。

靠近機場的十四號平房，建築完成，為行政區。空勤餐廳、廚房，單身飛行人員宿舍，緊靠在一起。展望遼闊，並以水泥柱坊，建爲轅門，以壯觀瞻。轅門外闢有水泥地面的籃球場。不久，盛極一時的臺北籃球運動，有兩三位著名球員如朱聲漪，即從本基地挑去。

桃園農校校長李章伯，長我兩歲，也曾任職空軍政工，一下就談入了港。獨居校長官邸，偌大房舍，下女一人照料，到處窗明几淨。留宿其間，一頓晚餐夜飲，長談了三個多小時。主題爲這二十多年的國家、歷史、社會。後此卻少有碰到了。是否人生奇遇呢？

因紹馨介紹，識臺大教授蘇維熊、黃得時。在維熊處，讀到北平寄來的「民衆週報」王冰「老好人傳」，寫得十分純樸、深刻。此作絕大部份，這四十年來還沒有讀過。王冰不知爲何許人，是否王向辰（老向）的另一筆名？不是對民間事物與俗文學的運用，有深度造詣，那能寫得這般好。

蘇維熊集諺七、八年。黃得時專治歷史掌故，也對謠諺有興致。蘇兼任臺大圖書館館長有年，相當忙，致少有來往。與得時則過從甚多。

自臺北圖書館借來的先秦諸子，逐次閱覽一過，於其中摘錄古代諺語。

妻子匡到臺北未久，於中山堂南星室舉行中國民俗學會的首次座談，是會同林熊徵學田出面召集。到李濟、董作賓、勞榦、芮逸夫、屈萬里、陳國鈞、陳紹馨、林衡道等，我也受邀。大家談得開心，欲圖有番作爲。未幾，子匡寄發一張油印的「同工」名單來，列明各人現在研究的課題。「同工」是子匡創的專名。

大陸來的教授，就全國情形來說，不算太多，百分之一罷。但就臺灣大學教師名額、單身宿舍、眷舍因應看，硬有洪流湧發之勢。只好撥出醫學院幾間教室權且容納。在此，我特別拜訪了董作賓。

不久，子匡創辦了自立晚報，由於報社企業經營的人力、財力與作爲難配合，徒以民俗學、「風物志」舊刊文字，抵塞副刊，難有起色，這家臺北首刊的晚報，終於很快拱手讓人。

陸咸件著丁作韶，環島各空軍基地講演。丁教授留法，民十六年曾任職總政治部。執教朝陽、川大，近爲天津和談代表。來述中共情況，不顧人民死活，徵糧。比較之餘，老百姓反思念國民黨了。他與長安故人王九思、楊虞夫等人皆熟。黃昏、月夜，讓丁休息。與陸咸談鄉情。午夜月色如水，漫步獨歸。次日，陪他倆遊大園，望海，賦別。

「**爲臺灣説話**」這本佳著，汪慕雲著，讀到後，感觸印象至深。四十年來，蒐購、瀏覽、鑽研臺灣資料的書册，不下千餘種，獨此著意味深長，別有番見地。也少見近乎此書名的著述。不知怎樣，此書遭愛書人忽視。

去董作賓先生青田街寓所，書齋長談，討教諺語與古代文化，取得他「殷曆譜」四大本。董府掛滿了他甲骨文的書法小品。其後，我這位不速之客時常造訪。他治學勤，時間寶貴，談文論道，興致甚高。當然，我知趣，不會太打擾他，不待盡興即辭。

走臺大，訪方豪，談國家二、三十年內爭所與青年人的損害。窗外細雨，悠然意遠。順道溫州街，訪盛成，談中國文化之分野，極投契。謂中國文化有二元，海疆文化與山岳文化。海疆文化更當以廣東爲代表。予我諺學研究，有不少啓示。後此，每逢與他見面，少有不談說得痛快淋漓的。我們很少提到人事臧否，生活現實，而總不外之乎者也學問中事。

總難忘他抗戰前「海外工讀十年紀實」，給讀書界的震撼，尤其是「**紅帽子姑娘**」的情致。

紅帽子乃「紀實」。成書前，在「中華雜誌」逐篇發表的遊記之一。述的是他去義大利某著名大學參觀的見聞。這所大學已有五、六百年歷史，沿途舟車上，接待陪伴的導游者，多係該校高年級學生，有位風姿綽約的紅帽子姑娘，不僅人才出衆，學識見解超絕，妙語如珠，尤令所有飽學的來賓們爲之傾倒。後來，盛成和她留下了一段情。先是，盛以「我的母親」一書享譽歐洲。**西方人文學題材，不論詩、散文、小説、戲劇，總以男女之情爲尚，而冷落了親情描述**。盛著乃爲文壇盛事。

七月十九，緊接丁作韶講演之後，大隊上自己辦的講學會，便開始了。董作賓來講「甲骨文研究對於上古史的貢獻」，由於張大隊長有興趣，方能講這些一系列純學術的課題，與空軍之訓練、作戰，並無直接關係。

不定期的舉行，後續的是：方豪「中國與菲律賓」，余紀忠「蘇聯，第三國際，中國共產黨」，勞榦「論敦煌藝術」，沙學浚「新中國在鍛鍊中」，蕭一山「臺灣爲民族革命的策源地」，陳紹馨「從人口現象看五十年的臺灣」，李濟「山地考察歸來」，吳國楨「我們甚麼時候回到大陸」，谷正綱「反共戰爭的前途」，鄭學稼「卅二年來蘇聯的演變」，方東美「文化之戲劇性的表現」，沈昌煥「新聞戰」，高鴻縉「中國文字」。

接送方豪，往返途中，談了三小時，於他治學勤懇，人生經歷的艱苦，以及一些學術界的珍聞，極感欣慰。談到治中國史者，有一課題：「中國近代軍隊生活史」，缺乏研究。自袁世凱小站練兵以來，我很有意於此，幸未岔到這條道上去，那會使我諺語工作半途而廢。

後來，寫了篇「渤海大隊的弦歌」，記述南京、桃園舉行講學會的情形，即以之作爲我一部散文集的書名。

偕陳紹馨至延平南路省文獻委員會，訪廖漢臣。同至廖府，看漢臣的臺灣諺語原始資料，比之「臺灣俚諺集覽」，其鄉土性、民間性，要濃厚得多了。省文獻會還有幾位詩人、作家、學者供職，本省外省籍都有，待後此認識。

格林自傳有段話，深愜我心：「我一集中思想，料理工作，便轉向到研究德國隱微的、實在被藐視的狀況和特點。」這正和自己治理中國諺語的情境相同。它所指的「藐視」，或許當譯爲「忽視」。

紹馨來大隊講學之後，陪他到我住處。寢室、書房、餐廳、客廳都擠在這一間房裏，比起他臺北寓所，只是比玄關稍寬一點，咱夫婦卻無一點自慚形穢之感。鄉下麼，大陸來此，近於逃難的大遷徙。留餐我家，看諺語資料。晚，始行，桃園共訪楊金旺。

先是，從蔡德音兄探悉，桃園有一集謠的學人楊金旺，東京帝大畢業，得各國民謠資料不少，但目下轉向醫學，他不欲研究音樂、舞蹈，以爲民謠的深刻探討。我則認爲，歌謠純文字的紀錄，於文學上，仍是有價值的。因與楊通信連繫。

一位小學教師，對民謠研究有濃厚興趣，我好意借給了他一本歌謠集子，是上海中華書局戰前出版的，一套有七、八本，乃兒童少年讀物，並非太珍貴的書。但如歲月過久，市上購求不到，便也成罕本書了。一經借去，屢索未還。我重視的，並非在此書本身，而是書本封面上留下了**母親的手澤「成伯」二字**。母親逝去，甚麼遺跡也沒留下。家信向來都是父親所寫，母親極少動筆。只兒時，教我弟兄們認字塊，看我們功課，偶而寫過幾個字。這本書的「成伯」，因書爲么弟使用，怕別的孩子誤拿而寫，乃母親留下世間惟一的兩個字。

埔心基地的幼稚園辦成了。我們從眷屬中考選出三位女老師。九月十七開學，星兒成爲首屆的學生，她跟一些家長、小朋友一樣，通感到這環境好滿意的，一應設備都粗粗有了。地點當營區中心，家長接送孩子極利便。

此時，伍相傑任本大隊政工室主任，我降爲副主任。在南京時，他任本大隊監察官，跟我年歲相若，先住北平中國大學，後入航校八期。曾參與抗戰時期之空戰，手臂受傷，健康恢復後，操縱飛機微有窒礙，乃從第一線空勤軍官退居第二線。以出身及戰功，始終有其空勤待遇。人甚爽朗。於政工室業務，但觀大略，一切事務，往下一交，頗有優遊歲月之概，他顯得比其他各幕僚單位主管要輕鬆得多，時時在大隊長室談笑風生。

目疾不斷擾人，經醫治，說要多吃豬肝，多休息。我跟別人不一樣，上班之外，就無事可作。我勤於寫讀，這習慣自十七歲起一直是這樣，乃使自己不斷躍進。不像有的人，過了三十歲，經歷了高學位，以爲知識探求，可打上句號了。而寫讀就是靠目力，爲了善保眼睛健康，病假一星期。

爲飛行的見習官集訓講諺語，由於百分之八十例句，都爲習聞的通諺，難得吸引人。他們只對俏皮話感興味。

晚間閒談，陳漢儒說起浙江上虞「出大旗」的歷史。明代倭寇每至海上來，官軍防衛不及，沿海人民鳴鑼集衆，群赴海濱嚇阻之，而演成後此出大旗的習俗，因下筆寫「出大旗」，以爲可結爲**中國人冒險的故事**系列描寫。如武漢「擺江」，湘江「放木排」，閩粵「下南洋」，直魯豫

「闖關東」，山東人經西伯利亞，至歐洲「賣綢子」皆是。但能發掘作爲，寫它一百篇，豈非一部極有份量的專書。

讀「冰瑩自傳」。讀艾蕪「大騾子」、「手」，欣感非常。

王守義、張海勝雙機出任務，失事。守義婚未久，母、妻同住基地。海勝還未婚，客家人，好質樸。隔了兩個月，海勝安然歸來。隔不多久，訓練飛行，見習官吳志鵬在基地上空失事，機毀人亡。這等事，給人刺激不安。

副中隊長吳其軺潛逃，去了香港。他並未採取駕機奔大陸的途徑。大隊上集會檢討，他是否思想動搖了？我私下認爲，他是被剋走的。有血性、正義感強，又用功，不貪財好利，不求物質享受。我好懷念此人。

童世瑜、林輝夫婦，帶了孩子大衛、可詩同來。他們一直在空軍發動機廠，先駐貴州大定。抗戰勝利，未怎麼遷動，料不到直接到臺灣來了，駐臺中清水鎮西。六、七年闊別，飄零海外，親人重逢，歡愉非常。留住半月始去。讓世瑜開心的是，看到這些青春、俏麗，多風姿，飛行員的太太們，看到她們在鄉下眷村質樸的生活。恰巧我家對過緊鄰黃翔春夫人，是最出色的美，而並不嬌滴滴。因之，她頗有番議論。大衛、星兒倆小，糾纏不清，常有爭吵。

他們走後，埔心機場秋風秋雨便來了，走泥濘路上班，時有感興。**壞道路，使人思想堅實，不必稍有沮喪感**。這種心情反應，乃緣讀羅曼羅蘭「約翰克利斯朵夫」，摘句所得。營區可行汽車的大路，通鋪上了水泥，我們行捷徑，走田間小路，難避泥濘，屢屢心神爽然，浮盪此感興世界。

其時，聯合國中國同志會常舉行座談會，學術、政治、時事，都有探討。主講者多屬大陸來臺的名學者、專家。座談會紀錄每月都刊在「大陸雜誌」，這份新創的文史期刊。係由董作賓主編，全以正楷體鉛字排板，字大行疏，閱讀不耗目力。座談會紀錄，把每次參加者的姓名全部列出。因此管道，獲得史泰安來到臺灣的訊息。後來，老友蔡以典的訊息亦因此得知。

三十年夏，邂逅以典於重慶。他在外交部有年，係自駐俄領事館調回。外交部遷臺北之初，約兩三月罷，由於中央各部會，自重慶、廣州、海南島，紛至沓來的一湧而至，堂堂外交部，竟給擠在臺北市延平北路二段路東一處小旅館的二樓。堆滿了檔案箱，聚集了向來最爲考究西服筆挺的外交官們。當風雨飄搖，美國發表白皮書，甩掉五強之一中華民國的時際，幾經播遷、困頓，人們但能妻子兒女聚在一起，已夠慶幸了。

齊如山先生家碰到胡伯翰，很欣慰。民十九年，教導第三師好友曹金輪、黃超，常提到胡，他當時爲軍校武漢分校的步兵科長，錢大鈞爲分校主任，又係教導三師師長，時係七期學生在校。胡購藏文學書不少，我即從金輪手輾轉看到他自胡處借來的，舊俄小說譯本。

二十六隊機械士成耀先，四十餘歲，熟悉中醫醫道，爲地方民衆療治，求診者甚衆。跟他談起，說胃病與肺癆特多。胃疾造因於田間工作，多吃了冷飯。蓬萊米是好吃，但黏性重，不易消化。肺癆由於勞累與營養之差。

舊曆年將到，卻有好幾天沒錢買菜，青好鶯苦。結婚近二十年，家庭生活總教她縛手縛腳，眞太慚愧。

臺北中央日報，此時期爲臺灣最可讀的報紙。副刊女作家群起。若林海音、鍾梅音、艾雯

（熊崑珍）、劉枋。還有位僅署名「音」者，不知爲誰？前驅者陣勢強，乃引導來了更多的後續者。此後，因有婦女寫作協會的組織。後此四十年，臺灣社團組合不少，特限女性者似僅此一家。

很有段長時期，婦女寫作協會每月持續不斷，興致勃勃，舉辦慶生會晚餐敘談，男性作家們可就難得有這樣作爲。

父親於元月廿一日晨，在武昌去世。小妹、成伯寫信告訴二弟，又轉到運江，運江於二月十一函轉香港邱北辰，再轉益弘。每一轉信處，都未耽誤，只是其時大陸情勢急遽轉變，郵遞過程難得有如尋常，非掛號信，能如此並未失落，到得我手，已是好不容易。

所幸者，十年音信杳然的二弟，他夫妻倆，於母親故去未久，父親病重之際，能回到家，使小妹、么弟，得到了依仗。其時，小妹任教的學校，還在漢陽鸚鵡洲。父親既逝，已入棺，二弟夫婦趕了回來。安葬父親於母親墓旁，多承地主張家恩惠，人家未收一文錢。

欲敘父親大人之逝，心情哀傷，一直不易下筆。

李家超資遣，陳康還在渤海大隊。基地上擴建營舍，好多工程方興未艾，他都參與策劃、監督，部隊長對他正是言聽計從。攆走家超，很可能是他一力攛掇的。否則，顏述志、寧英麟他倆也有些桀傲不馴，人際關係並不太好，怎未資遣呢？

地方人士好幾位向我投訴，抱怨陳康兇暴，而生反感。其時，我們移駐臺灣還不到半年，軍民關係動盪多變，我不能不注意這個問題。私心忖度，我要善意的向當事人建議。以陳康的脾性，他自視甚高，除非我階級高過他，他那會虛心接納我的建言？畢竟，我沒跟他談過此事。再說，渤海大隊自大隊長以下，到一些小飛行員，不少人都跟我談過心，惟獨陳康例外。固然，一天有幾次碰見，會點頭、微笑、打聲招呼，卻少有多說幾句話。語不投機半句多。

陳康先我離開渤海大隊。四十年六月，我離開空軍，調到臺灣省保安司令部，伍相傑曾到保安部來看我。臨行，走好一節路，直送他到司令部大門口，表示我的情意與禮敬。陳伯容、韓治政、周樹楨、范龍瑰，常來和平西路七十巷我家，一談半天，說桃園基地情形。

陳康回五大隊，當上大隊長了。出全體官兵意外者，乃是他竟然完全變了一個人。不是從前之驕縱、頤指氣使，而變得賢良中正起來。有那老機械士，自有五大隊以來，他就一直在這個飛行部隊，贊嘆著說，從首任算起，再也沒有超乎陳康這樣好的大隊長；而他前此之驕縱，兇橫無理，也少人能及。可眞是敗子回頭金不換哪。

約是兩三年後，又傳來了訊息。一次出任務，陳康搶著飛上去，就此消逝於海峽上空。按那幾年情況，海峽少有空戰，或偶而有一次，頂多出幾架飛機，中隊長領隊的機會都很少，半點也用不著要他大隊長出動。大家莫不爲之無限惋惜。

陳康的幾位子女，聰慧漂亮，現在也都有四、五十歲，不知有否爲這位可敬的父親寫下傳記否？比之他們的祖父陳調元，乃是典型人物。調元，只是名氣大，國人皆知而已，**非如陳康，永活在熟悉者的高度贊嘆裏**。壽堂這段敘述，乃歷史春秋之筆。

第三節　臺北初居

說起來，我好感謝渤海大隊那位胖胖的李副官，不因小辦公桌事件的刺激，我怎會忿然離開空軍，有了後此四十多年臺北市上多姿多彩的人生。中國人，你不能不信服老祖宗周易的道理。

四十年六月十五日，隻身赴臺北，帶了四包書和簡單行李，到臺灣省保安司令部政治部，任秘書職，興致勃勃。陸軍上校階，還須等國防部發布命令。所以，仍然出之空軍上尉的身份。

其時，臺灣又另有陸軍防衛司令部的設置，統率了聚集島上的所有陸軍部隊。下分設北部、中部、南部、東部防守區司令部。防衛司令官孫立人，司令部在高雄鳳山。

中央政府遷臺之始，臺灣設警備總司令，陳誠爲首任總司令。後來改組爲保安司令部，由臺灣省政府主席兼司令，設專任副司令三人。其第一副司令，等於實際的司令。我到職時，主席兼司令吳國楨，副司令彭孟緝、鄭冰如、王潔。

由於中共對臺灣的軍事威脅，時時都有一觸即發的戰爭形勢，要非三十九年六月，韓戰發生，美國第七艦隊協防臺灣，海峽間的攻略戰可能早已發生。

中共對臺灣的顚覆活動，一直是多方下手，不遺餘力。其在臺灣山地，也積極發展建立秘密武力據點的作法，純出之共黨鬥爭形式。在社會各角落，則採取滲透、分化、僞裝的秘密活動，讓你防不勝防。

此所以，當時臺灣省保安司令部保境安民的任務，就不僅只是掌握了軍隊、警察的力量而已，司令部裏特設了偵防處，派下了一些「戴黑帽子」的偵緝隊員，去執行偵緝、逮捕乃至狙擊的行動。不止於只是像民十六年清共後，武漢、上海警備司令部那樣的作爲。還須更進一步，執行政治、經濟、社會、文化上，一些防衛性的措施。

「戴黑帽子的」，是民國時代的專用俗語，指那些爲警備、保安執法機關或警察官署所派遣出來的偵緝隊員。這些人，喜著黑服，戴黑色呢帽，臉色陰沈沈。走在大街上，人莫不遠遠避之。不知他們爲何硬要這樣暴露身份？直到抗戰前夕才無此現象。他換了常服，隱身於各行業中。可習慣上，人們愛說這個語辭兒。凡屬社會動盪不安的時際，人們就不能不小心警覺，誰知有無戴黑帽子的，在你前後左右，盯上你了？

當時的保安司令部以及後來又改組爲警備總司令部，由於臺灣一直處於戒嚴時期，直到七十七年臺灣解嚴，可以說，整整四十年，這個臺灣地區的警備、保安、衛戍司令部權力的擴張，乃是大陸各地自民元以迄三十七年，同等的高級軍事司令部所不曾領有過的。七十九年五月二十九日報上訊息說，臺灣警備總司令部就要成爲歷史名詞，這司令部即將撤銷。

壽堂四十年六月到職，一直幹到五十四年十一月退役才離開。是自己一生服公職最長的一段歲月，整整幹了十四年又五個月。這可是臺北市，又當臺灣社會劇烈變遷的階段，所經歷的種種切切，比起前此，可眞是複雜多矣。我直接、間接所接觸的，若說已超過了左拉，巴爾扎克，大仲馬對當時法國社會的感受，似並未有誇張之處。

保安司令部在臺北市博愛路南端路底，東北過街即是總統府。司令部大樓東南，有座堡壘式建築體，也佔地不小。凡行經愛國西路即可遠遠望見，它比小南門敵樓爲高，寬廣超過十倍。像北京前門一樣，高處洞開了許多方形炮眼，通氣，而主要作用在射擊。外牆厚約兩三公尺，頂端有厚約四、五公尺的掩體。無線電的天線，升向高空。自臺灣光復以迄目前，臺北市雖不斷拓展。市中心一直存在著這座堡壘，在全臺灣，它要算得是獨一無二的建築體，足夠成為國家一級古蹟。

堡壘內為發電所、電台、電話總機、指揮所、會議室。指揮所二十四小時都有值勤人員，凡有甚麼演習，各單位主官、必要的參謀們皆齊集於此。偶有空襲警報，總統如在總統府，立即移駕於此。

我到任時，新建的中正堂剛落成未久，可容兩三百人開會，近千人觀劇。

保安處為首席幕僚，情報、治安、作戰、檢肅業務的重要單位，在臺北市鬧區。門口並無官署招牌標示，出入者軍人、便衣雜半，氣氛神秘。左鄰右舍皆知這是個惹不得的地方。你但安份守己，它也少來干擾人家。這裏面，還駐有一個保安大隊，執行的是偵察、逮捕、行動的情報任務。人犯的審訊、羈押、拘押、看守也都在此。

這兒，最核心的地方，供有一尊神像。又說是一個骷髏，具有神秘的威力。傳說，日據時代，臺北市上凡有動亂，日軍核心防衛部隊，強力守據此處，無不化險為夷。這兒房舍經過不斷改建擴充，但這核心地方，多年傳承下來的信仰，誰也不敢稍有更動。

政治部有個編組單位，民衆服務處，大門臨街，敞出敞進，民衆但凡有事洽詢政治部各單位，多由此進入。

此編組單位之所以設立，傳說與彭副司令太夫人的德意有關。

其時，臺灣社會瀰漫著一種無形的恐怖，四處潛伏了敵諜份子，偽裝各種身份，在你四周，而你無所覺，不知何時，他會利用了你，套牢了你。而治安情報機關，每有深夜突擊、搜查、捕人而去。把人看押在甚麼地方，乃是天大秘密。主管單位不敢隨便透露。苦主家屬也無法打聽，也不敢隨便打聽。社會上，但有人涉及敵諜案件，誰都怕沾惹上身。除了保安部抓人，它有司令部，堂而皇之，位踞於此。司法行政部調查局也有抓人，它所在的地址，人們總感到莫測高深。而憲、警的偵緝單位，有時也會湊上一腳。

敵諜判刑遭處決，常是震撼性的大新聞，報紙大篇幅報導。據說，有的苦主家屬，爲得要知曉被捕的人押在那裏，好去送點衣物，每每到處撞木鐘，受騙花錢，捕風捉影，還得不到確實情況。於是，保安部的人莫不變得「冷酷無情」，六親不認，只怕涉及到人情關說。

彭太夫人每嘗訓誡兒子，你掌理生殺大權，可不能濫殺無辜。拘捕人犯，應該給他家屬有個交代，不可讓人家走投無路，鬧得全家六神無主，不知怎辦才好。凡事你要易地而處，多爲人家設想。也要爲子孫積德呀。我彭家忠厚傳家。

因而，有了民衆服務處的設立。大門是敞開的，不管任何人，只要詢查保安部各部門的事，它都接受，當時立即解答，或代洽有關單位與你洽談。不受一文手續費，又不塡表、登記甚麽的。

其主要目的，代人家查詢被捕的敵諜嫌疑（按法律，凡未經判決，縱使他確已罪證確鑿，或爲現行犯，也只稱「嫌疑」）人犯。那所有拘捕、押管人犯的單位，只要接到這民衆服務處的查詢單，立即據實查復。民衆服務處一絲也不會涉及關說的責任。按說，保安處或其他情報單位，大可派一兩個人參預民衆服務處，豈不也可藉以蒐集情報，以利偵查。如果上級有此決策，或相關方面提出這樣要求，政治部很難拒絕。居然，自始至終，無此情況發生。它做到了絕對性的純然服務。

得知在押人的所在。有一部份秘密單位難曝光的，民眾服務處無條件的代收衣物，通知那單位定時來取。

主其事者蔣澤澐，抗戰勝利後任江蘇宜興某區區長。那個區，是蔣總統漢代先祖故鄉。那年總統夫婦前往掃墓祭祖，澤澐全程陪侍引導，津津樂道其事。他是無錫國學專修科學校出身。其時，年近半百，瘦瘦的。謙和誠摯，不畏煩瑣。工作既已進入常態，也還不算太忙。還有幾位助手幫他。在這兒工作，如果存私心，想撈錢，想搞女人，都不乏機會，因爲上門來的，多是有求於你，他各色人等，惟恐你不伸手出去。這位主任，**清廉正直，樂於爲人服務**，不接受任何應酬。他單身在臺灣，偶爾晚上，讓人家招待招待，豈不寫意。他不，他絕不！這才眞是一位澈頭澈尾的君子。所有來此請託的人，臨去，莫不心存感激：「這個好可怕的保安司令部呀，還有這樣的好人。」本來麼，世界好人居多。

我到職後每天進出政治部好多次，默默觀察到民眾服務處的諸多情況。通常我下班得晚，一次適逢蔣主任以小木炭爐熬粥，一邊在焚燒信函，那都是各界人士得他幫助，寫來的謝函。竟未抽下來，予以留存。往後幾年，敵諜案不似以前密集，民眾服務處工作就平淡多了。

保安司令部還有些外屬單位，這也是它跟昔年一些保安、警備、衛戍司令部不同的地方。

新生訓導處先係借用臺北內湖國小設立。後遷綠島，代監執行，專收刑期確定的叛亂犯，施以感化教育，廢除了監獄制度。不僅在營區內行動自由，整個島上也可任意行走。

職業訓導第一、二、三，三個總隊，流氓、竊盜，受保安處分者，予以管訓、感化教育，分在臺北與臺東的岩灣行之。臺北的第一職訓總隊本設在劍潭，房舍寬敞，庭園幽靜，運動場也大，比有些中學環境猶過之，國家安全局看中了，豈有不遷讓之理，乃移板橋。後又增設第三職業訓導總隊於小琉球島上。

保安幹部總隊乃係無職軍官編成，類如前兩年各軍之編有戰鬥團，設在臺北新店的青潭。即由全總隊人員，沿新店溪，依山坡，自力克難，建新營區。成爲保安部幹部的儲訓單位。

此外，還有諜報組，特檢組，電信監察所的特遣單位。

全臺灣各港口的聯合檢查處、所，遊動查緝組，以及十二個山地治安指揮所。其形形色色的工作景觀，壽堂在職之初，即有過大體的全面觀察。

說說保安部的首腦人物。

副司令彭孟緝，黃埔五期砲科畢業。留學日本。昔日砲兵科學生，若非經過深造，他能上升到砲兵團長，就很難得了。砲兵有旅，無師，騎兵還有師，甚至極稀罕的，有軍。工兵、通信兵、輜重兵，則最高編制只到團級。

陸軍但有重砲，即能增加戰場威力。軍以上司令官，都希望能有幾個砲兵團，撥給他指揮。砲兵，總是以團爲單位，分割使用。「九一八」後，抗戰前這幾年，由於財力關係，以中央軍和東北軍的炮兵旅最出名。二十二、三年，在南京通濟門外，砲兵第一旅的營區，時老友黃超爲該旅中校參謀，我曾一一目睹兵舍（士兵睡鋼絲鐵牀）和自德國購來的重砲。東北軍，步兵、騎兵，跟砲兵一樣，裝備精良。東北兵工廠的生產量，超乎歷史悠久的上海兵工廠、漢陽兵工廠、鞏縣兵工廠，且又有自國外購置的兵器。砲兵學校設在南京湯山，以訓練中上級砲兵幹部，校長鄒作華，即係拔擢自東北砲兵部隊，他是東北人。

當時，砲一旅旅長洪士奇，黃埔三期，留德，是個沈默寡言，但並非陰性的人，副旅長彭孟緝。洪曾任七分校副主任。旅的參謀長王毓剛，軍校七期，隨洪來七分校，先後任砲兵科長，砲科學生大隊長。在王曲的後幾年裏，毓剛與壽堂十分投契。他這七期，乃屬武漢分校，主持者錢大鈞。其時，我由山東回武漢，賣文爲生。軍校武漢分校，共辦六、七、八期。六期時局動盪，部份同學未能畢業，部份的編入南京本校。七期教育較正常，但仍先期爲胡宗鐸、陶鈞時期「隨營學校」的底子。八期，其後期教育遷南京本校行之。毓剛也到臺灣來了。在臺北，毓剛夫婦出入彭府，保持著早年的親切關係。

我跟彭同爲武昌人。二十二年政訓班延長教育期間，他是我們兵器教官。就在我這個教授班上，講過好幾小時課。他提了一挺捷克式輕機槍，置講桌上，拆卸分解講說。當時，惟軍官學生、士兵，於拆卸、組合槍枝，手法嫻熟，當排連長後，便漸漸疏忘，不復有此本領。輕機槍，比步槍機件要複雜多了。大家對他手法俐落，講解清晰，條理井然，頗有好感。

更有私人關係可攀結的是，他應是我夫婦的表兄。青的劉家姑丈，是彭的表舅，在家鄉，原是走動得很勤的近親。

彭的三弟明輝，任辦公室副主任，王毓剛說知他，跟青有親戚關係。他倆特來我家過訪，我也去回拜了，道說些往事。但我並未偕青去拜訪彭太夫人。這時際，青告訴我一段往事，已經是跟青戀愛的時間，劉家姑母她們，曾爲彭家老二向青提親，不知是青母女拒絕了，還是怎樣？這事未往下進行。大約是在我倆訂婚之前，這位老二，年紀輕輕的，病故了。彭太夫人未表示要見見青，或許是老人家心存厚道，不欲觸及這段往事。

彭的職稱爲副司令，如要尊稱其官階，則爲副司令彭中將。李參謀長特爲造勢，在會報席上，言必稱司令。其實，誰也知道，他就是實際的司令官，那省主席兼司令，不過徒擁虛名，甚麼事也不過問。

第二副司令鄭冰如中將，主管動員方面業務。年逾半百，恂恂長者，風霜也見得多了。對屬下謙和有禮，半點氣燄也無。

第三副司令王潔少將，少有的高瘦體形，軍校七期，是彭任高雄要塞司令的得力助手。精明強幹，博聞彊記，學養高人一等。爲了不奪壓參謀長指揮全局的氣勢，除非必要，他少有發言。況每週例行會報，係參謀長主持，他跟鄭並不到場。

參謀長李立柏，讀日本士官學校與彭爲同學。回國後，在四川部隊任職。之後，於星子縣特訓班任教官。和中央軍事方面的關係，不像我們這樣深，非出身黃埔。矮矮胖胖，剃了光頭，表情嚴肅凝重，年近五十，北方語言腔調，恰似昔年北洋軍頭的派頭。其後，接觸日多，他也了然於我了，彼此接納了對方。漸漸的，把我看成自己人。也由於，超凡外務多，國防部和中央黨部的許多會議，其他中央和省市機關的連繫，民間的連繫（好多年之後，才知道這是總政治部蔣經國主任對他的工作要求），大半時間在外面忙，而參謀長跟政治部方面的事務不少，他找不到王主任，就只好找我交代。不是三言兩語可說得清楚的，就電話相邀，可客氣多了：「有空嗎？請你到我辦公室來一趟。」或是還有其他單位參與，而係參謀長居間協調；或，某事有難題，那主辦單位，意存推卸，慫恿參謀長出面，強政治部主辦，就總是他的潘秘書或戴參謀（他正是七分校畢業同學）電話請我去，圍了沙發一坐，小圓桌會議解決。超凡所持立場是，政治部願受挑戰，不與任何單位斤斤計較，使人家樂於親近。

還有一層，其時以及後此四十年的體制，政治部主任、副主任跟參謀長、副參謀長，地位相等，爲主官的軍、政正副幕僚長。團以下政工主官，爲各該單位副主官。參謀長對所有各幕僚單位的行文，可逕行批示。惟對政治部公文，只能簽名會辦，若須代司令批示，他只好使用彭的印章爲之。即使超凡並未外出，他有事交代政治部，要當面講說，不好隨時請超凡去就商，那麽，找我。其時，政治部的監察工作，既重要而忙碌，參謀長找監察科長或某位監察官去面商的情事很多，他不便直接找他們，總必透過我轉達。

如此，超凡與政治部全體人員，也都感到適切合式，參謀長代司令主持部務，乃毫無窒礙。非如旁的軍事單位，那年頭裏，每因軍政難協調，產生許多不必要的困擾。

李參謀長不愧爲當家人，勤勞負責，果決明快，夙夜在公，案無積牘，爲彭分勞分憂，使內外單位辦事效率，提高了不少。處處都能以身示範，先到班，晚下班。對上級交辦的事，立時記載入隨身帶著的手册，分別交辦，限程計功。

其時，保安部的上級，有四方面：

一、蔣總統、蔣總裁，在黨、政、軍高級會議上的提示，保安部無不奉命惟謹，行之惟恐不逮。這兒，無妨透露點歷史秘密，**政治權術**——元首說了很冠冕堂皇的話，見之新聞報導，是說的表面話頭，中外人士爲之振奮；或者，法條頒佈、極爲動聽，足以傳諸後世的「歷史文獻」，讓一些純粹治學的書獃子感歎不已。可是，老先生另有交代，只三言兩語，一絲未形諸文書。李參謀長不止一次，坦率、鄭重的，在高級會議上宣布，某事某事，老先生說，應如何如何辦。有許多情況，可證他一點沒假傳聖旨。而且，寧願為上級背黑鍋。此所以，上級對彭司令聖眷日隆，李參謀長在臺北軍政舞臺上，嶄露頭角。陸、海、空、聯勤總部參謀長，地位、階級，高於保安部，但都不及李參謀長名氣大。

二、參謀總長周至柔，每週必舉行一次例會。各副參謀總長四總部及保、安、憲兵、民防三司令部參謀長出席，宣達軍令以及其時軍事上諸多改革措施，敵情分析、戰備要求，尤其周總長所推行的三軍一體運動。前此，歷任參謀總長皆出身陸軍，而他是由空軍總司令晉升的，雖然，他原為陸軍。有時，也特令金門、馬祖、澎湖防衛部，北、中、南、東部各防守區參謀長前來參加。關係保安部的事，總必多些。李參謀長乃顯得突出。

三、總統府機要室資料組，蔣經國所主持。我不止一次，看過且接受過資料組的來文。保安部各單位皆視為重要指示，切實辦理。在檔卷上，它每每是最原始的辦案依據。資料組公文，向例只是文末蓋上一個條戳：

總統府資料組

這條戳（其實，它乃係印信），約寬三公分、長十二公分、紅印泥的楷書字，每字約兩公分見方。非篆文細線條，極易仿製作假。可是，它不在乎。定是，它秘密管道的聲勢嚇人。它是不公開的。高層黨政軍方面，都曉得「資料組」，行文卻不興提及它半個字。它的來文，不採用公文書格式，列舉發文單位、公文字號、摘由、擬辦、批示、核稿、會辦、收文字號等等，只像張便條而已。此正是蔣經國自從蘇聯歸來，在贛南任行政專員，打破常例，自我作古。長官沒有依

「無例不可興」的規矩予以糾正，反而只好默認了。在臺北的這時期，他的聲勢早非十年前之初視啼聲可比。

按說，顧名思義，資料組應只是圖書館的一個部門，它擁有若干可供參考的資料而已，誰知竟是如此權力行使的最高指揮體呢？經過好幾年，這樣不成形體的架構之後，國家安全局成立，取而代之，資料組才不再存在。

四、總統府秘書長張群。李參謀長不止一次，在高級人員的會談上說，某事某事，張秘書長如何吩咐。我們當切實遵辦，限期回報。那時，中國國民黨中央黨部也有位張秘書長其昀，李參謀長從未提說這位也算權傾一時的學者，而是指的張群。

李參謀長常誇說：保安部金字招牌。他信心十足的，要求大家跟他看齊，全力以赴。其時，還未實施星期六下午休假，而科股長以及大小主管，每天誰都是早上班，晚下班，忙得顧不了老婆孩子，也難得跟親友打交道。他要求，這些人每星期六上午還得到班辦公，下午方准休假。如果離開家，一定要把去的地方告訴電話總機，有事呼叫，隨傳隨到。起初我好不習慣，還從未這樣給職務纏身的，大大吃不消，每天累得喘不過氣來。十天半月後，不習慣也得習慣了。

前任政治部主任林其均，福建人，南人北相，像山東漢子，卻又文質彬彬，黃埔五期，與彭司令為同學。性格爽朗，與彭甚近似。以這樣的歷史淵源與地緣關係，自應相慶得人才是。他人才也是一等的，玉樹臨風，非其他好些將領們發福，不無擁腫。我來時，他早已離職。卻在另一處所見到他兩次。他與陳紹馨為表親。還有，紹馨已亡故的胞兄，也為黃埔三期同學。紹馨特為我在這兩層關係上介紹，就在陳府，也見過林夫人。而楊又凡，跟其均關係走得近。我提到老友黃埔五期的黃超、鄭正、張濤、馬良、班竹等人，其均也熟。其均也說到政訓班的五期同學，如嚴寬等人。

很快就聽說到林其均的事故。很不愉快的去職，竟然是先關到了軍法處。這可是極聳人聽聞的事。很可能是臺灣四十年來罕有的事，高級司令部政治部主任會關進本單位的軍法處。若非敵諜或重大貪污瀆職，那會到此地步？首先，當家的李參謀長會斡旋此事，而彭也不會決然無情，鄭、王兩副司令必會爲之緩頰。因爲，他但有了不得的罪過，必已進了監獄服刑，那會還能在社會上活動自如，只是，不再任軍職了。又凡曾告我種種切切。

四十多年後的今天，我體會到，以爲乃是「一林不容二虎」的情況所致。從李參謀長大權獨攬，他不太能容人的性格可以見之。說他完全不容人，那也不公道。他是極能容得對他唯唯諾諾，不超越他的人。而林其均不似超凡之圓融，又因其均的歷史淵源與地緣關係，在其職務上，條件配合得太好。我想，其均若能與超凡一樣，到職未久，即與參謀長十分投契，軍政工作協調良好，縱使有錯失，當家人也會曲意維護。若干年後，或有說，林其均案乃緣上級交辦。

超凡走馬上任，應必早有風聞。又凡爲老關係，總政治部又有多方淵源，必皆一一說知與他。記得，有好幾個管道，人家提醒我的參考資料。參謀長在政治部布置了「臥底」的人，要把政治部主任及重要主管的種種切切，隨時打小報告給他。某某人，甚至以此傲然自負，公然表態。超凡無懼，曾有悍然予以抨擊。其時，國防部特別重視，且提高政治部的監察工作，總政治部有多位少將、上校監察官，不斷在外面查案，各高級司令部則有不少上、中、少校監察官，忙得不亦樂乎。黑函、越級控告到處飛。超凡也有被告到國防部裏，曾有位板著臉，似乎包文正似的少將監察官，特來保安部調查，也駕臨了政治部。超凡任事保安部之初，有這麼兩次風波。以說林其均事，而附帶提及。

保安部工作既忙，公文來往自必也多。政治部秘書室文書繕寫、打字、油印，成天到晚不息，老在加班，老是做不完。科員們送來的，大半是最速件。監察官們的調查報告，要複寫，又要依制式表格塡寫，附件多，長篇累牘的。不下於法庭上的檔卷，每一宗都是厚厚的，夠人看的。李參謀長看政治部公文，看得最多的，是這一類，他有個執簡馭繁的辦法，要承辦人寫張不超過五百字的節略，置於案卷的最上頁，說：「這類公事，有的要提出來，請彭司令親裁的。」凡經彭核閱、裁示，自爲關係重大的。李且於會報席上，特爲報告、強調之，他的用意：

一、藉此行褒貶作用，宣揚保安部「公正廉明」作風。

二、顯示保安部不斷革新進步。藉以消除社會上，對保安部近幾年鐵腕森嚴的可怕疑慮。

三、提高政治部的形象、地位。

超凡給人的印象，溫厚謙和，立場堅定，意志強毅。我也是這種性格，所以才成爲他良好的輔佐。

到差次日，即參加了司令部的伙食團。大餐廳是在大廈地下室。早餐人們不太注重，或有少數去逛新公園、植物園，出門來就在那些小食店、小食攤上解決了，換換口味。午餐必在部裏，好就近午睡。晚餐則不乏十之一二的人，去中華路、火車站、乃至圓環，換換口味。星期天，這餐廳空位就更多了。尤其是極少數好飲酒的朋友。爲何一再提到換換口味？

原來，其時保安部的軍官伙食團，那陣陣醺人的怪臭，實在教人翻胃。以我搭伙二十天的體驗來說，一點也未過甚其辭。超凡本說過幾次，要我去他家午餐，婉謝了。

自十六歲以來，壽堂吃過各種南方、北方部隊的士兵伙食。也在行軍、作戰當中，吃過最艱困、苦乏的伙食。自然是王曲八年抗戰時期，軍官學生以及練習部隊的士兵伙食、飯菜壞到不能再壞。但是，卻不曾在軍官大餐廳裏，領教過這種惡臭。它乃是鋁質菜盤、湯碗，食用後未經沸水洗淨，殘垢積累所致。

某天晚上，大雨中，晤見西北故人厲厂樵。黑黑瘦瘦，語言、文章皆鋒利，綽號小魯迅。隻身逃離大陸，歷經艱苦，化名投入軍營當兵。其時，人人都無身分證。團長點名，眼尖，先即察覺，他文謅謅的，趨前辨認：「你不是厲教官嗎？」原來那團長曾一度在七分校任過隊職官。於是，從小兵而為座上客。這樣渡海來臺，無庸喬裝為小兵了。不久，他進入中國廣播公司，有相當時期。

才三、四天，公文核閱、會辦的接觸，理解到保安部之業務複雜，絕非七分校、空軍五大隊可比。數學示其概念，乃百與三之比。多少教人感到壓力。自己從未經驗過這樣生活。這是個考驗，會給予我些甚麼呢？總得君子從容乎中道。

依據戒嚴法，政治部執行違禁書刊的取締，係透過省警察處督導各縣市警察局辦理。上繳書刊不少，前此，沒有嚴密的處理程序。超凡辦公室有個日據時代遺留下來的玻璃書櫥，整整齊齊，陳列著約三、四百冊書。顯然散失者佔十之八九。其時，凡散布「毒素思想」者皆予取締。著作者、出版者滯留大陸，他書刊的內容雖毫無不妥，也要查禁，如梁漱溟、盧前、謝冰心的著作。兩者都不許其流行臺澎金馬地區。後者情形幾佔百分之九十八的比例，當然，私人儘多保藏有這類出版物，他知道這並無太大妨礙。卻也有小心謹愼、明哲保身的人士，怕因此惹禍上身，把它乖乖的繳了出來，或是自行毀棄了。但遇到仇家陷害，這無大礙的書册，是要判罪的。

超凡意思，這書櫥應該讓它發揮作用，放置工作用書，不當爲此陳列。因將這些書册全部交由主管單位，另行典藏，專人編目登記，闢室保存之。即以這三、四百册書爲起點，再不讓續收得者，如前此之散落。試想一紙公文檔卷不佔甚麼地位，如果其附件是五百册書，來個上十起，豈不要一大間屋子方能存放得了？由於嚴格執行這個決定，於是日積月累的，不過三幾年歲月，集成了收藏豐富的書庫，不下於一個中等學校的圖書館。有時，某一縣市，清查取締三、五百册書；或者，某學校，它彷彿心血來潮似的，專案繳來若干書册。這樣積少成多，蔚爲大觀。後來，且以所藏複本，分送相關單位。

在政治部這個書庫已見規模的時際，保安處也有相同作爲。將一些敵諜案已結案的罪證附件，最主要的一兩種，自然，仍然歸屬在檔卷內。其餘太佔地位的書册，都予以剔除，也建立了大書庫。分類編目，專人管理。其打字油印的兩厚册目錄，承一位東北籍的何上校惠贈壽堂。存手頭三十多年。以其多列有自「九一八」後，以迄民三十八年，近四十年大陸出版人文方面的書册目錄。這些書册，恰是中央圖書館典藏欠缺的部份。它正好接續了民二十四年十一月，上海生活書店出版，平心編「全國總書目」以後的圖書登錄。這些年來，在壽堂著述生涯裏，常有查考。

以臺北光復南路秋暉書屋將遷外雙溪，我諺語工作總結已畢，彼處再無這麼三間房可放置書册，清理出三千多册，包括大本的各處圖書目錄三十多種，於七十九年四月，贈送給施合鄭文化基金會，應比我私人保有爲佳。很有好幾種圖書目錄，乃目前中央圖書館目錄室之豐富收藏所無有。我僅保存用之已逾半世紀的「生活全國總書目」，這本目錄爲中央圖書館、臺灣大學圖書館所無，僅中央研究院傅斯年圖書館有此珍藏。臺灣學者私人典藏也所未見。

瀏覽保安處那兩册藍布硬封面目錄，我深深體會，這些書册主人愛書的情分。曾幾次去那書庫參觀，隨手取閱，不難發見書主在書册上留下的手澤。皆是些熱情洋溢的知識份子。案情幾無例外，都是好可怕的，使我惻然不已。

政治部藏書跟保安處來源不一樣。爲書刊審檢工作的利便，其目錄是按書名筆劃編的。大致上說，藏書量超過保安處。

由於沒入書刊這件事，使我聯想起，還有些財產之遭沒收者，不知是否也有這花草零落、飄失誰家的情況？舉一例，以見其餘。政治部後一處小空屋，有那麼將近一個月時間，堆放了四、五個那種行商批發香煙，高約一五〇公分的大木箱，箱外都標明爲翁文灝所有。明眼人一看即知，此爲附逆份子被沒收的財物。翁以名學者從政，一向享有清譽，他是大陸動盪時期行政院副院長，可能原是預備來臺灣的，後來變了卦，必是先托人運來一些物品。誰也可了然，他不會宦囊很豐。這木箱裏，不會有貴重物品。不知如何清理出來，這樣無關緊要的，如此擱放？當時，我犯不著去查究此事。

抽空訪幕僚單位。督察處處長陳仙洲，河北人，我首述自己對河北的感情，一見如故。到保安處氣氛就不一樣，正是政四科長（主管保防）劉國楨的觀感，他們有些傲氣。國楨有情報方面的關係，尚且也會有這樣感受，像我這種疏離此關係的人，豈不更甚。

第四節　敦品勵學好孩子

可感激的是，到差才五天，總務科長吳仲衡即過來告訴我眷舍的事。杭州南路、丹陽街有一帶巷子，爲保安部眷舍集中的地方，先來的人早已定居好幾年了，我新來乍到，怎能插腳得進？只看一些散在各地的房子，有無機會了。我想，也是超凡關說的人情。機會與幸運，眞出人意外。這種事，苦候兩三年也是極尋常的。

即回到桃園空軍基地搬家。其時，手頭書册並不算太多，搬家收檢包紮起來，仍是好累人的。一一辭別，感謝了人家。七月六日晨，一輛大卡車離埔心機場，十點多，到達臺北市和平西路二段七十巷三十弄二號。

新居處，本不過是三間房的日式榻榻米房屋，後面走廊外推，又擴建了半間。難得它倒是坐北朝南。跟鄰舍四家相望，五家門外空地，等於是大庭院，兩株老樹濃蔭覆蓋，極幽靜。都爲外省人。對面王家，河北人，與西北軍淵源很深。郭海清，河北大名人，國民大會代表，北京大學哲學系畢業。郭家孩子多，長女郭康與昶兒同年。一直在政治大學任教的朱建民，住斜對過。出三十弄，即是龍口菜市場。靠七十巷口，方師鐸家。師鐸與我夫婦同庚。他兩個女兒，跟昶兒兄妹年歲相若。往右走過去，齊鐵恨先生家。跨過和平西路，則梁容若，夏承楹、林海音夫婦家。折轉泉州街，何容家。國語會的同仁，皆集中這一帶。童世璋表弟漳州街新建房舍，也不算太遠。

建國中學、國語實驗小學、植物園，也在鄰近。南昌街、牯嶺街商店密集，十幾分鐘即可走到。

我一家四口，賴青省吃儉用，在臺北市上後此四十年，還少有寅吃卯糧，只偶然向財務官借支過幾次。

兩個孩子自小學至大學，只女兒讀東吳為私立，學雜費較重。入學前的花費，在有四個中學生的家庭，春秋始業，軍公教人員，總是籌措非易。公家給的子弟就學補助不夠支付其全額。我夫婦倆總早把用費先期籌措好了，不教兄妹倆為此煩心。尤其是，昶兒一上大學，就好不容易的，三十、五十的，在衡陽街頭買得美鈔，隨即存入臺灣銀行，得滿一千之數，好讓他去美國留學。只因他自願留國內待機深造，星兒也不願出國。一千多美金，長期銀行存儲，後來美鈔貶值，換成新臺幣存儲。

這兒，不能不一提趙鐵寒夫婦。

鐵寒兄初來臺北，幫董作賓經營大陸雜誌，大學授史學，聲譽鵲起，成為學界重鎮人物。鐵寒嫂善理財，就便的經營房地產，不費力的穩賺大錢。三十年來，搬過好幾次家，直到子女們出國深造，男婚女嫁，鐵寒故去，舉家赴美，度其高級移民生活。怎說是「就便的經營」？原來，他家所住的房子，一處比一處大，也好；總是住下不到一年，便開始整修，使其比初買得此房屋時要好，便高價賣出。其時臺北市房地產，年年都在增值，再買一棟更大的——這樣的調弄，趙大嫂手上，不止只有一棟房產。那些年，大年下，方去他家，與鐵寒談文論道，冷眼觀察如此。鐵寒晚年曾創辦了書店，虧累難振，不及大嫂房地產之經營有方。

更有不勞而獲，坐享其成的幸運兒，像是周家慶。三十八年，自海南島撤退，輾轉到臺灣。

起先工作在南部，投閒置散。再調到臺北，先來的人多集中住於臺北市中心區，就像我後來住於和平西路一樣。他在松山煙廠東北，基隆路以南，買得一片荒地，簡單的構築了三間茅屋，便安頓下來。四處是田畝，附近的道路還有待修建，水電供應也沒有。虧得夫妻倆年輕有力，一切賴著克難兩個字，無不迎刃而解。還有個非常得力的助手，十八歲的大侄兒爲助。夫妻帶著五個孩子，遠巴巴的自四川老家出來，一路上全靠的這年輕人。

運氣來了，城牆擋不住。不到三年，他這兒道路開拓過來，水電問題迎刃而解。地價直線上升，周家慶牢牢把握到一點，土地絕不賣出，與建築商合作，在此造大樓則可。而且是，當都市計劃這兒僅能造四層樓的時候，他彷彿是位先知似的，不爲一切人家說辭所動。於是不久，機會來了，這兒道路拓寬，可以建二十層的大廈，他但出土地，不花半文錢，還是極優厚於對方的，這四百坪建地的二十層大廈，他得地下二層，地面八層，人家得十二層。

他怎能獨擁有臺北東區四百坪建地的呢？說來直教人難以相信。起初，他買得的荒地不過一百八十坪。另有三位同事，也同時購置毗鄰的土地，共約二百二十坪。這三位仁兄，有一位迫不及待移民巴西。另一位在內湖買了房子。再一位嫌這兒荒涼，一入夜，似乎就鬼影幢幢，建下的克難茅屋，硬是住得不能安穩。於是，兩家的土地，一家的房子連地，都比買入時增價一倍，讓給了周家慶。這三家都很體諒他，允許他在一年半的時期內，無息的分三期付款。

他的辦法是，起了三個會，把土地的一小部份向銀行抵押貸款，大部份闢爲菜園，找來了遠房的一位侄兒侄媳幫他經營。一年半未到，房地價統通付清。沒有虧待兩位侄兒，每家分大樓一層。他獨有地面一至六層，地下兩層。他夫婦，五個子女，富有到甚麼程度呢？非上中層的軍公教人員所能想像。

三十七、八年，自京滬能攜家帶眷，乘飛機來臺北者，多少都帶有點金鈔。若能如周家慶這樣，或是趙鐵寒大嫂之經營，少有不富發起來。而能乘太平輪來臺，家私就帶得更多了。當船出吳淞口，海天闊闊，誰能不志得意滿？雖是逃難，卻另有一番天地，待我開拓。臺灣風光，跟大陸南北各地，大大相異其趣。

不幸的是，太平輪最後一次航程，滿船乘客及其金銀財寶，全都葬於海底。跟周家慶一比，人生遭遇眞難說也。而且，還有比周家慶更發財，一夕之間暴富，做夢也想不到的。

其實，潛心研究社會、政治、經濟學的學者，但從歷史發展上看，自鴉片戰爭以來，國際貿易跟中國工商業的發展，促進了近代都市的勃興——爲何特要點明「近代都市」？原來，唐宋元明時代，中國也有國際貿易跟工商業的發展，但長安、臨安、泉州、北京的社會發展跟上海、廣州、福州、廈門、寧波五口通商以後中國社會都市發展，大有不同。除這五口，還有大連、天津、青島，以及內地的哈爾濱、瀋陽、蕪湖、九江、漢口、重慶等地，都發生了因**近代都市發展而引起的土地增值**，地主炒地皮，不勞而獲的暴富現象。只是，不若臺灣這時期之更形顯著。

這也正是國父晚年講演三民主義，特關心、再三致意於平均地權的時代背景。

初住七十巷，前房由總務處中校郭鴻濤居住。兩家共用廚房、洗澡間、廁所。他夫婦無子女。郭爲河北人，故生活習慣跟我家無甚出入。最愛吃韭菜盒子。戶外乘涼，鄰居小孩通圍上來聽郭伯講故事。

好些年，我總在猜想，這棟保安部單獨位置於此地帶的眷舍，又不是很高大的房舍，它是否爲敵諜案沒收的逆產，劃歸國防部又轉給保安部列管使用的營產呢？所怪者是，超凡所住臺北市和平東路一段眷舍，在那帶地區，也屬單獨眷舍，日式房舍，比我住的七十巷這棟要寬大，我卻從未起過這種猜想。三十九年二月，震驚一時的聯共份子李朋、汪聲和蘇聯內政部國家安全處國外組敵諜台一案，就是以無線電連繫，經我電信偵測而破案的。新聞發布，其住處似提到過廈門街，我卻一直有個直覺，以爲可能就是七十巷這棟屋子。

頭幾天晚上，出七十巷，到對過小雜貨店買東西，或是信步蹓躂到此，向東一望，只覺街道寬闊平直，行道樹高聳，大非埔心鄉間小路所能比擬。這家雜貨店，恰當和平西路與寧波西街交叉口。臺北市待久了，這種街道寬闊的興感，即不復再有。一如去過歐美各國的中國人，飛回臺北，對臺北總統府廣場，寬闊的忠孝東路，不復覺得它寬闊。當然，**中國一直有幾處地土風光和文物典籍，乃是獨步全球的**：萬里長城，黃河九曲，長江三峽，北京宮殿，長安兵馬俑，北京和臺北的故宮博物院，北京圖書館和臺北中央圖書館的善本藏書，西藏長達百萬行的史詩，這是就壽堂執筆的此刻，民七十九年六月十三日爲止，所知曉的情形而論。大陸南北各地地下發掘，陸續有稀世之珍的文物出土，若四川自貢恐龍化石一百多具，超過歐美各國古生物化石專門博物館的所藏。必有不少彩色圖片，有聲卡帶，圖文並茂的大書，記述這些，耀眼生輝於全世界。

上下班穿行植物園。晨間最美。星期天，晚九點多了，由於天熱，劉德華母子來，世璋工作的關係，與臺北藝文界人士交往，多半深夜方能歸巢。於是，兩家大小六人，走植物園散步。看天空繁星。看三個孩子們捉迷藏。

兩家來往很密，世璋也走上政工，倒是我所想不到的。由於家世背景，他不像我那麼經歷了下層生活的艱苦，這次是從杭州筧橋空軍軍官學校政治部訓育科長，隨校長胡偉克而遷職到總政治部。總政治部所有的副組長，獨他穿著美國空軍的皮夾克，顯出一份瀟灑。

拜訪齊鐵恨先生家，無有一次，不是十分賞心悅情。二老殷懃、懇切，使我如沐春風。談文論道，每不知夜深幾許。鐵老畏熱，他那件對襟、五個鈕扣的白洋布背心，爲齊老太太手藝，有時還著長統布襪，可防蚊子。

昶兒來臺北，依學區規定，轉入螢橋國民小學，比埔心國民小學要大，但學生複雜，不太能適應，卻也勉強讀下去。上學期已到期末，巴望著能插班考入國語實驗小學。

七月九日，一早，總政治部週會，外屬單位科長以上人員也參加了。主要聽蔣經國主任講話，他善於言辭，懇摯有力，不拖沓，很動人。特點是嗓音帶點沙啞，不知是否當年西伯利亞的生活所留下的影響？放在相法，也屬「破相」罷。蔣那時雖爲陸軍中將階級，卻從不著軍服，總是一襲乳黃色布中山服，衣襟上也不佩任何徽章。並不偏分的髮式，不塗油脂。平易近人的風範，出外總是小吉普車，不擺官架子。自然，也因爲他的特殊身份，他要怎麼作，便可怎樣作，似乎一切都可自我作古，只要不太離經叛道，不悖常理，總能獲得大家默許。

就拿他不著軍服這樁事說。其時總政治部每週例行的會報，總政治部組長以上並各總部、國防部直屬單位政治部主任出席，上面一排則爲主席蔣主任及幾位副主任，分屬陸海空軍，濟濟一堂，大家皆依自己軍種所屬，分著三軍服式，兵科、階級的配件，必佩戴無缺。否則，即可能受到糾舉，被判爲服裝不振，有違軍風紀，而蔣某不受此約束。是否出乎規範之外？當時似乎大家都不太感覺得到。蔣總統自創辦黃埔，以及後此南京時代，他的官邸係在中央陸軍軍官學校營區內，每星期一的總理紀念週，向例由他主持，不管有無校外黨政軍人員參加（多半是有的），他向例必有講話，不管是論政、講學、說做人做事的日常道理，總不忘他軍官學校校長的軍人本色，他常要講說革命軍人仁民愛物，注意生活細微末節的小道理。如說，洗滌了痰盂之後，倒入痰盂內的清水，以三分之一為適當標準。檢查內務，要看角落裏乾淨否？廁所有無氣味？看人臉洗乾淨否，要察看他耳後根。

那麼，蔣總統定然總會注意到，這位大公子應當如何塑造自己形象的問題。自從他在贛南時代起始，即已決定要加意培植、訓練、維護、挾制他，使其成為繼承人。對他言行、舉止，大大小小的事，沒有不比軍官學校校長之訓練教育每一個學生仔，更要加強十倍百倍。這，一點也不能說蔣總統有甚麼私心。古今中外元首，尤其是不僅為政治上元首，硬是這國家的領導者，誰也必然循乎這樣法式，只想使繼承者比自己更十全十美，沒有說放任、縱容他，但成為扶不起的阿斗。否則，白帝城託孤，君臣對話，孔明怎會五內俱裂？要非孔明忠心輔佐，劉先主與劉後主這兩代皇帝，那能做得成。

這兒提到孔明，蔣總統與孔明有一點是十分一致的，即深思熟慮，行事細密，絕不粗枝大葉。

關於蔣經國身為陸軍中將，從不著軍服這一點，當時，似從無人提過疑問。幾十年來，壽堂也從未想到，這其中有何問題。但沒想到，壽堂雜憶寫到這裏，起有這番省思。

試想，在介壽館內所舉行的各種高級軍事會議，向由蔣總統或參謀總長周至柔主持。周也是個綜理密微的標準軍人，久任陸軍十四師師長，因總統加意培植，出國學習、研究、考察。他是由陸軍轉任空軍總司令，任斯職最久的人，黃埔一期畢業轉學空軍的資深人員王叔銘，一直是他部下。他的前任錢大鈞，論陸軍資歷要超過他，論轉職空軍的時期也早於他，也不及他在空軍近二十年的建樹。

介壽館高級軍事會議，總不乏美軍顧問參加，中美將領們莫不著軍服，一切佩件齊全，軍官禮儀，紳士風度，都是第一流的。獨獨蔣經國，他軍不軍，民不民，一襲布中山服，褲子總是不筆挺。

後來，他當國防部副部長、部長，一路扶搖而上，爲行政院長。雖然，他還是一貫平民作風，常與老百姓爲伍，有許多「民間的朋友」。可是，不再看見他總政治部主任時代，那一襲布衣了。西裝筆挺，一直坐上總統寶座。他很少如他父親或是袁守謙，著毛料筆挺中山服，始終不易。

父子倆同爲中華民國總統，其走向總統的道路，曲折困頓，與有些人之幾乎是垂手而得，對比太強烈了。儘有史學家去評論，不用我嘵舌。

咱還是風花雪月一番罷。

人生，無論男女，少年期未過完，四毛齊發，就開始對異性發生興味，互相的受到吸引。還未成熟，男孩即會發生首次的夢遺。女孩怎樣，我未探問過，甜美的夢，不會少於男孩。否則，少女怎會人人懷春，那樣醉心的眼神看著你呢？有女懷春，吉士誘之。自己十八、九歲，歷經江蘇揚州，武漢，宜昌，四川萬縣，南京，上海，山東煙台，湖北漢陽，孝感的鄉下，可說每朝每日，都會遭遇到如此的「秋波那一轉」，而意惹情牽。特別的是，山東煙台芝罘山道上，下望海洋，與那日本少女不期而遇，她展顏一笑。非自己獨特有此，任何少男少女，都曾有此人生際遇。

由少壯到老，即使九十好幾，甚或女性閉經期已過了許久許久，除非她是絕對性冷感，男女只要身體健康，不僅對異性仍然有高度，而且還是非常具有「性」趣。否則，怎麼會有這麼多「老不修」的男性？而民國六十年後的這三十載歲月，傳遍世界的新聞，儘多美國的老妻少夫結婚佳話。我剪下了他們的儷影，其蜜月甜美，不下少年夫妻，不言而喻，它愛情的中心點，絕非柏拉圖式，而是性的高度發揮。

再舉一個我很熟的人，毛子水（一八九三——一九八八）浙江江山人，民國九年，北京大學數學系畢業。性喜文史，任北大歷史系講師。後赴德留學。十九年返國，任教北大，兼圖書館主任。抗戰起，隨校至昆明西南聯合大學。勝利後，隨北大至北平。三十八年來臺，任教臺灣大學中文系，六十六年退休。為輔仁大學講座教授，在臺北寓所與研究生講學。七十七年五月十日逝世，高壽九十六。

有那麼十好幾年，毛先生跟王星舟、何容、張希文、劉眞、潘振球、趙友培、壽堂等人，同爲中國語文學會常務理事，平均每兩月總有一次會議，例請毛先生爲主席。他七十多歲後，背便微駝，看書太多，不太有運動。八十三歲那年結婚，夫人爲弟子。我們理監事會同仁，並未有甚麼賀喜的舉動。倒是，五十九年，由於我提議，次年特爲毛先生、並齊鐵恨、包明叔、丁治磐四老八十歲，編刊了一次紀念文集，以「語文論叢」爲書名，正中書局發行。

大家有個想法，毛先生高齡如許，還有爲新郎倌的勇氣，自是興致非凡，非梅貽琦所及。錢穆也與弟子結婚，並未年逾八十。張大千有侍妾，以姬人美之，如夫人通比他年輕好多。黃君璧、高明、丁治磐、何志浩，皆係七十多歲後，重入洞房，營著老夫少妻的生活。

晚，齊鐵老來，爲昶兒轉學國語實小的事，受我夫婦所託，告知辦理情形。其時，鐵老年六十，很少晚上出街，深爲感激。國語實驗小學屬臺灣省國語推行委員會，師資、校舍皆好，地點又適中，是其時臺北市數一數二的學校，孩子能進入其中，眞可說三生有幸。

昶兒小學階段之始，即當長安王曲返武漢，赴南京，來臺灣，又由桃園埔心鄉下遷臺北，換了好幾個學校。進國語實小，一人插班，讀五年級，是經席淡霞老師，一對一的，擔任他入學考試。月考，期考，原本在二十幾名，這本是意料中事。但他很快上升到第一、二名。數學總滿分。老師叫了他到教室，特予勉勵：「你將來要當科學家。」我既在鐵老家。遇過張希文校長夫婦，所以也特到國語實小去拜望。此校校風，師生形貌、氣質，就是跟其他小學不同。家長與孩子們，凡在臺北地區者，莫不以進國語實小爲榮。

到大直軍官團訪王毓剛。此處代名爲實踐學社，由彭孟緝主持，請了部份日本教官。說法是，他們把明治維新以來，整備軍事，打敗中國、俄國，與美國爭霸太平洋，一些皇軍的秘密——昔年中國歷屆留學日本，就讀士官學校的，任你怎樣勤學用功，成績高人一等，再也探索不得的。他們感於蔣總統以德報怨，乃有這番回報。實踐學社與陽明山的革命實踐研究院，是蔣公極重視的兩大法寶，認爲革新改造的根本要圖。

訪趙友培，談新文學的語言問題。友培一直追隨張道藩，受黨的文化的影響，太受政治勢力支配。人都以爲我也是這派人物。殊不知我早已振翅飛出，實心實地的作爲一個自由主義者，定要純粹的爲學。

出席編輯人協會，以爲可以會見很多主編們，不道，只是報社的內勤工作者而已。

中國語文學會即將成立，創刊「中國語文」月刊，向我約稿，乃將「中國民間語言論略」，摘其要成爲「口頭語的類別與形式」以付。

七月三十至渤海大隊，正式辦理離差手續。下午全部手續辦妥，晚回臺北。次日，至空總，見徐煥昇、尹希、傅清石、胡廣明，請予備案，略述此次調職因由。

超凡離臺北，八月十日至十八日，代理了九天部務。次日，司令部會報，爲一個敲詐案的檢討，我陳述了一點感想與建議。事後，又凡告訴我，大家反應不佳，認爲：一、我出鋒頭；二、參謀長、副司令素性不喜別人說保安部福利不好；三、我初來此，不明白這裏風氣如何，盲撞甚麼的。

政治戰士班借用開南職業學校開辦，大雨中來往，爲講三民主義，自感文情並茂，激奮十分。正立秋處暑間，學校暑假期，國防部凡要三軍調訓官士爲短期訓練，都看準了這段時期，教室爲寢室、餐廳、辦公室，禮堂則合班，三百到五百人來上課。每每一個中學校的教室還用不完。因爲稍大的中學，它的教室會有四、五十間。只是苦了承辦人，起早睡完，爲延聘講師，接送講師，進行考核調查，籌備康樂活動，辦理受訓者的伙食、醫藥、報到、結訓、旅費核發等等，忙得人仰馬翻。

毛鵬基家久談，他講部中人事派系糾紛，教人感歎。天下烏鴉一般黑，如今到處都有意氣之手，人心眞太窄隘了。鵬基時住臺北市杭州南路，以科長級人員，得分配到這一批寬敞的眷舍，有前後院四、五間。比此時超凡官舍還寬敞。他的觀念、作風，不脫書生本色。後來不多久辭掉軍職，文化學院當教授去了。民五十年後，我好幾次應尹雪曼邀，去他陽明山日間部，臺北市吉林路夜間部，爲諺語專題講學，都得知鵬基的訊息，卻從未碰到。他還兼任夜間部主任。

訪齊如山，談北平叫賣聲（或簡稱爲「市聲」）之列入語言或歌謠的問題。齊老說得好，世界上事物，不能一刀斬平。

見到涂翔宇夫婦。民二十年後，在漢口看到翔宇。他原是我二弟的文友。也爲武漢人，在海軍任政工，乃與陶滌亞、陶今也，關係甚密。此時期在臺灣，漸有長篇小說發表於徵信新聞副刊，成爲四十年至五十年，極有活力的作家。

翔宇長女涂咪咪好出名，競選中國小姐。與星兒爲一女中、二女中、大學同學。

首次代表超凡出席總政治部會報，走到頂樓，清晨七時十分就開始了。這是蔣經國勵精圖治的作法之一，出席者，五時即須起牀，摒擋一切，就餐，方能從容到達。

有天晚上，世璋家碰到風雲人物王鳳崗。河北新城人，是二十六年秋，日軍強渡永定河後，起事的民間武力領袖。所以哪，咱們是船過水無痕，一個戰役一個戰役的通過，有的軍隊給打散了，有的部隊長官運亨通，部隊擴大，職位上遷，卻不像敵後許多民間武力，風起雲湧，而且變化莫測。由王某許多事蹟，教我不勝懷念冀魯平原上，那一年敵前敵後的戰鬥生涯。聽他說游擊戰法，與共黨的鬥爭，作戰後的被俘，諸般詳細情形。

朋友們請託的事漸多，平均每天總有兩三件。雖是忙得不可開交，也得耐性子聽人家說原委。能辦者，多爲出入境事，即爲請民衆服務處代洽詢、催促。不能辦者，是這樣那樣的案子。則必須好言婉卻，我無力關說，只能查詢此案在那裏，進展如何，等等。

八月二十一日，國防部調升壽堂爲保安部政治部副主任，命令到達。我很寧靜，並未特別高興。不明究理的人，或不免看到我升遷之快，任秘書職才兩個月零幾天。殊不知就自己自二十三年任師政訓處長以來，所積資歷將近二十年了。自也因超凡提攜。我未讓他失望，爲其副貳讓他可放心在部外活動。當然，自己一生，兩個月新職，即行升遷，這也是惟一的一次。渤海大隊的朋友們，特爲我欣慰，空軍四年的委屈，得以一伸鬱苦。

副主任辦公室與主任室相對，離窗遠，前任黃中在此時，弄得陰陰暗暗的，我把外間必須電燈照明的部份，作爲小會議室兼接待室，而把辦公桌移靠北窗。就只我一人，並未增調一位隨從參謀或秘書來助理。忙裏偷閒，乃得偶有閱讀，也能寫點小品隨筆的。

與洪同相識。二十六年秋，北方戰況逆轉，平津學生大批南下，先集武漢、長沙。洪同其時正讀清華，他未繼續南行，參與西南聯合大學的長征，而熱情沸騰的，成爲第一軍隨軍服務團，推李芳蘭大姐爲團長，他任副團長。前赴徐州會戰，後駐鳳翔。這樣子，與胡宗南的幹四團、十七軍團發生關係，也間接的熟知了王曲。不久，他繼江海東之後，爲臺北市軍人之友社的總幹事，在社會活動上，十分賣力氣。人際關係上，透露出幾分瀟灑，他不是從軍隊政工陣營歷練出來的人。

部裏面，人事評判會哪，檢肅敵諜的會哪，極耗時。一下來，桌上堆滿了公文，紅卷宗最速件，總有好幾個，耐性子，平心靜氣的看下去，很快也就處理完畢。每天，晚上總是人家通下班走光了，還留在辦公室埋頭趕工。

中秋節上午會報，已經就要散了，彭副司令來，大大訓斥一番。因爲工作上的責難，他很感受一些痛苦，要求部下的支持，所以在這裏發洩。按說，不應在科長級的僚屬中作此表態，而是在上一層主官前發洩發洩爲宜。由後三天的事，他受的氣，乃係兼司令省主席吳國楨。若是蔣總統或周參謀總長，必受之無怨。因爲他自認所爲十分盡心盡力。蔣、周是能夠體察得到的——況，彭自從由高雄要塞司令調升保安副司令以來，這幾年，扶搖直上，早已進入中央權力核心。既然作事牢靠，他嘗說的：**釘釘子要回腳**。又以學生的孺慕之忱，貼心的奉獻。黃埔同學，圍繞著校長，本以第一期那三十幾位老大哥爲主要，接續而上者，似爲第四期。這自是就大概情形說。五、六期，自是更擠在後邊。彭係五期砲科，此際可說獨占諸前期學長之先，蔣總統蔣主任父子倆，都對他倚重日深。

超凡受訓，我代理部務。那天，約上午九點多，彭在吳主席處受到指摘，遷怒政治部，電話裏，大聲對我吼叫。他跟吳相處的不愉快，本已平服。卻因我們強力取締跳舞事（這是總政治部爲要倡導戰鬥精神、推行克難運動的一貫主張），吳不以爲然，而重新爆發，定是吳對他說了很重的話。把我叫到他辦公室，適保安處處長林秀欒在座，看見彭正在氣頭上，默然無語，未爲我緩頰。彭坦率告訴我，與吳的芥蒂本已消釋，現在卻因此事而重起波瀾。容不得我有分說餘地，只有擺下滿案公文，通知汽車隊立派車來，銜命而往基隆，把禁舞的事緩辦下來。

四十年後來檢討，你省政府主席兼保安司令，值得爲這種雞毛蒜皮的事，跟這位日正中天的副司令官，面紅耳赤鬧脾氣麼？哦，是了，定是吳跟蔣經國間有了齟齬，而彭代人受過，因爲彭既爲湖北鄉親，而職位上分屬他的副貳。按說，當時臺灣社會風習，除了空軍飛行人員，這十年來，多受訓美國而帶來舞會的習慣，一般社會，並不太適宜。基隆港區，海員上岸，華洋雜處，咖啡店、酒吧多，乃有舞廳。此必商人陳情，何用省主席如此交代下來。

彭當時或也有此評衡，但不便形諸語言，怕的傳到吳耳，使事態更是火上加油。次日超凡返部，爲這糾葛沖淡了不少。我這個笨嘴笨腮的人，總不能及時與人分辯，我是太忠厚老實到無用的地步了。也是，彭當時氣勢洶洶，不由我分說。若是他當時先找了超凡，或能會按捺下也不一定。

隨後，無獨有偶的，發生了更震撼性的事件。

江海東，以總政治部第五組副組長，兼任軍友總社總幹事，工作十分積極，於發動工商企業勞軍捐獻，支援前線，做得有聲有色。他是中央幹校一期出身，衝勁十足，其表現剛毅的革命熱情，正是新贛南那時作風。於禁舞一事不遺餘力。似乎是陳香梅在臺北市空軍新生社，以婦聯會或中美人士名義辦的舞會，遭到阻撓。陳香梅早已是中外知名人士，在臺北鋒頭之健，婦女界，幾乎是除蔣夫人外，就數她了。在外國人面前丟了面子，又表示中國之落伍，這還了得。她一下反擊過來，總政治部蔣主任承受不起。明知江海東並無錯過，也不得不立即拘捕了他，給押進了保安處，以平息陳香梅的怒氣。

江被押次日，我特地買了水果，前去慰問。比起來，我只不過受長官遷怒斥責而已，還未像他這樣受委屈。很可能，他爲官多年，還從未受過這樣類似牢獄之災。迷信的人，總會認這是好霉氣。把江押在這兒，自然只是個姿態。幾天後，他便回去了。而把總幹事一職，讓給了洪同。

如此之去職，也非事之所宜。

九月十六日，新蓬萊參加全民日報、民族日報、經濟時報聯合版茶會，爲臺灣報業史上一件大事。**乃後此聯合報之始**。主人王惕吾、范鶴言、林頂立幾位。此後，常有新聞連繫的事跟王、范、林三人協調，都是帶點干涉性的，彼此客客氣氣，從未有不愉快事發生。聯合報以社會新聞的狂飆，獨步一時。副刊之極力拓展，培植了不少新生代的作家。

首次去延平北路，永樂戲園看顧正秋、胡少安的戲。老戲院，雜亂、擁擠。其時，臺北市的一切市政建設還有待開始。大街上，忙忙碌碌的是，三輪車與自行車爭道，行人大都赤腳趿木拖板。

花蓮地震，臺北也連續有好幾次，人心惶惶。

臺諺云：「竹風蘭雨」，謂新竹多風，宜蘭多雨。宜蘭秋季的細雨紛霏，又跟基隆的多雨，景況有些不盡相同。基隆港區狹，宜蘭平原，向太平洋展開。我是專程赴保幹總隊，監督總隊「政工人員精神動員簽約」而來。這類簽約，全是形式上作爲。

略略看視保幹總隊學員們的生活，太清苦了。後來，他們遷到臺北新店的青潭，開山闢土，建設營區，全部校尉們降身爲兵工，辛苦了一年多。而保安部也得就近遴選優秀，爲人事的調遷。

第五節　福慧雙修王寶川

寫下節目這七個字後，對愛妻青青，除了這一生的熱愛奉獻於她，我惟有無限愧疚。婚後，她過的都是苦日子，我家累太重。三十七年冬到臺灣。次年，大陸變色，雙親先後棄養。兩岸絕對阻絕者四十載。負累是減輕了。也只十幾年稍為鬆散些，我就退休。過了二十餘年，無固定收入的日子。青的原則是，既不能外出工作賺錢，分擔家庭生活；那麼，省吃儉用，每月總要積攢點錢，不是私房，是留給我應急的。每每積攢了一筆可觀的數字，就交我存入銀行。每次她這樣遞錢給我，我總慚愧得無地自容。

可憐的青，五十七年婚姻生活，也如「浮生六記」的芸娘，不得公婆歡心，結結巴巴的日子，她從未向我逼過一次，說錢不夠用。而我個人，卻儘多生活上的浪費，我太不是一個好丈夫。

此所以，青既逝，八十歲這年，我遭受到了懲罰。

四十生日，白光照相館攝全家福。當時，上海電影明星白光，賣弄色相，性感誘人，嗲聲嗲氣的歌唱，極得大陸人士的欣賞。本省觀衆與聽衆，也同等熱情的接受了她。重慶南路的白光照相館，招牌乃異常吸引顧客。有趣的事，十月二十八那天，白光攝影的發票，還夾在當年日記裏。臺灣省統一發票，酉地 615585，白光的編號：04351 3A 一組，贈送八寸放大一張，計新臺幣二十八元。以其時我一家四口，每天菜錢四元看來，可知此為頭等照相館的豪華價碼。西門町午餐，吃點湯麵，不敢上大館子。植物園東側，臺灣電影製片廠，附帶的電影放映。只放映晚場兩次。座位不太舒適，聲光勉強，片子不是太流行的。票價比西門町稍便宜。這天看的片子，美國人開油田的故事，穿揷友誼、情愛，很高尚感人。

「中華今諺選」，經齊鐵老仔細閱過，除了歸韻上的意見，由於我不能說國語，部份字眼的韻腳，每每誤歸於隔壁的韻部去了。不經他這一番校正，才貽笑大方哩。內容上，並沒發現不妥。鐵老半點意見也未提。某獎金會表示願出版，但它是官方支持的機構，一切都要四平八穩，閱稿人一再提出要修改的地方，引得我好生氣。所提全爲內容上的：

一、太淺陋，連「人同此心，心同此理」，「要發財，下關東」，都要求解釋。四十年之後的如今，自然早已不像當年那麼生氣了。我想，也許他的要求是對的，對於某一部份人，他會感到諺語冷僻，是老古話，依現代社會生活的感受，他聽了一句諺語，硬是一時難以領會其意旨所在。只是，若這麼周到的予以解說，篇幅必大大膨脹。

二、要求其非常的穩妥，不帶刺，不要有甚麼暗示、聯想。寫述雜憶的此刻，我忽想起清末臺灣的一句謠諺：「臺灣兵——假勇。」清代兵卒，穿的號褂背心，前後綴有一個大「勇」字，譏臺灣綠營不堪一擊也。強調反共抗俄，強化心防，力抗中共統戰「血洗臺灣」的那個年頭，這條謠諺那敢錄存發表？就憑這一點，依民國三十八年六月總統令公布施行的「懲治叛亂條例」規定，搖動人心，爲敵宣傳，處無期徒刑或七年以上有期徒刑。這條謠諺，即使海峽兩岸情勢和緩，如七十九年六月二十九日的今天，誰也會注意到，這五個字太敏感，絕不可說也。這一來把老百姓隨便說話的興頭，給堵塞住了。

三、「南京到北京，小路近一程。」硬要把北京改爲北平，見其不了然民俗是怎樣的形態了。無怪乎這樣的人，我不太能談得來。

儘量照人家意思修改，送去，接受了。經過仔細審閱，送來稿費新臺幣一千五百元，即以一千三存入臺灣銀行。沒想到，這部稿子擱置了一年多，認爲非屬獎金會係以獎勵文藝作品爲宗旨，把稿子退回了。沒有另找出版的機會。只是分割了篇章，發表其十之一二而已。

看到教會一本靈性修養的書，「聖光日引」，一年三百六十五天，每天編列出幾句話頭。因而觸發編纂「中國諺語日覽」的意思。這册厚厚的書，置座右書架，朝夕見之。後來，又來自其他的觸發，加重了這作爲的意思。例如王善慶在臺北編印的「年鑑日記」，他一直用心揣摩，三十年來，年年都加入了一點新的構想，以利愛寫日記者每天必然閱覽一過。這三十年來，它惟一難變掉的，是每天必揭示出一兩句供人省覽的警語。我這想要編纂「中國諺語日覽」的意思，既已擱置四十年，按兵不動，看來是不會有作爲的了。除非有某個出版者，出版進程表裏，硬是列有此目標，等待著我這本書問世。只是，我難得苟同人家，定要四平八穩，才可刊之成書。

這年十二月裏，寫了「諺語的句子」，「俏皮話的句子」，就集諺二十年來所得的資料，予以列舉。有了這一番例句的提出，方使人了然，諺語句子結構並非那麼簡單，僅止於在「增廣賢文」或一些諺語集裏所見的型貌。

陳紹馨兄來談，說起妻子匡兄近年一些低品質書册的印行，如「香煙西施」，粗製濫造的漫畫書，皆以中國民俗學會名義發行，未免辱沒了學術。若不利用此名，僅是其「東方文化供應社」出版發行，倒用不著我們爲之不安。站在子匡的立場，爲他設想。誰也可看到，臺灣市場只這麼大，純學術出版物不易銷售，他才出此下策。我倆，還有幾位學會同仁，不好意思跟子匡明講，只有聽他憑其自然發展的適應罷了。如何在市場銷售與純學術價值，兩者之間，能求得其平衡。

鐵老親送「中華今諺選」序文來，殷切盼望此書出版。談些國語會事，雖爲教育、學術機構，一樣存在人事傾軋、嫉妒、鬥爭的事。鐵老滿腹學問，不能施展，弄得他成日辦些極瑣細事。此爲他頭一遭向我發這種牢騷。由於我跟國語會，只他最接近。到後此三十多年，也仍如此。次爲夏承楹、林海音夫婦。又次爲何容、洪炎秋。再次爲梁容若。我跟國語會諸君子，一絲利害關係也無有。**平生爲人，從不播弄是非，朋友們特別信得過我這一點**。有甚麼，說到我這兒爲止。

此所以，鐵老凡來我家，或我去齊府，除家人外，沒第三人在座。談到興頭來了，鐵老總不免義正詞嚴，激憤難已，向我申訴。抨擊某某、某某一番，把一些細微末節，詳加陳述。實則，聽後，當時我便忘掉了。鐵老對我投訴這種怨苦，前後總不下十次。我只有靜靜聆聽，表示同情安慰的意思，少有加以評斷。總算是他得以抒散了胸中鬱悶。鐵老若是對我所熟悉的國語會那幾位朋友，發這些牢騷，說不定彼此意見扞格，會吵翻了天，也不一定。

那幾年，鐵老每天清晨國語廣播教學，成效最大。他是去新公園中國廣播公司的廣播室裏，現場廣播教學，風雨無阻。並未事先製好錄音帶。幸好其時，他剛近六十，有一付北方鄉下人強健體魄，無病無痛。那輛專用的黑色三輪車，按時接送。車夫負責盡職，他也時時聽到本地讀書人，稱讚鐵老國語教學的完美高學，而刻意使自己的服務，從不耽誤。

有一點，可說是黎錦熙師再也想不到的。**臺灣推行國語教學，效率最高**。小學老師和小學生的國語，字正腔圓，發音一點不含糊。比較之下，倒是大陸各省的人，說的國語並不純正，都夾帶些南腔北調。本省學者自小學而大學，都是受的日文教育，雖也有人私下攻讀漢文，但難得十分盡心盡力的學。光復之初，努力學習，說國語，寫中文，才三、四年工夫，自只能學得「臺灣國語」，但文字的表達，則已達到純正中文的地步，陳紹馨兄即是最佳的例證。取他那幾年以中文寫的論文，即可充分見出。

一連三個晚上，好月色，清涼似水。忙碌工作中，居然安排出休閒的節目來。頭一晚，引星兒去一女中聽音樂會。臺灣交響樂團演奏，主要的是舒伯特「未完成的交響曲」，費爾第歌劇「死仇」選曲。次晚，帶昶兒去女師聽詩歌朗誦。詩歌朗誦，抗戰中期興於重慶。迄後，當我在長安、南京時期，有些大專學校，或青年文藝社團都有舉行過，只是自己無機會參與。這次參與，應爲平生的首次。以爲失敗得很，無詩情，乏韻腳，也欠含蓄，我只聽了三個節目，未終場就離去。第三晚，仍爲女師晚會，偕青同去。國樂演奏得不到純淨的境界，難以叫好。他們還曾出國。人家是客氣的不好意思批評欠佳，還是另存一番莫測高深的心思哩？

臺灣大學文學院，參觀圖書展覽，好難得。善本書，豪華大本的「浮士德」，抄本的拉丁文書册，宋明版，中外典册，莫不大大羨殺人也。當時的感想，還有一點乃是：「自己搞的一點小小諺語，在這裏已無容身之處了。」經過後此四十年的慘淡經營，此刻我的想法卻是，「**中華諺語志」這部書，應該在民間文化的整理上，有它應佔的地位**。假如，此後更進行了兩樁事：

一、**中國地理風土諺語音檔、影檔的建立**。

二、目前大陸十大文藝集成，諺語部門主持者，接納了我的建議，在**全國漢語諺語集錄上，特置重點於地理風土諺語的集錄**。

有天晚上，趕到中山堂看「勾踐復國」，演得很好，勁頭十足，西施美得很，看到一點多才回。隔了四天，扮越王的張徹，編劇的譚峙軍來部，跟他倆長談，致嘉勉與敬意，稱許他倆的才氣。希望續寫漢武、唐太宗、明末清初士人、國民黨革命初期的歷史人物。先是，半月前，他倆，還有音樂家張士傑等人午宴，爲世璋壽，我前往參與，已是很談得來了。

青痔瘡流血，只是讓她休息，少勞動而已。我這笨人，上十年來，她痔瘡時好時犯，竟未自己察看一下，也未動一下找醫生診治的念頭。唉，天下那有這樣胡塗的丈夫？血一止住，就又淡忘了。青也從未提起找醫生的話。說我不關心妻子，那又冤枉了。總之，自己太胡塗。也是，「十男九痔，十女九帶」的世俗話頭，把人攪得盲目了。

十二月二十九，與陶滌亞重逢臺北。我倆整整二十年未見面。還是民二十年，在武漢今日社的文友。他說，我還是那麼清秀。我卻認定他面容小有變異，武漢語音如舊。談論寫作的事，他說自己曾研究楚辭。三十六年冬，出乎意外的一次旅行，自南京飛青島，其時，他任海軍官校政治部主任，特去拜訪，未碰見。臺北相見時，他是從海軍總部政治部主任，調爲總政治部設計委員。超凡既知我與滌亞的關係，乃常有提到他的事。滌亞既定居臺北，與當年武漢文友蔡以典時有過從。陶、蔡兩家乃同住北投。滌亞出版了「半月文摘」雜誌，按期寄贈。徒以未投入應有的財力與人力，這刊物無疾而終。

本年最末一次會報，李參謀長有坦率、懇切、愉快的檢討。主持治安工作者，而能嚴明、厚道，老百姓總算有福了。最怕的是，爾爲刀俎，我爲魚肉。

胡睦臣、曹敏連袂來訪，兩人皆健談，一對好搭擋。抗戰勝利後，他倆在北平創辦「北方日報」，睦臣任總編輯。言論版邀到不少大學教授撰文，名聲大振。睦臣最好吹噓的一點，乃是，一星期坐編輯桌旁，都沒有離開一步云云。說得天花亂墜，就不管陳說的是否全合事實？飲食、睡眠、大小便，豈能免去？他只要說得痛快淋漓，誇張渲染，就管不得其它了。朋友們看準了他，要不，怎算胡睦臣呢？

政治部副主任既只一位，我成爲管家人。上上下下，白天夜晚，不管有甚麼事，隨時總能找到我。我無半絲野心，而但具百分的佐貳之忱，主官百分放心我。對於僚屬們，不像前兩任，我從不擺官架子。

四十一年開始，直到往後十二年，不曾再像去年，受到過這大廈內最高長官的憤怒指責。說起來，是極不容易，我一直階級、職務未得升遷，而長官都比彭司令階級高、職位大，三位上將總司令黃震球、黃杰、陳大慶。軍事機關、權威、硬性作風，每是蓋過一切。以我這個直到老年還是拙於應對的書獃子而言，這可是好稀罕的事。每星期一次的部務會報，出席約一百四、五十人，平均每次至少有三、四十位發言，包括總司令、副總司令、軍政正副幕僚長、各處長、各總隊長。各科室主官。言辭間，別人都善於表達自己，惟我笨嘴笨舌。長官、同僚，聽我在會報席上的發言，必然只因我樸質、坦率，而曲諒我。

學術界、文藝界的交遊，更見開展，且有了極投契的朋友。寫作、諺語研究、閱讀，不能全力而爲。

不僅自己職務的進行，可以「平穩」二字概況一切，整個政治部的作爲也是這樣。上下左右，協調良好。沒聽說有軍政幕僚長失和的事，也無首長不滿意政治部主任的事。各幕僚單位，彼此協調合作，政治部總以寬和爲大。敢說是總政治部所屬一級政工單位中，它最放心的一個單位。我跟從超凡的作風，不像某些一級單位，爲急求表現自己，工作上巧立名目，不斷的變新花樣，耍弄部隊官兵，其實，它變來變去，只是名目創新而已。

也從不炫耀自己，誇說我這個政治部如何如何好。以此，不會引起人家嫉妒。

由中央黨部來策劃推動的，有總動員會報，主持者爲蔣總統，下分各組，多由院長或重要的部長分負其責。當時教育部長梅貽琦主持文化組的會議，即在教育部舉行。我曾代表彭副司令或超凡前去出席。梅先生爲純粹學人，對這種難脫政治氣息的會議，多少有點無奈，但聽從承辦人員安排議程，舉行「如儀」而已，不像是陳立夫、張其昀、黃季陸他們當教育部長，主持這類會議，興高采烈的發出一番宏論。儘管這樣，由於梅先生的學術地位，與會者莫不一體的對他十分尊敬。

中央黨部改造委員會，第四組、第五組管文宣與民運，有些例行性會議，超凡爲必要的出席人。一半時期，係我代表參加。總政治部每星期的例會，因超凡受訓或公出，也是一半時間由我代表。

代表長官出席各會，回後，必將所得資料並開會情形，摘要爲書面報告，將涉及本部事項之擬辦，一併簽請核示。所以，代表出席既耗去時間，不能看公事；回到辦公室來，還要急急草報告，眞不輕鬆。至總政治部例會，則只向超凡口頭略略說說就夠了。

有一種會，極具嚴重性。軍法處關於人犯死刑的判定。是法庭上宣布死刑前，最後的一個過程。按公文程序說，軍法處一經簽報，經過參謀長的仔細核閱，主管副司令的仔細覆核，彭先生即可核批；當然，有的還要經過國防部軍法局覆判，方告確定。爲了愼重，彭在核判時，特招開一個小型高級圓桌會議，就在他辦公室舉行。出席者：軍法處長及其主管科長，相關的保安處長及其主管科長（敵諜案），或督察處長及其主管科長（經濟性案件），參謀長、政治部主任。必要時，或增請主管副司令來。主管科長必抱了全案檔卷，備主官及軍、政幕僚長諮詢查閱。以極充裕的時間，進行這個審查會。一切都無問題，彭方聚精會神，凝志於神，慢慢寫個「可」，或判行。這可不像他核閱其他公文，龍飛鳳舞的，紅藍鉛筆一批，意興豪放的，畫下一個「緝」字的簽名。堂上二老耳提面命，儒家學說，以及彭氏自己爲人治世的體認，「上天有好生之德」，「仁民愛物」的存心，都在這簽批的背後，**有其深厚的約束力，與一種宗教性精神上的化解**。

總務處把本部這間長官辦公室，布置得樸素、高貴、舒適，我代表超凡出席這種會議，有三幾次，可是，這每一次會議坐下來，心中感到好沈重的精神壓力。甚且還這麼想：簽下這個名，正是分擔了一部份責任。某個案，如有冤屈，或刑判重了，你也應仗義直言。彭氏如此慎重其事，舉行這樣高階層會議，正是要求與會者多提供所見，這非一般性的會報，明快裁決便了事。

對軍法上死刑的判定，如此慎重其事，可能是自有「執金吾」以來，生殺予奪的長官，少有這樣不敢大意行之的。三十八、九年之際，臺灣風雨飄搖，誰不感到這個司令部，太殺氣騰騰呢？就清代太平年頭的刑部檔卷看來，死刑之判定，君臣間都是極慎重將事的。

那天爲大寒節令，陰曆臘月二十四小年已過，還有幾天，就是大年初一。總務處的軍需官，送五百元特別費來，不公開的致送，不得不予簽收。心上老大不以爲然，何必把公家給與，視爲私人小惠呢？一年中僅有的這一次。

保安處、督察處還有其他涉及辦案的單位，每一件案子的終了，必須發辦案獎金。重點自在承辦人。該管的科長、處長、幕僚長、首長，則都獲有指導獎金。在辦案十分密集的三十八、九年，上舉這些相關人員，想必所獲不在少數。猜想政治部主任必也可沾邊，分一杯羹的，得到少許象徵性的指導獎金罷？跟超凡共事多年的當時，倒是從未想到這件事。也從未向誰探詢過，例如前後任總務處長袁祖恢、儲雲程。他倆從未對我見外，我但有探詢，可信任我無惡意，也沒有一絲要爭取幾分的意思，必會透露一二。而是退職許久許久，閒雲野鶴之身，卻屢屢浮起這番省思。獎金制度，對基層承辦人，必是大有引導提振的作用。按說，指導獎金，應只意思意思就夠，比例上微微一點就夠了。否則，聚集到首長那兒就太可觀了。

劉華晃有次特到政治部，與我作了長時間談話。他部下某人所受的冤獄，以及他在查緝組的作法。其時，他是繼陳仙洲（陳升任臺灣省警務處長）之後，已爲督察處處長。他處理臺大醫學生走私醫療器械，同情醫學生之清苦，而將人家放走了。而對有背景的大案走私，絕不徇情。從那個部下的冤獄，可以看出本部動輒將官兵拘押，是不合情理的。一人被誣告，判決無罪時，每每已坐牢半年了。

華晃長我幾歲。乃民十六年武漢政府時代革命熱情極高的同志。二十多年歷練下來，並未變成新官僚，也未太世故，而仍保持**湖北鄉下人正直質樸的性格，看不慣不公道的事**。

三、四月間，在本部中正堂連續辦了三民主義講學班四期。每期爲時兩星期。受訓者無住宿問題。由主辦科辦理，我只偶而爲接送講師，陪課聽講。還準備些課程，備講師缺課，臨時塡補。

七、八月間，又在建國中學去辦。調訓者，要住在此處。我要常常離了辦公室前去照料。我仍以「快樂哲學」塡課。自感講得興致非常。

立法委員姜紹謨、江一平來部，向彭司令、李參謀長作了建議，何不以各種立場的寫法，將你們檢肅敵諜、港口管制、查緝走私、管訓流氓、出入境管制、新生感訓、山地治安，爲報導文學的發表呢？

六月間，決定纂編「我們的治安」一書，由政治部二科洪省忠上尉承辦，我負主持指導之責。這時際，臺北中央日報出了一系列的類書，通以「我們的」命名，風行一時。綠島新生中，人才多，首先是指導員趙心鑑偕同吳幼梅來。心鑑文稿，筆跡纖細，卻又並非女性字體，他這特色好難忘記。電監處長劉醒吾，舊文學根柢好，親自執筆寫了一篇，頗見文彩。我也寫了兩篇。它等於是官書，大半年來，不斷的研議、更改、協調、增訂，很快即更名爲「自由中國的情愛」。十一月底，全部初步定案，提情上級核定，準備分篇先請臺北各大報發表，然後刊印成書。

五月間，國防部發動，不斷的舉行幕僚演習，臺灣攻防戰，兵棋推演等等。受過指參教育的人，這些事做起來輕而易舉，稍加撥弄，計劃、方案，便出手了。外行人則只有聽他們牽著鼻子走，一步步按作業規定，向前挨行。我常有代表政治部主任，在演習的指揮中心，那堡壘內，照本宣科的，演習如儀。這樁事，有時忙得非常，有早上的情況，也有晚間的情況要預擬和處置。政治部主任、副主任，參與的科長和參謀，總算圓滿達成了任務。還有勞了蔣總統，帶同參謀總長周至柔，另加上何應欽、白崇禧兩位上將，還有美軍顧問團團長蔡斯少將，前來指導。高潮旣過，傳出的訊息說：「總統很高興。」

七月，臺北衛戍司令部成立，彭孟緝兼司令，只增設了一個警備處，其餘業務統由保安部各幕僚單位兼理。與保安部合署辦公。

調陽明山革命實踐研究院二十期受訓。

八月三十上山，九月二十九結束。每個星期六都回家，次日黃昏上山。下山，偶然還到部，與超凡討論公事。山上生活，規律、緊張，也輕鬆。硫磺水，溫泉浴，使大家挺愜意。

彭孟緝爲研究院代主任，這是比主持實踐學社，更往前推進一步，可見當局倚重之深。本部這次調訓的，記得約五、六人。彭馬上找到我們，去他下榻處，獨立家屋。要我們隔不三幾天，便向他報告同學間的反應，也注重對他個人的。有甚麼感想、建議，也希望提出。我們都照做了。

課業多爲黨政首長的專業報告，也有學者純學術的講學。僑務委員會委員長鄭彥棻說華僑開拓史，引我頗多感懷，因以編纂「華僑志的建議」爲畢業論文題，加以探究。

後兩星期，全爲小組會、檢討會、軍事演習。黨政設施演習等等。軍事演習，乃是攻略閩粵地區，扇形的向內陸推進。黨政演習，重在地方基層作業。

夜，政治座談會，浦薛鳳、嚴家淦、朱懷冰、黃少谷共同主持，問題多，只能大略答覆。

我被推爲小組長，又選爲區分部常委，常爲整理發言資料，開夜車，都能如限交卷。

自傳，讀訓心得，塡自淸表，相互認識表，實踐諾言，四大議題的討論，建言。一個月下來，每人寫的文件，總有兩三萬字。

我的國語發音並不準，ㄓㄔ不分，書朱含混，不過會注意文辭的抑揚頓挫，語氣與情緒的表達而已。竟選派爲九月十五，星期一紀念週的讀訓人。院長蔣總統就坐在身旁，我立台上，就著麥克風持書宣讀，七十分鐘一口氣朗讀下來，幾乎支持不下。倒博得好評不少。二十二日紀念週，又續擔任一次。這兩次爲宣讀人，都是頭晚上，細閱院長訓詞全文，看有無刊印上的錯誤，標出語氣要強調的部分，須稍稍間歇的部分。也先檢查有無罕見、不認識的字。都準備妥當了。

革命實踐研究院的調訓，也等於對所有來的人，作一番鑑定，體格、心態、學養、閱歷、性格，完成了綜合的觀察。蔣總統的心態是，我把自己的信心願望，都懇切給你們宣達過了，大家好自爲之，共赴前程。對全體學員，也安排了院長召見，期發現特殊優異者。

下山當天，午餐，院長來參加聚餐，作臨別的叮嚀。比起當年在廬山、峨嵋山、重慶浮圖關野外大聚餐，目睹壯麗河山，心情豈非大大不同。幾天後傳來訊息，要留我回院爲指導員。山上清靜，可抽時間寫作，既可飽覽圖書館藏書，又擴大了人際關係，我倒無可無不可的。只是超凡獨力支撐部務，受不了。結果，由他報請免調。

衛戍部隊三十二師，師部及其主要部隊，位置在三張犂靠山的那處營房，十一月一日星期六，舉行月會。隨彭司令、王潔副司令、超凡前往參加。兵營當山口，克難房舍，一種雄奇、艱辛的氣象。至師部，路泥濘難行，於一間明亮、有陽台的屋子小坐。爲何單挑週末舉行月會？想是週一早上，通常各單位主管要齊集陽明山。

在臺北市南昌街，買到一本日文「支那語大辭典」，紅皮封面，厚約十公分，成書在盧溝橋事變前。編者，石橋福治。此書在我手頭，有時偶而查閱一下，因其辭條全用漢文，我雖不懂日文，也能看得下去，只其釋說，不敢望文生義的瞎猜罷了。四十年來屢屢瀏覽的印象，總必歸結到一點：它所收的現代中國人語言，口頭辭彙，比市面上所有中國人自己編著的辭書，都要蒐羅廣泛。好些口前詞兒，你本國人說慣聽慣，不以爲意，語文學者認定辭條之際，往往放棄了它，卻讓外國人，尤其是日本人——他看待中國語文，跟其他外國學人中的漢學家不一樣，由於歷史文化血緣、社會地緣關係，比西洋人的觀察、感受，要更見細微。於是，此書成書之初，不易引人太大注意。若干年之後，偶檢此書，隨手一翻，會起這樣認知：哦，這個詞兒，當年北平社會倒是常有聽說。這好多年已不再流傳，幸虧此書錄上了它。

我們的「國語辭典」，四冊大書，口語辭條蒐羅亦廣，乃當年黎師指導中國大辭典編纂處的力作之一，卻捨棄了「支那語大辭典」的部份辭條。經過半世紀，歷史之浮浮沈沈，讓我們生出另一番觀感，幸虧日本人錄存了它。但有意趣，細心體味，要按我「方言記事」的作法，這些辭條，可發掘的歷史、民俗、社會生活事象，多著哩。「支那語大辭典」也收有一些好諺語句子。

民四十年到五十年，這部辭典和好些大部頭的日文書，在臺北市幾家舊書店，稍稍進入瀏覽，即不難發現。此後，就漸漸絕蹟於臺灣了。當是戰後日本復甦，早已恢復元氣，年輕讀者都趨向於讀它新問世的出版物。即令在臺北市牯嶺街以及後來代之而起的光華商場，舊書店二百多家，超過牯嶺街時代多矣，也超過盧溝橋事變以前，五、六十年來北平東安市場的舊書店多矣。

讀郁永河「稗海紀遊」方豪合校本。方豪研讀郁著，係取他個人自藏，臺大藏本，臺灣省文獻會藏本。還有，中央研究院歷史語言研究所的藏本，來進行諸版本排比的校讀。史語所遷臺，大部份研究員們都兼任臺大教授，得傅斯年的特意照顧，迅即於臺北市溫州街、青田街獲得較寬敞的庭園住宅，如李濟、董作賓等，其餘人員並藏書則暫棲身於桃園縣的楊梅鎮。

方豪其時將近四十，年富力強。一個好治學教書的神父，既無家累，乃為尋覓清初臺灣開闢，業已過了鄭成功時代，鹿港興起，北部急速發展。三百年前（一六九〇）清、康熙盛世，臺灣西部平原上還是草萊之區。自臺中以北，迄臺北，麋鹿成群，平埔族人出山，行著狩獵生活。漢人自南部、中部北上，皆浮海行，至淡水，溯河而上。臺北新店這些地區，乃山地部落。**一九九〇年今天臺灣社會，比起大陸南北各地，這三百年的進展，能說不是一個夢麼？**不論鄭成功時代的臺南，劉銘傳時代的臺北，全臺灣近代的開闢，不過三百餘年的歷史進程。提到這三百年的歷史進程，我想應是今天臺灣許多四十歲以下的男男女女，所不曾體會到的。

方豪屢次自臺北專車赴楊梅查書。他夢寐以求，在夢魂縈迴裏，把這幾處的藏書，弄得混淆不清。不是昨天在楊梅看到了乙本麼？怎地這書又在臺北冒了出來呢？合校本的序中述之，情味盎然。

述我與方豪的交往，也是極有情味的。以及後來他逝世前半年，在臺北市青年會一個學術座談會席上，咫尺之間，目睹他猝然病變，更是印象百分強烈的憶念。

由於清初幾部自閩粵來臺人士的著述，我在民五十年後，偶至各大學講學，凡涉及臺灣歷史者，輒引論三百年前，今臺北市草萊未闢的景況，使青年學子明瞭這個都會的形成，它乃是好年輕好年輕的，非比蘇州、荊州、北京，其城市的建置，遠在春秋、三國、遼宋金元的往代。

方豪治學之勤，由一件事可以概見。大年初一，他不欲去人家打攪，我會在臺大文學院樓上研究室找到他。這時際，誰不是家人團聚，或外出走人家拜年哩。埋頭書冊中，當只有他了。

「人性黨性階級性民族性論」出版一年多了，似乎無啥影響，除了方東美以其牽涉人生哲學，有所讚許，朋友們大都保持沈默，非如我但見人有一善之處，即予表揚、慫恿之。當然，也由於此書於撰述之中，並未多參證中西哲學書冊，立論未深入。我送了十幾冊給軍法處看守所，有些在押人看了，印象甚深。而另一部份黨政界人士，以我書中美讚劉伯承、陳賡等中共高級人士爲「爐火純青」，不盡符合我方鄙薄「匪酋」、醜化對方（有如自三十八年以來，三十多年，臺灣影劇上的刻劃）的宣傳宗旨，不願提說這部書。甚且，在其秘密資料，記上我一筆。

這本小書，乃因民二十六年冬，山西遼縣西河頭村與劉伯承三天長談而引起，四十年臺北出版。劉伯承自不會看到。民七十九年海峽解凍，陳賡、李達都還健在，當年遼縣西河頭村一二九師高級軍政人員，也總有三、五十人，居於高位罷？未知會有人接觸到此書否？

宋念慈偕東北長者錢公來先生來部，爲他兒子不好好念書，有所囑託，希望我們職訓總隊能予以特殊的管訓。職訓總隊當時教育設施，並不是太理想，管束問題學生，自也可勉爲接納。但對錢先生的期許，恐難完全達到，怕的是，而另外孳生了其他的問題，職訓總隊份子太混雜了。

聽錢老說三十年前東北舊事，感其古道熱腸。後來，去他北投住處回拜，未幾，讀到他「東北史話」的時候，錢老已仙逝。這時聽說，他那位公子早變得十分好了，體壯力強，秉持正義，反而成爲不良份子的剋星，小混混們都怕他。他成爲某一企業公共關係的把門人，嚇煞之下，壞蛋們被遠遠逼退了。風木之悲，古今同慨。

至臺灣師範學院，先後兩次，出席中國語文月刊座談會編輯委員會議，到會者很不少。趙友培發起的中國語文學會，得師大國文系教授們程法軔、李辰冬、高明、謝冰瑩的積極參與，中國文藝協會一些中堅份子，陳紀瀅、王藍、宋膺、何志浩的加入，還有國語會並國語日報何容、齊鐵恨、張希文、洪炎秋的協力推展，尤其得師院院長劉眞的支持，學會的一些活動，舉凡理監事會、會員大會，四十年來皆在師大這間會議室舉行。好些早年師大的同學已爲資深教授，新陳代謝，大都膺選爲理監事了。

張研田先是暫爲臺中農學院教授。不久，便到臺北，進入臺大爲訓導長了。時，長安另一故人高化臣，出任臺大總務長。碰頭機會便多了。研田特地寄來一信，勉我爲諺語之學的不朽而致力，不要讓那些轟轟烈烈的事所聳動，而岔失自己。很是，很是。幾個月擱下的研究工作，至是又將著手。

四個月不進圖書館了。書城瀏覽一遍，於人所忽略的冷架上，借到一本別具情趣的好書。陸紹珩「醉古堂劍掃」，書名奧古，篇章名稱奇特：

醒　情　峭　靈

素　景　韻　奇

綺　豪　法　倩

博愛大廈爲俗務忙碌，案牘中何能與此書爲伍？忙中偶抽片刻，展讀此書，置身魏晉隱逸高士世界，妙不可言。

專訪劉子清。黃埔二期，在抗戰中的總政治部時代，繼賀衷寒、楊麟、袁守謙、劉詠堯之後爲第一廳廳長，他的後任爲鄧文儀。又曾出任第五戰區政治部主任。來臺後投閒置散。他是高級政工人員中，長時期的，難忘情於文史撰述的人。在重慶時，他曾出版「旅途」，未能列入其時話劇劇本之林。他長我六、七歲。一絲兒政工事不談。全談的寫作、語文好多問題。我極力慫恿他續寫劇本。他的生活經驗，乃是同時期許多劇作家所缺乏的。之後，還有好幾次接觸，便疏遠下來。民八十五年，見當時報導，「旅途」演出，賣座甚佳。七十八、九年，還從報上看到訊息，子清選述中國歷史、戰史書册的出版。

依風露的接識，開始得很不尋常。他的短篇小說集「聖心」出版，送審到保安部來。通常，這類公文到我案頭，已通過好幾層次的處理。即是：收辦；專任評閱人（係特聘學養很高的部內外人士擔任）的審閱，擬辦；主辦人核閱；科長覆核。通常，到我這一關，便批核了。間有十之一二的，提呈超凡處理。

每天各科室送我這兒的公文不少。那有每宗從頭到尾仔細察閱的可能？書刊也有時一來一批，案頭放置不了，且須暫擱地板上。我但審閱原始報告單，看各級核辦意見，翻翻這本書，這流程便通過了。「聖心」約百頁左右，在當時出版條件說，書面裝幀，要算上乘，非粗製濫造的出品。約看幾行，見其筆法、格調皆好，甚感愛美。今天回想，能說不是一種緣法？在我擔任政治部副主任的十二年悠長歲月，平均說來，每天總有一兩種新書，依上述流程，傳遞到我案頭上來，後此卻從未有第二個與依風露這樣接識的事例。

在答覆「聖心」著作者兼出版者的回文單上，約請依風露於星期天上午來部相見。估計至遲在約見的三天前，這通知可到達他手中。我再也沒想到，這封蓋上「臺灣省保安司令部政治部」長戳的便函通知，帶給人家好幾天忐忑不安的反應。原來，其時，風露經營商業失利，生活頗有困頓感，夫妻倆帶了孩子遷離市區中心地帶，暫住公館臺大農業試驗所附近，已是蟾蜍山邊緣了。

依保安部內部作業習慣，政治部通知請人來出席會議或約見會商，本是很尋常的事。但在陌生者就不免心生疑懼，以爲保安司令部會找甚麼麻煩。也是我們行文少有述出，甚是美讚他大著高明之意。照著風露一時激動的心情，原有點不想來，是他夫人勸其不妨走一趟，以探究竟。「聖心」送審案經核後，我把書抽下，次晚讀畢。認爲：「全書都有奇美的風格，是入臺以來所少見的。自己那種笨拙的筆致，所不及也。」

星期天上午，公文處理不多，非特別約見或極熟的人，不會有客人來。跟風露首次相見，暢談許久。兩人都有甚出意外之感。他再也想不到，保安部內會有如我這樣，懂得新文學，又一直從事寫作的人。我也想不到，他是如許風流倜儻、氣宇軒昂的人物。他小我八歲，名尚倫，滿人，籍隸瀋陽。不出我所料，由於莫泊桑的影響，而有嚴謹短篇小說的結構。只因時下寫短篇小說者，筆法皆嫌鬆散，乃使我看重「聖心」。在西安，他也待過一段時期。東北，更是大有可談的了。次晚，去他府上拜望。就此，我夫婦與他夫婦這麼交上了朋友。也是，矢志於純文學創造的朋友，興趣不移，始終肯持續下力者，委實不多。

李大超，爲中山文化教育館，由澳門，運五萬多冊書來，藏存於陽明山的革命實踐研究院。以孫科的聲勢，本來當年還可更多購求一些書冊。無奈國家社會，幾十年來，內憂外患不絕，公私財力都耗費在兵事與政治上了，涓滴的支付，才沾那麼絲絲點點，在文化、書冊上面來，眞可嘆也。抗戰時期，湧起於重慶、桂林、昆明的一些期刊，內容水準甚高，印刷、紙張則劣，中央圖書館搶運善本書去了，於這類刊物則疏於注意；北京圖書館鞭長莫及，甚願中山文化教育館當年會重視到這方面。後來，當這五萬多書冊，既經清理上架，我屢去巡視，竟未發現這些期刊，例如「戰國策」。「文史雜誌」、「國文月刊」，或有之，但不完全。「說文月刊」，有那麼兩三期，意思意思而已。跟這位李先生，只有談談當年他們編「中山大辭典」的事，也和「王雲五大辭典」一樣，都只有「一字長編」行世而已。

孫慕迦，政訓班時教官，多年未見，他一直在美國，近返臺灣，因看到美國報紙刊載中國諺語，而想現地取材，有所纂述。夜裏，我帶了諺語研究述略，今諺選，諺話，諺語類編，民間語言論略七部原稿去看他，談得不盡心愜。他不熟知的諺語，就認爲是不通俗的。一如跟趙友培兄後來談論諺語，凡各地諺語句子不盡合於揚州一帶說法者（友培籍江蘇揚中），他都樂意的去其岐異。友培治語文學，並非太強烈持本土地域觀念的人，尚且如此。因此，與孫並未再深入續談，而使自己體認到一點，不能認爲每句諺語，人家都能了解，人家非你朱某，專搞諺語。你但能求得每一中國古今諺語，凡曾流傳過的，勿消失於你的記載上，就毋負此生了。

瀏覽臺北出版一些薄薄的期刊，內容貧乏，難有所得。尤其是那種以內幕新聞相號召者，特大字標題，擠滿封面，仍能生存下來。捕風捉影的敘述，正是有些人茶餘酒後，談天說地的資料。與民二十年前後，上海小報，一角小洋，買一大捲，人們看後即棄，乃一線相承。可鄙，難使之淨絕。後來，有兄弟三人，儼然內幕新聞雜誌大亨，他們連線的辦了好幾家這種期刊，壟斷市場，撈了不少。

聲韻學的書，就是不太看得懂，也未循序以求。以致每與齊鐵恨先生談諺語，一說到古今音韻通轉，就難深入探討。自己治學太欠紮實。

寫方言記事「缸柴」，於蘆葦缸柴堆累，高篷雙舟相並，經武漢，浮江而下，那情境，好難忘懷。只有鄉土生活畢生難忘的情境，提起筆來，拈上一個武昌方言詞彙，寫來，方得心應手，而終不及汪曾祺「雞鴨世家」。寫作之事，作假不來，只懂得三分，怎能勉強作爲，寫出五分？後又續寫了「流打鬼」。

這些年，有個別字，竟未發覺，把瀏覽之瀏，誤寫爲流。

跟陳紀瀅的交誼，起於三十九年初夏，我還在埔心鄉下，通信開始的。到臺北之後，就容易碰頭了。四十年來，臺北文壇友情最相得者，捨我倆，似尚無第三人。

分析其故：

一、年歲相差不多，我小他四歲，兩人同是少年時期，愛上了文學寫作，迄老無懈。性情皆樸質無華。

二、北方生活多年，於河北省地土、人物，特有感情。而他在抗戰前後，於湖北辦報，爲郵員，主編大公報副刊，與當代作家成患難之交，正是抗戰情勢最緊的武漢那段歲月。

三、我倆都屬政治人物，但凡屬談文論道之際，極少涉及政治方面的事務。

四、民六十年前後，紀瀅撰寫三十年代作家及雜憶諸事，以海峽兩岸阻絕，資料不易查證。寫作中，他偶有電話，某人某事、某作品，我皆能立即奉答。我遇到同樣問題，也是這樣向他求證。雖然，在臺北不乏年歲相若的朋友，但以不事寫作，不太關心到這方面，根本就無從問起。正如人家若問我政治事務，對不起，我無知得很。

還是陽明山受訓時際，接到紀瀅來信。次晨，即到竹林路拜訪。談語文、諺語、文學。他說到白話文不但要可看，還要可讀。

陽明山結業下山，已是深秋。紀瀅首次到我家，看那些諺語資料，談齊如山、齊鐵恨兩位長者的事。次日，再去訪他，談今日工商業社會，科技發展，人們時間緊湊，不宜於閱讀長篇作品。這本是老問題，十九世紀初，西方就有人持此看法。我的看法，則不一樣，認爲**社會愈發展，人們應更能抽出餘暇閱讀**，長篇作品氣勢浩大，使讀者浸潤其中，引起精神深處的共鳴，非那些精緻簡潔的短篇，所能領有。愛讀小說的人必有此共識，假使沒有中外這些長篇鉅著，文學世界裏的讀書生活，那就形成太大的缺憾了。

偕紀瀅至西門町萬國戲院觀「春殘夢斷」電影，乃是托爾斯泰「安娜、卡列尼娜」。要非長篇，怎能形成這樣動人的戲劇場面？不過，話又說回來，當然也有以極簡單的故事情節，極少人物而拍成一部電影的。三十六、七年，在南京看到的中國電影：「**小城之春**」。蘇州城爲背景：夫妻倆、妹子、男性老朋友，加上一位老人輩的男僕。**始終只五人，卻拍成了上演一小時半，情節描述生動而細微**。觀衆莫不認定這是一部一等一的佳片。

中山堂審查三軍美術展覽，與畫家梁又銘、劉獅相見。嚴格說，我那眞有審美學養，不過居此職位，總政治部不得不相邀，聊備一格而已。粗淺的外行人看法，只能說給自己聽，或許某些觀點近於專家所見，但也不盡然。一如民七十五年前後，某次，國立藝術館，看畢加索複製作品展，我大放厥辭，不欣賞其奇異的表現主題，好幾位觀衆，引以爲然。但有位學藝術的小姐，則以爲我不懂現代繪畫，自然就「莫測高深」了。

軍中繪畫、木刻，比之去年的，要進步多了。有幾幅，爲我留下特別印象，可惜眞具美的風格者太少，是藝文修養所限，也是軍中美術，主題強調了爲政治服務之故，它不太歡迎你自由自在的風花雪月，說你是浪漫派。

楊又凡接任國防部軍人監獄典獄長，銳意革新，兩三月下來，即已成效斐然。先是，他準備到差之前，自撰「對國防部軍人監獄管教養護工作之意見」，意極懇摯，而詞不達。爲之仔細修改。

那天星期六下午，特偕法學教授，又曾幾任高級司令部軍法處長李潤沂兄前往參觀。過新店溪大橋，漫步而東，山林田野，清幽之至。它不像臺北監獄，四周圍以二十多公尺高的大牆，而是依山坡地，起伏的矮圍牆。監內空地頗多，從每個角落，都可超過圍牆，看到監外新店溪山光水色。建此新監者，以及主管的上級單位，有這麼大膽的氣魄，爲完全開放性的設計，確乎是了不起的事。在中國，所有大小監獄，莫不以高牆阻絕內外爲首要。參觀了牢房，又看南日島戰役的俘虜。潤沂甚爲滿意。

又凡更爲我集錄諺語，作了更見擔待的事。那天爲週末，會報後，太陽下玩手球。夜，又打乓乓。次日，偕青同至軍監，又凡爲集合了九百多位高中以上程度受刑人，在場地上，青一直站在一旁。我講說諺語，約一小時許，籲請他們爲之集錄。這九百多人中，大半並非犯刑的軍人，而是叛亂犯，依戒嚴法受軍法審判者，徒刑七年至無期徒刑。

如今回想，覺得我這樣突出性的行動，有兩大不妥。

一、軍監集合這麼多受刑人在一起，必係空前之舉，表面上一點也見不出有特別戒備，頂多只是牆角多加一個槍兵而已。萬一他們起而劫持了典獄長和我夫婦倆，而暴動逃脫一部份，怎辦？

二、青剛剛四十，臺北一年多的生活，比在埔心鄉下，要快樂得多，正有無限風光顯現在她容貌、體態上。監獄中除個別的接見家屬，且必兩方隔離，講話時間短促。那能讓一個青春女性，如此長時間的展現在大夥囚人之前。要知囚人日夜都受著慾火煎熬。

這四十年來，屢屢念到這突出的集諺活動，屢屢認爲好冒險的，只是第一點。今天寫此雜憶，方體念到第二點問題。

一星期後，軍監送來兩次集諺資料。又凡把我看了首次集諺成績的回信，給貼在公佈欄上，引起更好的回應。有位受刑人，爲我記了一個小册子。很感慨的相告，就是忘掉了、乖離了親上平時傳述的這些話頭，以致行爲錯失，牢房監禁。

第六節　植物園漫步

臺北市植物園，不是新公園，乃以林木蒼翠勝。

自四十年七月起，在和平西路整整居住了十年有餘，植物園是距家最近的地方，不論穿過建國中學走直線進入，還是出巷口偏西，走幾十步，自它後門進入。植物園大門朝北走幾十步，便是我上班之處。

這十年，朝夕遍行植物園各處。它任何一個僻靜角落，都走過不知若干次。有時，難得的休假在家，也會一時性起，帶了倆小，或是獨自一人，行步前往遨遊一番。若是全家人外出，不論在西門町、衡陽街那一處遊樂、購物、用餐，回程總喜漫步植物園。硬是把植物園當作自家的園林一樣。

根據植物園池塘實感，竟然連續寫了七篇隨筆：「荷花與睡蓮」。特別情況，乃是有時青正忙於廚下，倆小還有待放學，我向她招呼一聲，說去植物園散步，一下就回。不止一次，引她疑心，莫是與人幽會罷？竟然尾隨於後，盯梢。好幾次的秘察，我渾然毫無所覺。原來，我若非坐荷花池畔，北望天際賣獃，懷思大陸，就是直挺挺的順園內大道走一個來回，或是蹓躂到花圃深處去了。

這是有次，夫妻倆漫步植物園，她說給我知道的。

四十一年元旦，午睡後，騎自行車引星兒到川端橋玩。過橋，回望臺北，好想念起，民十六年冬，與老友馬春泉在武昌南鄉的漫遊。既出永和鎮，走到某一鄉村，又想起，三十五年秋，偕邢文康，長安王曲至鄠縣，遊渼陂。這兩位好友，皆是時代的犧牲者。

春泉之遭刑殺，前已言之。

大陸變色後，文康這位老好人，滯留未出。遠道傳聞，他結婚了，妻爲共黨份子，不知怎樣一種清算鬥爭的緣故，這位深度近視的朋友，給打斷了腿子。其困苦狼狽，可想而知。

去中華路，漫步行經植物園西邊的陋巷，窮人住處，擠而且髒，孩子們穿破衣，在戶外玩耍。好教我憶起故鄉和其他地方的陋巷，種種切切，褪色的，委屈的人生，但並非完全沒有希望。**爲政者，要當常走走陋巷，文王發政施仁，斯爲服務社會的起點**之一。

特去桃園，出席民衆反共自衛總隊政治幹部訓練班開學式，說些勉慰、吉利的興頭話。幸遇朱其華三弟少先，共談此風雲人物甚久。後此二十年來，總是在一些集會場合遇到他。弟兄倆，像貌並不近似。少先留學日本，爲學、做事道路，跟其華截然不同。

昶兒國小六下入學。對學業和身體的鍛鍊最爲用力，他不肯稍爲浪費時間，眞是敦品勵學。街上行路等等小事，皆必遵老師訓教，不稍逾越。

晚間，西門町横街上，與毛龍隱夫婦不期而遇。自二十三年秋武昌一別，即不曾碰見過他。十九年武昌南湖兵營的老朋友們，皆風流雲散，似只剩下咱倆，在此相逢。他在山東很風光時續弦。夫人吳德華，身材高䠷，好有幾分文才。

昶兒學校星期天去淡水旅行。他興奮得半夜睡不著。晨七點半去，下午五點多方歸，人累得很。國語實驗小學師資好，教學認眞，校舍是新建的。學生大都爲軍公教人員子弟，外省人在百分之七十以上。

八月，昶兒考上建國中學，一喜。它是全臺灣第一所最好的中學。不容易考得上，多少人以進入建中爲榮。

星兒還小，夫妻子女四人有時乘三輪車出，走重慶南路三段，最寬闊，有時車輛不多，清風拂面，愜意極了。不到一年，此情境即不可得，孩子長高了，非得分乘兩輛不可。這天，爲國父誕辰，難得的休假，全家人先訪徐文德，次及楊又凡、黃尚仁、高瘦影家。天黑方歸。又凡夫人，連前房所生者，子女八人，眞虧她，還能心廣體胖。比起這幾位同事，咱這一家，要算頂適意的了。而人在福中不知福。

同事夏鐵肩，湖南寧鄉，我卻一向視之爲長沙人。頗有風土諺語所說的：「長沙理手湘潭漂」，理手，內行，幹練，不示弱於人也。漂，手段漂亮，不費力，坐享其成也。鐵肩於相術有相當造詣。十一月十八日，特請他來談相。他已經跟我們很熟了。就現況觀察，對我夫妻子女四人，加些揄揚、勉勵、提振我們的希望，以測其可能發展。

時間過去四十年了。咱四人人生歷程如何？大半非他所預測。有意思的是，重大頓挫中，我還從未再向第二位命相家討教過。臺北市那時際，市中心區頗有香港來的男女命相家，長期定居旅社，大發利市。而新竹關西鎭某摸骨談相的瞎子，更是門庭若市，不少臺北市的男男女女，不惜往返花一天時間，求其指示迷津。

鐵肩曾任中國文協理事長，好難得的榮譽。就在這時際病逝。他約小我十歲。

將師友有關指教諺語工作的信扎訂集，即名「諺語通信」。此後，若有寫述中國諺學史一類文章，此中頗有可用的上品資料，但引用得並不多。七十九年秋，通送給中央研究院民族學研究所了。

沙學浚來家，把風土俚諺給他看了一下，禁不住皺眉，搖頭，感歎。他是治地理學的，又復鄉土情深，才有這般激情表現。後來事實證明，他就是要於此搜尋地理學的論證資料。

起勁的整理「中國風土諺語釋說」，都貼在十六開白報紙上，生命始有充實感。特向陽明山南北各省同學，請他們各就鄉土生活背景，詳賜解說，收穫頗豐，欣慰非常。張拙夫對膠東諺釋說之透澈，尤爲可喜。惟恐引起不必要的糾葛，把風土諺語凡涉及各地人性格的，貶薄諷刺者多，都抽留下來。

爲中國文藝協會主辦的星期文藝講座，在臺北市第一女子中學，講「中國諺語的研究」，陳紀瀅兄主持。婁子匡、陳紹馨、張益弘都來了。沒有爲深入分析，自己不太滿意。紀瀅極用心聽，並作筆記。座中有位戴眼鏡的女教師，全過程作筆記，後來才想起，她定是當時文學翻譯出名的沉櫻（陳櫻，一九〇七——一九八八），竟失之交臂，未向她討教。講畢，紀瀅說起，要組織謠諺學會的事。

讀，還是偏重在文學方面。

郭良蕙「銀夢」，平凡題材，寫得親切，多巧思。作品風格，一如其人。智慧層次高，筆觸靈敏。

一女中星期日文協的文藝講座，齊鐵恨講「國語與方音的變轉」，他併合了自身歷史以及為學做人的理道來論證，聽得很受用。

讀愛德樂佛「世界永久沒有戰爭」，並非寫得好的書。著者使用彷彿外國人的筆名，他請了不少名人、作家為之作序，報上登出大幅廣告，過於渲染的宣傳。一時造成軒然大波，社會上傳為十分可鄙的笑談。

七十元代價，購得康熙字典一部，是一快樂，可紀念岳丈也。從前使用者，是他老傳下的一部，石印本。薛思達「西京俗語雜字類註」，所用的「輻」字，一查就查得了。七十年冬，高樹藩以其重修的「康熙字典」一巨冊，親自送來。這三十多年，前兩種「康熙字典」竟不知流落何方？

女師，文協星期文藝講座，王紹清講「文字的美和語言的美」，通俗講述，插了許多笑料，理論上也有見地。

開始紀錄笑話。它是受群衆供養的。

女師，聽劉階平講「蒲松齡研究」。蒲除「聊齋」外，有其口語寫作，十五種曲與日用俗字的編撰，見其於語言問題的注意，我把他跟當代陝西鄠縣薛思達的治學相並的聯想起來。

星期文藝講座，聽妻子匡「民俗學與民間文學的趣味」。他是由文學的鄉土色彩，走到民間文學，然後擴展到民俗學研究領域。舉出幾個故事、笑話，而從哲理上觀察，特見意味。

在職務上的講課，極少搬出政工教條，皆憑自己爲學、做人心得，爲自我發抒。

去大崎腳軍士連講「革命人生觀」，長江大河之勢。

到保幹總隊講「內在萬有自我創造的精神力」，講得神志煥發，但未能至入具體而微。

爲本部三民主義講習班，上校以下軍官同僚們，講「人生成功立業的境界」，從王國維「人間詞話」：「昨夜西風凋碧樹」，「衣帶漸寬終不悔」，「那人卻在燈火闌珊處」引喻說起，自感有極高的哲理與濃厚的生活情趣。

施翠峰來談。他好年輕，讀所譯「現代世界短篇小說集」：「哈理，我是純潔的」。風格奇異，浪漫氣質的作品。

夜，竺墨林來談。關心民俗事物，曾著「神秘的理髮業」，於其習俗、切口，有詳盡記載。他特說昔年理髮業的行業戒律，比鄰十家之內，不得開第二家理髮店，以保障行業權益。民國五十年之後，臺灣女理髮師興起，完全打破了從前忌諱：男性頭尊貴，女人手摸了會倒楣。六十五年後，臺北市有幾條街上，理髮廳一家挨緊一家。色情浸漫著理髮廳，「馬殺雞」大行其道，幾取妓院而代。理髮廳美稱爲「理容院」，裝潢豪華，若誤闖進去，它並不理髮，只有按摩小姐服務。昔年理髮行業習俗，已全不存在了。墨林很欣賞我「人性黨性階級性民族性論」。還續看到他兩篇論究民俗事物的文章。

因吳諺的探討，與張逸仙談得十分入港。風流瀟灑，蘇州文士。

新店訪胡秋原。先與其夫人談。說起由武漢逃北平的經過，他老父的病。半小時後，秋原扶老父歸來。秋原比起當年，我在書刊上所見相片，蒼老多了。那年他才四十四。學術成就，甚是驚人。特別提說起，他跟魏予珍的情誼。歸後，致信，抄了民國三十年讀他「歷史哲學概論」的箚記，並寄「人性黨性階級性民族性論」、「略論泰耶魯諺語」給他。此後，常有來往。好喜歡他的小女兒，胡大嫂本說過，要給我做乾女兒。他倆另有個女兒，後與星兒同班同學。

偕張益弘訪盛成、鄭學稼。盛、鄭爲臺大貪污案發議論，而被解職，引起軒然大波。益弘要打抱不平。四十二年七月九日臺北公論報社論「學人的器度」，即指此事。

得「歷代書目總錄」著者梁子涵覆信，即至台大宿舍專訪。意外的他並非年老人，才卅二。是黎師學生。因爲從小就喜歡搞書目的事。其後又多在圖書館作事，他卻並非學圖書館學的。是逃難到臺灣來，他的房子，除了書目和作品外，幾乎是空的，我大感動，目前自己可是一切都太充分具備了。他指引我投稿的道路，很可感。

祝秀俠看重我「華僑志的編修」一文，經交「海外」並予特刊發表，感慰於他的推愛。近年自己在文化事功上的致力，漸得同道支撐了。德必不孤，信然哉。

初訪日照丁惟汾先生。八十之年，老病在牀，他治諺語的近親方言有三十年，是從古音韻上來探究的。我略述中國諺語典籍，及近代此方面的研究情形。

兵學家李浴日來訪，大談兵學研究。特向他建議撰述「中國軍事生活史」的事。

職務上，還有件大事，繼續去年的作爲，讓「另一個戰場的勝利」，於十二月間，由中國新聞出版公司出版。協調、編纂、付排、校稿、連連續續，花去我不少時間。以張大山筆名爲之。先由當時臺北中央、新生、中華、聯合、公論五家大報分別發表，然後集印成書。

舊曆除夕夜，燒紙，依青的分派：父母、祖父母、聾子太；外婆、外公；岳父、姚奶奶。孩子們都行了禮，但會想到祖父母，於別的長輩，僅只是常聽我們道說。對亡親們的感念，夫妻倆總免不了的幾分傷懷。

青年會參觀羽球比賽。李立柏特別有興頭，成爲這項運動在臺灣創導的有力推動者。其時，東南亞，以印尼、泰國、菲律賓、新加坡、馬來西亞的華僑和當地人，最爲熱中。羽球，臺灣那時還不能自製，須賴這些地區，還有香港羽球界人士零碎的帶進來。本部保安處長李葆初，是起而參加的第一人。我有打過網球底子，也預備參與這項運動，由於它可以隨地玩。如果在正式場地，因球不能落地，運動量比網球大。除足球，我樂意作壁上觀，別的球類運動，總以爲不如自身參與其中才有勁頭。這樣跟從著，我漸漸開始了羽球運動。

晚飯後，讓倆小去三軍球場，看菲律賓藝宣隊表演，夫妻倆閒坐窗前，陰暗中納涼閒話。很少有的這番情趣。青不喜我喊她甜心，說有忌諱。甚麼樣的忌諱呢？如今可記不起了。

張大夏是陽明山同學中很談得來的新交之一。他與文協諸友相熟，私淑齊如山先生爲師，對國劇及地方劇，有研究興致與深厚功力。任教建國中學，就住在學校後園教員宿舍裏。大夏精於工筆畫，送我一幅仕女，且爲之裱好。張掛起來，那板橋詞配得有意思：

有無鶯兒喚人

鶯自多情　燕還多態

我只卿卿

我告訴青，大夏問她姓名，才配上這首詞。她聽了，看了這幅畫，好喜悅。

初夏，有天晚上九點多，佳賓連袂而至。齊鐵老引導梁容若，夏承楹、林海音夫婦。其目的，是爲聯合報副刊約稿。她於上年十一月接編聯副。說定闢諺話專欄，連續分篇的刊載諺話，每週兩篇，每篇約千餘字。即以「人無偏好不樂」開始，續後者：「爲母者強」，「把集諺作爲休閒活動」，「東北諺語野樸闊壯的情趣」，「諺語句法之自由」，「中華諺海編者史襄哉」等篇。起先，都是將稿件寄到夏府。有時，我早上上班，順道把稿塞近他們臨小巷書房窗櫺中。聯合報副刊這作爲，**激起臺灣地區的集諺熱潮，足有十年之久。**

這十年裏，海音凡接到他人有關諺語的稿件，都先寄給我一看。有可錄下的諺語，即登錄入卡。認爲聯副可用者，則以鉛筆加圈。頗有佳件，則打三四個連圈的。佳品中，頗有奇峰突起者，屢屢令我振奮。各階層人士，都有這種來稿。七月三十一日那天，竟得諺稿十七篇，好不快哉。海音告訴我，排字工友看到諺稿之踴躍，有天特向她說：「這老頭可眞高興了。」海音笑答：「人家才不老哩。」聯副究以純文學爲重，難以全部刊出，有的擱置久了，未能刊出，只好退回。是承楹催海音這樣做，這位主編人，割愛難捨。後來，她仍把積累下來的五十篇，打連圈的諺稿，未予退回，一古腦給了我。五十二年四月收入「臺灣集諺」十一集。可以確定的乃是，此爲中國諺學史甚重要的一部份資料。有趣的是，部份讀者見聯副上，天天刊出何凡的「玻璃墊上」（何凡爲承楹筆名）而朱介凡諺話不斷見報，竟以爲何凡、朱介凡爲一人。眞會聯想罷？

六月，史襄哉博士自香港寄來「中華諺海」增訂稿，一厚册，三萬條諺語，由其三公子久琳交給我。史氏長我二十歲。曾在國軍遺族學校任教甚久，他的學生來臺灣者很有些人。學生們跟久琳，看到聯副上「中華諺海編者史襄哉」那篇諺話，便剪下寄給他。他這增訂稿，共複寫了四份。兩份分存兩女兒手，帶到美國去了。自己保留了兩份。不久，他即去馬來西亞大學任教。有來臺之議。嚴家淦是他的學生，申請入境，並無問題。

收到這份寶貴資料，但得餘暇，即抄錄一點，只是進程甚慢。不幸，與史氏通過兩次信後，四十四年他以腦溢血逝去。久琳親來告我這消息，即以這稿本贈我。擱置二十年，爲之整理，刪除了誤收的成語，以「增補中華諺海」爲名，於六十四年八月，由臺北天一出版社出版。我總想，史氏手頭保有的一份，或許會有序跋凡例罷。增訂本，付之闕如。他的來信，好感慨的：

知道現在同道日增，可不再感覺「高處不勝寒」的意思。我走入了冷門，伴兒很少。更知吾兄既有大志，又有極大成就，欣甚。我所知：世界最大集子是芬蘭的諺語，共有一百四十五萬句；其次德文有二十萬句；保加利亞有二萬二千句；波蘭、瑞典、俄文亦有三十五萬句左右。所以，如此大的中國，三百萬條，是可能的一個數字。弟現已花甲有餘，精力有限，目光已弱，不能多下苦工夫了。然而關於諺語，弟當盡一份力量也。

他所指二十萬句、三十五萬句、一百四十五萬句，不知其確實根據爲如何。我奢望集中國諺語三百萬條，正是「癩蝦蟆打呵欠——大口大氣」，是不可能達到的。五十多年的集諺，估計應有十萬條之數，作索引後，一條條的計數，不過五萬餘條，已感得好浩蕩的了。有部辭書情形，可證此三百萬條，是不會出現的。「辭源」，臺灣商務印書館最新增訂本，六十八年四月完成，收辭條128,074條。七十八年十月，臺灣商務所出的大陸版「辭源」，收辭條97,024條。

買了部正中書局本，柳詒徵「中國文化史」，想見柳老在南京龍蟠里「國學圖書館」，坐擁書城，潛心著述的那番情景。他硬是把館藏當代中國書冊、期刊的資料，全都引證上了。比時人另幾種同樣課題的書，內容宏富得多多。三十多年來，乃我諺志撰述上，常參閱的主要書冊。

魏希文夫婦帶兩小孩，遷來臺北。他在香港為職業寫作，也出了書。帶來部份剪報資料，讀到其中**今聖嘆「有文化齋小品」**，皆係憶說北平的文章。人物、風土、社會生活，都談到了。作者為外地人，在北平讀大學。逃離大陸，滯留香港，筆致活潑，觀察深刻。如談周作人、荀慧生，說沙灘等等。由他的引發，我寫了「談北平」（收入「擺江」），但摘其一。

所謂「京油子」，就是指北平的一種特殊的「小市民」，對北平的甚麼全內行，到處不會吃虧，到處可以佔到便宜，但並不向識他內幕很清楚的人擺松香架子。京油子說的京腔，是舌頭打滾兒的那種「北京話」，南方人聽起來只覺好聽，卻不大能完全懂得它的意思。京油子的衣服和普通人所著的並無兩樣，但紡綢內衫褲，上罩綢長衫，將裏面的白袖口向上翻起一半，所謂「半抬頭」。夏天手執一把書畫精美的摺扇，這種摺扇少也有一、二十把，講究的當然是名流書畫，湘妃竹骨，或水磨彫刻，就算普普通通的，也必精美絕倫。這在上海，原也有這類的小市民，但京油子卻比他們文而雅，雖不讀古人書，但肚子裏的生活應用的知識，卻極豐富。這種「京油子」並不是「荷花大少」，即廣東所謂之「二世祖」，有的雖略有父蔭家產，但常能自食其「力」，卻又毫不費「力」的，在舒舒服服生活。我初初很奇怪他們何以如此其悠閒，後來才知道**他們之舒適，完全得益於生活的安排得法**。

已是四十餘載過去了，直到八十一年春，還從未見到這位今聖嘆——這自是一個相當灑脫，也打趣自己的筆名，他這一系列談北平的作品，當年在香港，必還發表了不少篇章。怎未集結成書呢？或許已有書册，未爲我看到。不過，現在的北京，跟他那時所閱歷的，已有大大變易了。卻也有不變的事相在。

八十年春，初歸大陸，特寫了「北京，變與不變」，作爲「中國我愛」一系列的首篇。八十六年春，帶了昶兒同去，他離大陸時才剛剛上小學，現時已是年逾半百。見聞、感想所及，不會比我少。此行歸來，特寫「臺港武漢京寧蘇錫滬杭行」，約三萬字，歸於此系列。

迄今，政治鬱結的緣由，兩岸阻滯未化解，難獲當道共識。受此影響，這些篇章，竟難得篇篇發表的機會。只有等待東北、西北、西南走過，寫爲專書，或許能全部問世。

張道藩時爲立法院長，是高級首長中惟一對文學藝術有深度造詣，而創作才華、興致，至老不衰的人。中國文藝協會雖有陳紀瀅負主要責任，但有些決策作爲，張仍爲掌舵者。他新刊「三民主義文藝論」，不敢自是，特邀約文藝界朋友，爲竟日之談，**極大雅量，懇切的接受眾人批評**。選了當時臺北市上，地處適中，環境幽靜的大同之家爲座談場所。

從早九點直談到晚八點。漫談文學諸問題，我則多就民間形式發言。以作者，盛成、虞君質的見解最可貴。同座者還有葛賢寧、鄧禹平、覃子豪、彭歌、張有爲。接著，下星期天舉行了第二次會。必然邀請的應是王平陵、陳紀瀅、謝冰瑩、李辰冬、趙友培、穆中南、王藍、鍾雷、梁又銘、梁中銘等人。

五四，中國文藝協會集會，與齊如山先生坐在一起，他是會中惟一穿長衫的長者。他再告訴我一些有關北平地理風土諺語的考證。

與金陵、楊家駱締交，同庚。談他的「四庫全書學典」，正在全力纂述的「中國大辭典」。又談「中國的一日」，民間經驗之可貴。他家道富有，藏書宏富，少年時代即事著述，奮力不倦。每天上午三點，才四更天便起身寫作。有這樣習慣的學人，數十年如一日者，還有王雲五、李辰冬。在臺灣地區，這四十年來，還沒有聽說第四人。王雲五昔主持商務印書館，後又任過行政院副院長，有記者於晨間八、九點鐘往訪，問起生活、工作情形，他笑著說，這一天重要的著述工作，早已完成了。

他三位，也是中國當代自由主義者的學人。

臺北市長黃啓瑞，時來部出席李立柏副司令所主持的會報，他爲當年「民俗臺灣」主要撰稿者之一。彼此因職務與學術關係，情誼較之一般官場相熟者，乃更進步。況他的篤厚樸質，人見人愛。

識溥儒，有幾次來往。初訪，談起諺語，他告訴我好多俗詞兒的出處，博雅可佩。也見自己讀書太少。他原本只是精於繪事的大畫家。我總感覺他的畫，筆法秀逸，宮廷味重，而特喜其書法瀟灑。

週末，午間陳紹馨特邀至臺北市文獻委員會，與王詩琅、蘇得志談方志編修事。我倆每相見，必以諺語為首要話題。他說起亞里士多德的思想範疇。

兩位了不起的女性。**血癌纏身的趙麗蓮博士**，高齡八十，猶孜孜懇懇致力「鵝媽媽」英語教學。**小兒麻痺患者杏林子劉俠**，童年得疾，因而失學，既不良於行，也難於用手。然而，她卻寫了不少抒情、勵志的文章，成為名作家。我為她父執輩，與她父親德銘老弟同庚，我大他兩個月，長安、臺北兩度同事，退休後又比鄰而居。我寫了六十多年文章，而不及這位賢侄女文名遍天下。難得的是，杏林子更進一步，她成為主導力量的，創立了伊甸殘障福利基金會。每天去上班，執行全部服務性的工作，一絲一毫不是為自己——從前士君子說：「為五斗米折腰」，「為稻粱謀」，一般人說：「養家活口」。杏林子意念中，竟無有這些。她主要的，進行了兩樁大事：

一、以身作則，激發同患者自力更生的信念。

二、團結同患者並殘障之友，呼籲國家立法，規定工商企業，提出保障名額，供殘障者就業。

由於杏林子的作為，摒棄了昔日殘障者惟賴消極救濟的觀念與作為。

第七節　臺澎金馬攬勝

四十三年秋，有臺灣環島之行。主要是視察十二個山地治安所與新生訓導處的政工業務。而深入腹地，渡海至綠島。也順便看了外勤一兩個諜報組和港口聯合檢查處。替公家節省旅費，也爲自由自在，我未帶一位科員同行，背一個美軍大旅行包，獨自上路。一路上，公務第一，就便遊山玩水，接受各單位適當的、親切的、不太破費的招待。

只是苦了超凡，因爲並沒有第二位副主任，從前經我核批不再上遞到他辦公桌上的文件，如今一古腦都直接匯集到他這兒。他行事向有周密考慮，此次讓我出巡，多少有點藉此放我旅遊假的意思。也是感到，本部主任、副主任，應有看看外面單位的必要。我倆任此職位，已是四年多了。

此行，加上了金門、馬祖、澎湖，以及臺北郊遊的文章，情趣十分的，寫爲「臺灣紀遊」。篇目是：蘇花路上，東部印象，綠島行，臺東嘉義之間，阿里山之秋，初遊日月潭，霧社瞻禮，埔里、清水、東勢，卓蘭、大湖、竹東歸來，雨中偶遊圓通寺，登觀音山，三峽雙溪記遊，小遊銀河洞，太武金門，上大元山，君子若華山然，蘇澳漁港，中和鄉散步，高雄小遊，八卦山小遊，太平山林場紀遊，桃園鄉鎮山水人物，臺南情味，到琉球嶼去，鵝鑾鼻初遊，內湖登高，烏來踏青，爲中華民國打勝仗的人，澎湖行，太武金門隨筆，花蓮三美，太魯閣隨筆，初訪東海，詩情盡意的高登島，馬祖隨筆，災後中部訪問。

這部書，把當年臺澎金馬的社會、人物、鄉土風光，都有所描述，有其歷史實錄的價值，於出版後三十多年的今天看來，有的狀況已不可復見了。玉山、蘭嶼、秀姑巒溪未得一往。

略述下列諸事。

一、齊鐵恨以諺會友。

四十四年二月二十，鐵老興致好高，談北平俏皮話的採錄事。我已先得其所集印的油印本。

幾位長者，是他少年同窗好友，都對北平俏皮話知曉甚多，也富於採錄、研究的興志。**不是興致，硬是興志**。早已集錄了一個油印本。談起北平風土、人物、武技、黑行，越說越帶勁。十一點直到下午三點，談話才終止。咱們年輕二十歲的人，但怕長者們過於累，又過於興奮了。

二、孤兒學人宋海屏。

海屏小我八、九歲。安徽大學中文系畢業。抗戰初，在武漢入戰幹第一團，時桂永清任教育長，是他特賞識的學生之一。來臺後，在高雄曾主持海軍先鋒營的政治教育、訓導事。桂氏逝去後，不知是因人嫉妒傷害，還是確有甚麼思想偏差，以上校階，由海總調保安部，交付「考察」。文史學養高，能說會道，初見即甚投契。我一直未看他是受考察的問題人物。每星期上午到班，公文無多，常有快談。他說起自己係從孤兒院長大，尤引我同情。

三、比喻諺語分類的進行。

比喻諺語，常有多層意思。甚至可爲正反絕然相對的應用。其屬性猶移，分類的進行甚難抓住它的定性。乃使自己諺語工作，心存畏懼，一直看待這一部份諺語的分類工夫，乃「難以攻克的城堡」。下力而爲，乃興致愈來愈高。

四、奇異學人王素存。

素存小我三、四歲，但他硬要以「晚」謙稱自己。其實，他的經學造詣，我是再也比不了的。有「論語辨訟」二厚册行世。對民俗與金陵鄉土習俗，有濃厚探討興致。在空軍招生委員會任職。子女多，藏書富。特色是，他尋訪舊籍，每在造紙作坊救出一些即將放入水槽的殘破書册。那幾年，所得南京諺語，大多賴他提供。

五、王適清舅。

主持國防部直屬單位克難英雄聯誼會，說些冠冕堂皇的話，自沒啥意思。席間，有情報學校中校教官王適清，聽他爲湖北嘉魚簰洲一帶鄉音，因問籍貫，曰：漢陽。再細問：姚湖鄉。漢陽縣境特大，其姚湖鄉乃與嘉魚縣的簰洲爲對岸。姚湖鄉王家，正是我母外公家鄉。述述，他是外婆內侄，按輩份，爲我舅。他侄兒塔生少小曾有一塊玩過。以之告青，青極欣慰。我夫婦，以及我兄弟姊妹們，對外家與老外家，自小到大，有好深厚的情分。適舅小我倆八、九歲，遇到我們這兩個大外甥，高興自不必說。他抗戰初入軍校，十四期。此時尙未婚。特顯示其性格厚重。

六、「附共份子登記」。

三十八年後，臺灣地區號召附共份子自首，不止一次。四十四年夏秋全面登記，聲勢最浩大。公文上說，凡在大陸上與共黨有過接觸的人，都應將其情形，交代清楚；不僅是有共黨黨員身份的人。並且保證說，只要登記了，一切都不追究。否則，便要按「懲治叛亂條例」治罪。十月間，主管保防的政治部第四科科長，集合早操後的軍官們，我在講台上講話，釋說「登記」的事。

可笑我這個太單純、太直率的人！心想自己少年時曾是共黨份子。今既勸告人家，自己也當以身作則呀。仗著二十一年入軍校政訓研究班，二十二年迄今二十餘載的政工經歷，多少長官、同僚有目共睹，我還會有問題？竟也未先與老謀深算的超凡商量一下。一下講台，回政治部途中，就與保防科長說了。

隨即寫了自白書，首先說明少年時期。依我天眞想法，今律法十二歲至十八年爲少年時期，此時期，無行爲自主能力。況我十五歲爲國民黨，十六歲爲共黨，十七歲後即無組織關係。我既爲國民黨竭智盡忠將三十年；十六歲當年，爲共黨賣命。我這少年人，之所以如此，實因國父堅持三大政策之所致。對這兩個黨，我沒有做過對不起黨的事。從不曾有出賣同志以求自保。

那幾年裏，自己嘗在想。要登記自首嗎？蔣經國應該領頭示範。殊不知你這小子怎能跟他相比。從茲，搬磚砸了自己腳。當局失信於民，不少老老實實聽命辦理的人，無例外，都遭受了跟我相同的命運。

經過了相當時間，可能是查證，以及超凡的陳說與保證，我這一案，算是結了案。有天，還是李立柏告訴我，你的事，總長已經知道了。彭孟緝升副參謀總長未久，參謀總長桂永清猝逝，遺職由彭接充。

總政治部給我一封三套信封密裏的密件，准我登記。很可能爲顧及我的顏面，總政治部主管的第四組正副組長，在總政治部會報席上常有碰頭，也從未就此與我談過半句語。但四組在審查我自白書時，發生疑點，曾來函查詢，我據實答之。一年多以後，總政治部主任蔣堅忍特別約見，辦公室僅我兩人，他只問：你十七歲後未與共黨發生關係嗎？他們沒有找過你嗎？並未詳詢其他。

記得蔣堅忍接任總政治部主任未久，在全國政工會議中跟我立談片刻，問我願出任軍政治部主任職務否？按自己政工資歷與學養，我本早已夠格。我答：須先徵詢超凡意見。私心考慮，可能捨不得離開臺北與學術界、文藝界易於連繫的環境。超凡自希望多得我的佐助。

保安部政治部副主任爲少將編階。以我二十九年即任上校，三十四年任軍七分校政治部主任秘書，編階少將本可晉階。但先有傳說，不曾當過團長者，不能升將官。迄後，未說有此限制。又說，要指參教育的學資（其實，廿一年讀政訓研究班，即是指參教育學資），方可爲將官。我並非祿位之心太切，而是我的部下、學生，早有人升了將官，每遇到甚麼場合排起班來，總得站於將官之後。我好羞愧。想起抗戰敵前敵後的拚戰，也好忿然。有人說，這只是藉口，你非小集團的份子，不給你晉升，乃情理之常。

黃埔五、六期同學，不少人有難得洗清的複雜關係，在聯俄、容共、農工三大政策的當年，國民黨、共產黨兩相混淆。還有不少人，按說也應交代清楚，人家不交代，不也過去了。只怪自己太欠世故，事未三思而行。

七、杜蘅之、臧啓芳、韓道誠。

蘅之修整有致，自美回國未久，創「明天」雜誌。還辦了一個樸素小刊物，似爲西方社會提供甚麼人事資訊。對壽堂，也有三幾百字敘述，給收攬其中。臧老，東北長者，曾任東北大學校長，東北、華北，當前時政，是每次晤談的題目。道誠，河北人，筆名寒燏，跟臧老合辦「反攻雜誌」，是我地理風土諺撰述發表的園地之一。

八、黃思騁。

四十四年十月，讀思騁「鄉村醫生」，以爲是少見的好作品。他長居香港，服務銀行界，生活優裕。短篇小說在臺灣發表者不多。寫得深刻、細緻，跟依風露有某些方面近似，但仍有許多差異。自讀到他作品以後，凡遇文壇人士，即爲之稱美。必與依風露並論，只因一般作家寫短篇小說，難達嚴緊、細緻、簡鍊、深刻之境。很讀到思聘幾篇佳作。

九、初至金門。

四十五年一、二月間，去金門逗留了四天。是去看派遣在前方服役的一個職訓大隊。大隊長鄧國安，說起來，他曾爲堂兄成源的老部下。談家鄉往事甚多。各處都走到了。給我最強烈的感受乃是，金門不同於臺灣，土質，房屋型式，生活用品，無一不顯現其濃厚的大陸鄉土氣息。其次，自是敵前建設與戰鬥氣氛。曾訪金門防衛部政治部主任尹殿甲，略見太武山下此指揮部的形貌。時，戴仲玉同學爲福建省政府主席，去看他，談得多些。我這書獃子，特建議他注重編修金門、馬祖縣志的事。後來，果有兩厚册金門縣志問世，臺北找來了許明柱擔任纂修，斯能迅速刊出。軍樂園公娼，先實施於此，看看，印象頗特別。立太武山顚，望大陸，雲海蒼茫，感懷無已。

十、呂訴上藏書。

訴上，臺灣彰化人，民四年生。日本大學藝術科，日本新聞學院，早稻田大學政治經濟科畢業。臺灣光復後，學警政。酷愛地方戲與現代話劇，倡導戲劇運動。早期即重視到書册、文獻的蒐集。誰能想到臺北市廣州街一小巷中，他家十二坪的樓上，上齊天花板，下抵地板，四壁全爲藏書。金碧輝煌精裝本少，班剝灰污册卷多。以戲劇、民俗最富，警事、黨政亦夾雜之。很有幾部清初地方戲的抄本。齊如山先生曾來觀賞。訴上，甚好與妻子匡、壽堂來往。跟陳紹馨、黃得時、陳漢光皆熟。又與文協、救國團人員關係熱絡。不久，因他引介，往見林清月先生。林已逾七十，以見長者禮對之。酷愛歌謠並有創作，**形體夾於詩、謠之間，以臺灣話歌詠之，每不覺手舞足蹈，與年輕女孩同樂，尤見舒暢歡躍。**

十一、李霖燦、劉光炎、聶華苓、程兆熊。

這四位朋友各有不同風範。霖燦，小我兩三歲，係老友周烈範兄師範同學。後讀杭州西湖藝專。由烈範特別介紹而相熟。他本習繪畫，卻又好文學寫作。文如其人，率眞、灑脫。抗戰時，至雲南大理，溯金沙江而上，訪雪山麼些族，爲語文謠俗的探索，而有「麼些先生」之稱。服務故宮博物院有年。霖燦，爲這三十多年來，最談得來的朋友。

光炎，字厚安，長我七、八歲。報人，也爲學者、作家。國民政府建都金陵，他來往京滬間，因於政壇、文壇、財金界情況洞若觀火，胸臆風發，積爲隨手可用的資源，筆述難盡。報學、人物傳記，論學譯著不少。**小品散文，滿透詩情，悠然意遠，率意寫來，無不立成佳構，與周君亮並爲吾鄂旅臺特有才氣的高士。**

華苓，畢業中央大學。抗戰時，宜昌三斗坪、重慶沙坪壩那段艱苦歲月，於其生活上，烙下難磨滅的痕跡。激發其寫作意趣，亦在於斯。傳誦一時的小說「失去的金鈴子」，在廣大讀者心目中，把它看作是著者自傳體的小說。著者不全承認。三姊妹，一弟。華苓居長，弟爲空軍飛行軍官，不幸殉職，埋骨碧潭。華苓其時爲「自由中國」文藝版主編。這雜誌當時挺教政府當局頭痛，亟思除之而後快。文藝版篇幅無多，其所載小說，篇篇悉爲佳構。與她相熟後，我夫婦同去聶府拜訪，也就熟識了聶伯母。華苓滿口武漢話，又帶普通話腔調，說起她父親民十五、六年任軍職，權傾一方。

兆熊，長我五、六歲。習農，留學法國。三十八年後滯留香港，跟錢穆、唐君毅一起是當年創辦新亞書院的幾位主要教授之一。他本行雖係農科，卻於哲學、文學、歷史、新儒學有甚高造詣。**文字發乎性情深處，以其博學襯託之，乃特見姿彩**。來臺後，任教臺中農學院。起初，既不知其人，也少讀其文。偶閱「幼獅月刊」，讀到他一篇論漢唐園林藝術的文章，是論文、抒情散文的混合體，深服其哲理、歷史探討、詩趣、藝術、建築造型學識之博雅。好生詫異，幼獅這等期刊，怎會載出如此好文章，因逕與通信。得其復函，並惠贈所著「憶鵝湖」，始大略知其種切。兆熊爲文與胡秋原一樣，長江大河，浩瀚而下，情趣則有差異。對民十六年中國大革命所引起的波瀾，尤三致其意，不勝其歷史感興。總之，他的書少有不引我共鳴。就這樣相結爲友。

十二、大元山之遊。

青年寫作協會之邀，於四十五年，作宜蘭大元山之遊。郭衣洞主其事，共邀了蘇雪林、劉光炎、李辰冬、王紹清、梁中銘、葛賢寧、李曼瑰、夏承楹、林海音、王潔心、司徒衛、冷楓、韋雲生、郭嗣汾、張自英、彭歌、覃子豪、鳳兮、墨人、劉枋、劉心皇、聶華苓、韓嬸、壽堂。楊群奮、彭靖寰陪同，一行男女二十七人。在臺北、宜蘭車站、林場、大元山，都攝了不少生活照片。三十多年之後的現在看來，恍如當年。山上，男士們既睡通舖，謔浪笑敖，暢談中夜，意趣最高。第二夜，我睡意纏綿，早打了呵欠。晨起，隨中銘出室，看他山林中作水彩畫，要捕捉朝霞瞬息萬變景色。當時，舊雨新知，大家興致甚高，雪林先生年最長，自始至終，臉現笑意，毫無倦容。

如此旅遊，今日思之，算得一次歷史盛會。其後，很多人都凋零了。

十三、中央研究院歷史語言所的讀書生活。

之所以能暢遊大元山，乃因國防部增派一位副主任溫轟少將來，我方常常逮住忙裏偷閒的機會。

大元山返臺北次日，心無牽掛，每天跑南港，去史語所，整整讀書一星期，這是三十七年初冬，讀書南京龍蟠里國學圖書館，也不曾如此，集中了整個時間來用功。

後來，改爲每星期四來一天，連續來了四次。

中研院在南港新闢未久，每天早晚僅有一部中型吉普車，自臺北市師範大學對過，研究院駐臺北辦事處開到研究院。每天來去的幾位，李濟、董作賓、凌純聲、芮逸夫、勞榦，以在臺大教課，溫州街、青田街配有眷舍，都可於此就近搭車。頭一天，爲了探路，我從家裏騎自行車，經松山，到中研院，來回好累的。董先生他們知道了，就勸我搭這僅有的一輛中型吉普車，說，加你一個人，沒關係。感於董老盛情，我僅僅搭乘了一次。

史語所一直是中研院藏書最豐富的，不乏珍本與海內外孤本。自十七年研究院在南京成立時起，傅斯年一手經營，不遺餘力的多方蒐求，尤其是多年不斷在北平、上海公私各地所蒐得的資料。研究院正在修建傅斯年圖書館，以典藏這些書册，樓下特闢大閱覽室，供院內研究人員及海內外人士前來閱覽。各大學教授、研究生來此用功者不少。只能有限度開放。院外人士要經過介紹，才能獲得閱覽的權利。

圖書室當時是擠在大倉庫裏。這兒除圖書外，還有些考古器物。大都從大陸搬來。圖書室管員王寶先，自有史語所就有他。可說是一位活目錄，對所內典藏，瞭如指掌。得他熱心爲助，這十天裏，我飽覽了自五四以後，我國謠諺、民俗書册，經撰爲「南港讀書記」，收入「我歌且謠」。

姚從吾定時的來此看書，對面而坐。姚先生身軀魁梧，腰桿挺直，其時，他應有六十四、五。端坐而讀，一直是在看「禹貢」的一部木版本。一上午，他也不起身，不像我，每隔一小時，就要外出方便，活動活動。姚從吾任教臺大，臺大總圖書館、各院系圖書室，不會沒有禹貢這部書，但難有史語所版本之多。

說到史語所藏書的宏富。例如書經、左傳、禮記，但查目錄卡，好教人驚異，它收有各種版本。**有關中國謠俗的藏書，獨步全球**。所藏的方志之多，為他處所難及。

不過這四十年來，大陸各圖書館藏書的急速發展，其政制的限定，民間不得珍藏文物，這比例變化就大了。

十四、革命實踐研究院聯戰班受訓

蔣總統的構想，一旦反攻大陸，必須黨、政、軍聯合作戰，方能奏功。乃積極實施陽明山第二階段教育，調集黨、政、軍高級人員，為將近半年的研習。每期一百二十人左右。只辦了十期。聯九期同學一三八人。

陳誠以院本部主任身分主持院務，經常在山上。晚間好幾次座談會，他向我們做了親切、懇摯的講話，令人感動。張其昀、倪文亞、李壽雍和教務處李曜林，於種種教學活動中常跟我們在一起。小組會議，出席指導的輔導委員，孟廣厚、盧孰競、徐政、張興周。

在山上跑圖書館最勤，閱看特種資料，所藏大陸書刊並不算太豐富，不過聊備一格而已。我們的教育、訓練單位，於圖書館經費預算，總是好吝嗇的。參考這不算太豐富的特種資料，提出自己二十年來研讀的心得，再加上丁淼這時際在香港所出版，關於中共文藝的批判，我進行了一個專題研究——「中共文藝鬥爭」。收在所著「大陸文藝世界懷思」一書裏的：「中共文藝的滲透與鬥爭」，「中共作家的良心熬鍊」，「國際共黨役使文藝的鬥爭行動」，「被扼殺與庸俗化了的大陸文藝」等篇，即是這個專題研究抽出的部份。

國語、普通話，字正腔圓的同學不少，不知因何標準，又挑我在紀念週的台上，傍著院長，朗讀他的講辭。那幾年裏，他一系列的發表了不少有關力行哲學、兵學、政治問題的論著，都由陽明山莊小册印行。正似學者之治學，不斷的在修改增訂。院長高坐台上，潛心細閱，隨著我的朗讀，一字一字往下看去，且用筆打圈點。

十五、青骨結核住院割治

青左胯骨紅腫，以為皮膚小病，請張夫明割治，後久難封口，乃至中心診所檢查，始得知並非小病——乃三十五年冬在武漢，所乘馬車在武昌司門口，給十輪大卡軍車撞翻，當時頂撞點，青左胯外側恰首當其衝，傷處不痛不癢，也未青腫。不想她胯骨受了內傷，十年後，乃知形成骨結核。

四十六年元月二十一日，青順利入院。其時，骨科主任鄧述微，總醫師張詩經，主治大夫楊大中等。她動大手術的時間，正是我聯九期報到的日子。次日晚，與星兒通電話，知道青輸了五百cc血，手術當天微燒，心好不安。十二日夜，得保安部參謀長陳來甲（王曲老同事）電話，青病況還好，心一安。直到十五休假，方去醫院伴青。其時，本部副參謀長唐湯銘，跟我同在山上受訓，報到入學諸事，都可代為辦理。與他共事七年，公誼私交，情密十分。

青施手術已逾一月，創口還在流水。醫師說，是手術時未將骨上粘附物刮除淨盡之故，有再打開創口，澈底刮骨的考慮。四月十六，再次動手術。下午四點多趕到醫院，走廊間碰見張大夫，他緊張得滿頭大汗，說青血壓只有五十。這次出血過多，甚危。麻醉室外候許久，夜十一時，才移回病房。護士每隔半小時來量血壓。我不斷的用棉花棒沾水，潤她嘴唇，坐藤椅上，一夜無眠。

研究院在臺北、桃園、新竹，有十日參觀活動，我一概未缺席，只是一到臺北，即趕到醫院。

五月二十四日，星期六，下午下山，遇空襲警報。後來才知是因美軍人員雷諾，前不久於陽明山細故殺一中國人劉自然，竟被美軍事法庭宣判無罪，引起國人憤怒，群衆搗了美使館，全臺北人心鼎沸。次日，我政府對美國處置表歉意。他國防部竟認雷諾爲最後判決，益令國人憤然。星兒一女中七張分校，想是臺北戒嚴，怕郊區人衆聚集到市中心區來，火車停開，迫得孩子只好徒步走回家。可喜的是，廿四這天青已能下牀行走了。

八日，青出院回家。十七日，我陽明山也結業了。半年多，蕭條、落寞，幾要毀去的家，才得重現生機，讓青重整旗鼓的來操勞。

十六、諺話甲編。

先說「諺話」這個辭兒。起先，以爲這乃是自己開始使用。三十六年初冬，南京，撰「夏大山的中華農諺」。取詩話之意，隨便談談諺語的文字，長短不拘。太長了，就視之爲論文。那年大除夕，武昌兩湖書院初晤薛誠之教授，曾以所發表的「諺話」見示，以只一份，並未贈我。六十八年冬，在臺灣大學研究圖書館書庫再次看到，乃予影印留存。誠之「諺話」十五則，取箚記形式，跟他「諺語的探討」論文，一併刊在民二十五年燕京大學「文學年報」第二期。

近六十年歲月，似只我倆專用「諺話」一辭，無獨有偶的都賦予了它相同的旨趣。一般人士的理解，則與我倆看法不一樣。往往以爲這是爲諺語另創了一個別名。於是，這些年來，凡有提及我「諺話甲編」這本書，少有不把「話」字硬要寫爲「語」字。人家或者還以爲我筆誤。

這本書，四十六年四月出版，各篇文字皆隨手寫來，並未精心結構，認眞說來，無啥份量。出版後，竟得到不少文友評介，遠超過「中國諺語論」（五十三年十二月，新興書局版），「中華諺語志」（民七十八年八月，臺灣商務印書館版）這兩部書的反應。事實上，諺論是一部下力的論著，初稿即整整花去三年時間經營。諺志更不用說，六十年諺語工作的總結，初稿撰述至六十九年三月，整整費時十五年；其後，直到付排，三校，六十九年四月以迄七十七年夏，歷經增訂，十次而不止。人家對這兩部書的評介，竟不若「諺話甲編」十之一二。其時各大報副刊主編，幾份文學期刊主持人，都有良好關係，他們極樂意見到我所出版的第一本有關諺語的書。聯合報既然蒸蒸日上，其副刊三年多來所激起全臺灣集諺熱潮，此際並未衰退。

十分可感的，乃是齊鐵恨先生。我出版了「諺話甲編」，他硬是視同有如自己出版一部新書，感到高興。在國語日報他所主編的「國語週刊」上，既有專刊評介，又不斷爲發佈出版消息。逢人爲之揄揚。兩次夜間來我家，說「諺話甲編」。當時，我有個願望，甲編爲「謠諺叢刊」的開路者，約定了鐵老的「北平俏皮話兒」，繼續刊入而未果。

十七、孫陵。

孫陵民三年生，七十二年逝世，享年七十歲。家庭富有。少年時期在哈爾濱，十三歲就開始發表作品。新文學與舊詩詞兼佳。九一八後，對東北流亡作家，以及在上海的巴金、日本郭沫若等，都有資助。抗戰初期，在重慶乃得回報，隨郭沫若任總政治部第三廳上校軍職，其時他才二十四、五，戎裝英挺，意氣風發，文壇交遊，固一時之盛。所撰「文壇交遊錄」、「我熟識的三十年代作家」二書，皆有記述。三十七年來臺，主編民族晚報副刊，創辦「火炬雜誌」。

他才氣高，又具早期這段光彩歷史，不免恃才傲物，不大參與臺灣文壇活動。時張其昀於文教、出版，力爭上游，公私都無人能及。孫陵以文言文爲文，頌美張某，幾若仲尼復生，張氏竟安然受之，援引孫陵於他所主持的期刊，撰寫文稿，旋任教文化學院。

四十二年，孫陵「大風雪」長篇小說，因有部份內容涉及對孔子的批評，爲書刊審查小組審閱先生們所不滿，予以查禁。孫陵訴之張其昀，張寫了一張名片，使來見李立柏交涉此事，幾經研討，乃得解禁。此書再版，孫陵乃將保安部政治部覆文，影印刊之封底。以同住在和平西路二段七十巷，而時相往來，晚上常去他家，聽他嫉世惡俗的高論。孫大嫂厚道人，總勸說，別這樣不留情面的責罵別人。

十八、文藝界聯誼會以及小型每週聚餐。

中國文藝界聯誼會，係于右任先生創議，迅得賈景德、莫德惠、周樹聲、梁寒操等長者贊同。曾今可爲首任秘書長，四十六年十一月成立。每週午間聚餐。首次會即承見邀，那天，除上述諸老，還有成惕軒、譚淑、吳詠香。另有海風月刊主持人鄭修元等。新文學方面的朋友，陳紀瀅、魏希文、郭嗣汾、王藍、劉心皇、覃子豪、歸人、亞汀、李青來、李芳蘭都有出席。既無開會儀式，也不作興甚麼報告、講演，也無人鬧酒，瀟灑自在之極。長者得年輕人奉承，年輕人受長者看重，彼此都開心。女士們則年輕人多，白髮紅顏，交相映照，而輩若祖孫。

四十七年一月份集會，人甚踴躍，李石曾夫婦，張默君諸老，羅敦偉、何志浩、何容等。再為中國文藝協會一般朋友。從這時起，每次安排了兩人專題報告，每人約二、三十分鐘。這次是賈景德論文學不新不舊之中庸。何容講國語運動。二月份，李石曾報告中國語文問題，我作諺語工作報告。

四十六年三、四月間，小型的餐會聚集，每週行之，極為熱切。我正在陽明山，又當妻病住院。好忙忙紋紋的哪。三月十六為首次，掬水軒午間茶會。與穆中南談東北風土，朱白水論廣播劇與舞台劇。還有女張明，她正盛年，明麗照人。三月二十三掬水軒晚餐，歡宴黃友棣，識李青來，熱情、活力極強的女記者。三月三十掬水軒晚餐，到王藍、穆中南、童世璋、朱白水、朱嘯秋、夏承楹、林海音、張明、魏希文。王藍特別提說傅紅蓼疾苦，探詢有無可送他住軍醫院的可能。四月六日，除上述諸位外，還有張雪茵、王琰如。後來，就少有這樣密集性的碰頭了。

十九、政工幹校政治作戰研究班受訓

國防部的人事作業，上校晉將級，除年資外，還有學歷必須指參教育畢業。二十多年前政訓研究班竟不作算。歷年考績優等，竟也等於零。政治作戰研究班乃目前認定的指參教育學資，其第一期，童世璋、劉殿富、周中鐸已捷足先登；我政訓班同學也有四位入學：葉逸凡、張翎、杜敬倫、傅光閭，皆係從空總政治部保送來的。我陽明山結訓未久，不得不央求超凡給我這樣機會。因而五個月後，又上了北投的復興崗，同學段荻生、孟述美、蔣蘊青等四十人通係三軍上校以上政工主官，也有少數部隊長。上十人為將級，且也受過更高一層國防大學的教育，想是要轉入政工，而降格入學。

思想戰、謀略戰、心理戰、組織戰、情報戰、群衆戰、剿匪戰，以及政治作戰綱領，爲課程主體。另有專書研讀。我很寫下幾篇潛研心得。教授陣營中，任卓宣、鄭學稼、張鐵君、滕傑、劉杰、白鴻亮（石牌實踐學社）、范子文（情報局）、劉燕當（音樂），留下了深的印象。熟人中，曹敏、李廉、童世璋，也登上講壇。

結業之前，校長王昇，總政治部主管人事的組長白萬祥，擇定了好幾個晚上，跟同學們作長時間個別談話，有考察、輔導、遴選、徵詢的種種意圖。離校前，全班舉行了聯誼會，把同學們夫人都邀來了，然後，提了行李，夫婦共同歸去，結束了這志清齋半年多的生活。

第十七章　秋水時至

第一節　風風雨雨艷陽天

秋水時至，百川灌河，
兩涘渚涯之間，不辨牛馬。
莊子外篇第十七，秋水。

住臺北市和平西路十二年間，常去新店溪，上川端橋。或散步，或進堤內文協開會，或在堤下茶棚閒坐，餐飲店聚會。或過新店溪，去永和鎮，訪陳紀瀅、王藍，安樂路看魏希文兄嫂。永和日見繁榮，川端橋拓寬了。臺北市好多公共建築，施工之初，不及預料都市發展的迅速，有一再拓建的作爲。新店溪上游處更建了福和橋，四處大廈迭起。獨有個印象，繫我心深，夏秋風颱剛過，遠望蟾蜍山那帶高地，新店溪水漲，河面泛漫，有百川灌河的氣勢。流速並不急，無夫子立於川上的那番興感。

民國四十六年秋冬，晨間上班前，每圈讀莊子兩三頁。

百川灌河，惟長江、黃河、珠江、黑龍江、松花江易於見之。新店溪焉可比擬？本章章名亦隱見壽堂心深大陸鄉思。

儘管是風風雨雨，江闊雲低，斷岸西風；卻也不乏許許多多江南杏花照眼明，那艷陽天之陶醉人心。

民初還很流傳的一條諺語：「三十歲以前人吃土，三十歲以後土吃人。」其時，國人一到五十歲，就已經覺得老了，乃認三十關頭，爲人生的分水嶺。如說：「三十不豪，四十不富，五十將要尋死路」，即是這種寫照。

壽堂身心健康狀況，才交四十八歲，就開始戴一百五十度老花鏡，而迄未加深。

四十九歲初，左眼角充血，找眼科大夫陳篡地看，注射維他命C。張夫明以爲還是去三軍總醫院檢查爲宜。認爲係疲勞致血管出血。返部，請病假一星期。自己以寫作爲重，不得不善保目力。

民八十七年一月十七日，左眼滿充血。高血壓達一百八十八。才恍然，這實係高血壓的基因所致。而眼科大夫但專從眼部療治，怎不指出這一點？「久病成良醫」，據自己三十餘年高血壓，方有此體認。

嚴重的牙出血。先是，在保安部檢診所，請牙科醫官何上尉拔去右上第二顆大牙的牙根。折騰了一個多小時。第三天，周末發現牙出血，並非患處，而是鄰近的好牙齒，可能前日拔牙根震動，產生的影響。仍找何醫官療治，直到六時，不見血止。返家，即休息。忍至夜十一時，不得不驚動隔壁張夫明大夫，注射止血針，碘酒藥棉花塗抹，都不濟事。

那天一早，適國防部來三軍總醫院視察、檢查，醫院忙了一上午。牙科總醫師杜大夫，家住總醫院後邊眷舍，他回家時，見牙科治療室擠了壽堂這一個無可奈何的病患，三位年輕大夫圍著我，加上我們的醫官張夫明，陪伴我的青。四個鐘頭前，夫明已不斷在問我：心裏覺得怎樣，還好罷？杜很詫異：牙科向來少有急診呀？因而進來察看。

他說起。曾遇到一位拔牙後，出血不止的病患，由於打針、用藥，手指在患者口腔摸索，偶然接觸出血處，就便抵壓之，血便止住了。我因向杜建議，這病例爲何不列入醫學通報呢？按，指壓法止血，本是日常生活經驗。我們身上那裏撞碰破出血，找點藥棉花，醮碘酒，以手指重壓之，每每三、五分鐘後，血便止住。血在創口，會自行凝固。

我未睡好，把青也累了。星期一，到總醫院複診，何醫官、張夫明也來照料。次日，情況穩定下來。

據說，確有牙科病患出血不止，因而致命者。

我體會到，市上開的**牙科診所，多屬日本派**。**而目前軍中牙科，大都係美國派**，醫官全畢業國防醫學院。日本派牙科，治蛀牙，用藥後，盡量爲之修補，不輕易拔除病齒。美國派，則拔除者多。

五十一歲，四月間，腰部不對勁。檢查所爲注射，人一下暈了，醫院治療還少有遇到這情事。五月間，左腰臀部風濕，左腿也不得勁。注射白色特效藥，血管痛一點，無其他反應，病爽然若失。迄後至今，自己小心在意，反未再有閃腰。

五十二歲，六月，彎腰澆花，又閃扭了。七月下旬，腰骨發硬，未知是否近日游泳受涼？還是書房太透風，振作乏力，早上勞作一番，才稍鬆快。腰疾剛好，左膝又不對勁，有點涼颼颼的意思。

五十四歲那年三月十四，星期天，應伍稼青宴，先感胃口不好，惡心，想吐，繼而眼花，頭暈，閉眼休息約五分鐘。青見我嘴唇發白，扶我。賓客中有醫生，也來幫忙，抬我到沙發上。幸而暈眩狀態，沒多久就過去了。把青嚇一大跳，她想到前年陳小魯之猝逝。七月，看中醫，我這兩三年大便不通暢，他說不用瀉，也不必滑腸藥，而診斷爲腸胃風濕，給了三包丸藥，服三天。結果，未見效。或許是，我未再看這位醫生，爲全程的療治。若看西醫，一定要先行必要的檢查。他怎未告訴我，多喝水，多吃蔬菜、水果呢？

八月三十日，六時許，心作惡、頭暈、發汗，又跟三月十四的情況一樣。躺下休息，沒有甚麼胃口。直到下午四點，暈的情況才完全去掉。晚餐，喝雞湯，人才恢復尋常，又飲了參茶。找周亨來中醫師看，他說是胃部毛病而引起貧血，無大礙。因爲腎臟很好。只是油膩要少吃。等到入秋再吃補藥，可永保不再犯了。

九月，打羽球，閃腰，是運動傷害。半百之年，既非十分健壯，運動適量就好，超強了，就會出毛病。

這幾年，青的身子比我差，疾病不斷，可憐磨苦了她。

四十八歲，一月間，她胸口痛，夜間直哼。不欲叫醒我，我睡在一旁打鼾，毫未覺到。眞該死！四月，她心中感到寡味，以爲有孕，想打掉了。六月，臉上紅腫，用本地草藥蒸洗之。

四十九歲，五月，午覺正酣，青腹痛，喊醒我。請張夫明來治，大便排出，才見暢快。

五十一歲，元月，找心臟科名醫李承泌，研究青的心臟衰弱症候。看了一下，未怎麼下手積極療治。青嘗有的口頭禪：「喲，我心臟衰弱。」

五十三歲，三月，伴青至警總看病。她咳嗽，拖了三個月。部中給的藥份量夠些，可望去疾患。十月，青痔瘡犯，瘀血流下。我這胡塗蛋，竟未爲之醫治。在王曲，就有了痔瘡，流流血，又好了，因而淡然視之。

五十四歲，九月，半夜，青胸口痛，哼叫驚醒了我，我正腰痛得千斤重的，不能起來。早，勉強掙扎下牀。隔幾天，又犯了。白天，卻又平復。痔瘡也犯，她不肯看醫生，只買了日本坐藥而已。十一月，愈來愈烈，三度去榮民總醫院求治。請朱學孔夫人幫忙，她在行政部門工作，跟主治大夫很熟。作了膽囊、心臟科的檢查，無甚麼效果。只好在對過，找周亨來中醫師治療，認爲胃病，吃他一劑藥，舒暢多了。張夫明來，聽聽這些情況，也認爲是胃病。主要的，還是周醫師的藥，青認爲近便。

廿九這天，青一夜苦痛輾轉不已。決定讓她住臺灣療養院作一切檢查，躺上病牀。醫師、護士親切。設備利便，環境清靜。這天嚴寒而有暖氣，一切都感到舒適，可信賴多了。

四十八年七月，昶兒參加大專聯考，榜上無名。夫妻倆並不沮喪。因爲臺灣地區自有大專聯考以來，一直保持著百分之三十幾的數字。昶兒並非獨一的例。馬前失蹄，也就不必刻意檢討。要緊的是，如何捲土重來？那會想到，民八十八年大專聯考中者，高達百分之六十以上。

四十九年，夫妻倆伴昶兒至北商，再應大專聯考，青留下陪他。昶兒考入了大同工業專科學校。入學後，勉強讀了一學期，以機械、畫圖等課業煩心，難適應，休學。五十年再準備第三次大專聯考。臨考期兩月前，他決定不考甲組了，要考乙組。相當冒險的改變，功課準備要隨之調整。讀乙組，歷史系很好呀，孩子選擇的看法跟我不一樣，我只有聽他。

皇天不負苦心人。昶兒以第一志願考入臺灣大學圖書館學系。就我國教育說，大學中迄未有圖書館學系，臺灣師範大學社會教育系有圖書館組，但並未設系。後來，他寫了篇「三叩大學之門」，發表於臺灣新生報副刊。有意思的是，教授們大都跟我相熟。系主任賴永祥，締交近十年。藍乾章，爲我家四代老醫生藍心齋之子。沈寶環，乾章文華圖書館專科老同學，東海大學初創，訪徐佛觀時，相識於大度山。蔣復璁三十六年相熟於南京。楊家駱、王振鵠，臺北相識，也逾時十載。這幾位，也正是臺灣圖書館界的重鎮人物。文學院長沈剛伯，也相熟逾十載。

星兒讀高中，起初還算順利。四十八年，她的聯考考場在師大附中，在那兒，遇見余紀忠夫人，也是陪女兒應考。一考完，她就去臺中清水世瑜家作客，鄉下生活，輕鬆一番。她考入了臺北市第二女子中學。次年春，帶她到麗水精舍，從胡念祖習國畫，攻山水，這可是增加課業負擔，不當如此的。她不是要走繪畫的這條道路。

二年級下學期考試不及格，跟昶兒幾相似，一兩分之差，要留級。我幾次前往交涉，都不肯通融。總算一女中有高三插班生可考，很慶幸的，報上了名。又很慶幸的，考上了，而且考了第二名。這是二女中那幾位老師始料所未及的。

兩孩子學業總算步入坦途。十月間，夫妻倆先後去臺大、一女中，看了看他倆的學校生活。獨兒獨女，能置身於臺灣地區最負盛名的兩所學校，眞是得來不易。

次年秋，星兒考入東吳大學中文系。

五十年間，行政室主任孫松萬跟我說過兩次，要爲我調整眷舍，兩孩子大了，沒有他們自己的房間，生活不便。我卻是書獃子想法，等到反攻大陸時，這問題自會解決。住的事，能將就就將就罷。次年春，他又重提此事，而且總司令部已有決定，各幕僚單位主官，一律各撥新臺幣十萬元，自行找土地，或新建，或購置，爲配給眷舍一處。以當時物價，三房一廳，恰好是這個標準。因協調總務處，將我的眷舍調整，列入了這個檢討案。既經批可，夫妻倆但得時間，便於臺北市區、近郊各處察看。青則拜託朋友們留意，爲此，還跟她起了口舌。我以爲不必這樣四處喧騰，鬧得人人皆知。後來，還是她這一著棋下對了。是張益弘的朋友傳來訊息，某處新建未久的眷舍，院子大，房主要賣，土地是屬於國有財產局，受軍方列管，一般人不敢要這種關係的地面建築物。看了，夫妻倆都中意。

這棟房子，三十坪，坐南朝北，一廳三房，西邊爲廚房及儲藏室，廳後爲浴室、廁所。全部土地近八十坪。新居鄰舍，通爲總政治部將校。老同學胡睦臣、袁澤中則爲緊鄰。

除夕一支煙。臺灣社會既已是太平年頭，經濟日見繁榮富裕，光復初期，滿街男女赤足趿著木拖板的情況，漸漸減少到以至於無。大年下少有不忙年的。除夕這天最忙，清掃，做吃食，人情來往送禮，擺供，買香花。已是暝色入高樓了，總還有買不完的物品，要去市場選購。甚至遠走西門町，大商店早已打烊，街上行人零零落落。我尋得要買的東西，急著趕回去，經過電影院，發現一群單身漢，等著買電影票，心爲惻然。出入七十巷口，見一中年男性獨坐麵館，吃盤包子，以茶佐食，天涯淪落，無家可歸。懷想大陸弟妹，不知他們怎樣過日子？

晚上，一切都已準備就緒了，心上無啥牽掛，望著玄關上飄著的紅紙條：「迎春接福。」吸上一支香煙，看輕煙裊裊，思考明天拜年要去的人家。就是在四十六、七年間，有年除夕，這麼舒適的吸上一支煙之後，湧起一番意念，把它當作一種近乎戒律的行爲，好不好？一年三百六十五天，只要大除夕夜，吸上這麼一支煙，等到光復大陸之後，再打開這個戒律。此後，吸香煙的事，就隨意爲之了。或者，竟是根本不吸煙。既經決定，從住在和平西路，一直到搬光復路之後，三十多年了，平日絕不吸煙，只在大除夕夜，萬事停當之後，才吸上這麼一支。青則保持她隨時吸吸煙的習慣，但吸得不多。有趣的是，這麼長久歲月，她竟然從沒有過一次，在此時際，閒坐下來，陪我也吸上這麼除夕一支煙。**主婦心態，她還有這樣那樣的年事操心**。

七十七年，青衰病日甚，全天候照料她，日夜攪得我人仰馬翻，怎能保持悠然意遠的閒適情趣？除夕之來，吸一支煙的意念，竟再也打不起興致來。她既入院，七十八年大年下，讓護佐小姐回家，我父子三人去醫院長時間相伴病榻，於是，此行之多年除夕一支煙的習慣，竟然終止。很好！這十年來，壽堂完全的不再吸煙了。

楊　大陸死難同胞
朱　歷代祖先神位
姚
王　諸親友好

這樣的祖先牌位，未免不太合禮數。要按僧道宗教、禮俗的儀式，應分設三個牌位，方爲合適。豈止這樣，四姓並列，也不合式，當分爲四，而以朱姓爲主體。姚爲青家。楊，我倆外婆家。王，我倆母親外婆家。外婆、老外婆，都無兒子承繼香火，所以，我才這樣列上。也不過供點花果，三杯清酒，從除夕直到正月十五，香燭跪拜迎送而已。初一到十五，我每天清晨上三炷香，一鞠躬而已。

七十九年夏，要隨女兒、女婿遷士林新居，他們爲我留下一間大房，我不想如在這邊自己屋子、廳堂、大外孫女房、舊書房、儲藏室，到處塞滿我的書，也就不欲這祖先牌位張掛他梁家廳堂，乃請出祖先牌位，恭恭敬敬磕了頭，焚化了它。大陸上，二弟、么弟都住在故鄉，或許他們家，會有祖先牌位。但彼岸這四十年，有的事，難如我們所想，它早變了天了。

睦臣獨愛柳樹，植有五株柳樹。我去他家隨便摘了兩根枝條來，一揷便活了。只是，生殖太快。長大以後，一年剪除兩次枝條，仍佔去庭院大的空間。雖然，它是好可愛的垂楊。砍下的枝條，處理爲難。讓垃圾車夜間運走罷，必得把枝條砍短，一一綑紮起來，好費力氣。要分好幾次，迭經五、六個晚上，才能分批送出大門。若一批送出，左鄰右舍會嫌惡，也讓垃圾車載者爲難。晒乾了，院中焚之，火焰太高，怕燒了架空的電線。大半天煙火不熄，也教鄰舍不安，怕釀成火災。沒法子，只好把這兩株可愛的垂楊，鋸砍掉了。而被剝了樹皮的枯樹幹，這樣，它方不生枝芽，兀立在那牆角，它腐爛了，倒下來。費力的砍成幾截，才處理乾淨。無怪臺北市人家植柳樹者不多。認爲國父紀念館池塘邊的垂楊，不及我家的美，曾函洽，希他們來移植了去。人家有人家的作業程序，我的美意，未得如願。特寫「我家柳樹」一文，發表於六十七年六月十二日，臺北中央日報副刊。後來，臺北市的大安森林公園，果以四周垂楊依依，最見風致。

夫妻倆一連製作幾套新衣。青，兩套洋裝，一件秋大衣，兩件長背心，是利用我領來的夏秋軍服凡立丁、毛嗶嘰布料製作的。我則把軍服布料換製夏季西服，鐵灰的、咖啡色的。夏秋我還偶而著用，已穿了二十餘年。青把這些新衣當外出服，最初還穿過幾次。七十八年她臥病難起，通統都送給人家了。

克難、克難。在張研田溫州街宅邸書房，看到他用肥皀箱做書架，我也學樣，六個肥皀箱疊爲兩層，上覆以長幅布條，倒也蠻雅致、實用。後來，又請那楊師傅，爲我做了三層的木書櫥。剛好擱放這些年來寫的日記，和一些稿本。

四十七年秋，以一千五百元新臺幣付張研田兄，託他去香港之便，買一對手錶。他買回男用天梭錶一只，女用亞米茄錶一只。此後佩用了這名牌手錶，十分滿意。我這儍子，見到研田，未問他一下，交給他的款夠麼？青嫌亞米茄太高貴，捨不得用。拿到中山堂一家鐘錶店，堅持要換次級貨，結果，卻把這小金錶弄丟了。夫妻倆不但未爲此吵嘴，也毫未抱怨。我深深體諒她的用心。

此時，既配有一輛小吉普車，用油幅度還寬。星期天上午不用守在辦公室，乃得常有全家人郊遊機會。司機藍憲仁還未成家，樂得同遊。我們自奉太儉，老在新公園西側小館吃鍋貼、小米粥，當然也是我們嗜此飲食。竟未請司機去那些二流餐廳飽食一頓。藍憲仁或許不會訾議我夫妻，而只是浩歎：「副主任的錢買了書。他來往的朋友，盡是作家，教授。硬是不肯攀高結貴的走大官後門，他又不是跟他們不熟。太太過日子眞節省，捨不得吃，捨不得穿。」

四十九年初冬，去小格頭登高。利用時間，跟駕駛兵學小吉普駕駛。很學了些時，場地起步，公路急行，夜間駕駛，都歷練了。踩煞車而誤踩油門的錯失，也有。終以非正式學習，這技能的習練，只是這麼嘗試一番而已。

美鈔好吃香，有人要留學美國，不去銀行買外匯，因爲限制重重。多在衡陽街頭交易。賣買美鈔者，流動性的走動，成交即散，了無痕跡。其時，臺灣社會還未太富裕，非是七十五年前後，雖很富裕，搶騙財物者，時有所聞。**那上十年，衡陽街頭美鈔交易，居然少有聽說發生搶騙的事**。可憐的青，不知怎樣積積攢攢的，得美鈔四百元，五十一年一月間存入臺灣銀行，利息極微。其後，我但有餘款，也買了美鈔續存，總共十多年下來，不過得一千餘元。原想，兒女如留學出國，就可用得著了。

熱中羽球的時際，常有找洪省忠做對手，間隔一兩天的下午，下班之前時分，在政治部後邊空地打球。出汗一陣的暢快罷了。四十八年六月間，臺北市羽球館落成，是李立柏全力推動。工程的策劃、進行，郝侃曾用心用力最多。內行的工程師顧景崙，一秉愛好羽球的熱忱，全程監督。這座外型爲乳白色的建築體，由有名的陸根記營造廠承建，座落於南京東路四段十號，與臺北市體育場緊鄰。

羽球館開幕，在臺北市是樁大事。其時，除三軍球場有室內籃球場，全市罕有體育館的建立。這羽球館高度、寬度、深度都是空前。地板木塊拼成，更衣室、浴室、餐廳，前庭與後面花園，都十分廣闊。在體育組織上，由當時如日中天的參謀總長彭孟緝出任中華全國羽球委員會主任委員，臺灣警備總部第一副總司令李立柏出任臺灣省羽球協會會長。郝侃曾與李立柏爲拜把弟兄，他爲全國羽球委員會總幹事，交友廣闊，乃使臺北政要與工商界聞人踴躍與會，極一時之盛。好幾年以來，凡有國際體育界人士蒞華，全國體育協進會會長楊森，必偕同來此參觀，甚且即在羽球館餐廳舉行茶會、酒會、餐會接待。羽球館餐廳，格調甚高，消費額並不高，一下子便出了名，係上海人趙培榮主持。其兄培鑫，爲平劇界著名余派票友。

羽球館開業，一切就緒，十月間，我每週晚上去打球兩次。跟劉鴻志夫人李玲歡，她人長得高，其時，一直是三十多位女姓球員中的佼佼者，如我這年齡的男生，自非她的對手。單打，幾下長球抽下來，便閃了腰。

室內標準的羽球館，可以定時運動，不受風雨影響，且爲高級社交場所。其時，軍政界首長、工商鉅子，漸漸感到運動對於健身與工作、事業上的重要性，加之彭、李兩位親身示範，熱心倡導，逢人必說羽球運動種種好處。男女老幼，人人適合。若非正式比賽，庭園、弄堂間，隨處可開打。

羽球潔白，看來輕飄飄的，幾下子習練，就上了拍子。表面上看起來，它比網球捷便多了，省力多了。稍稍打過幾次，方知它的運動量，比網球爲大。它不能落地，網前短球與底線長球的變化，常使正式比賽時，球員疲於奔命。球的消耗量也大。正式比賽，有的球員，挑球極嚴格，輕重不合，飛行方向有偏，皆不取。羽毛稍有脫落，就須換球。取得發球權打出的球，方能計分。常有爲爭發球權成膠著狀態，雙方你來我往，纏鬥了半個鐘頭，還打不出結果。好考驗年輕球員的體力、耐性與機智。纏鬥不休之際，惟機智可出奇致勝。而必賴好體力方能纏鬥不休。

我有年輕時打網球的底子。網球拍，我總感到過重，所以殺球不能殺得痛快，發球也不太有力。羽球哩，雖得教練多方指點，執拍，腕臂的用力，步法，都還是有欠標準。及至習慣既成，要改正，硬是改不過來。反正，我從不參加正式比賽。連平時，也極少跟人打「比賽球」，毫無在球場上爭勝的意思。不像李立柏跟郝侃曾雙打，李這方必配上顧景崙，那是準贏無疑，郝則隨便配上一位球友。李方準贏不說，還要耍賴，他明明打了出界，硬要說界內。事後譏說他一頓，打哈哈了事。一上球場，小頑童似的，故態復萌。

當時球友，爲國防部人事次長宋達夫婦，工商界鉅子周茂柏夫婦，經濟部次長李景璐夫婦，我只跟他們打球，從不因此關係，深相結納。有時也跟教育部長黃季陸，中國石油公司董事長淩鴻勛兩位長者對打。

晚飯後稍休息，藍憲仁駕車來接。運動後，淋浴，回家，麵包店買點心給藍憲仁、自己、家人吃。我打球時，讓駕駛兵乾等，竟未把他也拖下場來，一起玩球。現在，感到一番歉意。其時，連隊上除了盛行籃球外，室內多設有撞球臺，藍憲仁已是此中高手。而臺灣城鄉撞球十分普及，女孩子計分，年輕人無不趨之若鶩。非如前此大陸，撞球只屬紳士們的消遣。

李立柏、郝侃曾早看準了我，拉我接任省羽球協會總幹事的職務。我本不太願意，因只想打球，不願多管閒事，公餘，寫讀太忙。但盛情難卻。他倆又請超凡勸駕，只好勉爲其難。

第二、三副總司令晏玉琮，朱致一兩位中將，也參與羽球館的晚間球戲。適當球友無多，我們自然組爲一隊。總司令黃杰上將也有了興致，他總是星期天打早場，那時人不多，三個球場，並無固定球隊預先訂下了。約兩小時前，段參謀（他是段祺瑞的孫子）打電話來。奇怪是，每次我居然在家，於是束裝出發，陪他打一小時許。

一次，在球場上，黃居然談起公事。有位新聞界的朋友，南京人，與蕭同茲關係深切，其時，爲一出名雜誌主編，也與黃的侍從秘書王履常相熟，是臺北場面上的人物。我倒並不知他有涉嫌敵諜的事。黃說，此人現在表現非常良好，應該解脫管制了。你告訴他們。當然，次日一早，我即將他所說的話，既不增加，也不減少，電話告知了保安處處長。按理，此事黃應告訴主管的副總司令李立柏，由李告知參謀長，或逕告保安處長，才爲循乎正規。或許是，那天，打球中間的休息，坐椅子上，他問起我與新聞界、文化界的連繫，而聯想到這位朋友，順便的囑咐我。

自四十九年十二月，出任省羽球協會總幹事以來，可有得我忙的了。平時有些事，要跑羽球館來處理。幸而這邊高克明、鍾顯亭、韓紹周三位，都爲自保安部以來的多年同事，他們退休下來，爲李立柏延攬在此，以館爲家，全天候工作。太瑣碎的事，無需我煩心。況且，我只問協會事，絕不管羽球館的任何大小事。

臺灣省體育會由王成章任會長，他是前任省警務處長，總幹事劉世珍，籃球界聞人。省體育會的委員會，多請各協會會長出席，李會長向不參加，均由我代表；若召集各協會總幹事會議，我可退避不了，因並無副總幹事可代勞。李、郝倆人，又拉我出任全國羽球委員會的副總幹事。於是，全國體育協進會開會，理應彭主任委員出席，也大半由我代表。實在無法不去了，總幹事郝伋曾才勉強硬著頭去應酬一下。體協理事長係楊森上將擔任，他主持會議，很有耐性，能聆聽體育界一些瑣瑣碎碎的家務事，聽任那些體育界的專家，老將、明星選手們，爲一些並不重大的問題，反反覆覆，嘮叨不已。

楊森爲出名的四川軍事領袖之一，**在中國近代史上，與劉湘、劉文輝齊名。但他比二劉名望大**。其一，他好運動，顯得特有活力。其二，他注重地方建設，例如四川萬縣的公園、商埠，爲他所開闢。在漢口，也建有出名的楊森花園。而二劉，但擁兵自重而已。其三，小妻之多。卻非張宗昌的姨太太式。

可佩服的是，**錢大鈞先生之不拿大**。他先出任臺灣省足球協會會長，再爲全國足球委員會主任委員。全國體協每會必到。要論資歷，他比當時的副總統陳誠、臺灣省政府主席周至柔還要超過。民十三年五月，黃埔軍校初創，錢大鈞、嚴重、陳繼承同爲教授部中校教官，教練部副主任葉劍英。有名人物鄧演達，則係教練部中校副主任。十四年一月，黃埔校軍第一次東征，其首腦部乃是：校長蔣中正，黨代表廖仲愷，參謀長錢大鈞。（政治部前方主任周恩來）所轄戰鬥部隊：第二期學生總隊，第三期入伍生營，教導第一、二團。其總隊長胡樹森，入伍生營長陳繼承。兩團長，何應欽、王柏齡。所轄六個營，營長蔣鼎文、劉峙、顧祝同、沈應時、金佛莊、劉堯賓。周至柔曾任全國高爾夫球委員會主任委員，也是，從不曾來過體協一次。當然，也還有幾位聞人，自認地位崇高，掛名爲某項運動的主任，他既不出錢，也不出名，只是主持開幕式、頒獎，高高坐在臺上而已，他不屑進體協的門。若如國際知名的**郝更生博士，盡瘁體育**，相形之下，實在有慚盛德，愧對一些爲國家、爲團體爭榮譽、賣命的青年運動員。運動場上、百米、萬米，誰不是竭盡其力，流汗流血，甚至犧牲了性命——起碼是，十分激烈的競賽，引致運動傷害而不覺，縮短了他個人的壽命。

體育界不是沒有極少數的莽夫，四肢發達，與詩書絕緣，少惹他就是。他自鳴得意，就讓他得意好了。他看你溫文爾雅的人，也還不是不順眼。

臺北市體育會積極擴展，於是，又有了臺北市羽球協會的孳生。由李立柏爲會長，我義不容辭任總幹事。在中華民國羽球界，好紅啊！我竟然身兼三職。卻剝奪了我五分之一的時間，損耗了寫作進程。當然，全以休閒生活視之，也不是沒有益惠。

那三年，黃杰每年開年，都特囑侍從秘書王履常，愼重其事，派專人送册充皮藍封面的厚日記本給我，比國防部頒給一般軍官的「革命軍人日記」要厚，用紙要好。是蔣總統每年自用的本子，而照樣多印製一些，分給高級將領的。本部不少將官，並未能奉頒得到。日記扉頁，是總統墨寶：

生活的目的在增進人類全體之生活
生命的意義在創造宇宙繼起之生命

除日記用紙，還印有一些資料。

二十二年春，長城抗日之役，黃杰率第二師作戰古北口。我其時乃在三十二軍商震部。三十年後在臺北，黃卻常視我爲第二師老部下，而時有顧念到我，雖曾告王履常有所辨白，黃仍然喜歡作如是想。

第二節 「唐詩計劃」

釋題。唐詩計劃，乃是我執行文化工作，所定的一個代名。是政治部要項工作之一，多與文化界、新聞界人士連繫，列有一筆不算太寬的預算，可以少受限制的支配運用。執行這個計劃的只是少數人：政治部王主任、我、政二處處長李世雄，新聞官柳克。事務官尚俊嶺領支費用，熟知一切。這項工作很凸出，特以之代表性的敘述自己四十七年到五十四年底的公職生涯。

事隔三十年，回想起來，自己好欣慰。執行此計劃，只是連繫連繫文化界，增加彼此間的親和力。從未向人家提出過一絲政治上的需求。反倒是，有些事牽涉到本部，總能盡量服務，爲之關照，例如出入境事務的催詢。

自有政工以來，這本是其主要職責之一，不過我們特予重視。**臺北人文薈萃，極一時之盛，幾超乎抗戰時陪都重慶**，咱們太應當大大提振之，有這番作爲方是。起初我公務繁忙，後來，有了第二位副主任溫轟來，我方得抽時間外出，執行此唐詩計劃。

警總第二位副主任溫轟來少將，黃埔四期，憑自己學養，考入國防大學，並非調訓、保送入學。相當自傲。司令部凡有各單位主官合影留念的機會，他總居中一坐，不似壽堂之敬陪末坐。有段時間，超凡調任保安副司令，我正在幹校受訓，溫轟暫代部務，跟副司令李立柏鬧得很不愉快。凡政治部送去的公文，他拒絕處理。約半個多月，我回到部，往見李副司令，他向我訴說這一切，滿天烏雲，才一化而散。

張明來接任政治部主任。按理，我爲副貳已達七年，本部官兵有口皆碑，誰不認定我遞升是順理成章，而今卻給甩到一邊，乃決定辭職。張明早防備這一著，他懇託曹敏，於他到職前，務必挽留我幫忙。情不可卻，張明也是四期，在資歷上與超凡相等，爲我們政訓班同學前輩，在他之下，我原無委屈可言。況且，我跟他原也相熟。他新婚的繼室王文秀，恰係王曲七分校政治部編輯委員會同事，現爲臺灣省參議員。夫妻倆，由南部北來，暫住省議會北投招待所，我立即前往竭誠迎接。

他跟我同樣是瘦子。兩眼炯炯有神，一付得理不饒人的形象，不似我跟超凡謙和迎人，不排斥人家。在他任內的一段短時期，自李副司令以下，並各單位主官，都感到有點荊棘當前。而政治部同仁也不似前此如坐春風，倒是有點兒肅殺之氣。其實，張明只是陽剛氣盛，他並非那種耍手段、弄權術、城府甚深的陰性人。主要的是，他跟李副司令相處，非如和超凡水乳交融。

這兒，略說臺北衛戍司令部、臺灣保安司令部以及臺灣民防司令部的變遷，合組爲臺灣警備總司令部的情況。

臺北衛戍司令先係彭孟緝兼任，後由憲兵司令黃珍吾調來專任。黃爲黃埔一期，思想細密，有些瑣碎事，但由參謀長交代即可，他也要囑咐到底。以四十六年「五二四」反美事件去職，連帶的，還有臺北市警察局長劉國憲。國人誰不氣忿，這是當時中美間極不公平的歷史事件。在中國人只是悲憤無已，**在美國乃是一種歷史恥辱。沾污了立國精神，何有眞正人權**。美軍雷諾槍殺中國人劉自然，竟然宣判無罪。五二四事件，群衆搗毀美國大使館，反要懲辦我好些軍政首長，且對他謹致歉意。幸而臺北戒嚴，沒有中國人殺美國人事件發生，若果有此，那還得了？

黃杰自越南富國島率部回臺灣，也任了一個時期的臺北衛戍司令。

臺北衛戍司令部，臺灣省保安司令部、臺灣民防司令部合併，改組爲臺灣警備總司令部，由黃震球任總司令。四十七年八月十六，黃杰繼黃震球爲總司令，警總方才大勢穩定，有後此三十餘年的歷史發展，屈指計算，確乎是中華民國歷史上，最長久史稱「執金吾」的這類軍事機構。

黃震球任總司令之初，使各單位主管的特支費收入，頓時增加。我這副主任，以前六年一文特支費也無，此際，每月有新臺幣一千四百元。比薪餉還超過一點。這才感到手頭寬裕好些了。而各總部如我同等職位的人，都無此給與。

衛戍司令部政治部係專設，由董從善任主任。合併時，超凡任警總政治部主任，從善與我爲副主任。溫轟他調。從善黃埔三期，在南京中央軍校時期，任練習營長有年。練習營，專供在校軍官學生爲實兵戰鬥教練、演習之用。來臺後，任總政治部第七組副組長。每年元旦那幾天，國軍克難英雄大會都由他任領隊，好有勁頭。

夫人畫家田曼詩，伉儷情篤。曼詩先從黃君璧習畫。那年，曼詩去德國遊學。從善在辦公室裏，展閱她自歐洲來信，熱淚奪眶而出，幽幽的對我說：「還是她，好關心我。」跟從善對桌相坐，還有前此他在衛戍部時期，共事三年。咱倆間，經歷非少，獨此事留給我很深印象。從善是個樸質的人，跟警總各單位的關係，似都不及超凡與我兩人的契合無間，也就是說，但找到王、朱兩人，無論公私，凡事好商量。此由於，溫轟、從善兩人，但凡對方來洽議甚麼，他眼神裏先呈獻出有所防衛的意思，不是無條件的開放、容納人家。

原來，自蔣經國任總政治部主任以來，政治部有兩個幕僚單位，權威與勢力，令人生畏。政三的監察官，你行政上但有錯失，他就要查案，正似昔時的監察御史。監察御史那有此時監察官之隨處皆是。政四的保防業務，秘密活動，每個官兵的思想、言行考核資料，歸它掌管，不斷增益、記載。你職務調到那裏，它跟到那裏。這「安全資料」，你不知它對你說些甚麼，下了甚麼樣的判斷。因而，政工人員不少是傲然自得，威風八面。不像我，自初任政工始，但以教育工作者自居；而服務官兵，竟不問越出了職責，如在空軍渤海大隊所爲。超凡雍容大度，他做了不少調和鼎鼐的工作。你做長官的，爲同僚的，用不著防備他。

辦公室上午特忙，下午上班後的一兩小時內也忙。約是三點鐘前後方得輕爽一下，人也相當累了。超凡這時上樓來，偶與我走道上相逢，他總必綻開笑容。在我的感受裏，似與前此王曲共事時相見的微笑不一樣，他這時際的笑容裏，特顯現出十分信託、感激、慰勉的情味，勝過千言萬語，使我大爲欣感，一天累苦，頓時消釋無餘。

四十九年前後，從善他調，工兵學校政治部主任林谷村接任。工校在南港、內湖之間，我倆原本陌生，也跟對待張明熟人一樣禮敬，我特往歡迎促駕。谷村，黃埔六期。長我一歲。本是蔣經國新贛南時期中堅幹部，不知何以這些年給冷落著。當年他任隊長時所帶領的學生，如今多已爲將官了。他還是跟我一樣，多年老上校，鬱屈不已。環顧總政治部袞袞諸公，不禁感慨系之：「如今，除主任（指超凡）當之無愧，堪爲我長官，再無第二人可居我之上了。」

我倆共事四年多，十分相得。他拋妻別子來臺，孤家寡人，苦熬十年多，到警總未久，迎婚繼室。五十二年春，我離職未久，超凡調爲總政治部設計委員會主任委員。按理，超凡跟前些年離職的聯勤總部政治部主任何志浩，還有張明，三人政工資歷，始自民十六年，此時，也應當當總政治部副主任的，長江後浪推前浪，已無機緣了。寧俊興來接警總政治部主任，他正是二十年前谷村當隊長時的學生，迫得谷村也只好調離警總，且就此退役。不過，他究竟多少受些優遇，晉升少將後離職。我本太應受此待遇，而竟無有，自是太見外了。

臺灣地區感到校尉官太多，至榮民總醫院看病，惟將官受禮遇。如民七十年前，上校以下官兵看病掛號，臨診三小時前去排隊，長龍擠得如擺陣勢似的，回轉又回轉。將官則爲特別門診，無此折騰，用藥也不受限制。後來有預約，才不必天未亮幾乎擠破大門，就去排隊了。往往遇到自己的學生、部下、或同僚，他係將官退役，優遊而來，享此殊榮。而我只能在老兵群裏，坐候診椅上注視著叫診號燈的閃亮。相形之下，每每勾引起冀魯大平原，馳騁敵後，慷慨激昂的當年，老上校如此灰頭土臉，眞不是味兒。

支用「唐詩計劃」的經費，我不用向任何人請示。要怎樣做，便怎樣做，也無驗收成果那一套。不用寫書面報告，塡報執行情況，分析成效如何如何。有時當然也和超凡、主管的處長談談相關情形。李處長，承辦人，其支用經費，也無須得我核可。上下都自有分際。說起來，**自有軍隊政治工作以來，年度工作計劃，每月工作報告的編報，幾十年來，不知虛耗了多少寶貴人力**。

四十八年間，報上廣告，文淵出版社影印乾隆庚辰（一七六〇）紅樓夢手抄本，道光癸巳（一八三三）原印本（只到八十回止），即買了精裝本二十部，分贈文史學者與文藝界朋友。假公濟私，自己留下一部。這四十年來，常有自己譴責自己之非是。欣讀這抄本，只是偶而看看。

八十七年秋，臺北國父紀念館舉行爲期一個月的紅樓夢特展，兩岸三地學者、專家，皆有專題講演與研討會的活動。壽堂去參觀了兩次。紅樓夢書册，手抄本最爲珍貴。紅樓人物畫中，蔚爲大觀。三座大觀園模型，置於場地中央。小型人物塑雕，於紅樓人物爲各樣呈現。百年來，紅學論著，何止百種。當場發售。而未見民國初年那種「石頭記」的石印本，最初亞東書局的鉛印本，信從了胡適之先生意見，把此石印本的一些評註，全予剔去。其實，這些評註文字，正存在著不少紅學上足供論證的，瑣瑣碎碎的資料，並非完全微不足道。

中國國民黨中央黨部第四組，亦即前此的中央宣傳部，負責文化、宣傳工作。如今中四組的更上一層，有中央宣傳指導委員會，係陶希聖主持。不管日常業務，但掌握決策及重要行事。委員會由相關各單位首長或主管人員擔任。魏紹徵任秘書。紹徵，十九年職業寫作文友，他主編漢口中山日報副刊，近三十年未見了，與陶滌亞、史泰安、郎維漢、劉若虛等老友、同學等，皆係武漢分校六期。抗戰之初，在武漢跟蘇雪林、胡紹軒、陳紀瀅等推動文藝運動。其後，去重慶，主持成都中央日報。三十年文化、宣傳工作的諸多情況，紹徵皆悉其人與事，他等於是活檔案。久別重逢，欣快至極。其時，每個月至少會有一兩次來此出席會議，或有所接洽。陶先生縱或他出，紹徵總必常川駐守。公事談畢，一定再漫談許久。中四組周金聲兄，經濟學家，曾在長安幹四團任教，是保安部及警備政治部所主辦的「臺灣書刊審檢協調會報」十二年來，每週開會必來的固定指導者。

四十七年七月，我寫了個參謀研究案「扭轉當前文化逆勢必要措施之研究」。跟超凡的看法及作法，大致相同：一、視共黨意識為敵對，須予消除。二、對所謂紛岐思想，則以化解，導引方式，使其歸於平和。

對於政治部的一個編組單位，文化工作組，我倆都十分重視，工作精力花在它上面，幾佔五分之一，有時為三分之一。當時，該組組長徐逸昌中校，企圖心十分旺盛，急切的想脫離政治部第二處的指導關係，要變成一個跟政治部五個處相平行的編制單位，甚至權力還要超過的特勤組織。他粘合了八張道林紙，繪製出一張大表解，張掛壁上，分析文化作戰的任務：編組、作法，而歸結於文化工作組的執行。

自民國三十七年以來，十年中，流傳於臺灣地區的出版物，已經遭受了極大扼制。如下列情況者皆予查禁、扣押、取締，甚至對持有者、閱讀者，按懲治叛亂條例予以刑處：一、共黨意識出版物。二、雖無共黨意識，其著者、譯者、出版者，已投靠中共。三、著者、譯者身陷大陸。

依此三項標準，自「九一八」到民國三十七年大陸撤退來臺，是則上海、重慶當年的大多數出版物，皆一體遭到取締。試隨手舉例言之，梁漱溟、馬寅初、潘光旦、周作人、謝冰心、沈從文等人著述，那有一點共黨意識，皆得取締。郭沫若、翦伯贊、艾思奇、魯迅、茅盾、巴金等不必論了。還有：四、自由地區的出版物，其呈現紛岐思想者，也要加以取締。

在全面取締的行動上，超凡跟我一直秉持一個執法上的要求，國家利益第一，但也要兼顧個人利益，不要讓受取締者遭遇太大損害。總之，要體卹人家。

何謂紛岐思想？簡言之，你不跟我一個鼻孔出氣。幸而超凡、我、李處長三人不是思想狹隘，也不是拿雞毛當令箭的小家子。否則，「唐詩計劃」就無從順勢推行了。

問題的化解，無妨舉兩個事例。

牛哥李費蒙。以政治性、社會性、娛樂性的漫畫出名，幽默、諷刺，嬉笑怒罵，兼而有之。比早年的葉淺予，更見才氣縱橫，思路敏捷。更擅長寫作，以香港、廣州社會生活爲背景，所寫的長篇小說，若「情報販子」，描述入微，而並不下流污穢，有左拉、巴爾扎克之風。但那雞蛋裏挑石頭，硬要討好賣乖的人，一再容忍不了牛哥，編排他的不是，某副漫畫影射了甚麼，易教人生歪斜的聯想。

那時曾有人檢舉，一幅大油畫，主題爲蔣總統在金門前線眺望大陸，而他身旁的草木景物，卻隱藏了「共產黨萬歲」五字，不經指點，誰也未察覺；一經指點，那五個字隱隱約約的，越看越顯現。經過了藝術批評家，再加上情報單位所知此畫家的資料，終於迫使這幅藝術水準甚高的肖像畫，不知所終。畫家受到許多困擾。由於超凡跟壽堂，以及主管科長李世雄存心厚道，讓他並未受到任何刑責，也算萬幸了。

中國民主政治，畢竟未達到美國標準，羅斯福、杜魯門、艾森豪、甘迺迪總統，不在意漫畫家怎樣嘲弄他。按說，蔣總統之光頭，喜著戎裝，休閒時好戴鴨舌帽，凡此，無一不爲漫畫家題材，可觸發十分好渲染誇張描繪的聯想。蔣總統在世之日，除非敵對者，在中華民國統治權所不及的地區，誰敢爲這種描繪？詆毀元首，爲共黨宣傳的罪行，立即成立。

牛哥已經受到警告，感到委屈，韓道誠兄偕他來訪。長談漫畫問題。次日我即至他府上回拜。他爲美國西方公司作了不少漫畫，視作心戰武器，空飄到大陸，高級當局甚爲欣賞。其家世背景，也不尋常，他是東北聞人馮庸的女婿。憑了這些，他之被挑剔，就大大的減低了。牛哥去金馬前線，漫畫勞軍，有一妙著。一次，我親眼得見。一張紙上，任令大兵畫上怎樣的線條，他立即連綴而成一幅畫來。且先問你要他畫甚麼？美女？水牛？大蛋糕？坦克車？玫瑰花？少有畫家，能讓大衆這樣即興遣懷。

其後，牛哥不再受到滋擾，他開啓了臺灣漫畫的風氣。七十五、六年後，報禁開放，雜誌報紙上的漫畫，方百無忌諱，一任漫畫家馳騁六合，逍遙天地。李登輝總統之受嘲弄，一如美國漫畫家嬉皮笑臉的對待其歷任總統。

再談劉濟民夫婦的「人間世」。

四十七、八年間，臺灣出版的雜誌，由於印刷業、製紙業、裝訂業品質不高，在雜誌形式上通比香港進口的要差一大截。臺北市書報攤上，卻有雜誌「人間世」，比「新聞天地」醒目，只比美國新聞處的出版品「今日世界」，無照片插圖，色彩爲差。它是臺北市的出版品，內行人看了，通認爲定係在香港印刷，經飛機貨運來臺無疑。

「人間世」是份綜合性雜誌，走的上海當年林語堂主編「論語」、「人間世」、「宇宙風」的路線，幽默小品，諷刺議論，篇篇文章都有火藥味，書刊組審查先生們每期見之，無不感到頭痛。它既非赤色的，也非黑色的、黃色的、灰色的。若以顏色的代表性，難以說得上，它究竟有那種顏色，來概括它思想上的傾向。這樣說罷，它是一種駁雜的色氣。可惜的，這個臺北市的「人間世」，並無林語堂那樣名氣的人來主編，或爲主要撰稿人。而劉濟民既非新聞界，也非文藝界人士。

韓道誠兄偶而捺不住性子，也寫點帶刺的文章，不在自己主編「反攻」雜誌上發表，似洪流之匯瀉，而交「人間世」刊出。人間世撰稿的主幹人員似並不太多。文章要言之有物，不是憑空諷刺幽默，就難以吸引讀者。也藉以杜絕主管官署的責問。其時，對出版品的干預：甲、出版法系統——內政部到省縣市新聞處。乙、戒嚴法系統——警總。

甲、乙系統的執行，都落在臺灣省警務處暨臺北市警察局肩上，由其層轉各警察機構於市場上，臨檢、取締之。

道誠跟劉濟民相當熟。那天偕他來部，談人間世的困頓遭遇。如今回想，臺灣地區也應有份這樣嬉笑怒罵的刊物，讓人們出出怨懟的悶氣，若能多以幽默輕鬆逗趣的文筆掩蓋掩蓋就好了。作者行之，但求一瀉胸臆，懶得多事修潤。有那性高氣傲者，就是要字句帶刺，方才痛快淋漓。讀者，正好似喜食紅辣椒炒牛肉絲一樣，越辣得鼻尖冒汗越夠味。「人間世」所以在零售的書報攤上相當暢銷。其時，它的言論已經違法，甲、乙兩法系統都可加以取締。

次日下午，專程去劉府回拜。他家庭生活的整潔，好出人意外，可說是在臺北市四十年歲月中所僅見。夫婦都爲安徽人。濟民身軀高大，微胖，有似蘇州人畫家張英超之爲山東漢一樣虎背熊腰，彪然生風，眞是哼哈二將，藝文界少有的壯士。兩人恰都爲民元出生。濟民原任職省府交通處，省府自臺北市遷中興新村，他不願離臺北，就這樣脫離了公務員生涯。

劉宅的雅潔精緻，又與有些人之特有潔癖不一樣，**它只是一種整飭精神的表現，不容許自己有一絲懶散而已**。頭天初見，人間世的問題，關鍵性的事情，既已談畢，迫不及待的，詢問他在當時的臺北市，怎樣有本領，能把人間世，印刷、裝訂得跟香港出版的一樣。豈不要增加成本？

在他府上，我倆細說人間世的取稿、編輯、發排、印刷以及發行，銷售情形。他夫人坐一旁，也參加會談，偶而挿一兩句嘴，作補充說明。約稿、看稿、拉稿、至印刷廠校對、銷售、收賬一應對外的事，濟民負責。其他所有工作，夫婦倆投入全部精力，共同經營。濟民取出他積存的人間世，讓我看看這份刊物，從初始直到現在，不斷改進的情況，其銳意求研究發展的過程，確實令人佩服。

返部後，即交代李處長與徐中校與他相見。表示我的坦率，也表示還有甚麼技術性、枝節上的問題，他隨時可找主管人員連繫，以利公務進行。

人間世最初的幾期，跟臺灣當時所有報刊一樣，烏眉烏眼，鉛字不免爛手爛腳。劉濟民有耐性，不斷的調換印刷廠，以求人間世面目能夠煥然一新。他並非大客戶，大半印刷廠嫌他嚕嗦，要求未免過高，來往幾次，就敬謝不敏。

其後，終於爲他夫妻刻意追求完美的精神所感召，這家印刷廠寧願把利潤放在其次，也以求

出品精良作爲經營目標，凡濟民所提要求：讓領班、工人們盡力以赴。原來，校稿清校後，他要人家先印第一張，作爲樣張，細加檢查：墨色均勻否？不過濃、或過淡？不合式，即予調整，再印第二張，第三張。是否夾有幾個磨損了的鉛字，以致版面凹凸不平？換鉛字，若無可換時，則設法墊高它。濟民親在印刷機旁守著。一切都調整得滿意了，方行開機。這其中，耗費的人力、物力、時間，皆未計入成本。

這家印刷廠卻也因此出名，有口皆碑，生意日見興隆。東夥都感激濟民夫婦。其時，臺灣工商業的發展，還在探索之中。「**品質管制**」，精益求精，還不太爲經營者所重視，但知仿冒，以毛糙的低品質求利潤，只求眼前賺錢。

超凡見到濟民，也很欣賞他。或許還加上同爲安徽人的鄉土情誼，極願幫助他。於是，在「唐詩計劃」並非太寬裕的經費中，出了兩次整筆的數目，由我帶到劉府，作爲購買人間世的支付，卻一本雜誌也未要。如此的幫助，不傷對方尊嚴，也好報銷。

本來他早已接近甲、乙兩法的邊緣，而我們力求化解。之後，我連續寄去三篇文章，讓他發表：雨夜談諺及其他（諺話、散文、雜談），拉車子的（武昌方言記事），己亥春集諺並問題研究（諺話）。並告訴參加書刊審檢會報各單位代表先生，我這些文章，意在沖淡人間世嬉笑怒罵，多刺的稜角。一如好幾年前，評陳紀瀅長篇小說「赤地」八千餘字，「赤地——良心論」，竟遭「晨光」雜誌吳愷玄、「反攻」半月刊韓道誠退稿：吳、韓兩兄對我的文稿，向來投必刊載。我說給紀瀅知道，他竟然拿給雷震去，給刊在「自由中國」十三卷三期（四十四年八月版）。後收入壽堂所著「文學評論集」。

「自由中國」其時鬧得舉世皆知，它是惟一膽敢直言無隱，肆業批評政府的期刊，抨擊、攻訐，無所顧忌。當權諸公認定，它乃是最嚴重的「紛歧思想」。而我這篇文章，居然出現於是。不少人認爲不可思議。其實，何嘗不是一種化解。何必定要繫雷震於獄？超凡和我，都曾作了一番努力。先是，超凡隻身前往自由中國社，遭到舌戰群儒的場面。我則緊急的銜總政治部主任蔣堅忍之命，立即前往，未碰到雷震，轉達了國防部的意見，自由中國即將刊出關於前方金門的一文，涉及「妨害軍機治罪條例」，務請予以抽下。結果，自由中國十分合作，蔣主任很滿意，我們大家都感到欣慰。這種工作過程，政二處定下了一個專名「新聞協調」。要多溝通，不可擺下面孔，各說各話。但能抽得出閒工夫，何妨坐坐咖啡店，小飲小飲。

這時期，二十多年前政訓班時代的教務組長何浩若，旅美多年，來臺北定居一個時期，有不少學生向他請教。如國軍退除役人員輔導委員會主任趙聚鈺即是。在何老師住所，趙禮贈了不少花蓮大理石製品。

他跟我談文化戰問題，很以我們「唐詩計劃」一些作法爲然。我並未告訴他，我們有「唐詩計劃」的立案。一如他這位快人快語、文武全材的名士，說是代表美國某大製藥廠來臺開拓市場，教我不能完全釋疑。留臺北那幾年，跟好多方面都有接觸。報上夾縫消息，斷斷續續，有他講學論政的報導。五十四年秋，寄了「中國諺語論」，得他誇贊不已。好教他驚異，政訓班五百羅漢中，怎會有人在這門冷僻學問上，下苦工呢？快晤胡宗南時，他倆談到了我。他倆訂交於民十八年。

這期間，人間世還請了次酒宴。到胡秋原、杜蘅之、韓道誠、王平陵、傅狷夫、蔡潤嵐，我。談歷史、君王、宗教、文學、魯迅、國際情報、大陸政情。秋原知識之博，而與平陵多反調。

與何浩若師初見未久，四十八年六月。我寫了「**執信計劃**」，得超凡贊同，曾在我們的記者接待室舉行過一次小型會議。劉心皇、林適存兩位首次參加。我具體主張是，**開放三十年代的文學作品，使能在臺灣地區重印**。與會者，無一人異議，也無一人表示甚麼疑慮。其中，無太大問題存在。之後，未能積極推展，想是有態度持重的方面，覺得擔當不起。直到二十多年以後，這類書册逐漸被偷印，慢慢成爲公開秘密，在臺北市重慶南路各書店不見蹤影，卻準可在臺灣大學附近各書店，師範大學對過地下道地攤上，屢有發現，奇貨可居，常是飄渺孤鴻影。

四十八年夏，下午，陳誠副總統在陽明山別墅，邀李辰冬、穆中南、趙友培、吳若、鍾雷、王藍、我七人茶會聚談，長談三小時。每人皆盡興陳說，談的主題是：文藝出口，著作權之維護，政府對文藝之輔助，文藝研究中心，團結黨內外作家，以及文藝工作遠程作爲。

我特別指陳：副總統想必記得，民二十年夏，長江大水，初秋間，您所率領的十八軍，駐江西吉安，羅卓英十一師、周至柔十四師，分向泰和、永新前進的事？副總統，眼睛一亮，笑道：「我怎能不記得？後來的戰鬥很艱苦。」我因續加陳述，當時十八軍穩紮穩打，向紅軍地區推進。紅軍則採誘敵深入戰法，如十四師自吉安基地西進，沿禾水而上，紅軍一無阻擋，後退將近兩百里，十四師佔領了永新城，城內蘇維埃政府倉皇撤退，好多文件都不及帶走或毀棄。永新與蓮花、寧岡兩縣城，恰爲三角，有名的景崗山就在這地區。山嶺重疊，地勢險峻，瑞金、會昌所不及，乃是最利於紅軍作戰的地區，陳副總統自是印象極深。或許也可以說，那一段艱苦戰鬥歲月，是陳副總統從軍作戰以來，最不好過的一個階段。

所陳述的這一段，在座六位都可想像得之。而接著我所說，下面的這段情形，則大出陳副總統及六位文友的意外。

其時，上海爲全國出版事業的中心，也是作家匯集之地，而作家思想大都左傾，中共復於其中推波助瀾，組織運用。我方，不過中宣部徒有財勢而已。在上海，力量的對比，懸殊極了。此所以，以上海爲中心，左傾的文藝書册、雜誌一經出版，立即分銷到全國各地。二十年秋天，我在九江、南昌、吉安、永新，親眼得見，中央軍進入蘇區，你部隊推進到那裏，官兵們個人攜帶的，上海新出版的文藝書册，也就推進到那裏。新收復地區，市鎮上若出現了書店，這些上海出版的書册，也就零零落落到了那裏。部隊長所注意的，乃是碉堡政策，減少逃兵，彈藥、通信、衛生器材的充足，無人注意到這兒有甚麽問題。這些書册，直接、間接的爲共黨意識張目。

不待我全部述說完畢，陳副總統頻頻點頭，感歎不已。

穆中南因提起另一個相關問題。政府施政，經緯萬端，在在需預算支援。沒有錢，怎好做事？文藝工作萬事俱備，只欠東風。大陸撤退以來，朝野都痛感「筆桿打敗槍桿」的事實，此是那年聯合國代表蔣廷黻自美返臺，公開講演所提的警告。十年時光已過，有甚麽積極補救的措施沒有？沒有，仍然一點也沒有。任你文藝界怎樣呼籲，喊破喉頭也無用。中南因而提到，幾年前，壽堂一篇短文的建議，能不能挪出國軍一個團的經費（包括裝備、保養、武器彈藥、食糧器材補給、行政、人事等費用）常年性的來支援文藝工作？一個團，多者兩千多人罷，它的作用跟文藝工作相比，又爲如何呢？

按，壽堂這個想法未免太天眞，應只是比擬性的說法而已。如今細細思考，似並非不可爲一個考案。國防部自必期期以爲不可，增強兵員猶恐不及。其實，兩千人只佔國軍六十萬員額百分之三・三而已。當年**日本，自明治維新以後，「軍動員」的作法**是，陸軍常備軍爲二十個師團（此係壽堂大致舉例以說），國家預算每年按此支出，但它實際上，只十七個師團，其餘三個師團，乃是空的。未支用的經費，不繳回國庫，而由軍部作軍事準備的支出：武器、彈藥、國防器材、官兵被服用品的儲備，一年年的這麼積存下來。還有，一旦動員，它一個常備師團爲骨幹，立即擴充爲三個師團。此所以，日本之由平時轉變爲戰時，它是應付裕如。這情況，也正是石牌實踐學社，重金禮聘來的幾位日本軍事教官，所津津樂道的主要點。日本人眞會打算。當時，蔣總統、陳副總統所聽說的，自然不止一次，且看到確切的歷史資料。

興辭而出，陳副總統特囑咐我，要多跟文藝界朋友連繫。因我當年既一度服役十八軍，二十六年夏廬山暑期訓練團，二十七年他首任總政治部部長，我正是他屬下，前年陽明山聯戰班半年講習，陳氏主持院務。這些關係，皆六文友所未有。

不知當時與陳副總統長談無倦，他有否在壁間設紀錄人員，將問題分交有關單位研究、辦理否？也不知他召集我們七人，是怎樣的來龍去脈？怎不再多邀幾位呢？似無下文。而邀我們七人去，自必有幕僚人員提出了我們的人事資料。關於撥出一團人經費移作文藝工作，如按日本軍動員的作法，則即使抽出三師人經費，又有何不可。反正這雖然是紙上談兵，說說而已，卻並非癡人說夢。

人類社會終有那麼一天會到來，**國防預算降到末位，而文學、藝術、敎育、保健、社會安**

全、尊老、育嬰等等，升到高位。壽堂這擬想，並非形成於這十年在臺灣的感受，而是起於青少年時期。十九、二十年在武昌江邊，屢見中國兵艦，噸位並非太大，乃驅逐艦，全速行駛，不論上行或下行，總掀起長江兩岸波浪如海潮，一陣一陣翻騰不已，它比重噸位商輪的波浪要大。嘗想，如果兵艦全爲商船，航空母艦全爲郵輪，那又是怎樣景相呢？

那天休假，在家設宴，江漢文友小集。陶滌亞、魏紹徵、劉光炎、周棄子、高鴻縉、胡秋原、周君亮先後來。後此竟不曾再有這樣聚會。三十幾年來，光炎、棄子、鴻縉、紹徵、滌亞，已早歸道山。這七位皆學養文才高超，惠然肯來，好不容易，至今猶感榮幸。

四、五月內，下述接連的三次聚會，似與陳副總統陽明山座談，是一系列。或爲巧合，也不一定。而後此若干年，也少有這種遇合。即使新聞局、文化局、文化建設委員會相繼成立之後，我這幾句話，或也算歷史評鑑罷。

四十八年八月，總政治部主任蔣堅忍宴作家、教授六十餘人。寫作的朋友都相熟，談笑爲樂。我與易大德、蕭政之、林適存、邱楠坐在一塊。

陶希聖先生邀集，曹聖芬、魏紹徵、屠義方助理，到陳紀瀅、王藍、趙友培、李辰冬、穆中南、鍾雷、吳若、林適存、馮放民、劉心皇、夏承楹、蘇雪林、孫多慈、王琰如、李青來、吳愷玄。我提出主要三事：一、獨立自由的思考與寫作，群衆生活的感應與支持——文化作戰指揮部的問題。二、平順的社會新聞報導與文藝創作。三、文藝敵情研究。

四十八年十月，臺北市豐澤園小宴，我跟超凡爲主人，到蘇雪林、盛成、程兆熊、陳紀瀅、張研田。徐逸昌中校作陪。超凡跟蘇老爲安徽太平鄉親，同在北平多年，鄉土故實，大陸風物，談得淋漓盡致。

四十九年十一月，宴方東美、董作賓、臺靜農、齊鐵恨、婁子匡、黃得時、楊雲萍、張研田、寧杞、王超凡。談論了許多學術、文藝，以及北平、臺北歷史，文化相關的問題，是一次極難得的會談，文化層次極高。

大陸溫州漁民之歸去，想到邀文友們來談談。頭一天，與王藍洽商，他極贊同。國軍英雄館晚宴，到陳紀瀅、魏希文、朱白水、趙琦彬、李明、王鼎鈞、王怡之、林海音。又臨時邀請了潘琦君。談大陸情形之慘苦。此五十年初春事。

次年春，週末那天濃霜，臺北極冷。報上說，溫度之低，超過了四十年紀錄。在家，請餐館來治席。晚宴鍾梅音、劉枋、王怡之、王藍、朱白水、依風露、林適存、章君穀、高陽、孟瑤。談文壇舊事，頗歡。風露特說與我交往始末。

次日，仍在家，晚宴吳愷玄、韓道誠、石叔明、魏希文、程抱南、孟瑤、徐士芬、陳小魯（立峰），齊振一、王集叢、呂天行、平鑫濤。大多係雜誌主編。民七十五年後，幾次讀書中央圖書館，遇天行，還盛道這次聚會之難能可貴。

對臺北新聞界，公誼私情的交往，尤爲密切。例如五十一年仲春，三次分別晚宴臺北各報總編輯，副刊主編，各僑報駐臺記者，總司令爲主人，各副總司令，政治部主任，保安處長出席接待。皆盡歡。

又在家設晚宴，來陳紹馨、趙友培、劉光炎、王省吾、藍乾章、甯杞、婁子匡、趙鐵寒、謝冰瑩、張明、聶華苓。

四月為歡迎香港來的陳劉篤，晚宴，到葉溯中、楊家駱、浦家麟、劉先雲、魏希文、邱慕韓、黃佑。談臺港文化、出版交流。

有一處官舍名為靖園，作為本部招待所，每月總有三兩晚宴聯歡。一次為黃杰祝壽，蔣經國蒞臨，成為高潮。副總司令李立柏，經劉先雲介紹，與立法委員葉叶琴結婚，在此茶會，行結婚禮，一時冠蓋雲集，臺北軍政要員，皆來賀。

政治部在此設晚宴，多次接待臺北各報發行人、社長、總編輯、重要記者。很慎重其事，黃杰為主人，具帖敬邀。各副總司令、參謀長、政治部主任、總部主要的處長、我、政二處長為陪客。五十一年五月這一次，李立柏當面指摘聯合報李漢儀，牟心湖指摘徵信新聞余紀忠，未免驕縱無禮，失主人風度。幸得黃杰、超凡急打圓場，緩和了氣氛。超凡且引咎自責，表明某事實因自己處置失當。

兩次綠島行，皆逗留一星期。後一次為唐湯銘上賓，公務畢後，諺語講學，說得淋漓盡致。在他們油印的期刊上，曾讀到署名「蜃」的批評文字，他讀到了我「諺話甲編」，想起初次綠島行，所進行的諺語講學，及其在綠島所掀起的集諺活動。「蜃」看我風塵僕僕，卻忽略我自十九年以來，在寫讀上的用力，集諺工作、與諺學研究。「諺話甲編」，隨筆漫談形式，怎能構成嚴整的治學、經之營之，能有體系的著作呢？「蜃」為我擔憂、著急。我很為這位朋友的善意期待與勸促所感動。「蜃」者，大蛤蜊也。

湯銘夫婦以及他的同僚們，在此誠心誠意，也樂心樂意，為新生服務，就佛家說法，利他亦即利己，為本身添了福氣，為子孫積德。我為他計算一下，綠島這一階段的工作貢獻，當是他服軍職一生，最有價值的，為帶兵作戰所不及。否則，民七十九年之後，他兩去大陸，見到散處彼岸的新生，怎會特別表示禮敬、慇勤與感恩呢？

七月去時，乘飛機先到花蓮，出席警備第三總隊的會議。再乘火車到臺東，職訓第一總隊的會。轉成功鎮，與湯銘小女燕妮會合，上郵凱輪航向綠島，四小時海程始達。才到岸，湯銘率屈、孫兩副處長、政訓室楊主任來接，厚誼可感。

此行，去綠島。途程中帶了蔣夢麟「西潮」，胡秋原「中國古代知識份子」，陳紀瀅「華夏八年」。最後一種，近千頁。候機、候船時讀它。綠島克難房舍，不太高，夏天午間特熱，難午睡，因也讀它。有時廊下清涼有風，忙中抽閒，更是讀它。綠島歸來未久，寫下自己最長的一篇文學批評文字：「華夏八年論」。

第三節　服公職末期

五十年三月，臺北市發生瑠公圳分屍案，重大涉嫌人空軍退役少將柳哲生。新聞記者捕風捉影，兇犯呼之欲出。要是普通市民涉嫌，早遭逮捕受訊。此案先係臺北市警察局辦理，牽延難決。警備總部接辦，由李立柏副總司令主持，督促保安處以情報工作的多重經驗，根據警務處前此作為，經過一番揚棄，強力猛追直前。政治部則每晚主動邀約各報記者，發布偵查進展情況。每天上午，李氏召開專案會議。輿論與社會壓力極大，人們每天讀報，首先關切的就是這件事。都以為辦案者，未免曲意維護了柳某，應先收押他，以平民憤。他自己，不管犯罪與否，也當自請羈押，靜待案情水落石出。徐復觀教授公開表示了這樣意見。我也曾這樣建議過。李副總司令堅持不可。疑似他，若萬一犯罪者硬緝獲不到，就眞是他了。甚至，如先收押柳某，而後眞兇捉到，會有人以爲是買來頂罪的。

只好協調新聞界，暫時淡化報導，以便利偵察工作之全力迫近。四月初，特在靖園，由黃杰爲主人，邀請各報發行人和社長，到唐際清、蕭自誠、謝然之、王愓吾、范鶴言、余紀忠、溫廣彝、李玉階、葉明勳、耿修業、李漢儀、蕭濤英、魏景蒙、鄭南渭、余夢燕。好不容易能把臺北各大報的老板都請到了。李立柏、超凡、牟心湖、李世雄、我，五人作陪。儘管他們回去，對編採部門都有交代，記者們爲了各人的工作表現，仍然鍥而不捨的發掘，每晚超凡仍得有所報告，只是不再環繞著柳某瞎猜疑，製造新聞罷了。

四月十五案破，果然柳某毫無牽連。除了詳細新開的發布，記者的多方採訪，接待與感謝，一連好幾天。甚至勞動到參謀總長彭孟緝，在三軍軍官俱樂部招待破案有功人員。因此案如拖延過久，或甚至成爲懸案，以柳某關係，也會影響軍譽。緊接著，黃杰在國軍英雄館舉行歡宴。一個多月的精神壓力始去。

五月三日，各報社長在聯合報社設宴，警總關係人與警務處長、北市警局長都受邀，主題談分屍案的處理與新聞報導、評論等課題，而法律的審訊、判決、確定與執行，則還有段時間。

這幾年，由於特別黨部周安民辦公室的派遣，我以助理書記身份，出外指導會議，兩至小琉球，也至臺中、高雄。每到一處，皆得各單位主官殷勤相待，盛情可感。公餘，則遨遊名勝，觀賞海山風景，就便拜訪各地文友，參觀大專院校。

五十年八、九月，駐大崎腳，籌備、辦理三民主義講習班第六分班，調訓本部上校以下軍官，及小部份士官一千二百人，分四期講習。我任教育執行官，辦班幹部，由政治部、總務處、幹訓班調派。緊張、密集的教育與訓導活動，順利完成。兩遇大颱風來襲，幸未造成災害。風雨中，上坡下坡，獨自於營區各地巡視。

立案時，特確定一個構想，要把全部教育經過，編爲「講習輯要」。由黎凱旋上校主編。講習結束未久，書即編成出版。

一星期的短暫講習，在三、四十歲左右的這階段，一個軍人，不論其職務高低，進行此問卷調查，每人只要他提出三樁事，一經提起了頭，誰不是文思潮湧，千軍萬馬的事態，奔赴筆端呢？

五十一年秋，中四組邀請，講「戰爭面」。先參閱兵學書册，構成講演概念，寫下講述綱要。陸陸續續的，至內壢、新竹、彰化、臺中、苗栗、斗六、東港開講。每一處，都是先一日到達，好充分休息，確實掌握上課時間。各地上課的場合都不一樣，有中紡公司，糖廠、臨街的講堂，聽講者人數多寡不一。有意思的是，遇到闊別的老同事、老同學，如張訥夫、孫孔超。詫異而欣慰，抗戰前河北省與訥夫一別，竟會在此相遇。孔超爲政訓班同學，民二十二年春，畢業南京後，就少見到。這項巡迴式的講學，直到次年春才結束。雖不能一氣呵成，卻在每次講述中都增益了新的內容，並就聽講者對象之不同，有即興的發揮，自覺越講越活潑，越見情趣之多樣。

五十一年秋，國防部視察警總，全程已畢，總政治部方面領隊何志浩中將，於臨行前特到政治部來，再與谷村跟我相見，安慰我倆這老上校，說是太委曲了。誰說不是，咱倆自己帶過、教過的學生，如今儘有人爲少、中將了。說到咱家，這七、八年，承蒙超凡推荐，得李晏朱三位副總司令、總司令黃上將的欣然保舉，列爲特優人員。全國文武特優人員，保安部和後來的警總都只有極珍貴的十幾個名額。我未免太受優待，也可說太破例了。竟有兩次中選，特別集合到圓山，蔣總統點名，講話嘉勉。

四十五年，還是保安部時代，陸軍軍常服正要改制，將企領中山裝改爲美軍西服式，打黑領帶。司令部還有待爲長官製作，先爲我們特優人員各縫製了冬裝，有張當年照片可證。這其中，李元簇可算時代的幸運兒，當然也是他本身的條件足夠。

我初到保安部時，軍法處長爲包啓黃，旋升爲國防部軍法局長。以前在保安部任內，貪污、騙犯人之妻財色，犯人仍處死刑，未亡人心不甘，無畏其權勢，含羞帶愧，深切憤恨，控告得直，包啓黃雖以軍法最高首長，判死刑。包初升時，由其副處長邵彬如爲處長，李元簇接副處長任。未幾，邵退役轉司法界，李升處長。他任軍法處長職務，時期較長，直到我五十四年離警總時，猶然在職。隨即聽說，他去德國，得博士學位後返臺。任中央日報主筆。旋至政治大學任教，未幾，即爲政大校長。很快，任教育部長，那年，在劍潭舉行文藝會談，曾碰到他，交談了幾句。未幾，遷司法行政部長。其後，卸去，專任教職。似只閒下兩三年，李登輝任總統，邀元簇爲總統府秘書長。七十九年春，李總統邀他競選總統、副總統，一時造成軒然大波，其對手爲林洋港、蔣緯國，經過疏通、協調，林蔣放棄爲總統、副總統候選人。於是，二李在國民大會選舉中，高票當選中華民國第八任總統、副總統。

李元簇留德歸來，不到三十年，即一任大學校長，兩任部長，一任總統府秘書長，而登上國家副元首寶座。照命相家說，眞是官運亨通。按國民政府開府南京以後的六十多年歷史，尤其臺灣這四十年，孫科、何應欽、張群，都應可爲副總統，而竟無此機緣。梅貽琦、張其昀、黃季陸，其任教育部長，都歷經多年大學校長、教授的熬練。即如政大校長，元簇出任之際，還有不少政大前期同學，在母校任教甚久，資歷皆超過元簇，而硬是不及他之後來居上。

五十一年，一天午間，李立柏告訴我，總政治部否決我的晉級。既然如此，我也不必硬要爲自己力爭，我本可找總政治部主任、副主任以及更上級的前主任蔣經國去訴求。但湖北諺語：「爭來的不香」。決心就此退下來，不必再穿軍服，不必再向新貴們行階級敬禮。我還有自己可走的道路。決心既下，內心極平和，並未爲之有任何激動。超凡早知此事，而不忍直率的告訴我。超凡說，你副主任的位置，還可繼續幹下去，就是不能晉級。我心想，幹此同一職務，已逾十年，我還戀棧下去嗎？

胡宗南先生五十一年二月十四日病逝榮民總醫院，得年六十七歲。他在大陸的事功，國人盡知，自第一師師長、第一軍軍長，三十四集團軍總司令、戰區司令長官，綏靖公署主任。三十九年四月，自西昌飛海口，轉臺北。翌年秋，出任江浙反共救國軍總指揮。胡化名秦東昌，駐浙江三門縣及溫嶺縣所屬之大陳列島。按一般情形，這種職位，一個師長足夠擔當，最高，軍長罷。以胡氏而爲此，實屬委屈。胡悉心經營，且屢次突擊沿海地區。美國西方公司亦派前進人員至大陳，協力發展挺進大陸的戰鬥。成立浙江省政府，胡任主席。

回臺北後，入國防大學。四十四年赴澎湖爲防守司令官。在職四年，勤謹奉公，出人意外。就在他任司令官未久，來臺北出席總統所主持的軍事會議。我是代表超凡出席。目睹許多將領，幾有半數，皆胡舊日部屬，當年低下兩三級而不止者，竟讓胡瞠乎其後，誰也感到愧疚不安。而胡泰然自若。想必總統心中也不好受。胡清瘦多了。就常情論，大陳、澎湖兩任六年，太使他委屈。

動業彪煥的胡宗南，如此委屈，人所共見，壽堂何用一再怨苦。想起當年在大陸的風光，胡享壽八、九十歲，也能如我這樣，慢慢寫回憶錄，本是毫無問題。安知不是這番委屈抑鬱，太折騰了他，促短天年，痛哉。

理頭工作，沒有懈怠，又是大半年過去，一直幹到五十一年底，才決定脫去軍服，還我自由之身。卻也沒打算去幹公務員。次年元旦休假才過，即向超凡遞出辭呈。

元月十二，請出版者與圖書館界人士來部，商議編刊中華民國圖書聯合目錄的事。蔣復璁、葉溯中、蕭孟能等皆來，極支持我這個建議。促動幾位人士，共出印刷費，由中央圖書館主持調查、編纂、出版的事。它人力可調配得來，只苦無財力。蔣館長督導有方，限程計功，十六開兩大册的圖書目錄，次年秋便由中央圖書館出版。我們促動的人，除捐款、提供自己刊本的書目外，絲毫未費力。可想見的是，中央圖書館採訪組、編目組，必下了好一番工夫。

書獃子既管了上一件閒事，又管了下一件。

由於我建議，五十二年二月，在臺北市圖書館舉行會議，商討編刊雜誌索引的事。雜誌界到謝仁釗、魏希文、王宇清、蔡馨發、章昌平、趙來龍。圖書館界及圖書館學教授，到王振鵠、賴永祥、藍乾章。研討起來，比圖書目錄要複雜些，不易進行。後來，特去臺北圖書館作進一步的研討。無結果而罷。我的打算，一直希望臺北圖書館能主辦此事，我們但爲籌印刷費。

不用我管閒事，後來，臺灣大學、中央研究院，還有其他學術單位，編刊了期刊索引，只是範圍不是我所設想的全面性罷了。

五十年前後，每天晨間上班，總拎了一大包書到辦公室，常常是，傍晚下班原樣帶回。以爲辦公時間裏，或有點空檔時間可利用。誰知就是沒閒空。

五十二年三月離政治部，承超凡盛意，集合全政治部同仁，在中正堂爲我舉行歡送茶會。又承他關說，得總部人事單位同意，調我爲研究委員，拖兩年退役。警備研究督察委員會主任委員戴樸見愛，他特把研究委員編制，作了小小更動，騰讓一個員額，作爲政工官科的，致引起研究委員張某在會議上公開抨擊，說戴「因人設事」，我也在座。我篤定的，當了這個研究委員。戴曾任第六軍軍長。軍校七期，二十年在十八軍十四師當連長時，我正在江西吉安、永新當金輪的營部書記。

每星期，到研究督察委員會點卯，開會兩次，分擔點專題，撰寫撰寫論文。

一次，政治部召集的會議，各幕僚單位都須派員出席，研究督察委員會行政室竟簽請由我代表前往。去時，會議係張振東處長主持，他堅要我爲主席。我固辭之。

戴主任委員在年終考績時，爲我報請晉級，總部無問題。上報到國防部，仍然否決。我已延役。五十四年十月十三日退役令下達。可笑也可恨自己，竟毫無打算，也未稍爲打聽一下行情，輕率的決定了一次退役。未作長久考量，辦假退役，每月支八成薪，直至老死。於是，只領得退役金新臺幣六萬餘元，還有退回我的軍人儲蓄存款一萬餘元。

自茲起始，我無有固定收入了。這種苦況，少人知曉。其時，凡文武官員，退休下來，少有不享受月退休俸，以維持生活的。

這件事，對自己妻兒，最是無限愧疚。離開政治部，同仁們要送紀念品，費用是從各處公積金抽出，每一單位分攤不多。買了部藝文書館的二十五史，有特製的書櫥，再加十三經注疏。後來，在纂述諺語志時，這兩部大書，果然用處最多。

五十一年秋，以政治部代電，致臺北市及外縣市主要寺廟，說明壽堂以研究中國文化問題，需考證寺廟籤文，請各檢賜神籤備用。結果，很快得到回覆。都附來了全部的籤條。多以天干地支編爲六十號。也間有擴充爲百號。

這些神籤包紮著，擱置書架上方，塵封已久。民八十二年，因「寺廟與民間文化研討會」的機緣，寫爲一篇長文「神籤探索起步」，先摘要發表於「中國民族學通訊」第三十期，隨全文收入所撰「中國民族學歷史發微」，多麼希望能有寺廟財團發揮其功德宏願，糾合年輕學子，鎖定全中國著名寺廟觀堂五十處，爲全面的調查探討，不負朱某起步的區區微忱。

打如意算盤的想找民間工作，卻走得不太順暢。寫封信給省主席黃杰，請推介兩方面的職務：一、省營銀行的顧問，但支乾薪。二、臺灣省新生報主筆，倒是可以動動筆，不必天天上班。結果，給我選擇了後者。並由王履常以省府機要室主任打話報社社長王民，特別交代。王聘我爲撰述委員，接受了。

紹徵偕我至新生報報到，見社長王民。派我爲副刊主編協助。每星期晚上到報社兩次，看作者投給副刊的稿件，初定去取，待主編童常決定。他把決定要用的稿件，讓我帶回修改。我修改的原則是：改錯落的字；小小修改，不作大的潤色；修改絕不乖離原作立意。

看來，這工作極輕鬆，做起來並非如此。也要耗我好多時間。不無感慨，自己會置身這樣不生不死的兼職上。

彭歌也在新生報，我走得晚的時候，才碰到他來上班。總提醒他，設法早脫離這種夜生活。鳳兮（馮放民）也偶來社，他是副刊方塊的頂柱。劉光炎領薪水方來，他是寫社論的主筆。

約是四月間，爲新生報副刊專寫短小的「秋暉隨筆」，刊出時間，並不固定，用的本名。那一個多月裏，原擬投給各報的小品、隨筆、散文稿，都給一律停止了。

六月下旬一個晚上，報社看稿之後，主編特送我至車站，說王社長認秋暉隨筆，可能在本報言論上招致岐出感。實在也是，他不願見旁人的文章，在此出頭。人家旣不領情，我何必這般苦獻殷勤。自己秋暉隨筆的寫作，歷時二十餘載，文章風格，人所共見。感受輕視之羞，當徐謀退出此處，其實，在這兒，我已大受委屈了。

第四節　每聞謠諺而思君子

「諺話」寫述，一直持續在做，但並非每天密集的作爲。散篇、各篇拈題並不連貫，卻是把中國諺語各方面的問題都探索到了。

江蘇的蘇松太同鄉聯誼會，茶會、餐會，還有講學。長者狄膺先生看上了我，親來相邀。狄先生比我稍矮，好著藍布長衫，還一似他年輕時讀北京大學的手采。跟羅家倫同輩份，懇摯、熱情。四十八年九月那天，我班門弄斧的漫談吳諺。聽後，狄先生指出三事：

一、諺語有團結民族、促進進步的功用。二、就早年法國情形看來，國家有專門保留諺語的機關。三、傀儡戲，全以鄉土語言演出，其劇情警策處，每出諸諺語，本鄉本土人最爲欣賞，捧笑不絕，而外方人以聽不懂而莫知所云。

還有他們的同鄉周博士，續講說美國太空研究現況。鄉土諺與太空科學並觀，狄先生搭配得眞絕。之後，寫了「吳諺漫談」，收入諺話丙編「聽人勸」。

花三年時間，吸收了十多年撰述諺話的內容，把自己治諺三十多年採集、整理、研究心得，予以系統的纂述，成「中國諺語論」。書分十章：導論，本質，功能，源流，傳述，義理，型式，集錄，整理，考究，六十餘萬字。出版後，得到一些讚譽。友好三人的意見，特當一提。

潘琦君大姐於展閱之初，讀畢首節「緣法」，感動得熱淚盈眶。賜長信慰勉。深深同情我在文學與諺語之間，搖晃不已，以及壽堂自青少年時代以來，迄於半百之年，國家社會和時代的苦難煎熬。

張佛千兄則提出一種異議。以爲這種理論的探討，應該放在整個諺語工作總結之後來作，方爲盡善盡美。我很感謝他這種具有深度的看法。後來事實證明，若放在七十八年九月「諺志」出版後再做，我的身心、體力，尤其是青纏綿病牀的苦況，那還可能有如前此之潛心論述。三十二年，撰「中國諺語研究述略」，初窺諺學門徑。後此，漸漸登堂入室。進一步，撰「中國諺語論」，乃使自己對中國諺學，獲得深度的、全般的認識，有助於全盤諺語工作的掌握。諺論出版今已二十六年，從留用校讀本的眉批與貼頁看來，增訂未超過百分之一。當然，如遊學大陸，遍閱彼岸四十年來有關這方面資料，極有可能，會湧見不少增訂的意念來。

魏紹徵兄建議，憑著這部書，可向教育部申請教授資格，好任教大學。我並未這樣做。事實上，爲了要進行諺語採集，二十八年即已在軍七分校十二個中隊的課堂上講過諺語，隨後又於軍官教育隊相當於大學研究所的班隊講述。在臺灣四十多年，各大學、研究所、文藝社團及其他場合，已進行過無數次諺學講述。犯不著去這樣申請。如果人家開這門課，請我去自不會拒絕。

諺語分類，不斷的進行。諺語蒐集，集體的，零星的作爲，也並未中斷。這些作爲，皆屬總結諺語工作的準備。

夾在諺語與文學寫作之間的「武昌方言記事」，自寫了第五十一篇「流打鬼」，於四十八年七月修改，這篇稿子，竟不知夾雜到那裏去了？五十年前後的八年，只是將前此所寫的，仔細修改了幾篇，當作散文發表，並未標出係「武昌方言記事」系列。

五十年前後，近二十載，在香港的南宮搏（本姓名馬彬），長篇小說爲臺北幾家大報副刊競相連載。偶來臺北，酬酢甚忙。有緣會合，甚投契。他人如其文，丰儀超群。兩次，我去看他，路程非近。兩次碰到阮毅成，他倆非泛泛之交，談文論道，意趣上深度共鳴。阮老於我倆乃屬長者，多承賜教。南宮曾有封長信，跟我討論一條香港諺語「豬仔也知道認定一個奶」，特說「每聞謠諺而思君子」，教我好欣慰。也正是友好們，但凡聽到一句諺語，對壽堂必有的省思，且懸念：「不知這句諺語，朱介凡有沒有？」必告我知曉而後快。好感激大家愛我，愛重諺語。

馬彬風流瀟灑、帥氣，爲許多香港小生影星所不及，惜僅活了六十歲（一九二四——一九八三）。自民四十一年迄七十一年，在香港、臺北，出版了三十九部長篇小說，少有敗筆。其寫作之勤，生命力的旺盛，乃好些前輩所不及，文壇永存典範。

論列自由主義典型，怎能不及於他，還有陳定山、周棄子、李霖燦等諸位賢哲。

好作家乃人類的良心。凡是這樣高貴的靈魂，豈僅對之常常想念，更是心存感激無已。

廣播電臺、電視臺，多次為年俗訪問，總以「謠諺中的年景」，隨興漫談，津津樂道之。在諺語工作的開展上，似不曾起過甚麼作用。定是自己詮釋上有欠生動，未能趣味盎然。也只怪朱某人太是笨嘴笨舌了。

專誠拜訪隱居新店的樓桐孫。談浙江永康諺語，有極大快意。五十一年一月，其「永康諺語謠俗」打字稿成，而迄未刊印成書，甚感遺憾。

文學雜誌社訪劉守宜。遇高翰先生，意外的是，長者很欣賞壽堂的諺語工作。精神上受到鼓勵，大感吾道不孤。

東北諺語「四十垧，算一方」，「垧」的考證。問了好多東北老鄉。又請教治東北史地、民俗的韓道誠兄。還就近向同事杜國榮、孫仲榮請教，說法頗岐異。他倆離關外好多年，想不到，在四季常春的寶島，我這書獃子會問起這問題，好引人鄉愁也。垧屬方言雜字，高樹藩「正中形音義綜合大字典」，雖收字甚廣，也不見此字。早年出版的「中華大字典」（民四年中華書局版）更是侈收罕見、雜出的字，較「康熙字典」尤過之，也未收此「垧」字。

跟齊鐵恨先生討論諺語，情趣同於和陳紹馨兄一樣。不論在任何場合，總是越說興趣越高。不能不說是自己一生最大的幸運。關於鐵老「北平俏皮話」的纂述，自來我就十分關切。俏皮話，可說是北平口語裏專用的辭兒，以之稱呼這類比喻諺語：豬八戒照鏡子——裏外不是人。外甥打燈籠——照舅（舊）。八十歲留鬍子——大主意自己拿。梅蘭芳賣晚香玉——不是這行人兒。周瑜打黃蓋——願打願挨。

由於北京話的發展，還有北平謠俗傳承的深厚，社會生活內涵的豐富，這三者都非其他地域所能比擬，若上海、南京、長安、武漢、廣州。以此，北平俏皮話比我國任何一個地區都要來得多，其取喻的多樣性，特別值得重視。集錄它，只有著力進行就是。但要求其寫述它，字眼兒用得恰當、精確，就不是容易的事。充分、透澈的釋說它，則須依據歷史、文化、社會、謠俗的了解，方能做到好處。

對於北平俏皮話的集錄與釋說，當今之世，可說無人能出於鐵老之右。可貴的，更是他的解說。並不需要博引群籍，況典籍中少涉及於此，全出諸自己胸臆，多屬他耳聞目睹的事象，記憶深刻難忘。

四十九年十二月六日，應陳紹馨兄邀，至臺大，爲其社會學系三年級同學「說諺語」。係我在臺灣地區，至各大學爲此專題講說之始。後此，何止講了三、四十次，並未得到應有的反應。同學們不能不很實際，這種插曲式的講課，不會連續到六小時，無關學分，所以興趣缺缺。當然，也是我講得不夠精到。

中國諺語品性的分析，一再反覆研剖，頗有意趣。經寫定在「中國諺語論」第二章「本質」的第六節「中國諺語的品性」：一、民族性、國民思想和中國語言德性的背景。二、平實恒常。三、中庸渾厚。四、剛強公道。五、清明廣大。六、比喻諺語尤見清明廣大。七、俏皮話之瀟灑超脫。

今後，但得同道切磋、探討，這種「化學定性」式的剖析，還有不少課題，很多方面，很多層面可做。

史久琳老弟，思欲繼他尊人襄哉先生遺志，助我刊印「中華諺海補編」，以及美國大學在臺某基金會洽議，支助我諺語工作的計劃，要我草擬方案，持以多方進行。下力不少，未如所願。深感他用心。

先秦時代「養老乞言」這句死諺的發現，略加考證，甚有意思。死諺者，謂不在目前口語中流傳。有如花朵的枯萎，墜落塵土，時日既久，就變爲樹根上的肥料了。

陳紹馨兄轉來日本學人鳥居久靖「中國諺語研究書」。復函他，告我近來諺學纂述情形。鳥居未來臺灣，致未有見過面。

五十二年夏，黃得時懇勸我好幾次，當速撰諺語第三本書，以諺語論證「中國人生活與思想的型式」。

臺灣電視台，應郭良蕙訪問，談諺語。良蕙是臺灣女作家中很經老的佳麗，後此二十多年，她總還是那麼年輕、活潑。心性使向乎？她鑽入另一世界，評鑒中國古董，進而論究，刊出書册。少前此之奮筆文學寫作了。

訪長者吳槐，七十歲了，鼓勵他能辦「民俗臺灣」。他有三子六女，孫輩幾十人。已經老態畢現。由吳老而想到自己，壽堂生命活力似勝於好些位長者。人生遲暮，務必善用剩餘資源，以事諺語工作與文學寫作爲要。念茲在茲。

「群諺」（「臺灣採諺」第七集），集納民四十年到五十一年臺北報刊及一部份香港報刊有關諺語的文字一八〇篇。分爲：甲、諺語研究，乙、地方諺語，丙、一般諺語，丁、俏皮話，戊、諺說。稿本送沈邦碩先生處，擬由天主教支持的自由太平洋文化公司出版。後來，這部諺書未克出刊。卻先經歷了一次水災，而得倖存。

黃尙仁兄函答，鄉土諺的詢問，鄱陽湖名色的說明，很有趣。惜撰中華諺語志時忘記了，未述入江西地理風土諺語篇。

爲臺灣肥料公司動員月會講「中國諺語漫談」。由「莊稼佬聞著大糞香」說起。臺肥辦有對內的通俗性期刊，內容呈多樣性。

中國廣播公司「劉秀嫚時間」，接續訪問，談「諺語與諺語工作」。

贈書中廣徐謙女士，謝其近幾月每日播講諺語之事。不知怎麼的？我卻少有聽到。是周君亮告訴我，他常有聽得，以爲講得好。主持人也屢屢提到壽堂。

文協文學研究班講「諺語在文學上的應用」，只惜故事說的太多了。

思索、考案，將諺語二三書「中國諺語類編」、「中國人生活與思想的型式」合而爲一。分開寫，會浪費去許多筆墨。後來，撰「中華諺語志」，就是這樣作爲。

五十三年四月起，已不斷在調整諺語分類的事。

「中華諺語志」的體系撰述，五十六年六月三日始筆，六十九年三月四日畢初稿，歷十三寒暑。茲後，迭經修訂補益，篇章改移、挪動，不止十次。七十二年七月，與臺灣商務印書館簽約，積極準備出版。九月，請了七仙女來，編製索引，雖有如此衆多助手，鈎出諺句，核閱卡片，自朝至夕，我仍然忙碌不已。並爲她們，組「七二諺學甲班」，講「中國諺語論」，思得薪傳。諺語志付排前，以諺句用正楷字排，較醒目，七十三年三月，全稿取回，由壽堂一一標紅，整整花去一月工夫。這期間，撰寫了長達三萬七千餘字的自序。商務編輯部徐瑞霞小姐細細審閱全稿，作付排前的整理，費時何止半年，隨即付排，編輯部予以初校。壽堂二校、三校，自七十四年到七十六年十月。三校後的清校，則有賴編輯部的作業，深感商務工作效率之高。索引排印的編頁，比索引本文的校對更耗時，只得再請三位小姐爲助。前後，幸蒙吳純珊、呂淑芬、李淑賢、李麗娟、卓淑娟、張寶仁、鄭碧珠、王淑芳、劉鳳嬌、吳夏瑩、林春芳、蔡幼珠十二位爲助，乃得共底於成。我夫婦、兒孫輩，皆深感這一段爲學的緣法。七十八年四月二十八日，我的三校方完。估計，編輯部的清校，六月始能作完。八月書出版，整個過程，計歷時二十五年四個月。商務投入的人力，徐瑞霞小姐以及後來接手的葉嘓英。校對的小姐、先生們，共爲劉斐娟、吳瑞華、陳寬剛、林建發、趙麗君、林曉筠。總編輯朱建民兄，出版科長章堯鑫，在督導、審核上，都花了不少工夫。

中央研究院民族學研究所訪淩純聲先生，談諺語、民俗，頗受鼓勵。那前後幾年，凡至南港看書，少有不彎到他辦公室，看看他，還有李亦園、劉枝萬、文崇一。過近代史研究所，必看王聿均，他任所長，比淩先生爲所長，顯得忙多了。史語所，則必看徐高阮、黃彰健。

第五節　長者風範

訪王平陵於景美。其長女晶心，人如其名，也在座。談甚久。從他法國歸來後，在京滬、重慶文藝工作，直說到目前。俄國十九世紀黑土文學作品之大放異彩。謝冰心、馮友蘭、馮沅君、艾蕪，也是談話、關切的中心點。平老前後十年，兩次在京滬倡辦的大型文藝月刊，「中國文藝」、「中國作家」，氣勢恢宏，心儀久久難忘。晶心以其少年勵學，目前的作爲，爲之佐證。她是學音樂的，要朝更高深的境界全力以赴。其後，平老仙逝，**晶心自歐奔喪歸國，靈前長歌當哭，全體與悼者，齊爲下淚，誰曾聽過這樣哀痛逾恒的女高音獨唱？**

臺中東海大學創校未久，教室、走廊，鄉野黃泥土痕跡難去。首訪鄉長徐佛觀教授，並見到徐夫人，鄉音親切。徐氏大氣磅薄，穿著長袍，更是揮灑自如。暢談往昔至今，軍人們藝文生活，大陸情況、鄉邦學人，盛宴相待。圖書館學家沈寶環教授作陪。沈遊美國多年，近亦來東海任教，與徐過從甚密。沈與我十九年武漢文友譚颷風、胡茂生，同屬武昌文華老同學，雖初見，也爲湖北鄉長，情誼亦如老友，暢談難休。

徐教授昔就學日本士官學校，抗戰初任陸軍少將。當年特負使命，深入學術、政治核心，卻一點也非沈之岳的「臥底」。前十多年，與我老同學首屆立法委員郎維漢，在臺北主辦「民主評論」甚久，我常去他們社裏，深談過許多次，原非泛泛之交。

如今徐教授年歲大了，伉儷情深，子女們殷殷相勸，何必參與那翻雲覆雨的權力遊戲，老這麼遊盪於「學術與政治之間」（這也是徐所著一本厚書的書名），何不潛下心來，但爲學術的鑽研，寫幾本好書出來。其「藝術論」乍出，頗引起一番爭議。

東海大學林園清新，正是百分的接納、十分禮敬徐大師。萃萃學子，虛心受教，圍了夫子坐而論道。雖不正其位，一日激情起來，他還是要放言高論，直指當局，評議時政之非是。

暫止於霧峰的故宮博物院，識莊嚴、索予明，也是一見如故，快談諺語、民俗、文學、考古與故宮文物滄桑，也感歎於時事波濤的起伏，與變化的預測。說起來，咱們書獃子，總是與胡適之先生同一心性，「不可救藥的樂天派」，君子坦蕩蕩。

高雄橋頭糖廠宿舍，極幽靜，訪作家陳森、童眞伉儷，即下榻他家，深夜長談。陳森跟我同庚，原是民三十六年在上海新中華雜誌，屢次發表諺學論文、文學譯述的同文，他特喜道說這段往事。大妹子童眞，長篇、短篇小說，莫不篇篇佳好，題材廣及城鄉社會生活的各方面，跟閨秀氣、家庭瑣碎派，大異其趣。之初，讀到他在「自由中國」上發表的一個短篇，驚爲罕見，即修書致意。未料到，她竟是一位女作家，年歲跟大妹子聶華苓不相上下，而作品風格迥異。很快的，我夫婦與他倆結爲好友。

文協南部集會，承邀出席，文友們熱烈研討，獲得一致結論，文藝創作的作爲不爭在一時，要當爲永恒致力。好些前輩們少年時代即矢志於此，無不老而彌篤。

鍾梅音、余伯祺夫婦邀宴於宅第。到陳紀瀅、王藍、穆中南、耿修業、孫多慈、郭晉秀、歸人、彭歌、艾雯、孫如陵、宣建人和我。梅音文才、靈性特高，衆所傾服。餐後，不可或缺的餘興，他夫婦的小女兒「小白羊」鋼琴獨奏。

席間，我特別報告，此次中南部行，我有心而爲的**文藝專程訪問**。紀瀅、王藍、中南、彭歌、艾雯、如陵聽了，提出一些可貴的意見。艾雯住南部時期，梅音一家也曾一度住高雄一段短時間，對臺南、高雄，好難忘情，因說愛河、西子灣、赤嵌樓、南鯤鯓。熱烈談說到兩樁事。

綜合這次中南部行，以及臺北自訪王平陵深談以來，連續談論文藝問題的共同認知，文藝創作、譯事，須是詩人、作家、批評家、譯述家，潛心而爲，不容外力干擾。**自由自在**，**心靈**、**意**

志的自由，必須自我孤獨的經營，底於完成，斯能盡善盡美。而以文會友，也是極重要的。大型文藝期刊，衆望所歸，其推波助瀾，使聲息相通，群力激盪，鼓舞之，絕對非政治性的組合之，也不容忽視。

十九世紀以來，中西文藝思潮，文壇歷史發展，都爲如此顯示。

大夥異口同聲，好浩歎的歷史顯示，沈雁冰、鄭振鐸兩人先後長久主持的「小說月報」，竟然未能持續下去，乃中國文壇不可忽視的大損失。其後，上海生活書店的「文學」月刊，乃由鄭振鐸、傅東華共同主持，得許多文壇重鎭的作家大力支持，格調不低，內容較小說月報爲過之，而就是難及小說月報那時期在文學發展上所發生的作用。

陳紀瀅不斷點頭，十分讚美的指出，這個好可愛的鄭振鐸，他更和章靳以在北平出版了「文學季刊」，聲勢非凡，將及四百頁，且屢次再版。其後更有近乎五百頁，乃文學期刊罕有如此厚度的讀物，眞是歷史空前。其時，在北平的學者、作家，多過聚集在上海的。但是，仍難及小說月報所產生的作用。「是啊！」中南右手一揮，表示擊節贊賞，說道：「這十幾年，我所經營的文壇月刊，也下過一番苦心了，那能比得上小說月報。小說月報眞是中國現代文學史上的一顆瓌寶，是的，硬是一顆瓌寶。」

梅音乃作結論，推許我，介凡兄，你眞是有心人，難爲這趟的「文藝專程訪問」之旅。夜色已深，大家興辭而散。

當年那些坦然相對，肝膽相照的文友，多已凋零。他們在天之靈，必能更拈花微笑，許我壽堂今天這番歷史的省思。我所言說者，不失爲持平之論。生活書店「文學」，還有待產生之前，上海有丁玲主持的「北斗」文學雜誌問世。丁玲的學養，跟傅東華、鄭振鐸自不一樣，但她的長篇小說「韋護」、「母親」，抓緊了青年讀者的心，因而號召力很大。而虎視眈眈的左翼作家聯盟，乃中共一手操縱指使，出版了好幾種文學期刊，若「萌芽」之類，地下工作的主持者周揚，好沾沾自喜哩。其實，它於文藝之正常發展，只產生了負作用。

人生在世，誰能脫離於政治現實之外呢？既不可過分強調文藝爲政治服役，也不可視文藝爲弄臣。**文藝與政治爲友，則可贊同**。又，上海生活書店，於中共之思想戰、心理戰，盡了不少先驅性的作用，若所出版的艾思奇「大衆哲學」。

這兒，容我掉一下書袋，以證上述論點，並非壽堂自我作古。垂言不朽的「文心雕龍」，開宗明義，便說：

文之爲德也大矣！與天地並生者何哉？夫玄黃色雜，方圓體分，日月疊璧，以垂麗天之象；山川煥綺，以鋪理地之形，此蓋道之文也。仰觀吐曜，俯察含章，高卑定位，故兩儀既生矣，惟人參之！性靈所鍾，是謂三才，爲五行之秀，實天地之心，心生而言立，言立而文明，自然之道也。

壽堂不必多引此金石之言，以我現代說法的詮釋，**文藝最可貴的要素——自由自在，心靈、意志的自由**。我實在一絲兒也未有牽強附會之辭。當年，在武漢、北平、長安、南京，我曾受教於前輩沈從文、鄭伯奇、吳宓、盧前，以及目前同在臺北的胡秋原兄，當不會責我胡言亂語。

後來，臺北新陶芳，與王琰如夫婦、王藍、穆中南、吳裕民共宴香港初來的趙滋蕃，宣建人、楚軍、鳳兮、林適存作陪。滋蕃已有幾分酒意了。我不怕人家嫌煩，再扼要敘說我「文藝專程訪問」之所思所見。

爲親送中共出版品事，訪陳啓天先生。一番欣談，先說「少年中國學會」，方東美、張聞天、周恩來、毛澤東、任卓宣、李璜，昔年史事。也提及自己幼小讀湖北省立模範小學，校園假山上的醒獅亭，禮堂醒獅壁畫，中國青年黨的歷史發展。他家人大陸變色後的慘死。長安王曲軍校，繼我訓育科長的後任者，黃陂老好人，黃埔四期的陳作翰，爲陳先生侄兒。臨別，啓天先生笑我：「虧你做了三十年政工，怎麼一點也不像政工人員呀。」我因說，民三十年在長安，童賓秋姑丈對我的同樣批評。陳先生趕緊留住我，再進室內，說：「哦，他是你姑丈。我們很熟。」於是，誇說童姑丈之才情，和青春羅曼斯，少年春衫薄，滿樓紅袖招。

四十八年十一月三十日，偕齊鐵老、陳紀瀅，至齊如山先生處，夜談北平。鐵老忒謙，硬要稱如老爲世伯。友輩皆敬稱他倆爲大齊先生、小齊先生。我建議，何不邀上十人，講述北平掌故，留下錄音。紀瀅即請如老爲主人。說明年再談一個大致的計劃，按部就班行之。

四十九年正月初一，在依風露家吃十樣菜，風味佳。平日人家少作此菜。並非把十樣菜，如木耳、黃豆芽、豆腐乾、筍絲、白蘿蔔、紅蘿蔔、粉絲、香菰、芹菜、大蒜等，合一鍋炒，而是各樣分別先炒到半熟，合爲一鍋，才入味好吃。如此層次、切摘、整理、洗淨的過程，烹飪上也大費周章。

識藍蔭鼎，楊英風。蔭鼎家去過幾次。妻子匡兄宴客，有他同在。倒是，他出任華視董事長，與我家近在咫尺，卻少有就近看他去。

四十九年十二月十日，星期六，午應陳紹馨、黃啓瑞、李騰嶽邀，爲「民俗臺灣」同仁，在臺泥大樓，宴金關丈夫伉儷。還是三十八年春，與金關通信，得識紹馨。席上，先座談一番，除六位我不太熟，相識者：三位主人，吳槐、黃得時、戴炎輝、吳濁流、林衡道、劉枝萬、王詩琅、廖漢臣。我這惟一的外省人，且非當年「民俗臺灣」作者，被邀作簡單致辭，美讚「民俗臺灣」，力促其能復刊。後此三十年，臺灣各樣期刊潮湧而出，美蘭、登山、茶藝，都各有其專門雜誌，屬同一性質的，竟不止一種期刊，而無民俗方面，類似者僅「臺灣風物」而已。

西安事變紀念日，鍾煥臻、王超凡發起，主要是邀請軍委會政訓處西北分處當時坐牢的人，到樓兆元家聚會。歷史感慨，雜說一番，不圖後來，因王大中、王超凡任職戰幹第四團、軍校七分校，又聚集不少西北分處朋友，居留長安許久時日。歷史淵緣，「衣服是新的好，朋友是舊的好」。

齊如山、董作賓、臺靜農三先生對我諺語工作的嘉許，是極可感的。劉厚安、周君亮之意氣相投，許以論道及談生活情趣，也是大可欣然的事。秋原兄首贈我「同舟共濟」一書。

三月，李獻璋第二次自日本返國，陳紹馨偕他來我家看謠諺檔卷。之後，請他倆去圓環小吃。妻子匡、呂訴上共同宴請，陪客董作賓、凌純聲、楊雲萍、楊家駱、廖漢臣、郭水潭、洪桂己、壽堂。談論了中、日、大陸、臺灣藝文與民俗學上的問題，依依不捨的分手。

魏希文兄邀至波麗路咖啡店，談臺灣文藝事。到林衡道、林海音、廖清秀、鄭清茂、田先覺、劉傳高以及陳某、林某等三位，還有當時未記清名字的青年人。

陳紹馨家宴，主客德儒美國人愛伯哈特，陪客臺大、東海、中興大學社會學教授群。談話主題，集中於臺灣民俗學方面。

鍾梅音夫婦家宴，張某夫婦、陳紀瀅、孫多慈夫婦、袁樞眞、潘琦君、劉咸思、王藍。聽主人愛女小白羊鋼琴獨奏。對孫、袁、劉三位，特心儀之。

在家設宴，請李潤沂夫婦、胡睦臣，魏希文夫婦、張研田夫婦，陳紀瀅、王超凡夫婦。談「紅邊邊」與盛世才甚久。「紅邊邊」者，當年王曲劇社性惑女演員趙新燕。將級軍官當年佩紅邊符號。趙某一出臺，軍官、學員生們莫不睜大了眼睛。誰能有資格追求她呢？

初春天，夫妻倆同赴淡水。關渡江面，山水如畫。專訪張英超畫室，馬偕博士的墓地。黃昏歸臺北。

讀報，燈下很悠然，忽看到一段消息，陳立峰日昨逝世，溫文儒雅的君子，爲此納悶者久之。立峰之猝逝，應與他主編的「文星雜誌」，近年一連串的筆戰糾紛，困擾了心神，大有關係。主角人物爲胡秋原、李敖、蕭孟能，並其他相關人士。文字辯駁，官司訴求，後此歷時三十餘年，直到七十九年底，猶然餘波盪漾。耗去如許歲月，乃是自五四以後，至民廿年「中國社會史論戰」，那十年裏，治哲學、歷史、政治經濟、社會的學者文士，所想不到的一種局面。那十年，時代狂潮，波濤洶湧，人們在每個一年歲月裏不知要辦多少事。如文星論戰耗時三十餘載，且涉訟法庭，豈非太不值得。

斯文人的君子之爭，這樁事在中華民國文化史、司法史上，都要算空前。

牛若望司鐸邀宴，盡爲天主教神父，還有西班牙駐華大使。牛司鐸，河北新樂人，極質樸。遇趙雅博，他的口音、性格，一如李霖燦。

不知怎未邀請方豪神父的？由於牛若望領銜主持的自由太平洋文化事業公司，出版了我的散文集「心潮」，很感念這位大主教的溫厚情意。原也已交印刷廠就要付排，極可能由他們出版的第二本書「群諺」，不知何故，胎死腹中。原說天主教眞理出版社可以出版。認爲諺語義理、情趣，以及我的一些著述，與天主教文化甚爲接近。

在美而廉「現代文學」茶會，見到余光中、王文興、蔡文甫、姚一葦、顧獻樑、聶華苓、蕭孟能、虞君質、宋膺、王藍、魏子雲。現代文學同仁，多爲臺大外文系近十年畢業的，寫作的路子跟我們不同。

更有一段其生也晚的歷史往事，無妨於此提說。沈從文、丁玲、胡也頻至上海，兩男一女同榻。丁獨對胡好。不久，胡遭刑殺。沈從文追上了才貌雙全的張兆和，結爲連理，白首偕老。幸福極了。其間，難得的乃是，竟然驚動了胡適之先生，爲這對情侶傳話。沈後來一頭埋進了考古。他的文學創造，前此之活力充沛，竟不可復得。近讀「沈從文家書」（民八十七年，臺灣商務印書館版），所述勞改給他的啓悟。果爾？由衷之言乎？大鐵鎚重壓下，多少人不得不爲違心之論。

四月三十，遇女張明，說林海音近因刊「故事」（詩句中有孤獨老人獨在孤島的描述，影射了蔣總統困守臺灣。）去職，離去聯合報副刊主編十年的事件，她心情很難受。即去夏府，先與承楹兄通電話，再見到海音，加以安慰。她敘說，去中央四組，看了副主任楚崧秋，有所申述，傷感的流了點眼淚。

承楹夫妻倆爲黨外人士，居於自由派，不太搭理官方人士。跟我接近，乃屬同好諺語、民俗，又喜說北平生活，而寫作筆調相近，我雖作政工多年，文章中不帶革命八股，不作興陳腔濫調。其時，聯合報為臺灣第一大報，海音主編聯副、發掘出許多青年作家。承楹以何凡筆名，逐日寫「玻璃墊上」雜文，載聯副首欄地位，歷時十年，不曾中斷一日。他夫妻倆在臺灣文壇地位，舉足輕重。當然，事件既發生，聯合報老板王惕吾，出身士林官邸，乃軍校八期同學，必有多方維護，僅以解除主編職務了事。

承楹家久坐。雨來，就餐，頂欣賞林伯母的葱絲、香菜拌黃瓜。不久，重慶南路三段這一帶拓寬，承楹住處改建，他夫婦這小書房的生活，就不可復得了。侄輩長大成人，不似海音所自嘲的「三個醜小鴨」了。鴨者，指他倆的三位千金。

八十五年四月，讀墨人「紅塵心語」，其中「久別蓬萊一馮馮」，道出當年文壇舊事，為我這個書獃子所不及知曉。但有的情況，五十二年八月在梅音家小聚，文友們談論馮馮事情不少；而前此三月間，讀到馮馮「我的自修」一文，更有充分了解。當時馮馮的作品，但有刊出，我必迅速讀到，十分看重他有若文壇的慧星。

墨人提說到馮馮這位神童，初中畢業，來臺北考入外語學校，結業後，任陸軍總部翻譯官。四十九年，奧國維也納納富出版公司，編印「世界最佳小說選」，中國文藝協會開會決定，推選了周君亮、高陽、公孫嬿、墨人四人應徵，由馮馮翻譯為德文，三天交卷。五十年，墨人的「馬腳」入選。，另蕭傳文自己投寄的，也入選了。同時入選者，七十多國的名家。次年，墨人以江州司馬筆名，投寄了「小黃」，又入選了。馮馮也有一篇小說入選。蘇聯作家諾貝爾獎金得主蕭洛霍夫，以及大陸郭沫若作品也在這選集裏。

自此，馮馮一舉成名，救國團讓他到處露面。而引起人家的嫉妒。隨之，馮馮長篇小說「微曦」出版，更成爲被中傷、打擊的箭靶。他遠走加拿大，仍不斷受到來自臺灣的謠言中傷。七十五年，墨人在佛教雜誌上，讀到馮馮的文章和「天眼、慧眼、佛眼的追尋」這類書名，才知他是具有大慧根的居士，壽堂曾細讀其「微曦」，許爲佳著。

八十三年，馮馮在國父紀念館開演唱會，收入一千多萬元，全捐給證嚴法師的慈濟醫院。他三十年未回臺灣，還有人不放過他，攻擊這位清修得道，文學、語言、音樂方面的天才。馮馮是年歲最輕的小老弟。疼愛他都還來不及，怎麼會偏有年長者，妒火中燒，看他不順眼？幸而只是極少數，極少數的。我不想去查詢究竟。

與常州高士顧獻樑來往。他清華畢業，留美多年。來臺北，住信義路當街木板樓屋。偌大房子，只他一人居住。這年拜年，款我以蓋碗紅棗蓮子甜茶。其時，臺灣經濟尙待起飛，紅棗爲大陸產物，如此氣派，人家少見。獻樑，江蘇武進人，約小我十歲。對藝文事有一番執著，十分健談。他撰述的重點，在藝術評論上。章君穀主編「作品」雜誌倦勤。獻樑雄心勃勃願接編，企圖辦爲同人雜誌，開拓詩、戲劇、藝術的以及文藝批評版面，改去前此純小說期刊傾向。特設四個專欄，其俗文學欄八面篇幅，約我主編。我隨向伍稼青、王素存、呂訴上約稿，並自己寫的，共四篇文章，親自送去。獻樑密鑼緊鼓的，作付排前的整理，編爲五十三年的四月號準備出版。後又向陳紀瀅，夏承楹、林海音夫婦約稿。

雜誌的編刊，不是件簡單事。作品又爲大型期刊。應是財務問題，或是承接的條件有抵捂。「作品」改組事擱淺。我感到最歉然的，是對於伍稼青兄。我去約稿，承慨然應允。當即拿出裝訂得十分整齊的「武進民間故事」。其摺疊、縫線之整潔，有如大家閨秀的女紅。拆開册頁，挑出一篇，另加標題，讓我取走。隔兩天，獻樑特來，同訪稼青，他倆同爲常州人，欣談久之。事既擱淺，獻樑退還稿件。他付排前的整理，係以紅筆在文稿上，大刀闊斧的標示，弄得稼青整齊精緻的手稿，大受污染，面目全非。

後來，獻樑任教文化學院。來往臺北市、陽明山之間。不止一次，看到他正在公車站候車，身旁總圍了七、八上十個男女弟子，師生談笑融融。他逝去，十多年了。

伍稼青「武進禮俗謠諺集」，含五部份：禮俗、歌謠、諺語、謎語、食單。謠諺書册，特列飲食事物，倒是好別致的。常州菜品，清淡而精緻，江南人少食牛羊肉，且禁食青蛙，這與地土、氣候、人民體質，乃至文化素養，都有關係。昔在長安鄉居，屢蒙余紀忠太夫人召宴，老姑嫂倆，皆以常州菜饗我等後輩。三十七年春，稼青與他夫人尤瑞華女士共撰「武進食譜」一卷，遷臺時，稿未帶出。食單列舉常州人尋常嗜食之食品、點心，並略及於酒、果品、街頭小食。偶至伍府，逢他們就餐，他媳婦齊丕知亦籍隸常州，生於故鄉，長在外方，當然，也喜好鄉土口味，桌上日食，皆自翁姑所傳承的常州菜。其時，每去南港中央研究院傅斯年圖書所讀書，必過民族學研究所看望淩純聲、劉枝萬、文崇一、李亦園諸位。淩先生，常州人也，好幾次，說到常州菜，蓴鱸之思，好教我這非常州人也好饞念常州菜了。

先是，正月初十那天，吳守禮兄召宴於其家，以爲請春客，興沖沖趕去，方知爲其二女訂婚。到時，緊鄰淩家只二老在家，而吳府則兩女隨侍在側，兒孫也常常回來，顯得熱鬧得多。守禮，人如其名，謙和多禮，他但知久守在家，埋頭學問，極少參與外間活動。

正月底那天，偕伍稼青赴淩純聲家宴，吃常州菜。盛成夫婦及其婿、女，蔣復璁。還有常州老鄉的吳、陳二君。凌先生高足唐美君。蔣先生談大陸方志典藏情形。此時際，我至南港觀書，主要在瀏覽清代、民國南北各地方志，也抽時間至中央警官學校圖書館，看內政部寄存的民國年代新修方志。依規定，凡新修者，必循例繳呈上級官署：行政專員公署、省民政廳、省主席、中央內政部備查。

方志閱讀，前後歷時十載，瀏覽所及，約三千種。據我的一點心得，海內外於中國方志的典藏，佔首位者，竟非北平圖書館，而係美國國會圖書館，眞有「禮失而求諸野」之嘆。美國多基金會的設置，又以國會圖書館著意於此，在我國各地博求方志，而得此聚集。大陸變色後，民間不易私藏珍物，動輒須奉獻於「人民」，不過十餘年的積極聚集，今天（迄民五十二年底）北京圖書館方志典藏，已凌駕美國國會書館之上了。此係得自蔣復璁先生的認知。

極樂殯儀館弔寧杼喪。王曲朋友多人直送他到六張犁公墓。他在王曲時，名杞。來臺後，一直任師範大學英文系教授，兼系主任有年。其任職，我爲擔保人。好幾年，他家請春客，我都受邀。寧兄右腳微跛，純書生型，極少參與家庭與學校以外活動。他的逝去，長安故人莫不爲之傷感。我總難忘記的，抗戰之初，他仗劍走徐沛間的悲壯情懷。

山西餐廳小集，黃公偉、劉中和、宋膺、胡兆奇（季薇）、孫如陵、陳紀瀅先後到來。孫談了些打蛇打七寸的事。如陵博聞強記，任中央日報副刊主編有年，看稿、改稿（有的主編人，但凡採用了文稿，不作興更動原稿），刪除枝蔓，寫短稿求精簡，是其所長。如寫回憶錄，匯集一些雜學入文，必可爲當代歷史留下好多資料。茶餘酒後，閒聊即罷休了，好可惜的。無寫作習慣而好閒聊的人，多有這種情況。

民五十四月正月，某晚，年味尚濃。陳紀瀅在家召宴。到黃公偉、王鼎鈞、季薇、鍾雷、王集叢，與朱民威遇。民威，抗戰時期寫空軍作戰報導，極得讀者見重。他新近自美國來臺灣，爲晚宴主客。民威跟丁步武同學齊名，是當年空軍飛行人員的文友，多姿彩的文筆與奮勇的空戰，交相激勵民心士氣。我服務空軍，係抗戰勝利之後，但從人家口中，得知當年盛況，而從未與步武相晤，難忘他在學校中與陳敏書、汪劍魂、楊光耀幾個空軍來入學的同學們交往的情形。紀瀅一說起抗戰時期的武漢、重慶，總必眉飛色舞。

第十八章　人生巔峰

第一節　春江花月夜

英儒培根之言，人生智慧圓熟的境界，有若立高峰，下顧所來路，感到欣慰。壽堂昔居終南山下八載，常登臨高峰，深喜他這番喩說。今年近九十，更有三復斯言的體味。

職業寫作的民十九、二十年，愛讀書册之一，爲鄭振鐸「文學大綱」，他把古今中外名家作品，皆有選錄。初唐詩人張若虛，他的詩篇不算少，但傳存下來的，僅得兩首，其中之一，爲世所傳誦的不朽篇章「春江花月夜」，其首四句：

春江潮水連海平　海上明月共潮生
灩灩隨波千萬里　何處春江無月明

描景、述事、抒情，皆十分絕妙。全詩三十六句，環繞著春江、花、月夜，嗟嘆吟詠不已，而以這幾句爲結：

斜月沈沈藏海霧　碣石瀟湘無限路
不知乘月幾人歸　落月搖情滿江樹

春濃時節的江漢，讀此詩，全身心都融於詩中。壽堂自公職退休後，無可能歸隱田園，悠遊林泉。時間既全屬於自己，可從心所欲，在平生志願的諺語工作與文學著述生涯上，全力以赴。如今心境，正彷彿是春江花月夜這般光景。

東坡爲官杭州，繼白居易，著意經營西湖。兩大詩人，皆勤政愛民，案無積牘，並非鎮日縱情詩酒。一年四季，風花雪月，玩賞西湖，其吟詠西湖，鎖在月的詩境，篇章不少。自月之初生，上升當頭，以迄月落烏啼，皆有深刻描述，而不是張若虛這樣入題——**春江潮水連海平，海上明月共潮生**。江海月色氣勢，大大不同西湖，西湖確乎美，但非五湖的浩漫，煙波渺渺。後人既把春江花月夜譜入樂章，乃使壽堂少年、老年的著述生涯，時受此詩境的撫慰。

容我拿騎兵的術語，小作喻說。生命之從容中道，有若「伸長快步」的躍進，這步子速度，比「跑步」、「快步」、「輕快步」，要更加強力的急馳。幸而一直穩住自己，並不心急。

伙伴們的凋零，不少老朋友、老同學、老同事、老長官，治學的同道，之乎者也的文友，先我而逝。退休後，十五年歲月，先我而逝者，若胡睦臣、張家範、楊述凡、齊鐵恨、陳紹馨、呂訴上，李辰冬，魯實先，張大我、鄒建中、戴仲玉，莫不令人傷懷悼念不已。王超凡雖心臟病發，猝然而去，卻是精神上的折磨，苦苦挨受了十好幾年，不忍細說其種切。魏希文中風癱瘓二十多年，虧他那足不出戶的，終至臉變得陰陰烏烏的，走人生最後一程。張研田、吳宣晨夫婦，也是久爲老病所苦。

不知自量，忍不住的激情。偏偏要管些閒事，一年裏，總有那麼兩三次，海闊天空的寫建議書，關乎文化、文藝方面，也偶涉於政治。可告慰於人者，從沒有爲自身利益而考案，卻是耗我有用精力不少。

一樁事把握得牢牢的。不可再岔頓不前，務要全力從事「中華諺語志」的纂述。得中央研究院歷史語言研究所的惠助，十年裏，竟然一週有一整天，埋首那傅斯年圖書館的書城。儘管這樣，還是打了岔，三年多時間，寫「中國歌謠論」，「中國兒歌」兩部內容非屬泛泛的書。文史，文藝批評，民俗學的論述，每每強力吸引，挪去了十天半月的時間。若「王莽趕劉秀」這個課題，更是思考、探索、撰述，很有一番長時間，太是精神上的外騖，幾乎近於二三其德的情境。而即興的「秋暉隨筆」，寫得不多，卻也不是完全的間斷。

兒子抱怨我少陪伴他。實則夫婦倆爲這獨子婚姻上的操心，也眞夠瞧的了。這老實娃，人家看重他臺大畢業，家中人口簡單，親友爲之保媒的，接踵而至。何止二、三十位待嫁的美嬌娥，在我夫婦眼裏，莫非是好兒媳人選，偏偏兒子難中意。好不容易，在妹妹結婚好幾年，已有兩個外甥了，哥哥方才完婚。兒婚女嫁，了我爲父母者的心事。子女倆的三個孫兒陸續出生，祖孫情，自是人生難得的欣慰之事。我的大牀，成爲孩子們的遊戲場。耗去了不少時間，其爲開心果，讓公公婆婆整天笑呵呵。自己自幼小迄今，最喜歡小孩，何況孫孫們，臺灣話之美爲「金孫」，眞是說得好極了。青常說我，你要自己沒有子女，那不知怎麼愁眉苦臉，鬱鬱一生哪。是啊，人生誰不如此。

二十多年羽球運動，保我活力、健康。羽球運動量太大，儘管我很少打比賽球，六十五歲後只好結束了。卻與大畫家邵幼軒、林中行伉儷，在臺北市國父紀念館，幾場晨間羽球運動之後，便沒有再作此運動了。中行爲表妹丈林輝兄長，老親戚的情分。邵幼軒，士林君子們，誰不心儀她高雅，永遠的年輕哩。若果你知道她乃是當年給奉軍刑殺的名記者邵飄萍的孫女，能不特生敬意。

退休後，即發現了高血壓。於這病，自己可說盲然無知，最初的治療，漫不經意。纏繞了三十多年，感謝榮民總醫院，也是自己小心在意，竟未中風。八十五歲後，更得徐迺維大夫悉心診療，不斷調整用藥，竟能徘徊在一百四十度的安全線上。還能寫讀自娛且以娛人，比起我家上輩人，我是太應知足了。

國家給我的退休俸，我這笨蛋，居然拒之，而只領一次退休俸。平生又太是不知理財，這一生，太是苦了妻兒，乃是朱某生平的憾事。此外，確乎無怨無悔，了無遺憾。況一直**有著人生多遇貴人的福氣，助我實多，因而我滿心裏，一片感激之情**。

第二節　中華諺語志問世

七十年歲尾，寫的最後一文「記增註中華新韻——敬弔恩師黎錦熙先生」。這部中華新韻，在諺語用字的查究上，給我益惠最多，心常感激。在北平中海中國大辭典編纂處，查閱卡片，潛心纂述的那幾位先生。也每每懷念，抗戰艱苦中，長安城郊，黎師對我的殷殷教誨。

東海大學吳福助教授「現代文粹」，未知何以欣賞壽堂文章，承其選錄三篇，與林語堂相等。朱光潛、張其昀、江應龍、許成章、虞君質，兩篇；餘，唐君毅、司馬中原、余光中、趙滋蕃、吳經熊、王道、吳怡、方東美、馮滬祥、梅可望、李聲庭、羅家倫、巴壺天、徐道鄰、蕭繼宗、杜蘅之、高越天、周棄子、梁實秋、易君左、黎澤霖、李霖燦，各一篇。這二十八位，文章皆比壽堂高明。

這兩年，只出版了兩部書。

文史論叢　民七十年三月

彭楚藩劉復基楊宏勝傳　民七十一年十二月

寫彭劉楊傳，廣泛瀏覽辛亥革命時代史冊。讀到中央研究院近代史研究所蘇雲峰教授的區域研究，「湖北」專册，眞寫得好。於衆多資料，取精用宏，甚佩其治學方法，撰述高明之處。若壽堂，資料一多，每給牽惹得暈頭轉向。

始用「壽堂文稿」稿紙。幾十年來，惟這批自印稿紙，紙質、行格淺綠細線條，打眼等等，特感到滿意。文友們似都不太注意使用自己專印的稿紙。四十多年來，嘗感嘆，我家鈔票不多，儲備的豐富稿紙，就是個用不完。屢以之作樣張，向人推介其好處，惜無人作適度回應。

中國民族學會特邀作宗教之旅，一行四十多人，至高雄、臺南。一貫道，有特殊傾向的基督教會，給我們強烈印象。與長者芮逸夫同寢室。李霖燦兄偕行。還有唐美君夫婦。美君正當英年，旅行歸來，只一年光景，就聽說他逝去。還有楊國樞，他是李立柏大女婿。各地講學忙，返程，先留下，在高雄後走。我總勸這些弟臺，不可太忙累，節制精力些。

爲這次學術之旅，我特買了個大黃帆布旅行袋。外出，只用過這麼一次，就擱於衣櫥。冬季、夏季換季，放置睡衣、衛生衣之用。它常常勾起我這段旅程的憶念。就因爲此次純學術的旅行，臺灣一貫道的秘密活動，原是被禁制的，這才得到正式宗教地位。後此十年，每年年會、大典，主持者都鄭重其事寄來請帖，希望我們能去臺南參加。
新店進去的花園新城，有不少熟人家居其間。長安故人王洽南，星兒的朋友董敏。還有些我不太知道的。胡振漢也安逸的隱居這兒。他作東，邀集了政訓班同學張佛千、戴仲玉、傅雲、黃通、盧啓勛、周烈範、張宣澤、芮晉、壽堂等十人小集，盡半日之歡。都過了七十歲，相聚不易。故舊漸漸凋零，後此再也不得這機緣了。
李潤沂於會賓樓宴張蓓，見邀作陪。張蓓去年首次自美國，以美國公民身份回返大陸。聽她說長安事。
臺灣大學附屬醫院看鍾梅音病，柏金森症，已不能語言。余伯祺特自美回來陪她。文友們紛來探視，莫不嘆息無助。梅音「海外遊蹤」風光一時，已成絕筆。
土地銀行獨行盜搶案，震撼社會。退役老兵爲此。自此始，不斷有人連續出此下策。這種公然搶劫，乃惟一死刑。銀行閉路電視當時留下紀錄，莫不迅速破案。也是，經濟繁榮，財多者生活豪蕩，刺激了一些心理不平衡的人，鋌而走險。古往今來，滔滔者，難有第二個顏淵。
華視首播大陸風光景像，慰我等鄉愁。三家電視臺爭搶爲之。
七月，陶然亭陳紀瀅小宴。八月，於此爲古屋二夫餞行。一年訪問學人已了，即返日本。他勤於諺學，只惜太拘謹於論著發表。思考成果，但爲一些零碎概念，有如未編串的散盤珍珠，必致滾落丟失。
「聯副三十年文學大系」酒會。熟人多。新人輩出，可喜。壽堂幸有諺語工作，容我矻矻矻的做下去。一般性的寫作，篇成，難得有發表機會，不無落寞感。

林文月眉清目秀，仕女畫中美女，亦才女。在人衆中，她獨出色。縱使遠處見之，也總特別引人注目。她這大半生，不知是否因此而感受若干困擾？在臺大，她教過昶兒的課。我卻從未問問孩子，他們同學課堂間，對這位人品、才學出衆的老師，觀感若何。

國際青年活動中心一系列的講學，我講「傳統歌謠與現代歌詞創作」，未知聽講者有無人感到興味？

自立晚報社俗文學座談。黃得時等出席。三十八、九年初來臺灣，所結識的本省士林君子，漸漸少有交遊了。半因自己全力總結諺語工作故。也是，這些朋友多半凋零。

文藝協會對研究班的散文組，講「散文散論」。深覺自己三十多年來，關於這方面的觀察、思考、意見爲可取。但有時間，或可擴寫爲一本專書。

蘇聯自由作家索忍尼辛訪臺灣。

西北老友劉寄生來訪。這是位才氣高，極聰明的朋友，經驗、識見皆宏富，惜不事寫作，也不肯寫回憶錄。我勸過他，做這件事嗎！他是黃埔六期，總難忘當初背了一個包袱，離鄉背井，奔赴革命陣營的青澀年代。寄生一直過著獨身散漫生活。相識四十年，來往不太密切。從未見過劉大嫂。

古屋二夫所送單人電毯，擱置到七十一年冬才啓用，就是舒服。我這人，太不懂得生活享受了。

諺語，小書出版有待，大書則延後。只怕拖累了海音，一直不忍催問。大書，「中華諺語志」。小書，指諺志選篇的「中國諺語」。五月間，寄了「文學評論集」，給臺灣商務印書館編輯部，看有無出版機會。十幾年前，他家出版壽堂的「泡沫」，「大陸文藝世界懷思」。這幾本散文集，「泡沫」一册也未銷動，怎好意思再找他們出書？不過是姑且試試。沒想到，才一星期，朱建民兄電話，說商務決定出版評論集；又主動提說，樂於出版我的諺書。這樣，我把擱置林大姐處的諺志影印件取回。一星期工夫，再予逐頁審閱。親送建民兄處，壽堂特申明，事還不算定案，請按出版審查程序處理。我的意思，要讓主管人員核計核計。仍然是只幾天，契約書已簽蓋好寄來了。

「中國諺語」這小書，曾與林海音大姐有過口頭約定，由她的純文學出版社出版。他兩處，感於我致力於此六十年，都異口同聲，要付予我優厚的版稅。體念人家出版這五百萬字大部頭書，成本太高，我都立即懇切謝絕。

無心揷柳柳成蔭。壽堂從未起一絲意念，要讓商務出版此書，而竟然似乎很意外的，偶然的，又幾乎是閃電式的迅速定案。

諺志全稿擱海音處兩年，未見動靜。先是林大姐要排斥俏皮話於諺語之外，只因：一、它似乎輕薄、下流，不及一般諺語的敦厚、樸質。二、善說嘴者，運用俏皮話，莫不即物起興，俯拾即是，似可隨口搭白，立即出口成章。舞臺上的丑角，揷科打諢；廣播、電視上，對口相聲，說俏皮話取悅大衆，皆是這般光景。三、大部份俏皮話，易生易滅，不似一般諺語，特具恒常性。

試略舉幾條俏皮話爲例：叫化子跳舞哩——窮開心。脫了褲子放屁哩——多此一舉。八十老翁娶親——心有餘而力不足。見了皇上叫姐夫——攀高結貴。不穿褲子趕賊——膽大不識羞。俏皮話乃屬比喻諺語。它取喻多方，形象生動，陳說義理，既深刻，又尖銳，幽默，可笑味，說服力非常強。我難得同意把俏皮話自諺志中一一剔出。

跟海音只是電話交談，未當面討論。於是，小書的「中國諺語」既擱置下來。大書諺志更是給擱置了。

之先，得青同意，完全的支持，如得不到書店出版，即自己花錢刊印。幸未如此。否則，全部儲蓄耗盡，恐也不夠。而大套書的存放、銷售、包紮、付郵……等等，不勝其煩。在個人經濟上，生活上，事務的處理上，眞會形成大災禍。

這期間，神父楊福綿教授自美國來，他又常去香港、大陸尋求語言學書册，從其目錄上，得知大陸近刊諺語集子、論著，約三十種。林海音去國外，古屋二夫自日本來，都先後得到他倆購贈的大陸諺書，或特爲我辦下的影印本，盛情可感。由這些書册，打破了長久時期關於大陸這方面的蔽塞無知。七十三年歲暮，古屋二夫自日本來，隔兩天，他夫人續到臺北，帶到北京孫楷第給我的信函，他五十多年前所撰「宋元明清四朝諺語類輯」，稿無恙，而迄未印成書。黎師在世之日，當不止一次，跟楷第這位大學長談到我。

寫諺志自序。承顧頡剛師「古史辨」之例，洋洋灑灑，寫了三萬多字。稿成，一再增删。送到商務編輯部去。全部諺志的刊印，對於內容方面，建民，承辦的編輯小組，商務的編審委員會，以及出版科長，從無一人提過異議，說那兒似乎不妥，需要更改。尤其是這篇長得要命的自序，印成書，整整佔了四十二頁篇幅。假如任何一個人有電話來。「朱先生，諺語志要印成十好幾册書。自序太長，讀者不易一下子看完，是否可縮短爲五、六千字呢？至多，不超過一萬字，好不好？況且，已經另有諺語工作年表。朱先生，懇請您不必介意。我們總編輯朱建民先生早已交代過了，如果您不願意縮短，也毫無關係。一切都完全聽您朱先生決定。眞對不起，打擾您了。」

果有這樣電話，我那能不聽從，不管對方怎樣客氣，說得多麼委婉，揆情度理，我非得照辦不可。

寫到此，內心裏無限感激之情，永銘難忘。時在提醒自己，六十年辛勤的諺語工作，僅此一點，就足夠自己萬分滿足，萬分安慰。敢說，在這一甲子歲月裏，所有諺學同道、師長、同輩，以及後一輩的朋友，**在諺語書册的出版上，還沒得人有如我這樣受到優遇**。容我再說一句，十分感謝朱建民兄，還有商務出版科長章堯鑫先生。

這時期，國父紀念館例行的朝晨散步，偶而會遇到長者李玉階。其次是馬星野、楚崧秋、黎玉璽、尼洛。有趣的是，皆是在大廣場上。哦，還有，老朋友李廉、惠榮雲夫婦。

常碰見的，則只有四人：趕著搭公車上早班的老同事黃尙仁老弟。中華航空公司創辦朱久，他就當了一名主管，早有錢可買座車，但他節儉成性。畫家兪仲林老弟，他準是在館西側場地上打太極拳。再麼，耿修業，林海音。咱三人，老是在美其名曰「翠微湖」，其實是一小池塘西南角碰到。修業來得最早，他行過深呼吸後，就要回家去了。海音的健身活動是，快步行走，繞國父紀念館外週一大圈後，到池塘邊，森林浴，閉目行健身操，顏面的按摩，我總在此時際趨前交談一番。不忘記的是，先問承楹兄安好。那時，承楹有國語日報社相當激烈的桌球運動，大清早或許還要搶著寫專欄雜文短稿，少有伴同海音一道出門。

跟海音的交談。不外這些事：我的諺語，她的文章，純文學出版社，彼此的家庭、子女，共同朋友的消息。常常一說就沒有個完。有一次，說呀說的，直說到她家中去。大清早的不速之客，好教承楹兄覺得意外。也是，海音是個大忙人，若非事先約定，是很難碰頭的。惟大清早，不少朋友還在夢見周公的時候，就我來說，這時國父紀念館易與她相遇。或是，散步回來，打電話去，十拿九穩，可連繫上。

七十三年五月二十一，晨間散步，遇海音，她說要我主持「中國古典小說集諺」的工作。我諺志索引編製完工，還不到三個月。諺志付排，猶待開始，勢非短時間所能畢事。自己很早有個決定，諺語工作一旦做了總結，這方面就收手，想閒雲野鶴一番。即令要做，毋需自己卯足全力，但盡引導、指點之責，其他應儘量讓年輕人做。學問的事，那能一個人做完，用不著拚命，老不休也。可是，海音一提說，我毫不考慮，立即應承。

海音提議此事，自非見到我，一下子想起來的，必經過了相當時間的考量。根本上，乃在自三十八年，他夫妻自大陸來臺北，對謠諺、民俗課題，早即存在著濃厚興趣。一如我的老師黎錦熙先生、顧頡剛先生。前輩丁惟汾、齊如山、錢公來、臧啓芳、齊鐵恨、董作賓、凌純聲、高鴻縉、盛成、方東美諸位先生。同輩的何容、陳紀瀅、婁子匡、陳國鈞、陳紹馨、黃得時、楊家駱、韓道誠、王素存、呂訴上、吳瀛濤、陳漢光、廖漢臣、蔡懋棠、方師鐸、張懃言、蔡苑清、張有爲、張瘦碧、張用寰、陳澄之諸位先生。

當時，池塘旁邊行邊談，我還說，是否要查詢一下大陸資訊，孫楷第「宋元明清四朝諺語類輯」已否刊印？海音說，不必管它。前已述過，這年歲暮，小說集諺工作，已進行到三分之一的階段了。楷第有信給我，稿存中央科學院，塵封已久，無出版可能。之後好幾年，得知他這部纂輯，規模並不太大。不像我們之涉及古典小說的全部。

我倆隨即進入餐店。飲豆漿，食燒餅油條。初步洽議，由她、古屋二夫（因其已對明清小說戲劇集諺，下了十好幾年工夫），我，三人合作。我來主編，海音管審核、付排。古屋在日本，怎樣合作辦法，未定。主要是，應用他已做了的部份資料。不過，後來一進入工作，很快即發現，他所錄者，小部份不能視作諺語。這自是，日本人應用漢語的情況有以致之。又有，它本爲諺語，由於未加冠詞，未有「這正是」「人們常說的」等字樣，而給古屋忽略了的。於是，後來就不太參證他已發表的中國小說戲曲集諺好些篇章了。

壽堂隨即寫了「中國通俗小說集諺作法初步擬議」。海音以爲可行，由她出經費，先請呂淑芬、張寶仁、李麗娟來我家，開始工作。海音與她三位見面，作進一步會談。一週後，添上麗娟好友林嫵。

有純文學出版社經費支援，給小姐們薪水，比我編索引時爲增加。使用這些傳統章回小說書册的購置費，也寬裕得多。總是錢還未用完，海音就又送錢來。我把這一切事務，統交小妹麗娟兼管。我不斷的，帶了她們去各大小書店和兩百多家舊書店，尋覓書册。有趣的是，一些較稀罕的小說書册，多是我一眼先發現的。只因**自己在書堆裏鑽了一生，反比年輕人眼光銳利**。市面上硬找不到了，也去中央圖書館、中央研究院傅斯年圖書館多方面尋求，若顧實「穆天子傳西征講疏」。最有趣的是，那天傍晚帶呂淑芬購書，意外的買得新出版的「晚清小說大系」，我倆直找到羅斯福路一小巷裏那家出版社去。本來人家要下班，先電話連繫趕去。大系裏，有一半書，我們已有，但有一半，爲我們所無。

最流行的舊小說，若三國演義、水滸傳、西游記、金瓶梅、紅樓夢、鏡花緣、官場現形記、醒世姻緣、老殘遊記、儒林外史、兒女英雄傳、七俠五義等，都是我少年時代讀物。青年時代，偶爾重讀。中年已不再看。不道七十歲後，卻要本本仔細閱讀，其感受跟前此大不一樣。不敢節外生枝，涉及到小說批評的問題而有所寫述，我但把讀後感簡略記入書册扉頁。我們的作法是：在書册上找出諺語，由我予以標紅，小姐們錄上卡片，並小說中引用這句諺語的上下文。或有文句過長者，則略予删節。不讓它與「中華諺語志」發生關係，它是另一系列的諺語蒐錄。於是，跟諺志雷同者，便不是問題了。

一般人不常見到的小說書，如後三國、後西遊、後水滸、水滸外傳、後紅樓、紅樓夢補、禪眞逸史、禪眞後史、女仙外史、青樓夢、萬花樓，京本通俗小說等等，都予廣事蒐羅。

初步設想，本只限明清小說，後來擴展到先秦、漢、魏、晉、南北朝、唐、五代、宋、元，而及民國。

在工作規範上，寫了「中國古典小說集諺採書及編纂序列」，「中國古典小說集諺凡例」。小姐們跟我，五個人進行小說集諺，跟諺志索引編纂，工作情境大有不同。小姐們，但找標紅處所，勿用細讀這每一册說部。我則必須鑽進這每一册書裏，從頭到尾，仔細閱讀。後來，對有些無需仔細閱讀，則採快讀兼略讀辦法，標紅。因而常跟朋友們說，想不到七十歲後，壽堂讀書生活，會有此境界。能說這不是精神上一大享受？若非這種工作需要，長時間的，從朝至夕，耽讀小說，豈非發了瘋？我又不是那種常去租書店，視看小說為唯一消遣的人。

不做諺語工作時，即專心寫「壽堂雜憶」，七十三年五月，已寫到第十一章「華北風雲」第三節「北平外圍」。每天慢慢寫，引發一些新的感興。久存記憶，從未想到過的陳年舊事，竟會如山泉之湧發。

王曲軍七分校十六期十五總隊同學葛希韶來，攜其回憶錄和我討論。三十七年在空軍渤海大隊，他任分隊長。所以有印象。王曲畢業後，空軍官校招生，把他選去了。盧溝橋事變時，希韶才讀初中。淪陷區青少年，激於全民抗戰救亡的義憤，投筆從戎，比比皆是。希韶未成年，暑假期，就這樣爲山東省政府青年救亡學生陣營所吸收，與日軍戰鬥、周旋，長期過著流徙的生活。他患痢半個月，裹在隊尾行走。因爲時常要去田野裏拉矢，而又裏急後重。褲子髒透了，人是臭的。又得趕著跑，怕脫了隊，所幸，官長、同學注意照應。半個月苦挨下來，沒丟掉小命，也眞稀罕。

希韶的回憶錄，於中國空軍官校學生在美國受訓，以及服役、作戰情形，都有動人敘述。我卻特別記得他入伍前害痢疾的這一段苦難。他這部稿子，得了同居人蔡幼珠的潤色。幼珠，廣東人，在武漢長大。也爲空軍眷屬。希韶婚姻破裂，才遇上她。說起來，又是好多愛情悲歡離合。我特鼓勵他，更往深裏寫述。仔細爲之審閱、修改，還在一篇文章裏，特別提到他這部回憶錄的歷史價值。

王曲同學入伍於抗戰之初，大江南北，參戰層面甚廣。無不有其可歌可泣的經歷，如能有三、五十人爲回憶錄的寫述，是值得十分重視的。八十八年春，十五期同學畢業六十週年紀念會上，我特爲指陳之。

第三節　兩岸交流血濃於水

三十四年秋，日本投降，臺灣歸入故國，隨先遣人員、前進指揮所人員飛抵臺北之後，不斷有大陸軍民紛紛前來寶島，掀起全島人士熱愛祖國的高潮。三十七、八年，政府撤來臺灣，南北各省人士，如潮水般大量湧進。從前，只是閩南、廣東客家「唐山過臺灣」，佔了絕大多數。至此時際，東南西北各地方人士作客臺灣者，估計不會低於三百萬之衆。

軍民到處興建克難房舍，誰不以爲暫棲寶島，不過兩三年時光，即可渡海而西。那知，十個兩三年都過去了，希望仍然渺茫。民五十五年，大陸文化大革命，十年浩劫爆發。全世界上中國人痛定思痛，海峽兩岸敵對、緊張的形勢才漸漸鬆動。滯留臺灣的大陸人士，以及這些年來移民或旅遊在港澳、東南亞、歐美、日本的海外華僑，難熬久離神州大陸的鄉邦情懷，紛紛自國外取道香港，進入大陸各地，**形成了中國人前所未有的大陸熱**。

或者，抗戰八年，淪陷地區的流亡潮，人口向西南大遷徙，海內外精英湧向重慶陪都，可以與此時期的大陸熱，差可比擬，但景況卻是大異其趣。今日之大陸熱，乃是散居臺灣及海外各個異邦的炎黃子孫，抱著葉落歸根的懇摯心懷，奔赴全大陸的每一個角落中去。非復抗戰時期之但集中於重慶、桂林、昆明、貴陽幾個點而已。

中國大陸社會，自三十八年後，歷經多次動盪不安，對國際上形成一種封閉狀態。觀乎上海不能如前此之活潑，那時，它爲中國的櫥窗。後此三十多年，它成爲一個閉塞的尾閭。

民七十七年後，十年來，海外遊子回歸大陸。四十載雲天阻隔的親人，流著熱淚，緊相擁抱，述說不盡的相思之苦，也相互傳道了不爲外人所曉的知心話。由這些知心話的交感作用，在外面的人，深深了知大陸社會的種種切切。而株守大陸的人，接受了許多世界上外來的訊息。於是，一種辯證的發展，中國歷史進程走入了一個新階段——照這樣說，則四十載的阻隔，也贏得代價了。我們乃可以退一萬步說，犧牲並非平白的。

臺灣問題一日不解決，大陸當局終覺一件大事未了。軍事攻略，血洗臺灣，滲透顚覆，行之二、三十年，事久無功。臺灣政治、經濟突飛猛進，大大令世人改觀。擷取臺灣經驗，進行第三次國共聯合，已形成爲歷史的必然，無奈臺灣顧慮多，惟恐大吃小。

大陸內部發行的參考消息。或許是名叫參考資料，不公開發行。由於廣大的幹部人員都能看到，已是半公開的新聞傳播品了。早就登載不少臺灣各方面的資料。壽堂並非大人物，小妹滿滿就是從參考資料上，得知我還在繼續搞民俗。聯合報經常有我的文章。她第一封試探性的來信，就是寄臺北聯合報社，承蒙報社重視，以掛號信轉給我。

以前，大陸上凡有親屬在臺灣者，多被目爲黑五類，受到監視與迫害。這時期，情勢倒轉過來。凡有親友在臺灣者，莫不受到黨政各方面重視。只希望你盡量多方面與臺灣親友連繫，密切通信，號召他們回大陸看看。

因而形成了**大陸上的臺灣熱**。

香港之成爲大陸與臺灣間的橋樑，這是四十年前，香港歷史發展上，再也想不到的局面。當海峽兩岸絕然敵對的時期，香港成爲大陸、臺灣兩方面情報工作人員進出的中間站。兩方面的其他人員，也在香港有不斷的短兵相接。不少滯留臺灣的人士，自始就賴著香港爲中間站，與大陸親友保持經常連繫。

總之，香港的存在，在兩岸關係上有許多便利。若是沒有香港，兩岸的阻絕，那就眞是絕對又絕對的了。

民七十四年，香港大學金耀基院長，**首倡大陸、臺灣互動之說**。互動者，謂相互適應、改變，交相影響之義。其實，也就是黑格爾辯證法的發展，不過換了時興，切合國共兩黨政治實情的說法，顯得十分中聽。

這兒，我以爲還可加上新加坡。

新加坡這個小國家，其地理位置、政治、經濟、文化的發展與立國的特質，顯然與香港絕不相同。但是，它的成就，無一不博得國際上稱許。城市潔淨，交通暢然有序，國民住宅之成功，在在非其他國家所能望其項背。**執政者李光耀的中國情結**，先與臺灣各方面有密切關係，繼而也與大陸關係良好。很顯然的，李光耀在促進大陸、臺灣的統一上，成爲強有力的中介。他是中國人，誠心誠意，爲此事竭盡其力，不像某幾個國家，雖熱心此事，卻難免不把它本身利益擺在最先。

八十六年十二月十一日，校閱到此，好感慨。臺灣領導人，也姓李，他太無中國情結，致其大陸政策，總是趑趄不前，進一步而退兩步。

大陸、臺灣、香港、新加坡的互動，是中國歷史發展的新局面。等到了公元二千年，我們定可從很多事情上得到證明。民八十一年歲暮的現在，還沒有政論家有此看法。

民七十六年二月，高達思趁學校寒假時機，經香港赴廣州、福州各地，考察中國社會生活、民俗、語言，爲我帶來了大陸出版的五種諺語書册。她前此曾去過北京。這幾年，在中壢中央大學教法文，而常在臺北。對中國已有普遍性的認知。她能說中國話，既是中國大學的教授，又研究中國諺語，因而能深入中國社會，得老百姓們喜愛。從她所拍攝的閩粵生活照片，可以充分看出來。她爲我也說了許多大陸情況，以及和臺灣、香港的比較。

以續得大陸近刊諺書多種，想擴大範圍來討論，「評大陸諺書三種」一文，輟筆不寫。

得侄女朱玲寄來蜜月照片，小夫妻倆旅行到了廈門，隔海望金門，苦念臺灣親人不已。如今，我們總算輾轉能以通信，得知彼此情況了。信上絕對不談政治，但述親情，彼此心照不宣。

七月，大陸探親問題，立法院裏屢屢提出質詢，催促政府儘速開放。報刊輿論，風起雲湧，不斷在鼓吹。社會上，人人以此作爲話題。工商界總是最敏感，早有人經香港，進大陸，前去探路了。大陸官方與民間，一體有了善意的回應。國際上也樂予肯定，海峽兩岸早就該解凍了。大陸、臺灣的緊張局勢，既不有利於兩岸各自政治、經濟的發展，也不利於國際一般的關係。一旦臺海發生戰事，除了極少數國家可收漁人之利，多數國家都很難隔岸觀火。四十年來中國人的情結，早已到了不堪忍受的地步，不少人爲天命所限，等不到這一天來到，抱恨終身的逝去了。兩位蔣總統足爲代表。

大陸探親問題的背景，就是如此之迫不及待。

外甥朱斌在美國波斯頓大學的要好同學廖建能，是臺灣省人，已取得碩士學位回來，暫時不打算再出去。斌斌託他帶封信來，要他來看我，詳說斌斌情況。斌斌從大陸出來後，很能適應國外環境，跟臺灣去的同學，不論本省人、外省人，都相處得極融洽。廖建能和我一見就很投緣。

我再三陳說一個觀點，新中國的前途，繫於海峽兩岸留美同學身上。由於去美留學者最多，美國的民主政治，科技進步，企業經營，學術自由，都非其他外國所能及。

先是，有位臺灣留美女學生，帶來了斌斌的信。她以時間緊迫，要回南部，未能親來我處，只把信付郵轉寄了來。

與二十二巷鄰閭，中醫外科，又兼針灸大夫陳水川，說大陸旅行美景。水川爲本省人，父親爲中醫外科，已漸式微。這家父子杏林薪傳，所以難得。在醫療的小技術上，他採用了西醫的量血壓器，酒精消毒，藥棉花紗布。而內服與外用的塗抹藥劑，係用自己所特製的草藥。對於疱疹，其療治很有效。我就看到兩位患者，嚴重的疱疹，纏繞腰部，已要合圍了。人家都說一經合圍，疼痛起來，影響心臟，即無治。他的用藥，使之減少疼痛，疱疹部位漸漸退縮，終至痊癒。那兩位患者是經西醫療治無效，轉而求他。水川剛四十出頭，他之嚮往大陸，主要是想求名師引導，使他已有的針灸醫術，更進一步。據說，高明的針灸，扎針在病患者身上，並不需要扎太多部位。

他跟我看法相同，對大陸上中西醫藥之綜合運用，有很好評價，深願多去觀察、借鏡。此外，也代表臺省人士的一般心理，大陸歷史文化、地土風光，具有著深深的吸引力。我們也都早獲到訊息，大陸經濟與社會生活，雖較臺灣低了好多，但這四十年來，並非一點進步也無有。太值得每一個在海外的中國人，應該儘速前去親眼看看。

八月，聯經出版公司掛號郵寄，轉來香港譚達先、北京薛汕（黃谷農）的來信。先說薛汕。早在民三十二年，他在重慶，我在長安，妻子匡介紹，得以通信。薛汕爲詩人、小說家、俗文學研究者。民五出生，是個十分熱情、活躍的人。抗戰前在北京讀大學，成爲共產黨員。（這是以後我才知道的）由於致力於歌謠的採集與研究，在重慶見到黎錦熙師。黎師將我與他相提並論，十分看重我倆的謠諺研究。與薛汕通信之始，即首先約定，交換兩人所得的歌謠、諺語資料。諺語工作中，得到不少歌謠資料，我曾爲他寄出了首批。迄至三十七年冬，我來臺灣以前，在長安、武漢、南京，與他不斷通信。

兩岸阻絕四十年，偶讀大陸「民間文學」期刊，少有他痕跡，以爲他也跟諺語同道薛誠之一樣，已不在人間了。

譚達先，民十四年生，入中山大學國文系，爲鍾敬文「民間文學」得意弟子之一。他對中國古典文學與民間文學有相等的研究。與薛汕兩人都遭到迫害，下放牛棚。民六十九年達先離開大陸，到香港定居，教書、研究、著述不斷。由於香港政府不認可他在中山大學的學歷與任教的資歷，他只能於私立學校任教師。乃在香港大學讀碩士，七十四年再進博士班，這時他已六十一歲。其勇氣、毅力，與非凡的精力，非常人所及。

薛汕定是從大陸內部參考資料，知道了我的諺語工作與寫作情況，寫封信，託達先轉寄。其時，臺北聯經出版公司在香港舉行首屆書展，達先看到我七十三年在聯經出版的兩部書：「中國謠俗論叢」，「俗文學論集」，乃將信寄聯經出版公司，而得連繫上。

每天優先閱讀各報大陸探親新聞，甚盼能去大陸旅遊。

得譚達先六千字長信。後又讀其致妻子匡者，也是六千餘字。分述其生活經歷，治學過程。我倆同樣驚嘆不已，平生未接過這樣長的信。寫情書，情話綿綿，也少有寫到這麼長。

寫「中國地理風土諺的音、影檔」，也是重在大陸社會古今地理、社會生活的音、影畫面動態記載。

閱報，大陸事物特感興味。函二弟，想偕他去東北、蘇杭。若能帶小妹、么弟、子侄們，更好了。我這書獃，未免想得太單純。與這樣多人同行，得花多少用費？竟未估譜的計算過。

探親特別報導電視畫面，每令人淚垂不已。一如抗戰勝利之初。親人在香港會見，莫不相擁而哭。四十年矣，超過了抗戰八年的五倍時間。是蔣經國總統將去世之前的三幾個月，所作的重大決策。要非他的魄力，執政當局就是難得跨出這一大步。

有家電視臺特派記者，記得是凌峰，隨首批進入大陸的探親者，沿路採訪，廣州、武漢、河南、北京，直到東北。攝下了種種的歷史鏡頭。大陸上儘多王寶川，在臺灣的夫君則多已另娶。

讀大陸女作家張辛欣與男士桑曄合著的「北京人」。許多大陸新生代作家的作品，臺灣出版界爭著搶印。

北京宣布郵件逕寄臺灣。近半月了，臺北迄無反應。七十七年元旦，爲報紙增張，聯合報闢大陸版，感欣慰。

元月十三日，蔣經國總統逝世。股市先衰後揚。起初政治上不免震驚，後來，政權和平轉移，並無絲毫動盪。爲寫「哀思憶語」。大陸黨政領導者，都表達了懇摯的哀悼之意，且擬派高級代表來臺北弔喪。李光耀率新加坡人數衆多的代表團來悼，懇切、誠摯情誼，尤令海內外中國人深深感動。

報導中國大陸現況的書册，成爲暢銷讀物，圖文並茂，印刷精美，一時之間，突破了四十年的絕對阻隔。執筆者、編輯者、出版者、發行者，乃至廣大讀者群，以及批評家，都有共同認識：天安門廣場，毛澤東掛像，中華人民共和國國旗，人民解放軍，三軍武器，黨政領導人……這一類畫面，不可顯露出來，但說歷史文化，地土風光，自然現象，社會生活，交通食宿，就已經夠繽紛雜陳。

大陸各省各大都市的地圖，也應有盡有。還有，當代年輕作家所寫的小說、散文、詩、報導文學作品，皆以民三十八年以後的中國社會爲題材，紛紛出現。有的是影印大陸原書的臺灣版，有的是作者授權，就其原稿在臺灣排印出版。七十七年上半年時間，我並未太普遍搜購，已得書一百多種。閱讀之後，對大陸社會的了解，再不似以前只止於概念式，模模糊糊的印象。

三十年代作家作品，如魯迅、茅盾、巴金、謝冰心、老舍，不問其內容如何，在臺灣，皆受「查禁」處分，已爲時四十年之久。有時，那持有者、出版者、閱讀者，還有被判刑坐牢。此時，都自自然然的解禁。臺灣各地書店，彷彿回到五十年前的上海、北京，這些作家的出版物，已到了泛濫書刊市場的地步。例如，我在臺北買到茅盾回憶錄「我走過的道路」。

有三部書，予我深刻感受。

黃德章　大陸返鄉探親見學史地四十五天　著者爲臺灣省人。一直住臺中市，主持一份非政治性亦非文學性的雜誌。夫妻倆感於大陸熱，以極懇切的心情，訪問大陸南北各地，即時寫述，即時出版，插入很多彩色照片，十六開硬面精裝。書名好長，自是特有命意，「大陸返鄉探親」，充分表達當時人們「葉落歸根」的強烈願望。「見學史地」，指出大陸之事事物物，引人知性的、感性的了解與接觸，非僅止於泛泛觀光而已。「四十五天」，在尋常生活裏，一晃就過去了，黃氏心態上，這每一天，都過得好珍貴，好充實，教他銘刻五內。

顧衍時　龍的故鄉　著者，江蘇人，臺灣長大，受大學教育。赴美留學，得博士學位。民六十四年起始，在大陸南北各地大學爲客座教授，短期講學。非是走馬觀花的過客，與學校師生、社會各界都有接觸。憑見聞所及，以每個省區或地區爲範圍，寫了不少篇報導，先在美國華文報紙刊載，而後集結成書。是全面探討大陸社會，甚具深度的一本專書。每章後特列概括性的說明，利於查考。純學者觀點，不羼入政治性的褒貶，是大陸熱中諸多書冊中少見的優良作品。

「中國之旅」，後改名「博覽中國」。　六、七千餘元新臺幣預約，大本彩色印製，以攝影圖片爲主。首册北京，第十册爲臺灣。其攝影、文字撰述並編輯群，都幾度前赴大陸，而後一册一册陸續出書。半年多才出齊。這類大部頭的套書，一時之間，搶著出版者，不下六、七種，在臺灣狹小市場上，居然並不滯銷。主要因素，自然是「大陸熱」的關係。再者，中小家庭以此爲客廳陳設，不覺其昂貴。

文思湧發，心念馳飛大陸，能有乘火車，爲全國旅行的機會麼？

祥婿自港歸來，送我兩套大陸產品，純棉睡衣。未上身，已覺十分愜意。鄉思愁懷，得以紓解。

政治大學國文系研究所學生熊仙如，以「古謠諺裏的諺語」爲其碩士論文，找我指導。鼓勵她更進一步，修博士，以「中國諺語史」爲論文題目，務去大陸一行。蒐集書册資料，親歷大陸社會生活，以透澈了然中國諺語的文化背景。她甚以爲然。特向她博士班主要指導教授王夢鷗兄推薦。可能由於她考試成績差，名額限制，諺學未受重視等因素，她未克往前更進一步。

寫「大陸近刊諺書」，已讀到二十多種了。而「喜見朱炳海氣象諺語」，另題寫述，先行發表。

三商行飲食文化圖書館翁雲霞小姐，去大陸返臺北，帶來北京大學段寶林教授「民間文藝學」，讀之，頗多彼岸訊息。

留美教授熊玠，說是在北京見到幾位當政者，帶來口信，要為促進兩岸和解而致力。一時，「熊玠震撼」，撲朔迷離了好一陣子。

瀏覽北京俗文學學會出版的「我和俗文學」。士林君子們在文化大革命浩劫中，多有下放牛棚，猶然奮筆著述，可悲可敬。

三家電視臺始有大陸重要城市氣象報告。昔日一種現象，把全世界各地，連非洲、澳洲氣象，也遍加報導了，獨缺中國大陸者。以政治忌諱，豈非太遺憾了。但，政府主管單位，一切著眼，政治第一，動輒要管制、糾正，傳播事業敢不從命乎？

薛汕使其友吳一虹，在北京「長城文藝」、「文苑英豪專欄」撰「朱介凡」，可感。為中國民族學會「民族學通訊」，寫「浩浩乎巍巍乎懷我大陸」。寫「詩人、作家、俗文學、民俗學家黃谷農（薛汕）」，以回報他，兩岸相互吹噓彼我，擴展我們的學術因緣。只惜少有報刊容納此文，一直壓擱，未能發表。八十四年春，方收入所撰「中國民俗學歷史發微」專著中。

華視「錦繡河山」，報導大陸風物，引人欣賞。在我，更是無限的感慨系之。這話當這樣說：所有離鄉背井的大陸人士，都因而起有無限的感慨。

買「中華雜誌」，聲援胡秋原大陸行。秋原夫婦、子女，還帶著秘書隨行人員，至武漢、北京，特別會見了中共領導人之一的李先念，談論國家歷史發展與兩岸統一問題。返臺灣後不容於當局，國民黨予他開除黨籍處分。引起社會上不少人反感。秋原爲重慶時代留臺的少數國民參政員之一，爲史學、哲學大師，清譽甚高。國民黨那裏還能找出第二個胡秋原。當時，不少的人，譴責國民黨小氣，二十餘位國民黨員齊集中央黨部門前，丟棄了黨證，表示嚴重抗議。

爲當局大陸政策放不開步子，引起許多人反感。

祥婿赴大陸，特去武漢、西安，看我弟妹他們。事先，他並未告訴我們。在行程上，也考察商業上的情況，看貿易機會如何。

江弟二女祥華來信。已五十歲了。我這姑爹，偏喜愛這個大眼睛的女娃兒。實則對所有子侄輩，乃是一視同仁的。

十二月三十一日，小妹自漢口來電話。骨肉隔離，不聞弟妹們聲音，整整四十載。

「中國諺語裏的歷史傳說」付印件之標紅。七十六年八月，此書出版。既列爲「民族文化叢書」系統，行政單位主辦其事者，不得不切守其公務上原則：一、篇幅不可膨脹，致超過經費預算。二、要求書的內容四平八穩，使我不得不削足適履。有了這次不愉快的經驗，因決定此後不再接受公家委託，編撰書冊。

舊曆年前，海音送古典小說集諺編輯費新臺幣五萬元來，璧謝之。讓海音難過，我不肯領她盛情。

張寶仁大學畢業論文，寫「中國諺語的社會思想」。

徐瑞霞小姐離商務編輯部，葉幗英接手。瑞霞是惟一細讀過諺語志全稿的年輕人，心感無已。書出版後，閱讀省目多矣。我贈送友好與同道約六十部。幾年來，海內外圖書館與個人之購藏，已相當普遍。只以書冊龐大，除細心研究者外，能讀畢全書的人，不會很多。包括我永久的情人筠筠在內，書初到手，她朝夕讀之。其後，時時旅遊國外，便一丟十八休了。非婚外情，是青逝去後，她來哀切悼念，才起情絲的。她的夫君，乃我老友，已逝去好幾年了。青必要欣讀全書的，惜已昏迷在醫院。

王孟梅，東海大學碩士論文的研究，來談中國戰時（民二十六年至三十四年）婦女生活。她廣查資料，看到我民三十年前後所發表的婦女問題論文。

偕高達思到臺北市光華商場買舊書。我一旁特爲介紹她，這位法國青年教授，各書店老板，皆欣然主動的低價優惠之。

參觀梁丹手阿拉斯加之旅寫生。那天，我先看丹手叔叔中銘的畫，也多爲寫生。既有臺灣大元山、太平山的畫。也有他去美國遊歷的畫。我和中銘說，何不寫寫「畫本事」，把有些畫的背景，作者生活並心態，寫寫文章哩。中銘答說，我這隻筆只能畫，如果又寫文章，豈不岔分了心力。期期以爲不可。

梁鼎銘、又銘、中銘三弟兄，老二老三爲雙生。丹手係鼎銘女。三昆仲的下輩人，子侄們很有幾位也傳承了繪畫衣缽。丹手除了一枝彩筆，更兼有一枝文筆，正是如我所期望於中銘者，對於每一系列的寫生畫，都寫述了「畫本事」。她勤勤懇懇的，既寫又畫。在文壇與畫壇而言，還少有這樣兼美者。

我在中國語文學會，報告「語言學及諺語研究的資訊」，意外的，獲得旅澳洲學人姜文的高度回響。她前在臺從事廣播工作。很有意思，深願參與地理風土諺的錄音。特來我家作首度商談。見青病重，致見面禮新臺幣一萬元。

記青近年衰病中口頭禪：「我不曉得要怎麼樣好？」心意、動作難適從也。六神無主。「我跟你講。」她有意思要表達。走攏去，等著聽，她又沒甚麼要講的了。且說：「你逼我，我就講不出來了。」

「我糊裏糊塗。」「沒有主呀。」「昏昏倒。」皆老人性癡獃症的表徵。白天，睡在枕頭上，還只嘮叨：「打不清方向了。」「我沒有用。」「客氣一點。」怪我強力拗屈她。「扒一下，動一下。」上馬桶，進浴缸，腳步難自動。自嘲自怨也。「把我扶正一把。」「救救我。」可憐的青，這一句，最無可奈何。「扶我一把。」坐馬桶，要立起揩了。「辭不達意。」有許多話，要說，苦於說不出來。「我怎麼得了啊？」每日起牀後，坐客廳時的第一句話。

讀陳紀瀅「我的郵員與記者生活」，他凡有新著，即使單篇，也首先贈我。知道我必先睹爲快，珍藏之。且撰評論發表。目前，我的文字，不太爲報刊接納，才只能於回信中略抒讀後感。

初遊木柵動物園。一人獨行，意趣缺缺。我把它全部地方都走到了。比之圓山舊址，大十倍而不止。所有動物，都能生活在可相當舒展活動的空間。其形象，電視有系列報導。它搬家遷木柵時，長頸鹿、駱駝、大象、虎、豹，車隊過市，上車、下車之不易，電視畫面，令臺北市民印象深刻。

第四節　憂苦空軍總醫院

七十八年元月間，扶青進寢室，兩人跌倒牀前，她無恙，我跌斷了門牙。隔不幾天，同樣跌倒，我再斷門牙一顆，使牙齒成山字形。

七月二十二，星期六，晨間，我去榮民總醫院看高血壓，星兒請半天假，在家照料青。原本看病之後，即去中央圖書館看書。轉念，星兒一人在家，太累，還是先回家，午後再去圖書館。回家，發現青高燒，剛好，馬寧遠自美國回來。他以前是空軍總醫院的醫師。託他先爲招呼。祥婿到臺中去了。適對門賴家兒子在家，就用他家車。下午，趁陣雨初停，送青入空軍總醫院。一睡上病牀，插上導尿管，打點滴，就給繩綑索綁一樣，身體轉動，難自由了。就這樣子，一年半之久，直到她亡故。當晚，請定了護佐小姐江珍珍，全天候照料病人。我早晚皆去醫院伴她。

青不在家，極強的失落感。

經過主治大夫王崇文種種檢查，二十九日告我診斷結果：老人性癡獃症、柏金森症、營良不良。並說，她隨時可能心臟衰竭死亡。

次月二十一，星兒去歐洲開會。青病，她原不打算遠離。我勸她不可屢屢因母病而放棄了國外考察、研究、開會的事。孩子勉強成行。囑昶兒務必瞞著青。他仍然說了，青精神受激動，病情惡化。引得江小姐埋怨。九月十五日，星兒自德國歸來。

青睜眼看人，卻不說話。

江小姐原曾學過護理，困難性較高的扎針，她都能耐性的、穩妥的、仔細的，不讓病人痛苦的辦到，爲大夫、護士所難及。

醫生說過幾次，要讓青坐輪椅，推到病房外庭園散步，曝曝陽光。但是導尿管、滴點架、氧氣罩的移動，非簡單事體，江小姐能每天抱青在病牀旁，輪椅上坐一會，就已經很不容易了。倆小聽說婆婆可坐輪椅，好高興的把家中用的輪椅推到醫院來。結果，一直未用。擱在病房裏，佔地方，上十天後，只有快快推回家。醫院裏輪椅有的是，只因使用頻繁，較舊一些。

我每天通過四條東西向紅綠燈的大道，進醫院，捨電梯而不乘，走上四樓。起先，她還能說話：要回家吃飯，要穿上褲子（導尿管的障礙，不能穿褲子），說是受騙到醫院裏來。兩個多月後，便不能言語了。勉強在醒時，撥弄一下病牀兩邊欄杆上橫牽著的橡皮筋。是江小姐特爲安排的。

十二月，內科醫生兩次催攆青出院。以病牀需要者多，青病無起色。經祥婿找醫院院長，以他倆同學情誼懇求，星兒又特訪拜主治大夫，這才穩定下來。我送了陳存仁「中國醫學史」畫册給醫院圖書館。院長特來病房答謝。他不輕易到病房。只每晨上班前，佇立醫院入門大廳前察看，在餐廳與醫護人員共餐。例行醫務會報中，常問起姚青病況。

二等病房本是兩張病牀，由於青習慣性的哼（有時並非疼痛或身體上不舒服），擾得別人難安眠。對面牀上病人，不得不避之而去。這病牀，夜間就成爲江小姐的睡牀，她不必如其他護佐，攤開躺椅，睡在病牀前了。江小姐爲資深護佐，深得她所屬護理公司、醫院主治大夫、護理長、資深護士小姐們的信賴。她的人際關係好。這個病房既較寬敞。鄰近病房的護佐，午間就集中在這裏用餐，大家戲稱「珍珍餐廳」。

用費上，係星兒公教保險，病房、醫藥費，由公保負擔。有的貴重藥品，須病家於藥房買。伙食費，病家付給。她服用全流汁，較一般伙食要貴三分之一。護佐費，每天新臺幣一千二百元。全月用費合計約四萬五千元。七十九年，護佐費調整爲每天一千五百元。病人伙食費也略有增加。又規定公保病人只能住三等病房。三等病房六張或八張病牀，青一住進去，會吵得全房人睡不好覺。於是，仍留二等病房，繳付差價費每天三百餘元。這樣，後期用費月約六萬元。總計青住院一年半，結結巴巴的，花費了新臺幣八十餘萬元。

這一年多時期，我再也無甚麼情趣。大千世界，目視之不見色彩，耳聽之不聞雅音。青苦臥病牀，我何忍獨享人生。每出醫院，總不覺淚垂不已。五內憂戚，深埋心底，不讓子女們察覺。中秋夜、大除夕，讓江小姐回家，也不要子女留醫院，我伴著青過年節。青奄奄一息，我那有心情過年過節。

七十九年大年下，益弘弟、適清舅，皆特別到醫院看青。表妹劉素芝，老同事林谷村也來看過。別的親友，通謝絕。說青已不能語言，也不認識人了。請免勞步。

在家，聽廣播國樂簫聲，觸我愁腸。青的無可奈何，還不知怎樣下場？

隔不兩天，上五樓嬰兒房，玻璃窗外看孩子們，聊以解憂。整個醫院，惟獨這層樓，洋溢著一片生命喜悅。

每天去醫院，一進大廳，藥味迎人。我自小比較喜聞西藥味道，跟中藥草根味不一樣。如今，卻不想再聞了。過南京東路往北，這條南北向小巷，也不想再走。可是，每天非得來回一趟不可。摸撫青，嘆息不已。出醫院，淚垂不已。

聽「早晨的微風」歌曲，抒情、感慰、激勵，兼而有之。「不要回首，不要憂愁」的詠歎，正似今日我夫妻苦境。

九月，王冷曦侄女自美國來電話，得知我現況，她哭了。

自十八歲後，每年新秋意趣之高，今不可復得矣。

青內臟已不知是何情況？高燒，打止血針，服退燒藥之後，全身大汗，而並未爲治療。士林看星兒。回到家，觀念一變，覺處處有青與我同在，儘量使自己不觸景生情。

冷曦自美國來，陪她走醫院看青。青體力已漸衰竭。

七十九年十一月五日黎明前，青逝。即寫「江夏姚青夫人行述」。次年，刊於湖北文獻。

急辦喪事，昶兒爲慰我，來家伴宿。他半夜，看見牀前一黑球滾動，認係青靈魂歸來。

電話陳紀瀅、余紀忠，夏承楹、林海音夫婦、依風露、胡秋原，請賜輓額。

寫輓聯、祭文。平生，作過幾次輓聯，如二十四年爲袁勁，五十五年爲胡睦臣。祭文，破題第一遭。行述，也是從前不曾作過，其實，只是散文體，不過，環繞著亡人，表達哀思而已。

偕昶兒先至六張犁看靈骨塔，再至內湖金龍寺。這邊，山林幽靜，無六張犁墳墓壘壘，乃決定後者。

楊家駱兄，用清末那種淺印圓形圖案的對聯紙，集行述句輓青，極獲我心：

以暴風雨裏開始

賴讀騷莊來遣懷

撰「憶青絮語」長文，後改題「悼亡」。

著青居家常服灰色寬大夾背心，懷想近幾年，她秋冬坐輪椅，在書房相伴情況。

十一月二十開弔。家中靈堂撤除，恐房客李家兩小心生畏懼。次晨，至火葬場檢骨，帶兒、媳、女、婿，奉青靈骨於金龍寺。

江夏姚青夫人行述

江漢地區老輩人，對民國元年出生的孩童，每每如此笑罵：「革命黨脫胎」。所異者，這話頭並不流傳在廣東、四川、湖南、江浙，以及京畿地帶。辛亥年，爲拯救國家危亡，志士仁人死事之烈，各地何讓於我武昌首義。袁世凱稱帝，這話方不再傳說了。可是，它卻嚴重影響了壽堂一生。家無半畝，心憂天下，群生疾苦，驅我奮戰。害苦了親親姚青，五十七年婚姻生活，少讓她過舒適日子。

青生於夏，我生於秋。從小，外公外婆就希望兩大外孫，親上加親，只差沒有文定。大革命浪潮，使我中華兒女，多少人載浮載沈，捐棄了青春生命。十六年秋，閩粵苦戰歸鄉，孑然一身，蛇山之麓，越長江滾滾，只見夕陽將沒，涼意漸深，不知今宵宿何處？一番意念引我掉首北望，青住朱家巷，那不是我所愛甜美家屋。對青的強烈情愛，自茲枝苗茁生。豈非癡狂，也爲妄想。

十九年，自山東返武漢，職業寫作。心有靈犀一點通。每當晴明下午，我正想念伊人，青便姍姍而來。幾位至友，莫不欣羨壽堂有這麼一位端莊美麗的愛人，常說在她身上，只見到我影子。

我倆定情於歷史性的地方，兩湖書院沿湖長走廊，也就是謝冰瑩大姐當女兵的中央軍事政治學校那個營區。海誓山盟，突逢雷雨，以「暴風雨裏開始」，記此難忘辰光。這篇抒情之作，刊當年湖北中山日報副刊上，或不難找到。

苦戀七春，酸甜苦辣交雜。二十三年旅行結婚。先抵鄭州，隴海花園採紅葉，今猶夾在蜜月留影相框，葉兒艷美如昨，青已棄我先走了。前此歲月，雖勉能白首偕老，而堅實人生，竟不如微薄幾片枯葉的持久。

長女小萍，出生武昌同仁醫院，三天夭折，可憐孩兒常出現我倆夢境。大名城鄉，風沙撲面。二女秋影，編織夫妻夢想，多想使她成爲北平的妞兒。電車上，西洋婦人，誰不愛憐這個中國女娃兒。曲陽生活更清苦。

抗戰既起，悲歌慷慨，勇戰晉冀豫魯敵前敵後。父母弟妹妻兒，在敵機武漢大轟炸中，險危更甚於前方。二十七年秋，執教長安王曲軍校，日食爲艱，長子昶兒方生，而秋兒夭亡曲江池。二子仁暉生於終南山下，營養不足，勉強活了半歲。星女是最小的孩子，能否活命，令人憂心。敵寇時圖西進關中。中國抗戰雖已勝利在望，而最後苦鬥，誰不咬緊牙根，啃雜糧裹腹。一對兒女幸已長成，在臺灣讀到最好學校，完成高等教育。對著孩子，夫妻倆總有痛腸兒之感，青述說不盡的苦，較我更甚。

臺灣四十餘載，勉稱安定，青仍然省吃儉用。自己工作委屈，賴讀騷、莊遺懷，治諺學益勤礪。她骨結核、膽結石、痔瘡、目疾，四度住院，生命搏鬥，皆得康復。我一次退役，二十餘載無收入，較一級貧戶猶苦，人皆不知也，賴賢妻支持，既感且愧。

當年熱戀，誰能想像得到，置身武漢，竟從未陪她看過一場電影，也未坐咖啡店，只是儘情漫步郊野，讓她走瘦了腳。還是盧溝橋事變前三月，奉侍岳母也是我姨媽，夫妻倆帶了秋兒，在北平聽楊小樓、郝壽臣、金少山、尙小雲，嘆爲觀止。而仍然大部分時間，自己鑽進北平圖書館。

壽堂一生，寫讀、諺語工作不倦，青常嘆我自私，把時間都付與書獃生涯。念我良人，述此哀情，只覺愧對亡親，愧對妻兒。身爲長兄，也愧對弟妹們。

這次住院年餘，醫護悉心療治，尤其是江珍珍女士，衣不解帶，全天候周全照顧。青一直氣色紅潤，雖臥牀不起，而毫無病容。幾瀕於危，都得院方急救。昨日黎明前，父子三人趕到醫院，青剛剛氣絕，這才看到她臉色灰白慘然。撫擁一慟。還得料理後事，節哀順變。

越臺北市八德路北行，再穿過三條紅綠燈大道，這一條傷心之路，不忍心再走了。每天前去伴她，捨電梯不乘，硬要一步步走上四樓。離她病榻，一步步下，反而腳腿遲重，淚盈滿眼，不敢在子女前顯哀苦。青以腦萎縮，老人性癡獃症，柏金森末期，呼吸衰弱，走完人生最後艱難途程。不能言語逾一年，尙能辨識親人，心苦十分，無由表達。這幾月，高燒成常態，百般痛楚折磨。

海峽兩岸開放，苦念神州，青竟不能及身而往。遺恨難補，天人永隔，嗚呼哀哉。

壽堂　朱介凡敬述

中華民國七十九年十一月六日

維

中華民國七十九年十一月二十五日，夫朱介凡，率子仁昶、媳江元姑，女仁星、婿梁定祥，孫取莊，外孫女梁振儀、振萱，謹以香花清酌之儀，致祭於賢妻青青之靈，曰：

長江浩蕩兮　風雲飛揚
江漢激流兮　革命中樞
志士熱血兮　耀吾鄉邦
卿卿我我兮　生逢其辰
秉此傳承兮　奮戰一世
家無恒產兮　惟書惟諺
生活清貧兮　苦我妻兒
憶昔幼小兮　外家歡聚
少年熱愛兮　苦戀七秋
蜜月之旅兮　初宿鄭州
楓葉片片兮　而今猶存
卿已仙逝兮　天人永隔
嘆生命之悠忽兮　人不若物
五十七年家室兮　苦多於樂

雖內心其甜美兮　日食維艱
相知相諒相忍兮　歷歷在心
愧我無能無富兮　累君淒清一世
人生途程之末兮　今我孤孤單單

君其佑我子孫兮　福德康強
青青賢妻我愛兮　永繫我心
靈前哀慟我愛兮　苦情無盡
我愛我愛我愛兮　相思百結
哭卿言不盡意兮　悲悲切切
嗚呼　哀哉　伏惟
尚饗

壽堂輓
結褵五十七載歷盡艱辛有賴賢卿助我勉成六十年諺語經營
苦病纏綿九秋堅強搏鬥憐君長夜折騰終此八十載慘淡人生
仁昶輓

慈悲星沈非幻不滅天倫夢覺五十秋
黃鶴樓頭本眞長在無限江山故園情

仁星傷苦，不欲寫，係殯儀公司代擬。她但寫，只有比我父子倆寫得要好。

表弟童世璋輓辭

蓮姐靈鑒：

先母病中，我弟妹均年幼，得到您家對兩代的愛心與照護，永生難忘。吾母中年辭世，先父於武昌長春觀誦經，道士念孝單，當念到「內姪女」您的芳名和「未婚夫朱介凡」的時候，您家臉頰上泛出兩朶紅雲，最是聖潔美麗，弟妹們跪地回頭頻頻望您，感情還帶著點淘氣。

今春返鄉探親，業已進入老年的弟妹，陪同重返長春觀大殿，當日情景，憬然入目，乃詳敘您家病重住院苦況，傷痛同深。海峽遙隔，無緣見面，今來祭您，我夫妻弟妹之心何堪？天乎天乎！

表弟　童世璋
表弟妹　劉德華　同叩輓
表弟　世璁　世瓚（在大陸）
表妹　世瑜（在加）　世瑛　世瓊　世珖（在大陸）遙祭

世璋表弟這段話，是我們家族間五十七年的歷史。白布寫的輓辭，公祭後，就火化了。再請世璋以小寸楷，宣紙重書爲條幅，且加蓋紅色印章。寄來臺北，送藝品店裱裝，襯以紅綾，加壓克力，金色雕花外框，甚爲華麗，與楊家駱教授輓聯，同懸廳堂。還沒有喪家這樣做。要非世璋寫出，青婚前聖潔美麗，內心充滿幸福之感，正要準備作新娘子，這情境，沒有第二人會記憶得起。好教我夫妻倆，存歿均感。

爲青遺像換金色相框，懸書房，與曲江池全家福並之。經常香花禮供。

青常入夢。

元姑母子時來。四海一家食羊肉火鍋。元姑說，好幾次，夢見青對她笑。

兒子怕我寂寞，時來相伴。女兒也是。兩外孫女，晚上做功課，時有電話來請安。老朋友、老同事，也皆常來探望，通統是在慰我孤老生涯──實則，自青入院之後，我的孤老生涯即已開始，賴自己勉力潛心寫讀，兩年來，早已得到情緒的轉移。我更把周末、星期天的時間，放到中央圖書館去，悠遊書城，使自己悼亡的心緒，減低到零點。或是流連歷史博物館，獨坐品茗，了無所思，下走植物園，荷花池畔漫步。

青的遺容，朝夕對之，常常感到她恍然仍在我左右。

空軍渤海大隊的同事梅榕生，四十年來，很少見到他。是一位極熱忱的朋友，特來，懇談了兩個晚上。說，有位未亡人，五十多歲，依著女兒女婿過活，她一直對我有好感，是其女兒的意思，要爲其母與我牽紅線。我還記得這位女性當年待字閨中時的影子。榕生還帶了她目前的兩張生活照片來。顯得好年輕的。想想自己之白髮蒼蒼。又復兩袖清風，我能有些什麼條件，接納人家的美意？經過一番考慮，只好深謝謝榕生感情。

陳紀瀅夫婦召宴山西餐廳，準時前往。未料到，他倆還邀請了一位丁夫人來。以前，在紀瀅家，碰到過兩次。她對紀瀅極親熱，聲聲陳大哥不離口。紀瀅夫妻兩看她如自己的大妹子一般，關愛備至。也是位未亡人，活躍於友輩、鄉黨、同學、同僚之間。窺紀瀅用心，頗有爲我拉攏的意思。伊人年歲、容貌、身材皆屬上選，只是，她的性行，教我難有好感。禮貌的敬敬酒，泛泛交談，使席散了。後來，紀瀅從未提到這一件事。

人生的事，眞是好難說。好朋友爲我牽紅線，謝之於前，卻沒想到自己意惹情牽，並未元全的接納我。偏偏這一對冤家，情絲千千萬萬攪纏，且是三角習題。眞是太教人想不到了。只好坦白，領受兒孫們譴責。平生一個最安於家庭生活的人，臨到如許年紀，只是滿室圖書相伴，孤老頭兒的。

穿花拂柳，姍姍而至，好出乎意料之外的筠筠，走入壽堂生活中來。遊陽明山，拾楓葉。爲她寫文體別致的「訴愛」。她特別同情我孤苦，早晚電話安慰。她極明快的接納了我，卻也明快斷然決定，堅持不移，絕不再嫁給我，只做我「永久的情人」。我夫婦一直以大嫂尊之。四十年來，我並沒與她有過一段情。偕筠筠常爲陽明山情人路散步，不知時光之移走。

有好友，知道了我跟筠筠的事。無論鉅細，我皆合盤托出。勸我不要在雜憶裏寫述。這顯示你對姚青的薄倖。殊不知，青衰病以迄住院，六、七年夫婦生活，我成了極端的清教徒，十分欠缺女性柔情的慰安，才一下子逮住了筠筠，而筠筠就是不肯嫁我，補上青的位置。只是不吝給予我無限柔情的愛。

「江南絲竹八大名曲」卡帶，樂聲委婉，益法使人憶想民國二十一年留南京，極目遠處，長江天際流人，相思青青悲懷難已。

古屋二夫的學生陶山信男教授來信，二夫於民七十八年六月二十五日逝世。溫厚，恂恂如也的日本學人，賫志以歿，悼念之至。他太愼於發表，以致中國諺語研究心得，迄少公布於世。陶山說，將完成其師未竟之志。就其來信文辭與書法看來，青出於藍，已見端倪，只不知他在諺學上，究有幾分學力？覆信勉之，並託代向古屋夫人敬致懇摯的悼唁。

十餘載中日諺學交流，開花而未結果，哀哉！

且再說說筠筠的事，怎麼一下子便這樣卿卿我我相好起來？豈非事起突然，實則這其中，既有必然性，也有偶然的因果。四十多年友誼，自始即心儀彼此氣質之相近，非一群友輩所賦有，靈性上的好感已存在這麼多年了。兩隻失偶落單的孤雁，今日幸逢比翼而飛，只是她不肯築巢窩。一點也沒有先爲語言上的探試，我單刀直入，說愛、求婚。教我哭笑不得的是，她既百分之百接納了我，卻又百分之百的拒絕。一似青當年所示於我這書獃的——我很愛你。做夫妻嗎？免談。每當兩情燕好，我總恨不得要狠狠捶筠筠，我這永久的情人。

第五節　晚霞滿天

江漢地區，普遍傳唱的一首民歌：

太陽滿天霞
想起小冤家

起興，屬古今詩歌難得的體裁。城鄉，大人孩子們都會唱。按中華新韻十八部，它用的乃爲一麻（ㄚ）韻。這分明是首情歌，一韻到底。辭句似無甚岐異、流變。兒時即聽熟、唱慣了。它辭句、調子都純樸，不像另一首「月亮一出照樓梢」情歌之流氣。六、七十歲後，我只得起首兩句了。今天（民八十八年四月六日晨）更想起，還有第三、四句：「想起冤家淚如麻，不記當初話。」寫此，我有一體會，它乃是晚霞，而非朝霞。

八十八年七月十日，正如亡友楊家駱教授三更天即起。酣睡醒來，四周靜極了，時鐘指向三點。也一似長者齊鐵恨先生，全出乎胸臆，竟是記得這般清清楚楚，前者，**麻城歌**也。後者，**泗洲調**也。江漢間，民初時期流傳其石印本，木刻本，**乃大眾極喜聞樂見的民間形式**。壽堂有幸，今謹書此小小考證，是自己從清初樸學以及近代兩大師陳寅恪、胡適，並吾師黎錦熙、顧頡剛先生誠篤治學的薪傳。

中央研究院傅斯年圖書館，**稀世之珍的典藏——中國俗曲**，那些書册裏，可找到這麻城歌與泗洲調的佐證。三十多年前，與妻子匡兒合撰「五十年來的中國俗文學」。得史語所所長李濟教授，容我無限制的借閱。屢屢入書庫中瀏覽。以此類書册未有好裝訂，不忍心多檢視，惟恐損傷了篇頁，只大略觀覽而已。

恕壽堂嘮叨，再說這段情史，跟筠筠無結果的戀愛。

筠筠丈夫龍天游，山東青島人，高大碩壯，孔武有力。民十七年春，相識於河南鄭州，整整長我十歲。走江湖，一生只做些閒差事，卻總比所有朋友富裕。原來，他是在幫龍頭老大。我曾問過他，不眞姓龍罷？他笑笑，王顧左右而言他。問緊了，他反而問我：「你說呢？」只因爲他的弟妹、侄兒，都是姓王。那年頭，人們無身分證，姓氏無論怎樣改來換去，都可任聽自由。一般情形，咱中國人不會輕易改掉祖宗傳下的姓氏。不管那姓字聽起來，有點那個，如苟（狗）史（死）梅（霉）朱（豬）張（髒）。由於某種原因，暫時易姓，掩蔽自己，則有之。

龍天游吃喝玩樂，打麻將，抽大煙，嫖妓女。卻交上我這麼個書獃子，是他一生中，最不生活趣味相同的朋友。

我平生最恨打麻將，從未吸過大煙。直到民二十年，吸大煙還是中國社會相當普遍的事。爲了開眼界，尋找寫作資料，我曾跟他去過青樓好幾次。他一去必過夜，我也衣袖添香，並未太峻拒人家投懷送抱，享受了一頓豐盛宵夜之後，便揚長的走了。有兩次，天游爲我叫了青頭貨的雛妓來陪，我也只拉拉人家的手，絕不親她。剛好，我才領得稿費，按妓院規矩，丟了盤子錢。雅不欲去妓院游耍，讓別人請客。

我倆六十多年交誼，乃生活中的異數，我只有他這麼一位江湖朋友，他也只僅僅有我這麼一位書獃子朋友。

天游得過淋病，早治愈了。先後娶四位妻室，越到後來，妻子越年輕，難得生兒育女。筠筠是四十歲所娶，小他十四、五歲。到五十歲，他有了風濕病，才不再尋花問柳。筠筠嫁了這麼一位丈夫，說來也好稀奇，只因她母親看上了這位風流倜儻的女婿，玉樹臨風，善於討老人歡心。

筠筠，浙江杭州人，獨生女，西子姑娘，在北京長大。高中畢業後，閒居待嫁，高不成，低不就，拖到二十五歲，遇上天游。天游鄉下結髮妻子，我未見過。第二、三位，我都熟。一位犯猩紅熱死亡，一位性情乖張，離了婚。這兩位都不及筠筠有氣質，她不打牌，不吸煙，不飲酒，喜讀書。天游是不太翻書本的人，但一天要看好幾份報紙，還訂有三份雜誌：政治性的，文藝的，生活與休閒的。他談鋒極健，天文地理，無所不知。好有幽默感。

十年前，天游以心臟病去世。筠筠便一直住乾女兒家。女婿視她如母。也曾有好幾位先生向她求愛、求婚，都經婉謝。她決心不再作人婦，只想守著養老金，自由自在，依附著乾女兒夫婦，過這麼下半生。

自青患病以來，她每來我家，看到我苦況，便有無限同情。青既逝，經過梅榕生、陳紀瀅前後牽紅線未成。我既然成爲孤老，不得不尋老伴，首先即想到她。她小我十歲，身子很健康，很會過家。她喜歡看海，一人無興致去。便邀她爲淡水之遊。首次，便向她求愛，她欣然立即接納，只因她從不曾戀過愛。天游跟她上牀夫妻而已。臺北這四十年，我倆彼此都很看重對方，並無絲毫傾慕的愛意。中國人倫常關係，朋友的配偶乃是朋友，絕不可有婚外情，愧對朋友，也愧對自己。

現在，既然都爲自由之身，當然有權利戀愛而且結婚。苦的只是，她不肯改變不再嫁的決心。婚姻生活不自由。晚年多病的丈夫，生活上種種陰暗、憂苦，已經受夠了。

淡水、基隆，且曾玩到花蓮，儼然夫妻一樣，也有肌膚之親，卻堅拒我再進一步。她只樂心樂意，作我永久情人，就是不肯成爲我妻。好說、歹說，說破了嘴，甚至激動得流淚懇求，也無動於心。她寧可陪我流淚，說甜心的話，安慰我，但絕不肯接下青的空位。吻和擁抱，她謹守墨繩，不允許我狂熱，更不用說狂蕩了。**筠可眞是摩登時代的道學**。不容我寫情書寄她家去，怕孩子們得知。她只寫過兩封信給我，第三封就不再寫。趁孩子們不在跟前，才早晚給我一通電話，關心的問我，吃甚麼？睡得安穩麼？寫了甚麼文章？讀了那些書？八十年元旦，第一通電話就是她打來拜年的。

我發了牢騷，抱怨她，這麼關心我的情人、甜心，爲何不肯留我身旁來照顧我，而只爲這種秘密的、永久的情人呢？她答：「我早就說得清清楚楚，表明了我的態度，只怪你不聽嗎。」「不管，我就是要橫纏！」她又默然了。

一次海濱散步，她低唱著「海韻」，我狂熱起來，不管附近有人，抱了她一陣狂吻。她哭了。問她爲何哭？久久不肯說。野店就餐，飲杯臺灣啤酒，她主動的說，是因想天游而哭。他倆三十多年夫妻，天游從不曾這樣吻她，即使蜜月期，而只是百分之百牀上夫妻。

我倆戀情一開始，我就說，天游、姚青地下有知，必爲我倆的愛感到安慰，而且希望我們結爲夫妻。

筠說，我要肯爲人妻，早就嫁了，還會這麼等十年？爲何一下子，就接納你的愛呢？只因你是天游朋友中，我最看重的人。天游又常誇說，你是他最早的朋友。我百分同情你這幾年孤老生涯。不允許讓我的子孫們，知道這段秘密的愛情。

半年來，我愛得好辛苦。

迫得我只好一篇又一篇，寫「訴愛」，得八萬餘字。將來公之於世否？很難說。原擬抽兩三篇入雜憶，也免了。

八十年四月初，有大陸行。不欲乘清明前返鄉人潮，是在清明次日。飛機當天到香港，下午轉中國民航達武昌南湖。南湖爲我少年時代常來之地。當時友好，半在抗戰初，捐軀上海戰場，餘者天各一方，音信渺茫。天游可算南湖軍營朋友之一，他為那些連長們拉攏城內張萬泰米店生意，為他們並非「喝兵血」的存款，「合法貪污」，謀得不少利益。他自由慣了，拒任軍營任何職務，而只是官兵們的好朋友。他眞大手筆，能宰了三頭肥豬，送三個連隊加菜。要甚麼回報呢？只要廚房裏剩菜剩飯，讓營外附近養豬人家，每天能到軍營裏，挑四、五桶回去。價格上算來，他贈送的肉，比挑回去的餿水為多。**江湖義氣，但圖交朋友，厚待對方，不佔人家便宜。**

那年，春濃時節，天游和我，去南湖兵營，看了共同的朋友，吃了軍營中一頓硬米飯。返程，小河裏坐船，悠哉遊哉，到武泰閘上岸，野店裏飲五加皮酒，吃碗牛肉豆絲。天游為我說江湖趣事。天游凡到我家，必帶不太菲薄的禮物，孝敬我父母。二弟也很熟識他夫婦和他的第二任妻子。

一出南湖機場，二弟夫婦帶了子侄、外甥、孫兒們十好幾人迎接，聽到么弟喊大哥，免不了一陣傷心，不能偕青返鄉。小妹夫婦其時去美國了。

還是二十六年冬，山西沁縣跟二弟一別，骨肉分離五十餘年。他那時執著董必武的介紹信去了狀況危急的太原，投奔葉劍英。後來折轉到晉東南，進入八路軍一二九師劉伯承部，遂了他參加共產黨的心願。二弟先在砲兵部隊。後來，轉役海軍。海南島基地，沒人願在此長久待下去，他卻一待十八年，把三個女兒的學業都耽誤了。臨到退休前幾年，為海軍工程學院政委。既退休，杭州、北京，還有其他地方的幹休所，都可隨自己意願挑選。總算他夫婦挑得不錯，就看中了學院內的幹休所，漢口解放路接近橋口的區域內。大陸上，對老幹部照顧，眞夠說得上崇德報功，二層樓花園別墅，寬敞、寧靜、幽雅。每有事外出，單位還能派車聽用。每月所得，較大學教授工資高出一倍多。

老弟兄倆，有說不完的話。

二弟夫婦盛意，把樓上他倆寢室、書房，全讓給我用。他夫婦遷到一間小寢室裏。這大寢室，三面有窗，只是主人不太打開窗戶。左鄰右舍也是如此。我不好太違拗他們的生活習慣，每天必開啓迎向陽臺的兩個窗戶。學院佔地甚廣，院內主要直線道路，足足一公里長。行道樹法國梧桐甚高大。新引進的水松、雪松，生長迅速，姿態甚美。泡桐亦佳。

弟兄倆晨間散步，總發現大道上樹葉早給人打掃乾淨了。

朱玲侄女夫婦，每天爲翻新的做菜。早餐，必儘量買家鄉食品。只有糊湯粉一樣，如今不容易買到了。

俄國漢學家李福清，在臺北，我臨行前，他兩次提說，務必去華中師範大學看劉守華教授。那天，我特和二弟一道去拜訪。他夫婦同在大學任教。九十餘歲老母猶在堂。守華治學甚勤，一見如故。由守華引導，去了湖北文聯，與蔚家麟、李繼堯、辜德祥相見。談文論道之間，鄉土之音盈耳。鄉土事，快然於心。咱這不速之客，承他們殷切相待，午餐盛宴。這帶地方，昔年純屬鄉野，那有如今這文教區的開拓，學子齊聚，弦歌不絕。

師大進門處，有不鏽鋼線條式的鋼架，九頭鳥模型，是銀色的。因告守華，二十年前，在臺北，我寫了古代和近代九頭鳥傳說的長篇論文。先刊於在臺北復刊的「東方雜誌」，後收入「中國謠俗論叢」。

次日，二弟相伴訪問師大附近的中南民族學院。主要目的，在了然中國民間文學集成——

「中國諺語集成，湖北卷」的調查、編纂情形。承院長哈經熊教授撥出大半天時間，爲我舉行會報，報告學院一般概況。他是湖北諺語卷領銜主編人。實際主其事者，陳瑾、徐榮祥兩教授。一爲廣東人，一爲上海，在武漢時間甚久。還有講師楊萬娟，雲南白族，滿口武昌話。年輕貌美，她要不自己說出，誰也看不出，她非漢人。

內心好欣慰，這怎能是六十年前，壽堂諺語工作起步之際，所能想到的呢？

討論會席上，學院黨委書記，院刊的採訪記者，專門攝生活照片的一位同志，還有兩三位人士都來了。又會見了湖北文化廳副廳長舒志超，略述湖北方志重修情形，我很想去實際看看。他們拿出了諺語卡片，提出若干問題。時間不夠，難作深長討論。院長行政業務忙，一再請他不必全程陪我，但他不肯。

閒談中，他們一再讚美我八十歲了，怎還能挺腰健步？看來只像六十多。我因說起，自己自十七歲以來的四椿事，而故爲笑謔的，將我跟青六十多年的戀愛，使自己心境年輕，列爲頭椿。二弟後來不以爲然，不合邏輯，未免太浪漫了。爲何不緊鍊爲諺語，列爲四條來說明？我答：諺語雖爲自己一生治學所繫，我尋常說話，並不處處引用諺語。我儘有本領構思出一句美好新諺語出來。但，**我切守士君子治學原則，絕不杜撰諺語以自欺欺人**。

在他們極安靜的招待所午睡。之後，哈院長領了一干人員，陪我弟兄倆，參觀少數民族博物館，要我簽字留念，特寫下六個大字：

民族

承以少數民族兩塊編織品相贈。中南民族學院在東湖武漢大學以東地區，應該是外南湖地帶，境界闊大，屋宇軒昂，湖光水色，十分風光。我很想去北京歸武漢後，再來此住三、五天，跟陳、徐、楊三位，細細談論湖北諺語卷，小作貢獻，回饋鄉邦。

返程回漢口，過寶通寺前，竟未能下車，瞻望一下洪山寶塔。四十多年前，這一帶全係鄉下，現在，武昌市區擴大，這兒是文化、教育區，好多黨政機構也在此。相形之下，往日武漢大學雄姿，已瞠乎其後，不再顯眼了。

晨間散步，話題說到筠筠，把一切經過，告訴了二弟。我說，六月間回臺北，必去看筠的乾女兒、女婿，宣佈我倆的戀愛，希望由孩子們促成我兩老的婚姻。二弟不反對我的意願，但切切勸我，必先得筠筠同意，才可這樣做。否則，會把事情弄僵，讓筠筠尷尬。我聽從了這勸說。

如今回想，若是當時按我莽撞性格作下去，筠筠得爲我婦，就沒有常薇這一段，喜劇始，悲劇終的戲劇人生了。眞是薇說的話，命裏註定。我不信命運之說。儘管遭遇如此悽慘，並未戚戚然。**孔聖人「君子坦蕩蕩」的義理，啓導了我這一生的精神韌力與活力。**

么弟服務湖北日報，工作地點就在華中師大附近。他請了好幾天假，住二弟這裏，來陪我。他回去後，決定去看他。先遊東湖。東湖這四十年，是大有建設了，屈原像及高樓，是中心點之一。臨出發前，特跟弟婦魏青說，要她穿上女兒鮮艷的毛衣。我跟大外甥錢毅，當各爲他夫婦攝下幾張照片，然後由陶偉民、朱玲夫婦，挑選出最好的一張，放大了，懸之她夫婦寢室。魏青，一直還是老幹部生活型態，跟二弟一樣，長年著藍布毛裝。換麼，是青色的。後來，魏青住院，直到逝去，再沒機會爲此攝影。

錢毅、盧年方夫婦來。兩小人才出衆。尤其毅甥，高身材，美男子。我把攝影的重點，放在二弟夫婦身上。定要二弟親熱些，手搭在魏青肩上。果然，留下了幾張好照片。也是東湖景色美，花木，湖光背景的美好襯托，大家心情爽然。

么弟婦湯世英，二侄兒朱毅、朱強，事業、學業，都還不錯。餐後，才走向歸程。他們都叫單名，把家系字派，丟之不管了。

魏青住進漢口同濟醫院，準備動手術。起先，聽他們說起，我還不太在意。這時，方知她病情相當嚴重。是甚麼病呢？不清楚，或許隱瞞了我。我長安、北京行，何必定要二弟相伴，他陪病人要緊。二弟不肯，說大哥來，好不容易，我不陪著走這趟，豈不教天下人笑我。

在臺北，買了四千美金，是預備大陸內地旅行用的。即交二弟，要他換了人民幣備用。他早寫信告訴我說，到武漢後的用費，已爲我準備好了，不要我掏腰包。我買了件毛衣，又爲魏青買一件，也買點零星用品，先總以爲是在美金換來的人民幣內開支。後來，方了然，全係二弟掏腰包。

二弟不讓我多去醫院，只在臨去西安前，去看了魏青一次。從外表看來，醫院條件不怎麼好。欠潔淨，病房內牀位擠，欠光亮。比六十多年前的武昌同仁醫院，五十多年前湖北省立醫院要差。比之現在臺北各公私醫院更差一大截。

學院內，星期天上午，二弟偕我去浴室房間內，洗盆湯。也是條件不太好。浴後，二弟搶著洗我衣衫，只好坦然受之，甚感慰，也傷痛，懷念亡親以及在少年苦生活裏先我而逝的弟妹們。

特至毅甥家午餐。看他的繪畫成績。細問師承如何？海軍工程學院幹休所盛意，派晏利祥醫生件行。保健，並兼辦點事務。我自是特感榮幸。一生中，還不曾得到過這種待遇。又，在他們小組會議上，二弟作了匯報，說明我的一些情況。

夜離漢口，火車軟臥，四月二十一到西安，住空軍工程學院招待所。晚宴，院長、政委作東。此地，位置在東，西離西安四十公里，入城辦事，不太方便。主人盛情，還不好意思住一晚即走。貴賓室，二弟硬不住，讓我獨住，他跟晏醫生擠在小房間。

我向二弟、子侄們表明，少年時代，先爲國民黨，北洋軍閥發覺，會殺頭。繼而，先爲CY，參加了南昌暴動。成爲CP。潮汕一役，敗仗回武漢。爲共黨犧牲拚命。兩黨我都盡了力。我一生不曾做對不起兩黨的事。只有兩黨有負於我。如今，不但不願牽涉政治，連談都不願意談。我但想八十歲後，做個純然的老百姓，能安於自由自在的著述生涯。

西安還有相當寒意，幸而在漢口買了件毛線衣。又內著羊毛衫、褲，保暖上無問題。第三天搬進城，住西北工業大學蔡泰信侄婿家，晏醫生則住校內招待所。侄女姚祥華對我老弟兄倆十份殷勤侍奉，常令我們受之不安。她心臟有毛病。泰信爲力學教授，教書，治學，十分勤勉。他撥出好幾天時間，陪伴我老弟兄倆觀光導遊。

看江弟璇妹夫婦，怎能不想起青？外婆家我們這三個大外外。江弟長年氣喘。侄兒祥瑞半癡獃四十年，看了他的樣子，我心就難受。虧江弟夫婦的。我儘量不提說青的事。參觀舉世聞名的兵馬俑。遊華清池。華清池遊人最多，莊稼老漢也來了。昔日，莊稼漢是極少能如此遊散。

大車家巷，一去就碰見了冤家常薇。約定次日再來，她好通知老友張光祖、雷錦章夫婦。

遊寒窯。不似四十多年前光景了。擴建了好多房舍，又有王寶釧的塑像，雕塑家憑己意爲之。到此一遊的人，各人心中各自有一個王寶釧的形象在。或係舞台所塑造的，或係小說書本所描寫的。

登大雁塔，未讓二弟上去。他心臟不好，腳步也不如我。頂層在修理，只能上到第六層。東南西北，四個門洞處，往外看。一下子即看到，解放後的西安，比之以前大大不同。以前，大雁塔四週皆爲田畝，現在，則大廈林立，學校、工廠、行政區、市民住宅，一片繁榮景象。這四方，我都一一留下了遠視鏡頭的攝影。

在西北工業大學才住定，即打長途電話到漢口，那邊要經過轉接，不似臺北電訊便捷。小陶說，他岳母病況很好。我們更安心了。後來方知，魏青動手術後，爲癌，不可救治了。朱玲夫婦強忍悲痛，瞞著魏青，也瞞了我弟兄倆。

冤家常薇，已十多年不見她了。她大兒子冬冬，跟結髮妻子離了婚。五、六年前自美國回來，在臺北再婚。當時，我不明究裏，盲自揣測，認爲兒媳離異，是常薇教唆的。冬冬又未來看我。接到喜帖，我有些不高興。喜宴中，西北老友，惟獨我夫婦未到。這次長安重逢，把常薇看成妹子一樣，分外親熱。

光祖跟其他王曲朋友，還不相同。我倆更有曲江池一年多同事淵緣。同在軍七分校十六期十五總隊，他任政治主任教官，我爲總隊政治指導員。總隊長劉宗寬對他特禮遇。他家住西安城東大街，只上課才來。我則常川駐此。

錦章，湖北人，中央警官學校第一期畢業，是光祖繼室。物換星移，此次重逢，眞不容易。說起當年許多朋友，都已不在世間了。解放後，他一家自是黑五類，光祖囚禁四川二十五年之久，賴錦章撫育兒女們。光祖還如以前一樣瘦。自嘲說，要非被囚禁，文化大革命浩劫，他這條命便保不住了。

光祖請我於鼓樓西，回民區有名的「一條街」，羊肉包子館吃包子。徒步來回於大車家巷之間。在路上，他告訴我，常薇擇偶的情形。這條路上，使我想起四十多年前，每從王曲鄉下來城，必在此買紅棗、糖帶回家。如今，雙親、青，都已不在人間。我跟常薇走在前，臨到她家大門口，請鄰居爲我倆照了一張相片，冤家常薇依我懷抱。這張照片，後來寄了張給北京的易水寒夫婦，典兒見到了，最欣賞這位薇姨。

凡去北京，總是她相伴，導遊。那天，我們四人還登城牆一遊。在常薇家午睡，她拿出自己睡的毛毯，讓我蓋覆，倍感親切。黃昏前，二弟乘車來接，一早來到時，就特拜託常薇，不要讓我大哥話說得太多。

泰信夫婦陪我弟兄倆，遊興慶宮公園。公園內的湖，比北京北海還要大些。未能一一遍遊。泰信對我倆眞是大特敬，一連數天伴遊，他自己弟兄自四川來，皆只能抽一天工夫相陪。青新亡，他們意在安慰我。又以久別大陸四十餘載，臺灣親人回來不易，誰家莫不視爲貴客。

西工大校區廣大，圖書館前庭園，林木甚美，牡丹花盛開，每晨散步來此，儘情欣賞。還記得，快車過洛陽，隨車服務的女同志，有一位在洛陽趕著下去，要去看牡丹。冤家常薇也說，再過幾天，她便去洛陽大女兒那兒，看牡丹去了。她在洛陽也有一處住家。

五月初，夜離西安。火車過鄭州，一路往北。所經各地，皆抗戰前自己最熟悉者，前塵後影，浮泛心頭。大站、小站，昔年京漢鐵路初建的所有車站，通已毀去。後來平漢鐵路特快、普通快車輛，以及黑色貨車車皮，也都看不見了。一切，皆是解放後的形貌。最特色的，車上服務人員，年輕女性佔了絕大多數。昔年，火車上服勤，全爲男性天下。

北京，中國的心臟。自民二十六年五月，離開它以來，朝思暮想這個中國人最心愛的地方，逾時半世紀矣。壽堂這個書獃子，對北京之愛美，超過故鄉武漢，也非蘇杭寧滬、廣州、昆明、成都所能比。亡友咸陽李敷仁，抗戰勝利後，長安暫別，一再道說，他勝利復員的惟一願望，只想去北京，在北京圖書館門前，擺個小香煙攤子，以半天生意所得蠅頭小利過活，下午到晚上時間，便鑽進圖書館去。雖僅係一種說法，未始沒有兩分眞要這樣作爲的傻勁。比起他這種天眞想法，我總算幸運多了。得長官胡宗南、王超凡、王大中的支助，還有老友劉積耀給我全家人極充裕的旅費，若非狼煙遍地，鄭州至北京，火車難於暢達，我所擁有的現款，足可供全家人去北京生活三年。黎錦熙師一再向我招手，北京中海內中國大辭典編纂處二十多年的經營，積有兩百多萬張中國語言古今辭彙資料——其中諺語卡片數萬張，少有利用，只等待我去。黎師聘我爲大辭典編纂處編纂。這一職位，是好些資深大學教授也不易求到的。起初，擔任編纂的，乃是胡適、林語堂、趙元任、錢玄同、白滌洲這些位大師。我得此殊榮，實在是老師過於看重我。也因爲，矢志諺學者，當今之世，惟我一人。五四新文化運動以來，對中國諺語發生興趣，一度有所蒐集、研究、整理、論證的人，舉出一百位來，或許還有遺漏。這些位前人，都只是偶一爲之，涉獵涉獵，或是一度之間，爲此事花了幾年工夫，便放下手了。還沒有一人肯以畢生精力爲之。有則惟壽堂一人而已。試舉這些位人士：

連雅堂　黎錦熙　顧頡剛　嚴工上　郭紹虞　錢玄同　周作人
白啓明　齊如山　齊鐵恨　董作賓　容肇祖　胡仲持　鍾敬文
薛誠之　陳光垚　陳子展　曹伯韓　樊　縯　張　佛　費潔心
溫錫田　傅振倫　夏大山　李鴻漸　李敷仁　林惠祥　伍稼青
史襄哉　莊澤宣　畢樹棠　黃華節　朱炳海　翁祖善　王天予
茅　盾　魯　迅　老　舍　豐子愷　青　苗　常　惠　孫楷第
王國棟　張次溪　胡樸安　胡寄塵　孫錦標　趙景深　朱語尊
范嘯天　陳彭壽　程其保　王鏡清　樓桐蓀　李霖燦　李騰嶽
朱　鋒　薛建吾　陳紹馨　廖漢臣　吳瀛濤　曹甲乙　陳奇祿
顏晴雲

此名單，計列出知名的先驅者六十四人，大半據壽堂「中國諺語論」第八章「集錄」第二節「書目提要」。

來北京主要目的是訪友，看薛汕，親臨舊日河山。最後留一星期時間，上北京圖書館，瀏覽這四十年來大陸上新刊書册，了然一下大陸學術動態。然後，懷著遊山玩水心情，老哥兒倆，至天津，浮海到上海，去杭州，南京，乘船溯江而上，回武漢。

到北京，住海軍第三招待所。西安出發前，本已電話連絡，希能有小房間可住，有衛生間，抽水馬桶。誰知一半房間，都給廣州電影製片廠拍「周恩來傳」的工作人員包用了。只得三人住的普通房間，大便必須蹲著，跟一些士兵在大通間裏。我並非有優越感的人。按說，我本太應有優越感，只是，人太雜了，這些孩子們生活素養低，難生愉快相處的感受。

首頓晚餐，由於開飯時間已過，本以爲可在街上小食店吃頓飯，二弟嫌外面飲食不衛生，吃甚麼呢？泰信夫婦塞給我們在火車上吃的夾心酥，一枚大蒜，飲兩杯開水，勉強充飢而已。人家晏醫生，獨自上街吃飯去。二弟定要這樣，我不好說，闊別北京逾半世紀，又非行軍作戰，首頓晚餐怎好如此湊和？

我首先與劉錫誠、馬昌儀夫婦電話連繫，囑向鍾敬文先生致意，問他何時得便，好去拜訪，告訴妻子匡兄要當面轉達的事項。早聽說鍾老身體欠安，不好去冒然打攪。是鍾老的家人答說，他正要準備住進醫院去。聽說我住在大通間房舍。鍾老很關心，囑咐劉錫誠夫婦，要他倆代洽，明天即搬到北京師範大學，賓館或招待所去都可。本以爲毫無問題，次日，下午已要準備搬去了，馬昌儀教授來電話說，無房間，須等待五天之後。

北京觀光客多。到處有交通車招攬生意，盡一日時間，作長城、居庸關、青龍橋、十三陵之遊。

也抽時間，去了北海公園，東安市場，天安門，前門大街，琉璃廠。到處人擠人，不復是往年那麼槐樹濃蔭，人情幽靜的故都風情。

中央民族學院李耀宗教授來見。他是「十大民間文藝集成」諺語部門的副主編。通過他的安排，與該學院馬學良教授（「中國諺語集成」主編）、陶陽、陶立璠（「諺語集成」副主編）、

「中國民間文學集成」總編輯部主任賀嘉以及諺語集成的工作群劉曉路、林相泰會見，作非正式的會談。馬學良早年出身抗戰初的西南聯大。曾進中央研究院歷史語言所工作，與董作賓、李濟、屈萬里、芮逸夫、凌純聲等人都十分熟悉。而中央研究院的楊希枚，前幾年離開臺北，回到北京來了。一提起這些位，就不覺一見如故。

抽了時間去看童世璜表弟。他是交通大學研究所畢業，解放初期尊爲科學家的人員，也曾遭下放命運。

最愉快的，是看到五十多年長安故人西北老友詩人易水寒。湖南長沙人，跟我同年，又跟老同學劉若虛爲郎舅至親。還是民國三十六年春，在漢口看劉若虛，碰到水寒兄妹。此刻的北京，是二弟陪我去的。說起我少年時爲共產黨的事，水寒說：「你不知道吧？我少年時也是先爲CY，後爲CP。這事，只超凡知道，你們這些朋友，我都隱瞞了。」之後，是國民黨員。大陸變色前，他跟若虛郎舅倆，在武漢做共黨地下工作。那時，如被軍政當局抓到了，准處死刑無疑；只因他倆賴著漢口市長徐會之，兩任湖北省主席萬耀煌、朱鼎卿，武漢警備司令彭善的舊關係，受到了掩護與閃避的作用，工作相當順利，未發生甚麼問題。解放軍李先念進入湖北，並不承認他倆的地下工作。郎舅倆白白投機了一場。不久，若虛夫婦已先後病故。水寒夫婦撫養幾個外甥們，還有自己的子女，在大陸最艱苦時期，因爲階級成分問題，水寒委屈的當小學教師。他夫人老早就該當上護理長，卻只做了護士，這麼維持生活。長女易典，勤奮好學，被限制著只能讀到高中。

易典五十歲了，猶未婚。文化大革命浩劫，水寒遭批鬥，賴她母女倆艱苦撐持，耽誤了終身大事。有當權的人追求她，嫌人家文化水平低，一概拒絕。對方還自以爲身價高，女同志是高攀。這孩子，我但記得她兒時光景，所以這麼大了，還以娃兒視之。偶然談起西洋文學，出我意外的是，她閱覽之博，見解精到，頗有超乎外文系研究生之處，只因興趣深厚，天分高，勤奮博覽。竟是親友子侄輩中所少有。好喜愛她。傾談一小時之餘，未經深長考慮，說：「做我乾女兒，好不好？」立獲水寒夫婦欣然同意，易典意外喜悅，沒想活到這麼大了，會有這麼一位爽朗的義父。

我夫婦八十年來，只收過三個乾兒女。二十一歲時，長江大水後的武昌，老友張濤長女小濤。小濤兩三歲夭折。三十六歲，在南京，亡友龔先方，他夫人支夢瀚，讓二兒子戰生認我夫婦爲義父母，還爲他買了金飾爲禮。兩岸阻隔四十年，夢瀚母子音信渺然。四十六、七年，朱傳譽與方師鐸夫婦長女結婚，我夫婦被請爲傳譽家長，參與婚禮。席上，方大嫂要傳譽認我爲義父。傳譽已老大不小了，乾爹乾媽不太叫得出口。我們也未給他見面禮，義親關係就淡然下來。都不似此次對易典的熱絡。

身邊無甚麼可贈與乾女兒。本想買點甚麼，或給她個紅包。但是，美金在二弟手上，我竟難以啓齒。神色之間，看得出，二弟以我如此認乾女兒，未免輕率。我不想多跟他解釋。可是，這事，我這個乾爹，一直耿耿於懷。後來回到臺北，郵匯又並不暢通。

留北京最後兩天，就讓乾女兒易典陪我。北京大學參觀。不再是沙灘了，而是接收了昔日燕京大學校區。訪段寶林教授，未遇。中文系地方好冷清，陳舊，一點也無當年燕京大學無處不堂皇精美的風貌。我是西安事變之前，盧溝橋事變前，兩次來到燕京大學。倒是，在這兒，攔住一位同學，請他爲我父女照的一張像，人物、背景，風光還不算壞。再也想不到的歷史挪移。北京大學竟然承襲著燕京大學的影子，那裏會是當年北大人所能料到的變化。

我倆參觀了現代文學館，特別檢視林海音所贈送的大批書册。雖然開放了大陸探親，臺灣堅持三不政策，書册寄遞，費事又費錢。你怎樣詬病這件事，掌握政策者就是個不放手。易典也是首次來此。她好滿意，跟主事者說定，此後當常來看書。

下午四點多了，父女倆去友誼醫院拜望鍾敬文先生。這所醫院服務對象爲高級人員，門禁森嚴，要非易典侄媳在此工作，根本進去不得。本只想坐十多分鐘，把妻子匡兄囑託事說了即走。鍾老很高興，談了一小時。合照了幾張相片，有他的兩位博士學生、孫兒。

爲了去上海，二弟要打電話給一位熟人海軍艦隊司令，託人預定房間。電話不好打。每出外，他總要老幹部局派車，怕誤司機吃飯時間，外邊不敢多逗留。加之，心理上一種預感，弟婦手術後住院，老哥兒倆在外，怎好安心逍遙？二弟怕我累，處處十分小心照料。其實，我比他步履輕快。我多想自由自在，如年輕時樣，在北京四處遛躂。北海遊得不盡興，決心縮短北京行程，圖書館不去了。上海、杭州、南京之行，也打消，早回武漢。

在薛汕的連繫地方留了紙條，一直不得回音。八十六年再過北京，仍然與薛汕緣慳一面。總算自臺北打電話到北京，跟他交談了一番。八十八年，薛汕逝於北京，享壽八十四歲。李耀宗教授來我處，長談了四次。我爲代擬「中國諺語集成——臺灣卷編纂要點」，供馬學良教授參考，希望他能據以寫一個大略的文件，簽了字，我帶回臺北，找到相當人員，進行這樁事。我但居間連繫，不擬插手。李教授回報，這事非馬上所能決定，還得會商。共產黨，究竟還是不容人海闊天空，自由自在。

招待所領導發現我身份，認為不合住宿此間條件，下逐客令，竟有半夜為此事囑咐所屬之說。找了二弟去，有番爭執。二弟很生氣。先不擬告訴我，忍不住，還是說了。我但感到好笑，胡塗領導，對我歡迎猶來不及，安用如此？這等小事，如斯緊張，未免輕重不分。就我住這招待所幾天所見，行政管理上的缺欠人人得見，領導怎不過問。大陸上，凡言領導，主要的有兩人：黨的，行政的，是否還有第三人？我未探尋這些。也不擬有所明瞭。人都共知嗎。

離北京，上車前，領導特來送行。他還好意勸說二弟，少發肝火。確實，武漢、西安、北京，一路上，為些小事，二弟跟人家鬧了幾次脾氣。動輒要找人家領導。

南下快車進入湖北境，鄉土情味濃，念青之逝，心頭陣陣傷感，不復如五十多年前，每次自北方南歸的欣快。孤老生涯，無人可說知心話。

五月十七返武漢。不兩天，便明瞭魏青癌病實況，二弟心情惡劣。

原擬去中南民族學院住三兩天，論究湖北諺語卷的事，以時屆「六四」，各地大專學校當局通統好緊張，只怕學生滋事。哈院長不欲我去，怕萬一有甚麼風吹草動，會驚擾了我。還有層不得不顧慮，六四前後，海外來客，令人敏感。因請徐榮祥、陳瑾、楊萬娟來海軍工程學院，住招待所與我會談。

二弟夫妻，玲兒小倆口，待我太殷勤。為了想自由自在過兩天，也為了讓弟媳魏青割症後，好好回家將息一陣子。我決定按旅行社的作業程序，把乘飛機頭一天集合的日子，提前幾天，先住進江漢飯店。這兒，為以前的德明飯店，經過了修整和擴充，一切設備，還不算太壞。西距大智門車站甚近，東距江岸也不遠，與武昌徐家棚相望。

幸虧我爲此斷然決定，魏青歸家後，與二弟他們，度過了她人生最後兩個多月。九月二十六日，以癌症不治逝去。魏青跟姚青，兩妯娌同名，生前不曾見過面，魂歸天國，不知她倆有會齊沒有？弟婦對我這大哥的多分殷勤親情，永銘我心。也好感激二弟，爲我縮短了他侍候魏青的日子。

在江漢飯店獨居一星期，心情很不好。感謝楊萬娟，她每晚都打電話來安慰我。又特抽一天工夫，轉了好幾次車，陪我遊散。登電視塔，上黃鶴樓，長江大橋上照相。毅甥太忙，讓盧年方陪我逛徐家棚，至青山。他好大手筆，拿出人民幣四百元（比大陸一般人兩個多月的工資還多），供我倆使用。那能花完，十分之一也未用到。適逢他夫婦結婚十週年紀念日，黃鶴樓盛宴。

臨行前一天午間，二弟帶他外孫女蔡丹寧來飯店接我，回到他那裏。難得魏青也來了，氣色還不錯。預賀我八十壽辰，玲兒捧花來迎，毅甥獻詩頌美，全家歡宴，也兼餞行。融融樂樂，只恨姚青不在也。

六月三日，傷感心情，回到臺北。跟筠筠連絡，她從日本、歐洲才歸，又要去美國。驛馬星動，可能也犯桃花了，還不想急著跟我相見。疑其可能另有發展。後來證明，果然如此。只是，她一一拒絕。說，你這樣好條件的人，我都不接受，還肯接受他人。反正，不願再受婚姻枷鎖的決心，不能輕易動搖。跟筠筠的這條路，走不下去了。我愛得好辛苦。「訴愛」末篇，寫「拂袖而去」。

六日，致信常薇，本說她託辦的事務，筆鋒一轉，寫成首封情書，向她求愛。特說少華、姚青在天之靈，必讚美我倆的愛。爲薇癡狂，每天一信。一廂情願的，連寫九封。第二封信，便開始呼「薇妹，親親」了。臺北、西安航空信，一般的，九天，或十二、三天。得她十八日回信，迅速的接納了我。希望我八月間到長安去。我無論去那裏，她都可相隨伴。又說，先試婚一年，不吵架，便嫁給你。

我的考慮，若兩人相伴旅行，豈不即刻住在一起了。不能像西方人那麼新潮派，會教兒孫們笑話，你兩老這樣性急呀？再說，我剛回來，諸事待理，辦出入境手續，也並非太容易。她託辦的事，她自己能來臺北，最好。隨即與她通電話，她問：「有意思麼？」答：「好想你。」

七月，進入熱戀。身隔兩岸，牛郎織女，兩老都半夜相思，不能成眠。很快的，薇決心來臺北結婚。十九日，告兒子、儀孫、親友，宣布我的戀愛。因薇已告張光祖、易水寒。並她閨中諸友。光祖、水寒兩夫婦極欣慰、關切，促成這段姻緣。

至此，我已視薇爲未婚妻了。

倒述法入題：

那兩千行「水仙辭」——
朝朝夕夕，吟誦西洋浪漫詩人，
小子壽堂，奇峰突起，
千古不朽的名句，暫且擱下，
李白、杜甫、蘇軾、柳永，

「啊！你終於閃耀著了麼？
我旅途的終點。」
那「啊」的一聲，石破天驚，是用不著翻譯的，
中世紀的梵希樂罷？
得中國名譯家深宗岱的漢譯。
它絕非法國大革命時代的名篇，
用不著考證，
六十多年前青少年時代讀詩的生活。
其時，冤家常薇還幼小，
十三歲長安女，已是情竇初開，
十七嫁爲人婦，
二十再成爲黃少華妻，已是曾經滄海了。
終南山下，
說不盡的閨房之樂，風光旖旎。
三十餘載婚姻，榮華富貴，
教多少長安故人羡煞，
她也引起不少君子們的愛戀。
時代動盪，飄海來臺灣，

多麼的人文薈萃，兒女英雄情長，
風華絕代，歷盡滄桑一美人。
少華心疾猝逝，
後此二十餘春秋，花晨月夕，
前前後後，眞個「老少咸集」，
何止三十位吉吉多士，爭相求婚乞愛。
給她全拒之門外，
那些君子們，壽堂多半熟識，
即非熟識，爲高名之士，衆所周知。
常薇常薇，其貞女乎？
非也，她只爲兩個大兒子，務要好好撫孤。
坦率性格，有如尤三姐、史湘雲、賈探春之綜合，
蜜月中爲我娓娓細語，
既說她有待進入玫瑰初中之前，
古城下就已耽讀春情書了，
不似人家之迷朦。
虎狼之年，心若海潮狂湧，生命力的激蕩，
騎士貴婦，宮廷中昏天黑地，

那情郎乃是打虎武松，
公開的偷情，熱戀了十餘春秋，
刻骨的愛。
清貧書生，傻小子壽堂，
怎會迅速的雀屏中選，
大詩人易水寒，也爲少華知交，
北京吟長詩爲長安故人賀。
八十歲新郎，七十一歲新娘，
還法院公證哩，勞駕了名作家林海音爲之見證。
一點也不羞怯，不怕兒孫們笑話，只覺晚來幸福無限，
爲她癡，爲她顚，爲她醉，爲她狂。
士林還傳爲佳話哩，
郎靜山、胡秋原、長安故人張佛千夫婦、芮晉、張益弘、墨人、依風露夫婦、詩人瘂弦、
余紀忠夫婦、李亦園、柏楊、張香華伉儷，齊齊舉杯同美。
陳紀瀅、童世璋、劉素芝大妹子，還有適舅、小舅媽，
這幾位至親好友，忙不迭地交相詢問。
他倆個過的還好罷？這隱憂不是沒有來由。
林谷村早就警告壽堂了，

兩手空空，你既無車，又未有僕從，
怎地供養得起這高貴的小姐？
果不其然，喜劇始，悲劇終，其實只是一場鬧劇，
一下子分手，各自西東，
只是她非中國人，美國公民也，
卻戀居鄉邦長安，
壽堂哩，臺灣同胞，
兩岸阻隔，三通難通，
文書簽證，困擾了兩年多，海基會哪，海協會哪，
無限歉意的，好對不起夏承楹賢夫婦，
幾次三番，再有勞了林海音大姐，
爲離婚協議書的文書見證。
還爲這甩手而去的寃家流淚哩，
也困擾我賢侄女姚祥華、蔡泰信教授夫妻倆，
好難忘，西工大的黃臘梅，
在他們有暖氣的樓房裏，
黎明寫此雜憶，細說這段孽緣。
三十多年老高血壓病患，

壽堂竟未給擊得仆地不起，
拜孔孟「天君安泰」的教誨，
深服中國人周易哲理，爲壽堂內心主宰，
窮則變，變則通，
就不必再細說這種種切切了。
有一點，見此二老，甜蜜新人心性之異，
壽堂再四提說，薇薇，成婚次日之晨，
務專誠驅車前往，分赴少華、姚青靈墓，
獻花，獻爵，上香，稟告那倆位在天之靈，
咱四人這番生死戀的情緣，
奈常薇就是不從。她倒常說少華在世時。也不諱言那打虎武松，
我洗耳恭聽，從不必細究其詳。
說起壽堂、姚青情史，
常薇卻不屑聽聞，嫉妒乎？輕視乎？兼而有之。
兒子勉強認同這孽緣，隨我迎薇於機場，
女兒堅決反對，她乃是那十九世紀法國小說「莎弗」的化身。
常薇的子女們呢，不看好這朱叔叔，
他太是清貧書生，一水泓泓。

不怪這些親人們意見紛岐，
後來事實擺明了，常薇演了這一齣戲，
把你這傻小子騙賣了，
你還幫她數鈔票。
倒是，多少有點兒埋怨，
那永久的情人，甜心筠筠，
若是你成全了我，那該多好，
硬讓壽堂承受這苦酒一杯，三年折騰。
如今，爲人著想，善與人同，
也只好全心全意爲筠祝福，
要不，這七十多的一對老人，詩情畫意，
天涯海角，怎能，東京呀，巴黎呀，舊金山呀，
曉霧已開猶未起，
天天，月月，年年夜夜春宵度蜜月？
追根究底的分析分析，
全拜常薇玩**愛情遊戲**所賜。

何止唧唧咕咕，**嚕哩嚕嚇**，壽堂雜憶述說這段孽緣，寫下了四萬多字，足夠構成一個中篇小說

了。傻大哥，還只遺憾，未跟她旅遊任何一個地方。這一本大陸遊記終是要下筆的。因把這四萬多字，通予刪去。代之以長短句如上。

這「無題」四章，成於八十一年寒冬的長安。

柔情蜜意付東流
細魚逆水游
罷　罷　罷

桃花夢醒
扁舟遠去
琵琶早別抱
羞　羞　羞

老來童心
癡迷悟遲
一道彩虹隨風逝
枉度人生八十
苦　苦　苦

漫蕩長安
夜夜春宵嫌短
三千年帝王都
衆生疾苦何干我
樂　樂　樂

內弟夫婦，侄兒侄女們挽留我在長安過這個寒冷的大年，且急切的爲我提親。一位遠自新疆歸來，曾飽受文化大革命的浩劫。另一位，在「西工大」校園中碰到過。她倆通比常薇要小好幾歲。我卻再也無此願求。二弟，也熱心提親，是弟妹好友，倩影也先寄來了。直到民八十八年正月初一，小妹還從武漢打電話，要爲我保媒，皆一體敬謝不敏。他們通是憐我孤老生涯。

怎特地對薇激情？感情的事，眞難有定論。自己也對自己奇怪，至今對這位繼室賢妻，無怨無悔。

婚期前，我把這半世紀所留存的當代學者、作家的信扎，全贈送了中央研究院近代史研究所。近史所極重視這些當代學者、作家的信扎。題名如次：

童世璋	張益弘	馬鳴塵	蔡以典	燕鳴軒	陶今也	南　郭
魏紹徵	陶滌亞	胡睦臣	魏希文	褚柏思	張佛千	顧　盼
王超凡	李　廉	張研田	甯　杞	李潤沂	馬　蒙	周開慶
劉健群	曹　敏	易水寒	余紀忠	胡秋原	吳　宓	徐仲年

傅雷　李廣田　錢穆　劉繼宣　陸侃如　孫本文　薛汕
李敷仁　黎錦熙　顧頡剛　王受眞　丁治國　谷斯範　曹伯韓
楊世才　杜定友　朱其華　婁子匡　金克木　郭紹虞　薛誠之
盧成林　盧前　梅藉芳　金闕丈夫　陳紹馨　何容　齊鐵恨
齊如山　薛建吾　臺靜農　高鴻縉　趙友培　陳紀瀅　伍稼青
李霖燦　周君亮　周棄子　吳槐　穆中南　姜貴　鍾鼎文
陳小魯　趙鐵寒　韓道誠　虞君質　祝秀俠　程兆熊　方師鐸
楊群奮　王鼎鈞　郭嗣汾　柏楊　公孫嬿　張自英　南宮搏
孫旗　依風露　杜蘅之　王素存　童常　彭歌　章君穀
許高陽　周楚軍　孫陵　張大夏　石叔明　傅漫飛　顧獻樑
趙天池　祝茂如　宋海屛　覃子豪　楊樹勳　劉心皇　邱楠
林宣生　曾今可　樓桐孫　徐復觀　劉光炎　梁容若　楊家駱
吳守禮　吳愷玄　王集叢　黃得時　葛賢寧　王平陵　廖漢臣
譚旦冏　沈雲龍　黃公偉　劉大元　張有爲　陳森　何凡
盛成　蕭一山　勞榦　戴粹倫　沙學浚　方豪　甘運衡
狄膺　陶希聖　錢卓倫　王藍　李辰冬　朱白水　鄭學稼
李浴日　鄭修元　王宇清　姚一葦　馮放民　傅涓夫　張英超
藍蔭鼎　施翠峰　趙春翔　廖未林　李涵瑛　胡平　呂訴上

楊雲萍　蕭孟能　徐蔚忱　張席珍　宋　膺　王雲五　艾伯華　王詩琅　梁寒操　繆天華　田　原　梁實秋　索予明　陳存仁　孟　瑤　張　明　潘琦君　孫小英

李獻璋　馮　馮　張逸志　沈寶環　王夢鷗　徐　速　卜樂諦　包明叔　阮毅成　劉枝萬　史惟亮　鄧文來　王聿均　許世旭　王怡之　沉　櫻　艾　雯　張曉風

雷　震　孫如陵　劉中和　李升如　季　薇　費海璣　林衡道　毛一波　許朗軒　徐蔭祥　隱　地　洪炎秋　深澤俊秀　褚問鵑　王琰如　關靜雯　潘人木　杏林子

劉濟民　平鑫濤　包遵彭　牛若望　陳邁子　鍾　雷　陳澄之　鳥居久靖　江石江　尹雪曼　劉階平　馬　璧　曹伯一　蘇雪林　嚴友梅　黃瑗珊　王玉書　羅　蘭

趙雅博　劉紹唐　楊　蔚　張白帆　石萬里　楊念慈　朱西寧　趙澤修　董季棠　趙滋蕃　楚崧秋　耿修業　許師愼　林海音　聶華苓　崔小萍　丁　衎　邱七七

糜文開　胥端甫　魏子雲　文崇一　陸嘯釗　許倬雲　程澤茂　胡汝森　成玄之　盧郁斐　王洪鈞　吳東權　張錦鴻　鍾梅音　叢靜文　張秀亞　桂文亞　李芳蘭

張　嚴　童軒蓀　墨　人　李志方　吳曼君　王玉川　黃光學　藍乾章　成惕軒　朱　橋　李景武　桑品載　蔡文甫　童　眞　劉　枋　謝冰瑩　宋晶宜　趙淑敏

朱　炎　白鐵錚　段彩華　蘇雲峰　邢廉君　王大任　陳祚龍
朱建民　王振鵠　陳廷元　劉家麟　顧翊群　黃華節　廖劍秋
劉達人　那志良　郭海清　陳立夫　陳致平　黎凱旋　李騰嶽
孫　鳴　陳漢光　鈕先銘　盧克彰　瘂　弦　胡　秀　王天昌
趙岳山　吳　楚　謝吉松　胡正群　龐　禕　諸家駿　朱玖瑩
朱仰高　楊承祖　史　銘　馬乘風　沈剛伯　蔡懋棠　萬家保
林　良　劉　眞　淩純聲　周邦道　黃大受　羅雲家　劉棨琮
古屋二夫　熊仙如　李慶軍　譚達先　洪長泰　段寶林　王　康
李亦園　王秋桂　李福清　楊福綿　劉守華　黃文範　王樹村
李更新　高達思

時賢高士，當代君子人，還很有好幾位外國朋友，留此鴻爪，典藏我最高學府中央研究院，共三百四十餘人。半世紀矣！惠我書翰最多者，首推陳紀瀅、林海音這倆位好友。前者每泛說文藝諸事，林大姐則關心我諺語，謠俗研究，而**齊美讚北京歷史文化，地土風光的無限之可欣賞**。

蘇聯漢學家李福清教授來訪。他於中國古典文學、民間文藝，都有廣泛、深入研究。高度的喜愛興致，超過了中國人，可感。兼通中、英、法、德文。已通信了兩年。偕他返淡水淡江大學，車過北投間，我說起自己早熟悉了俄國，係從十九世紀普希金，托爾斯泰，屠格涅夫，陀思托也夫斯基等人作品而得。高爾基作品，中國幾全有譯本，我都讀過，但我不太欣賞他。福清說，他也不喜高爾基作品，並非不喜高爾基本人。我問，你是共產黨嗎？答：不是。這樣，雖初見不到兩小時，便談得十分深入、投契。在淡江大學招待所大樓貴賓宿舍，看他帶來的，蘇聯所印大本中文紅樓夢，好親切。

偕筠筠至中央圖書館。多麼希望能有那麼一天，兩人常常來此閱覽。累了，對過中正紀念堂廣場散步。圖書館裏餐廳用飯，飲咖啡，一天消費五、六百元足矣。乃是高級文化，典雅氣質的精神生活。這天，夜至國家戲劇廳觀劇，過幾天，我便歸大陸矣。筠筠頗依依難捨，我這位罕有的，永久的情人。

海音於福州街附近杜康居爲我餞行。還有王明書。明書夫婦自美國歸，也將去大陸探親。跟我同一天，但不同飛機。明書夫婿在美國賣國畫，收入不惡。每次返大陸，皆帶數萬美金去花費。

八十一年冬，長安大寒，偕祥華侄女乘計程車歸來。司機說，看到你兩位是老人家，我才停下。夜間，怕年輕人坐車，遭劫，甚至人身受傷。以是，計程車司機座位，都裝上一層牢固的鐵絲網，防偷襲也。

大陸社會，貪污盛行。例如人想當兵，非一千五百元人民幣莫辦。走後門。劫財事，迭見。一年來三次大陸行，哀樂參半，再也不想踽踽獨行矣。

既是溯流而上，進入高原，高峰低谷，原在意料之中，索性走到西藏。憑今日航空旅程，北飛新疆，東到海參崴，再南下蘇杭，指顧間事耳。寫一本大陸遊記「中國我愛」，完成二十多年心願，非不可能。只看有誰陪我，爲此壯遊。且候緣法之來。自己年歲已著實不小。等到可以上路時，體力能允許我如目前之挺腰健步嗎？很可能，這將是自己人生最後一次長程旅行，既不允許自己爲自己的負累，也不願爲同伴的負累。

縱使美夢難成眞，「中國我愛」胎死腹中，此願望只成爲遺憾，人生暮色蒼茫，而無法趕路的情況下，我也不會感到痛苦。近九十年歲月，經歷了多少風霜、委屈、挫折，以及生死交關的邊緣，不曾逃避，也從不曾推諉於命運。一生爲孔孟的生徒，**君子從容中道，成固可喜，敗亦欣然**。

八十三歲之後，逍遙自在的寫起小說來。

先寫了幾個短篇，「太行春曉」，「石門村事件」，「鏡裏朱顏改」，「追尋」，「小蘭」。接著，寫長篇小說「一九二七，伊人兮」，歷時三年。後改爲「一九二七悲情史話」。

且再說說這晚霞滿天。

八十七年五月，國父紀念館晨間散步，與筠筠不期而遇。六年闊別音塵絕。這位永久的情人，近幾年天天度著蜜月，遨遊全球。但差距一兩分鐘，岔過了就難得有此邂逅。

我自光復南路轉忠孝東路，進入國父紀念館北西側門，她迎面北行。於是，手牽了手，親親蜜蜜的，走向樹蔭覆蓋的小湖邊，才在大樹後轉個彎，怎忍得住呀，親親她的臉，三秒鐘的摟了腰，不管附近好幾位男男女女的朝晨散步者。本來麼，每天但近黃昏，還有待入夜，這美妙世界，裏裏外外，廊下，樹間，湖畔，都變成了情人道，又有儘多的石凳，短欄，供你雙雙對對依偎一起。那遠處角落叢林、灌木。草地間，更是甜蜜天地。這些年，我但在此晨間散步，一入夜，任這兒月色朦朧，怎樣引人欲醉，就是無膽量，內心寂寂，鼓不起勇氣，闖入這詩情畫意的美妙世界。

凡是無福分上情人道的，男女老幼，誰不是如此哩。寧可踽踽獨行，北邊人行道，直走到聯合報大樓，原路折返。

再也沒想到，今日晨間有此佳遇。

東行，還未走完停車場邊緣，筠筠已說過好多話了。明晚，她就要離臺北，飛日本，小住一星期，先去南歐，再到北歐，說不定會去莫斯科，而後返美國，回佛羅里達，那兒，小吳前年特地新建了別墅。

筠筠跟小吳的緣分，得從二十年前說起。

其時，天游老病纏身，十天半月，就得去榮總。他們家居士林，公車路線密集，計程車要不了多少車資。筠筠陪丈夫上醫院，好方便的。她從無甚麼病痛。是怎樣的緣分呢？天游才故去，筠筠竟在榮總資深護士小姐群中，前前後後，連續收了八位乾女兒，無不跟這乾媽一樣，長身玉立，挺直了腰桿，走著輕盈快步，心神飛揚，品貌才學兼美。

小姐們都未婚，看看就要升上護理長了，毫無掛欠，腰纏累累，遠走高飛，離去娘親，去了美國，分在舊金山，紐約居留下來。不爲自身婚姻著急，卻爲乾媽的第二春分外操心。自拜乾媽以來，乾小姐們都瞅見筠筠，雖然總是滿面春風，而莫可奈何的鬱苦，仍然會集結眉頭。

一朵紅雲自天降，小吳脫穎而出。小吳，是我爲他起的名。他究竟是甚麼名字？任怎樣問，筠筠再也不肯說。其他的事，大大小小，都毫無隱諱，也一絲不怕嫉妒，繾綣纏綿的細微末節，筠筠毫不臉紅，和盤托出。也不怕我好意取笑她兩句。當然，接下來的是一陣甜吻。小吳反成了我倆難得一見，歡愉中的催情劑。我百分讚美他倆的情愛，可並非永久的情人，而是天上人間稀有的甜心。自此，我便為小吳說些好話，他，他可眞是我孤獨老頭的化身。小我十一、二歲，卻比筠筠年長。

六、七代土生華僑，自廣東台山來，胼手胝足起家。小吳父親這一代，躋身上流社會，在美國都上了大學，此所以小吳特別顯現了語言天才，爲中國好些職業外交官所不及。中西語文，不僅英語、美語呱呱叫，法文、德文、西班牙文，也不含胡。廣東話、上海話、閩南語、京片子，皆琅琅上口。卻是一點不自視甚高，祖傳的德性，**自幼誦讀過四書，溫良恭儉讓的中國君子人**。也是營商的好手，經營長才非歐美人士所能比。他也能下力打粗。

小吳夫妻生活美滿，子女都自幼受了好的教育。六十歲那年，妻室癌症去世。還在喪期中，以家庭教師、保姆身份，比他年輕二十歲的清秀佳人，看準了小吳，近水樓臺，順理成章，俘虜了這位難得的白馬王子，本是阿公的年歲了，然而滿身青春活力，裏裏外外，總看來是才三十多。

孩子們好慶幸，立即接受了善解人意的媽咪。小吳也志得意滿，自認相伴癌症病苦者的幾年酸辛，得到回報了。誰知滿不是那麼一回事。家中有了強力女主人，鋒芒外露。伊人看中了，固然小吳的人品，卻更是他的耀眼財富。

小吳幸而及早警覺，半年甜美的再婚，以大筆贍養費，離婚了事。他所經營的龐大農業、商業，即使當美國不景氣，也總有賺無賠。他已一一妥善分給子女們經營，但只指點指點，把人際關係掌握得牢牢的。偕同一位老朋友，遠走瑞士，風風光光消散了一番。

是孩子們牽線，爲父親作紅娘，父子都學乖，不再受婚姻縛束，引進來了一位細姨，只做同居人。但仍然請了幾桌酒，邀請至親好友，以及孩子們的同學來爲共同的見證。小吳好開心，於是，坐上愛之船，周遊世界，整整一個月，才是毫無折扣的蜜月哩。

途多命舛。華埠的命相家早提出過警告，說小吳的桃花運，預定的，兩次劫數難逃，還有第三次，定準的否極泰來。小吳並不信這些，是孩子們硬要去華埠，重金央求，人家坦誠相告，指示迷津。

這阿姨，旋風一陣，不歡而散，捲去了財物多少。小吳只納悶在心，不向任何人吐露。

接連兩次的打擊，他未免心灰意懶，不復是從前生龍活虎的小吳了。一下子，人老了十歲。

這年，耶誕節前幾天，臺北僑委會的主人，盤桓在舊金山有十來天。在華埠大飯店舞會上，邀請了不少華僑及國內來此就學、就業的人士。小吳與筠筠，一對冤家初見。筠筠，是三個乾女兒強邀來的，她沒有特別打扮，只是穿了半高跟鞋，戴了一串珍珠項鍊，氣質高雅，幽香襲人。

小吳也是子女強邀來，她先跟自己女兒跳舞。之後，看準了筠筠身旁的一位乾女兒，前來邀請，卻不知怎樣神奇力量牽引，竟然向筠筠鞠躬爲禮的下了舞場。筠筠是好久未跳舞了。

三言兩語，談入了港。不是青少年人，筠筠的氣質深深吸引住小吳。太湊巧的事，第二天午間，廣東館裏吃火鍋，筠筠和乾女兒是先去的，只五個人，才擺好了杯筷；小吳，讓子女兒媳婦簇擁著，也是五個人。小吳既爲老主顧，又同屬老廣，老板殷勲伺候，硬請他們去另外的上座，貴賓相待，特敬了三道菜：鮑魚，魚翅，脆皮鴨。下輩人熟了，一下子熱絡得有如兄弟姊妹。小吳自然做了東，說甚麼老板就是不讓筠筠她們會賬。

有趣的是，小吳的長女，爲筠筠定位，親親熱熱的，叫她姑姑。

孩子們爲上輩人牽上的情緣。西方耶誕節，難掩中國人年味。筠筠情不能已，私心爲小吳，已起了傾慕之心。這是她依偎我懷裏的一番坦白。跟乾小姐們商量定了，明晚，狀元樓吃杭州菜。一說定，就打電話定座，筠筠也是老主顧。

狀元樓晚宴後，翌日小吳帶了女兒，備了火腿、紹興酒，還有錦盒裝的巧克力糖，兩罐杭州龍井，來到筠筠下榻乾女兒的住處，歡談了兩小時方走。他女兒卻要留下來。問一點醫藥方面的事。小吳香車美人，邀了筠筠，說是要看看舊金山夜景，已逾午夜，方送筠筠回來。還待到家，道邊停車，小吳筠筠，兩位阿公阿婆，竟如十七八少年，禁不起內心深度激動，一吻定情。筠筠爲我細說種切，特別是，這一對年歲老大不小的羅蜜歐與朱麗葉，喜慰不已，卻是，兩人都哭了。而且，把車開到更隱密之處，持續的熱熱長吻。而後，兩人互爲對方整粧，要瞞了下輩人。永久的情人，細說第三人的愛，我這書獃子，一絲醋意也無，只爲這對有情人開心。很有幾年，未這麼讀西洋小說，說青少年情史，入木三分。

戀愛跟煙一樣，隱藏不住的。下輩人都早敏感到了，無二心的，齊爲他倆祝福。

她這火山爆發一樣的初戀，正當我與常薇熱戀的時期。人，矛盾不矛盾呢？不久，筠筠心迷意亂，回到臺北才兩天，她女兒拿著隔天的中央日報給她看，刊頭下登著我與常薇昨天結婚的啓事。即用她女兒、女婿名義，給朱叔朱嬸送了一盆美麗的蝴蝶蘭來。適常薇外出，即打電話謝她。她卻幽幽的爲我賀喜，我難免兩分恨怨，新娘子怎麼不會是你。喜宴本來預定要請她母女。次日晚上電話連絡，侄女說：媽媽去日本了。原來，甜情蜜意的小吳，每天準在筠筠才上牀，展閱我的「中華諺語志」之際，好定時的一通國際電話來。午夜情挑，昨晚說定，今天可飛到臺北來。他不入境，即在免稅商店買了玫瑰紅絲質的睡袍，噴香的女性內衣、衛生用品，裝入了手提的旅行袋。更有項珍品，是他妻子在世，只穿了兩次的白緞子紅繡花拖鞋，本是作紀念品收藏以悼念亡人。小吳，可眞是個好細心週到百分體貼的好情人。好有能耐，可以及時訂上任何一家飛機國際路線的座位。

是後來，顚鸞倒鳳，春江水滿，筠筠懺悔性吻著我，漫出了淚水，本是我拒絕了你，你才轉向常薇。可是，看到你結婚啓事，我好不是味兒，也覺得愧對天游。他自知不起，曾兩次向我提說，要我接替姚大姐，那時大姐已住進空軍總醫院了。

自此時起，以日本爲中間站，小吳自美國來，從不入境臺北。日本小作逗留，便去雙雙遨遊四海，歐洲、美國、澳洲，天天在五星級的飯店裏度蜜月。小吳每把筠筠自浴缸裏抱起，在牀上爲之按摩。筠筠不惜告知我這一切細微末節。非是常薇，說她滄桑風月私情，保留了許多許多。

既與常薇分手，我孤身淒苦的時際，有賴卿卿筠筠，好幾個大白天，上陽明山，沿林間山道，散步到中山樓飲茶，而後親親熱熱，進入國際大飯店，極舒適的溫泉浴，筠筠正似青一樣疼惜我，不斷譴責常薇，消化了我的低潮期。國家劇院，音樂廳，兩人皆特去欣賞。只要是在臺北，筠筠早晚皆有電話來，卻緊緊瞞了雙方子女，眞羞對孩子們。

六年前，筠筠又是，去了日本。行前一天，從早到晚，五次電話來問好。我還好稀奇，這天她怎地這般殷懃，如此，柔情蜜意的？自此，遠道音塵絕，悠悠六年之久。

萬分幸會筠筠的翌日，她打扮得如新娘子一樣來看我。本說定午間到，再也按捺不住自己，提前了一小時半，便笑咪咪的出現我眼前，一如民三十六年在武漢，我每自漢口回武昌，青從樓上看著我，那樣喜不自勝。跟筠筠相戀以來，她還從不曾這樣過分的取悅我。身上噴了香水，捧著幾色鮮花，一袋檀香，是獻給青的。先，情意無限，上香，行禮。才讓我親，熱吻難休。昨天，她告訴我，臨來臺北，小吳囑咐幾次，要她特別向我問好。

三年前，臺灣電話號碼改了，她既不問查號臺，也未看電話簿。所以才無法跟我連絡。怎地不親來我家呢？情人總是聰明而又迷糊。

筠筠細看我幾年留下的血壓紀錄，摸撫我全身上下，說我胖了些。這樣寫讀不輟，背一點未駝，好欣慰。說著說著，又是一陣吻。眞個溫香軟玉抱滿懷。她臉上毫無皺紋，白髮添了幾絲，全身散放著青春活力，那像七十歲老婦，纖手還是那麼柔軟。她不像常薇，有特別保養，未發胖。自是小吳加意照顧、愛美之故。自從她告知跟小吳戀情以來，我總在百分之百美讚這位弟臺。且提說，天游在天之靈，也會好安慰。我那能及得上小吳這般條件。只是，筠筠硬不肯把小吳的照片給我看，卻是自始就毫不保留的，把他倆一切一切，主動的說給我知曉，是對父母、閨中蜜友所難知的一切一切。

我說起上年春濃，父子倆去杭州遊西湖。問她，可曾回到老家？話就有得說了。小吳陪她去杭州三次。兩人皆風風光光的。就住在「雷峰夕照」，柳浪聞鶯的南山路，緊靠著西湖之濱，小吳特意選擇的浙江西子賓館，筠筠可是主人回家了。春秋和寒冬風雪天，倆個有情人儘情享受西湖的柔美，還特走外西湖一帶，探幽尋勝。也好幾次走杭州城裏，探訪筠筠兒時舊居。

更包了一輛旅行汽車，長途走國道。常州，無錫，蘇州，上海，嘉興，最後定點在杭州。小吳以華僑企業家，學人身份，受文化局特邀，蒞臨杭州大學，兩場四小時的講學，青年學子聽得如癡如醉。更多的聽衆，乃是些甜美薰人的西子姑娘。

跟筠筠盤桓到晚，怕她過於興奮，太疲倦，外出咖啡店燭光下，享受了晚餐，才伴送走一節路，同上計程車，直到她住處巷口，依依的分了手。要非她明天要走，何嘗不可讓她就宿在我這兒。

夢一樣的人生，空餘美人香滿牀，我一身都是筠筠的甜香難去。她但在國外，雖總在念我，也時有跟小吳提起我的孤老生涯，卻從不給我一通電話，也無半封書信來。

縱然是越洋相思萬里遙，花晨月夕難遣懷！

說狠心又柔情萬般的筠筠至此，晚霞映山紅，夕陽並未盡去。

八十七年夏，昶兒相伴，父子倆走新疆，烏魯木齊，探天山下的王母瑤池。更赴青海，至敦煌。循河西走廊，至蘭州。兩去長安。

壽堂一生，讀哲學、語言學、論理學、政治、經濟學，都啃過硬度極高的書，卻沒有如讀歌德「浮士德」那樣難於咀嚼，三年多功夫，方暢然讀完。總之，歌德的書、詩、散文、小說、戲劇、回憶錄、論文，幾全都欣讀過了。百分之百，喜愛這位詩人。自十九歲職業寫作以來，座右惟一懸掛著家人以外的肖像，就是這前輩先生歌德。

完美可愛的歌德，獨有一件事，教我這後生小子，感到他之未免有歉於心。幸而他坦白在詩篇裏了。我想，這或許也是中西文化難以強同的一點。

中國不太強調個人自由主義，固然孟夫子三復斯言，民爲貴，君爲輕。歌德七十之年，向十七歲少女求愛，被婉拒，他不知自己省思，反而抱怨深深，寫了他諸多情詩之一。歌德既已坦說自己情史，他一生拈花惹草，乃得有詩的不朽。李白，東坡，柳永，誰不是爲伊人意惹情牽。但是，中國人古今的戀愛觀，一成不變，君子愛人以德。此所以，壽堂不以張君瑞之所爲爲然。

太是河漢斯言了，且儘速言歸正傳。

因人生體念、社群雜象的激發，八十八年春，續成一短篇小說「阿德哥」。三十年的高血壓，曾一度入院大半天而返家。這三年遇到貴人，認定榮總徐迺維大夫，經他悉心療治，讓血壓常在一四〇度上下徘徊。或許不會中風罷？未來的事誰敢說。

自從二十二歲初蒞北平，感受到故都文化城的風習，這六十多年生命進程，始終保有君子從容中道，天君泰然的精神超脫，常作逍遙遊於九天之上。

結結巴巴的物質生活，厚德待人，乃無甚麼遺憾在心。

君子愛人以德。凡事好爲人想，善與人同。

人生自由主義者的體認。革命黨脫胎，不愧爲中國人！

小事情上極隨和。作人、作事的要點上，則十分固執。不敢太自滿，硬說自己是擇善固執。只一樁，不是好丈夫，好父親。讓妻子、兒女們能得較優裕生活，尤其是三個自幼夭折的孩兒。

挺腰健步往前走。寒梅傲冰雪，詩人愛晚晴。

老小，老小，怎地這樣大人者不失其赤子之心？這一生，自幼到老，太是喜歡小孩子，常常摸小天使們的臉，小孩子們也莫不喜歡這阿公。

要聽故事嗎？好！讓阿公先喝兩口水。希臘神話「愛神的愛」，頂是懸奇而美麗。英國小說「好醫生的奇遇」我曾寫出來，聯合報上連載了七天，主編林海音特請大畫家梁白波，每天有一幅插圖。中國故事，豈非「中山狼」那一系列？在長安聽來的，黑大爺、白二爺終南山深山處行獵，四條大獵犬跟一頭受傷母狼的故事，動聽極了。阿公肚子裏，有說不完的，中國古往今來，教孩子們特別喜愛的故事。好！開講了……。

朱介凡書目

日本的成功與失敗　民國二十八年七月，中央陸軍軍官學校第七分校
人性、黨性、階級性、民族性論　民國四十年六月，改造出版社
另一個戰場的勝利　民國四十二年十二月，中國新聞出版公司
諺話甲編　民國四十六年四月，新興書局
我歌且謠（諺話乙編）　民國四十八年六月，世界書局
臺灣紀遊　民國五十年四月，復興書局
羽球季刊　第一期至五十七期　民國五十年四月至六十四年三月
社長，主編，撰稿　中華羽球協會
擺江　民國五十年十月，新興書局
聽人勸（諺話丙編）　民國五十年十月，世界書局
中國風土諺語釋說　民國五十一年十二月，新興書局
方言記事示例　民國五十二年六月，志成出版社
五十年來的中國俗文學（與妻子匡合著）　民國五十二年八月，正中書局
中國諺語論　民國五十三年十二月，新興書局
心潮　民國五十四年八月，自由太平洋文化事業公司

泡沫　民國五十六年八月，臺灣商務印書館
雞兒喔喔啼　民國五十六年九月，臺灣書店
大陸文藝世界懷思　民國五十八年五月，臺灣商務印書館
閒話吃的藝術　民國六十一年七月，華欣文化事業中心
中國歌謠論　民國六十三年三月，臺灣中華書局
譬喻諺語集　民國六十三年四月，天一出版社
南風流水　民國六十六年十一月，白雲文化事業有限公司
中國兒歌　民國六十六年十二月，純文學出版社
文史論叢　民國七十年三月，黎明文化事業公司
武昌起義的前導——彭楚藩劉復基楊宏勝傳　民國七十一年十二月，近代中國出版社
朱介凡自選集　民國七十二年四月，黎明文化事業公司
白洋淀雜憶　民國七十二年十二月，臺灣中華書局
中國謠俗論叢　民國七十三年六月，聯經出版公司
俗文學論集　民國七十三年十一月，聯經出版公司
文學評論集　民國七十四年七月，臺灣商務印書館
渤海大隊的弦歌　民國七十五年三月，黎明文化事業公司
中國諺語裏的歷史傳說　民國七十六年六月，臺灣省政府新聞處
中華諺語志　本文十冊，索引一冊　民國七十八年八月，臺灣商務印書館

海天情湧　民國八十三年八月，爾雅出版社

中國民俗學歷史發微　民國八十四年二月，渤海堂文化事業公司

待刊書册

文史論叢續

一九二七悲情史話

中國謠俗論叢續

文藝論叢

文藝生活

白話文跟文學創作

短篇小說集　太行春曉

中國我愛（近十年大江南北遊記）

夢魂心影（記亡妻屢入夢）

爲佛說諺（諺話）

小品隨筆——湘子河畔　激流　春江潮水連海平　誰道閒情拋棄久

國家圖書館出版品預行編目資料

壽堂雜憶 / 朱介凡著. -- 初版. -- 臺北市 : 文史哲, 民 88
冊 : 公分. -- (文學叢刊 ; 91)
ISBN 957-549-236-6 (平裝)

1.朱介凡 - 傳記

782.886 88012315

文 學 叢 刊 ⑨①

壽 堂 雜 憶（上下冊）

著 者：朱 介 凡
出 版 者：文 史 哲 出 版 社
登記證字號：行政院新聞局版臺業字五三三七號
發 行 人：彭 正 雄
發 行 所：文 史 哲 出 版 社
印 刷 者：文 史 哲 出 版 社
臺北市羅斯福路一段七十二巷四號
郵政劃撥帳號：一六一八〇一七五
電話 886-2-23511028・傳眞 886-2-23965656

實價新臺幣六〇〇元

中 華 民 國 八 十 八 年 八 月 初 版

ISBN 957-549-236-6